Theologie und Kultur
Geschichten einer Wechselbeziehung

Festschrift zum einhundertfünfzigjährigen Bestehen des
Lehrstuhls für Christliche Archäologie und Kirchliche
Kunst an der Humboldt - Universität zu Berlin

herausgegeben von
Gerlinde Strohmaier - Wiederanders

Verlag André Gursky
Halle

CIP - Titelaufnahme der Deutschen Bibliothek

Theologie und Kultur : Geschichten einer Wechselbeziehung; Festschrift zum einhundertfünfzigjährigen Bestehen des Lehrstuhls für Christliche Archäologie und Kirchliche Kunst an der Humboldt-Universität zu Berlin / hrsg. von Gerlinde Strohmaier-Wiederanders. - Halle : Gursky, 1999

ISBN 3-929389-26-6

© Verlag André Gursky, Halle
Satz: Hartmut Kühne, Berlin
Druck: Druckhaus Harms, 29393 Groß Oesingen

Inhalt

Vorwort 5

Grusswort des Kunstdienstes 7
von Manfred Richter

Geschichte des Faches und des Lehrstuhls "Christliche
Archäologie und Kirchliche Kunst" (Christliche Archäologie,
Denkmalkunde und Kulturgeschichte) an der Theologischen
Fakultät der Humboldt-Universität 9
von Gerlinde Strohmaier-Wiederander

Die St. Thomaskirche in Pretzien - eine Pfarrkirche des
Magdeburger Liebfrauenstiftes 18
von Almut Nothnagle

Überlegungen zur Datierung der Skulpturen im Chorhaupt
des Magdeburger Domes 33
von Matthias Friske

"Ich ging durch Feuer und Wasser ..." - Bemerkungen zur
Wilnacker Heilig-Blut-Legende 51
von Hartmut Kühne

Annotationen zur Heiligenverehrung im Bistum Lebus 85
von Lambrecht Kuhn

geistlich textil - Von der textuellen Bedeutsamkeit der Textilien ... 101
von Dirk Schumann

Kirchenbau und Patronat in der Mark Brandenburg 140
von Wolfgang Krogel

Die Ikonographie evangelischer Kirchen in Berlin und Potsdam
zur Zeit König Friedrich Wilhelms IV. (1840 - 1861) 161
von Hartmut Mai

Protestantischer Kirchenbau in Brandenburg zur Zeit
Friedrichs des Großen 173
von Gerlinde Strohmaier - Wiederanders

Materialien zu Vorgeschichte, Entstehung und
Frühgeschichte des gotischen Altarretabels 186
von Hans Georg Thümmel

Der mittelalterliche Altar – Die Bedeutung seiner Bilder 217
von Peter Poscharsky

Zur Datierung des Drogo-Sakramentars 231
von Alfred Raddatz

Wie man einen Heiligen politisch instrumentalisiert.
Der Heilige Simeon Stylites und die Synode von Chalcedon 237
von Hanns Christoph Brennecke

Autorenverzeichnis 261

Vorwort

In den letzten Jahren des ausgehenden Jahrhunderts erleben wir eine Reihe von Jubiläen, die ihren Ursprung im 19. Jahrhundert haben. Das macht deutlich, wie sehr das 20. Jahrhundert seine Wurzeln im 19. noch hat, aber auch wie produktiv und innovationsfreudig dieses vorangegangene Jahrhundert war. Für die Struktur der Theologischen Fakultäten in Deutschland hat sich das ebenso ausgewirkt, wie in anderen Bereichen der Kultur.

Das Jubiläum, das mit dieser Festschrift gewürdigt werden soll, gilt einem Spezialfach, das als erstes seiner Art in Europa gelten kann und an der Berliner Theologischen Fakultät etabliert wurde. Seither hat Christliche Archäologie und Kirchliche Kunst an vielen deutschsprachigen Theologischen Fakultäten ihren festen Platz, ist aber zugleich nicht unumstritten in Zeiten öffentlicher Finanznot, d. h. auch immer in der Gefahr, gestrichen zu werden. Auf welchen Feldern Christliche Archäologie und Kirche Kunst sich betätigt und was sie für die Entfaltung theologischen und kirchengeschichtlichen Wissens zu leisten vermag, versucht der vorliegende Band zu dokumentieren. Der zweite Teil der Beiträge, die freundlicherweise zur Verfügung gestellt wurden, dient dieser fachspezifischen Repräsentation. Dabei wird zugleich deutlich, daß dieses theologische Spezialfach nicht nur mit anderen Wissenschaftsgebieten Berührung hat, sondern daß ebenso sachgerechte Beziehungen bestehen zu multiplikatorischen Partnern wie z. B. dem Kunstdienst der Evangelischen Kirche.

Der erste Teil des vorliegenden Bandes enthält dagegen Beiträge, die aus der Lehrtätigkeit am Lehrstuhl entstanden sind. Die meisten der Autoren sind Vertreter des wissenschaftlichen Nachwuchses. Einige von ihnen bearbeiten ein Feld, das an der Theologischen Fakultät Berlin seit Nikolaus Müller gleichfalls zu den Spezialissima des Lehrstuhls gehört, die brandenburgische Kirchengeschichte. Deshalb besteht auch eine enge Zusammenarbeit mit der Arbeitsgemeinschaft für Berlin-Brandenburgische Kirchengeschichte.

Wenn ich an dieser Stelle allen Beiträgern herzlich danke, dann geht das nicht, ohne eines Kollegen zu gedenken, der dieses Vorhaben sehr unterstützt hatte, dem es aber nicht mehr vergönnt war, daran mitzuarbeiten:
Rainer Volp.

Besonderen Dank schuldet die Herausgeberin dem Verlag, der sich in einer Situation, als die Publikation aus finanziellen Gründen unmöglich schien, trotz eines schmalen Budgets auf dieses Projekt eingelassen hat. Wegen dieses schmalen Budgets mußten wir leider darauf verzichten, die Beiträge mit Bildbeilagen zu versehen, wie dies von einigen Autoren und Autorinnen gewünscht wurde. Auch konnten aus denselben Gründen einige Textappendices nicht in den vorliegenden Band aufgenommen werden. Ich bedaure besonders, daß der für den Beitrag von Lambrecht Kuhn hergestellte Vergleich zwischen den Heiligenkalendarien verschiedener Diözesen nicht aufgenommen werden konnte.

Zum Schluß möchte ich meinem Assistenten, Herrn Hartmut Kühne, für dessen redaktionelle Bearbeitung und organisatorische Unterstützung danken, ferner auch meiner Sekretärin, Frau Antje Meier, für ihre technische Bearbeitung der Manuskripte und die Mühe des Korrekturlesens.

Prof. Dr. Gerlinde Strohmaier - Wiederanders

Manfred Richter

Grusswort des Kunstdienstes

Mit Freude teilen wir die Erinnerung an die Begründung eines christlich-archäologischen Instituts an der Berliner Theologischen Fakultät vor 150 Jahren, wodurch diese ein weiteres Mal wegweisend wurde. So sehr die Schwerpunkte der Forschung und Lehre in seiner folgenden Geschichte schwankten – der Ausgang vom historischen Interesse an der Alten Kirche und der ihr gewidmeten "monumentalen Theologie" über dasjenige an den Denkmälern des Gesamts der Kirchengeschichte (unter Einschluß regionalgeschichtlicher Studien) hin zu erster Auseinandersetzung auch mit der zeitgenössischen Kunst am Beispiel von Lovis Corinth – naheliegend in Berlin – ist in sich konsequent. Zeigt diese Auseinandersetzung doch eine Zeitbewußtheit auf, die auch bei historisch orientierten Studien nicht schlechthin fehlen kann. Und sie gibt einen Hinweis auf die ebenfalls belangreiche Nachbarschaft des wichtigen historischen Spezialfachs zur Praktischen Theologie. Es war ziemlich genau die Zeit, als sich in Dresden – dem ursprünglichen Wirkungsort der expressionistischen Maler der "Brücke" – ein freier Kreis Engagierter unter dem Namen "Kunst-Dienst" als "Arbeitsgemeinschaft für evangelische Gestaltung" versammelte, der den Dialog mit den neuesten künstlerischen Entwicklungen suchte. Hier erkannte man, daß die Kirche sich mit der überkommenen Kirchen-Kunst im Stil der Präraffaelitenrezeption durch die Nazarener und zumal der dominierenden Gestalt des Julius Schnorr von Carolsfeld nicht mehr begnügen konnte, der mit seiner Illustration der Bibel noch bei Generationen nach den Weltkriegen das Bibelverständnis nachhaltiger geprägt haben dürfte als mancher Konfirmandenunterricht. Dieser Kreis mit seinem Arbeitsausschuß (Oskar Beyer, Rudolf Böhme, der Kantor Alfred Stier, das Ehepaar von Kirchbaum u. a. gehörten ihm an) setzte sich mit Martin Buber auseinander und fand in Paul Tillich seine wesentliche kulturphilosophische und theologische Inspiration. Er führte den Kreis bei der Fragestellung nach der religiösen Dimension in der Kunst hinein in die gesamte Breite der Kunstentwicklung. Ein künstlerisches Ghetto für die kirchliche Kunst wurde abgelehnt. Diese wurde vielmehr unter die Kriterien und Qualitätsansprüche der zeitgenössischen Kunst gestellt, wie dies auch die für die Gestaltung kirchlichen Geräts wichtig gewordene Berliner Ausstellung "KULT UND FORM – neue evangelische, katholische und jüdische Gebrauchskunst" (1930) im bald danach zum Gestapohauptsitz bestimmten Alten Kunstgewerbemuseum vorführte. Daß beste Ansätze sich unter politischem Druck verkehren können, dabei aber gleichzeitig List des Widerstandes wie auch Ironie der Geschichte sich geltend machen, könnte an manchen Entwicklungen beider in so vieler Hinsicht in der Sache verbundenen Institutionen für die folgenden Phasen aufgezeigt werden. Was den Kunst-Dienst angeht, so mußte ausgerechnet er die ihm einst so wichtige expressionistische Kunst als "entartete" ins Ausland verkaufen – und rettete somit zugleich zahlreiche Werke vor der Vernichtung. Und er konnte danach, in kirchlicher Trägerschaft, als Obdach für freie Künstlerbegegnungen und Präsentationen dienen. Wichtiger ist mir hier, auf die immer wieder erfolgte enge Zusammenarbeit, den gegenseitigen Austausch, das vertrauensvolle Zusammenspiel der Verantwortlichen im Blick auf Ausbildung, Gemeinde- und Öffentlichkeitsarbeit hinzuweisen. Dies galt für die Räume des Kunstdienstes in der Auguststraße ebenso wie dann seit 1990 im Berliner Dom. Und umgekehrt möge für die studentische Ausbildung immer wieder der Blick in eine Gemeinden beratende und Künstlern begegnende Tätigkeit nicht nur ausbildungsnützlich, sondern auch blickfelderweiternd wirken. Als schönes Beispiel gegenseitiger Anregung lassen Sie mich das Projekt "geistlich textil" des Kunstdienstes nennen, das ein ehemaliger Student von Frau Prof. Strohmaier-Wiederanders in seinem Spezialvikariat im Kunstdienst soeben durchführte. Es spannte den Bogen von der freien zeitgenössischen textilen Kunst über die künstlerische Auseinandersetzung mit der Altarparamentik zu der Frage nach den liturgischen Gewändern im evangelischen Gottesdienst. Die historischen, systematischen und rechtlichen, die ästhetischen und pastoralen Dimensionen und damit zusammenhängende Gestaltungsaufgaben hat der Autor in seiner begleitenden Studie dargelegt – sie ist in diesem Band nachlesbar. Wie vor 70 Jahren der Blick auf eine neue Form bei den kultischen Geräten will sie Impulse aus heutiger Kunstbegegnung heraus geben. Die Bedrohtheit des Lehrstuhls erschreckt. Die Sorge um den Erhalt der Forschung wie der Lehre in dem erweiterten Aufgabenspektrum, das, unverzichtbar für kreatives Denken und Handeln künftiger Theologen und Pädagogen, Kulturgeschichte in den Ausbildungskanon einbezieht und, wie sich erweist, mit der Praktischen Theologie selbst geteilt werden, um auch außerhalb Anerkennung zu finden. Die kirchliche Praxis schreit danach – nach 150 Jahren mehr denn je. Denn diese Praxis, aber doch auch die Theologie, meine ich, beginnt ihre massiven Defizite im Bereich der Forschungsgebiete des Lehrstuhls zu erkennen. Um so mehr gelte: ad multos annos.

Gerlinde Strohmaier-Wiederanders

Geschichte des Faches und des Lehrstuhls "Christliche Archäologie und Kirchliche Kunst" (Christliche Archäologie, Denkmalkunde und Kulturgeschichte) an der Theologischen Fakultät der Humboldt-Universität

Seit 1840 machte Ferdinand **PIPER** auf das Dokumentarmaterial der frühchristlichen Kunst als einer Quelle für die protestantische Kirchengeschichtsschreibung beharrlich aufmerksam. Ihm ging es darum, einen neuen Zugang zur Frömmigkeit der antiken Christen zu erschließen. Deshalb begann er zielgerichtet, frühchristliche Kunst zu sammeln. 1845 begann er auch schon mit Vorlesungen. Um dafür Anschauungsmaterial vorstellen zu können, wurden Kunstgegenstände, Gemälde, Lithographien, Kupferstiche und Zeichnungen gesammelt. Später kamen noch Gipsabdrücke und Kopien von Plastiken hinzu, die Thorwaldsen und Rauch angefertigt hatten. Ferdinand Piper, ein einstiger Neander-Schüler, bezeichnete die Beschäftigung mit den Sachzeugen der frühchristlichen Zeit als „monumentale Theologie". Mit seiner Schrift "Einleitung in die monumentale Theologie" (Gotha 1867) lieferte er die Gesichtspunkte für den Aufbau des neuen Faches und dessen feste Einordnung in die theologische Arbeit.

Da hatte bereits ein ministerieller Erlaß vom 23. Mai 1849 ein christlicharchäologisches Institut an der Theologischen Fakultät begründet. Damit war die Aufgabe kontinuierlicher Lehrveranstaltungen verbunden sowie der Ausbau der Kunstsammlungen und die Einrichtung einer fachspezifischen Bibliothek. Dieses neue Institut unter Leitung eines Extraordinarius damals war das erste an einer theologischen Fakultät und ist somit das älteste überhaupt. Im Laufe des 19. Jahrhunderts folgten dann andere deutsche Universitäten dem Berliner Beispiel (z. B. Marburg 1886).

Fast fünfzig Jahre leitete Ferdinand Piper das von ihm begründete Institut und erlangte bald mit dem neuen Spezialfach allgemeine Anerkennung. Sein Hauptaugenmerk lag auf dem Quellenwert der Motive, weniger auf der Analyse stilistischer und ästhetischer Merkmale als Ausdruck historischer Zusammenhänge und Geschichtsabläufe. Dies kommt auch in einer anderen wichtigen Publikation "Über den christlichen Bilderkreis", Berlin 1852, zum Ausdruck. Er fand in diesem Bestreben Nachfolge durch Franz Xaver Kraus, der gleich ihm den Urkundenwert von Monumenten für die historische Theologie bei seiner Antrittsvorlesung in Freiburg/Breisgau 1878 feststellte. Piper starb 1890. Sein Nachfolger wurde Nikolaus **MÜLLER**. Seit 1881 hatte sich Müller in Spezialstudien der Kirchengeschichte und der Christlichen Archäologie gewidmet. Er mühte sich nun nach Kräften, das Werk Pipers fortzusetzen, was nicht ganz leicht war. Denn das noch junge Fach fand weder die Anerkennung Adolf von Harnacks als auch später die Karl Holls. Trotzdem versuchte Nikolaus Müller unermüdlich, das Fach aus seiner Randexistenz zu befreien. Sein Ziel blieb, Denkmäler und Sachzeugen als wesentliche Quelle für die kirchengeschichtliche Erkenntnis darzustellen. In Verfolgung dieses Ziels leistete er Pionierarbeit mit dem weiterreichenden Erfolg, daß das Fachgebiet Christliche Archäologie und Kirchliche Kunst ein Spezialgebiet der Theologie geworden ist. Dazu baute Müller das Berliner Institut weiter aus. Das betraf sowohl die Sammlungen als auch die Profilierung. Denn er dehnte das Fachgebiet Christliche Archäologie, das sich, wie der Name sagt, im wesentlichen auf die Epoche der christlichen Antike bezog, als Kirchliche Kunst auf weitere Epochen der Kirchengeschichte aus, vorzugsweise auf die Reformationszeit. Diese bildete ein Hauptfeld der wissenschaftlichen Arbeit Müllers. Die Bibliotheksbestände wurden erweitert um die Abteilungen Friedhof, Denkmalpflege, Kirchenbau und Ikonographie. Doch Nikolaus Müller schloß noch ein weiteres, bis dahin an der theologischen Fakultät gleichfalls vernachlässigtes Gebiet an das von ihm geleitete Institut an: die Brandenburgische Kirchengeschichte. Er war der erste Herausgeber des Jahrbuchs für Berlin-Brandenburgische Kirchengeschichte (ab 1905) und untersuchte erstmals die Reliquiensammlungen Kurfürst Joachims II. 1906 erschien dazu "Der Dom zu Berlin. Kirchen-, kultus- und kunstgeschichtliche Studien über den alten Dom in KölnBerlin" (Bd. 1).

Nach dem frühen Tod von Nikolaus Müller 1913 folgte Georg **STUHLFAUTH** als Extraordinarius in der Christlichen Archäologie und Kirchlichen Kunst. Er nahm nur bedingt den Faden seines Vorgängers auf, sondern verfolgte stärker die Prinzipien der damals traditionellen Forschungsmethode. Doch errang er auf breiter Basis wissenschaftliche Anerkennung. Sein Interesse konzentrierte sich zwar vorwiegend auf die altchristliche Ikonographie, doch beschäftigte er sich ebenso mit der Reformationskunst. Zudem versuchte er – und damit wurde das Fachgebiet noch einmal erweitert – die zeitgenössische Kunst in ihrer Relevanz zur Theologie in den Blick zu nehmen. Ausdruck dieser Erweiterung ist u. a. Stuhlfauths Schrift "Die

religiöse Kunst im Werk Lovis Corinths", Lahr 1926. Die Bibliothek wurde um den Titel zur Kunst des 20. Jahrhunderts erweitert.
Stuhlfauths Arbeit konzentrierte sich auf Detailforschung, die Einordnung in größere Zusammenhänge vermied er dabei. Zu seinen wichtigen Publikationen zählt die Monographie "Das Baptisterium S. Giovanni in Fonte zu Neapel und seine Mosaiken", Leipzig 1929. Besonders zudem engagierte er sich im Lehrbetrieb, denn neben Vorlesungen und Seminaren begann er, regelmäßig Exkursionen durchzuführen, um den Studenten lebendige Anschauung zu vermitteln.
Georg Stuhlfauth schuf auch das Ordnungssystem der Bibliotheksbestände im Institut für Christliche Archäologie und Kirchliche Kunst, das bis heute gültig ist, auch wenn derzeit die wertvollen Bestände leider schwer zugänglich sind.

Als 1924 Hans **LIETZMANN** zum Nachfolger Adolf von Harnacks berufen wurde, begann eine enge Zusammenarbeit von Kirchengeschichte und Christlicher Archäologie und Kirchlicher Kunst, denn Lietzmann hatte großes archäologisch-kunstgeschichtliches Interesse. Diese Zusammenarbeit erwies sich für das Fach als fruchtbar und brachte gegenseitig wichtige Impulse, die sich allerdings überwiegend auf die Epoche der alten Kirche konzentrierten. Hans Lietzmann war der Leiter der kirchengeschichtlichen Abteilung des Theologischen Seminars und Leiter des Seminars für Christliche Archäologie und Kirchliche Kunst.
Georg Stuhlfauth wurde 1934 durch Friedrich **GERKE** abgelöst, der als außerordentlicher Professor geschäftsführender Direktor des Seminars für Christliche Archäologie und Kirchliche Kunst wurde. Gerke erarbeitete sich schnell einen internationalen Ruf. In Aufnahme von Methoden der Klassischen Archäologie befaßte er sich mit den Problemen der stilistischen Zuordnung in zeitlichen Gruppierungen der altchristlichen Sarkophagplastik. Er bemühte sich dabei um die Konstruktion form- und kulturgeschichtlicher Zusammenhänge und um eine Auseinandersetzung mit den Bildinhalten. Ergebnis dieser Bemühungen war die Monographie "Christus in der spätantiken Plastik", Berlin 1940, die zu einem Standardwerk geworden ist.

Auch Friedrich Gerke konzentrierte sich auf die spätantike Epoche unter Einbeziehung des frühen Mittelalters. Er plante sogar, das Berliner Institut zu einer "Zentrale auf dem Gebiet der christlich-archäologischen Forschung in Deutschland" zu machen. Dies entsprach sicher politischen Bestrebungen der NS-Jahre nach Zentralisierung auf allen Gebieten, war aber auch sonst zu hochgesteckt. Seit 1936 hatte Gerke den Aufbau einer nordisch-germanischen Abteilung begonnen, was wohl ebenfalls dem sogenannten Zeitgeist geschuldet war.

Gerkes Bestrebungen gingen dadurch auf Kosten einer allgemeinen Einführung in die kirchliche Kunst und der Behandlung der mittelalterlichen und reformatorischen Epoche im Lehrbetrieb. Einen Ausgleich versuchte Friedrich Sesselberg zu bieten. Dieser war seit 1934 emeritierter Professor von der Technischen Universität und las im Rahmen eines Lehrauftrages "Kirchliche Baukunst".

Als Gerke zum Wehrdienst eingezogen worden war, vertrat ihn Professor Hans Reinerth. Dieser veranlaßte 1944 wegen der Bombardierung Berlins die Auslagerung der Institutsbibliothek auf das Rittergut Dechtow. Die Lehrsammlungen, die Publikationen und die Auslandskorrespondenz wurden auf die Plattenburg in der Prignitz gebracht. Die Kriegsereignisse hatten schon längst – wie an der ganzen Universität – die Arbeit des Instituts für Christliche Archäologie und Kirchliche Kunst zum Erliegen gebracht. Das Kriegsende machte dann den Umfang der Verluste deutlich. Die Kunstsammlungen, eines der ursprünglichen Fundamente des Faches, waren bis auf wenige Ausnahmen total vernichtet. Glücklicherweise konnte dagegen de Bestand der Bibliothek fast vollständig gerettet werden.

Nach dem Krieg betreute zuerst der Gerke-Schüler Klaus **WESSEL** das Institut, bis er 1953 nach Greifswald an das Victor-Schultze-Institut der dortigen Theologischen Fakultät berufen wurde. Wessels wichtigste wissenschaftliche Leistungen liegen zumeist nach seiner Berliner Zeit, doch kommt ihm das Verdienst zu, das Berliner Institut wieder arbeitsfähig gemacht und die Bestände der Bibliothek neu geordnet zu haben.

Nach dem Weggang von Klaus Wessel übernahm Walter **ELLIGER** das traditionsreiche Institut. Bereits 1950 war er auf den Lehrstuhl für Kirchengeschichte berufen worden. Im Berufungsvertrag von 1951 wird ausdrücklich erwähnt, daß Elliger Direktor des Seminars für Kirchengeschichte und des Seminars für Christliche Archäologie und Kirchliche Kunst sei. Seine Kompetenz auf beiden verwandten Gebieten hatte er seit 1930 durch seine Publikationen erwiesen, gerade auch durch die verschiedenen Schriften zur altchristlichen Bildkunst. Diese Kompetenz erwies sich nun im Verlauf seiner Tätigkeit an der Berliner Theologischen Fakultät in überzeugender Weise weiter bis zu seinem Weggang nach Bochum 1963.

Wenn sich im Laufe dieser Jahre Spannungen um Elliger einstellten, so lag das nicht an seinen wissenschaftlich-fachlichen Qualitäten, sondern an den Konflikten, die entstanden, weil Elliger sich gegen die Ideologisierung der Universität durch die SED-Politik zur Wehr zu setzen versuchte.

Einer seiner Assistenten, Alfred **RADDATZ**, widmete sich speziell der Christlichen Archäologie und Kirchlichen Kunst. Seine beiden wissenschaftlichen Qualifikationsarbeiten entstammten dem Fach. Sowohl die Dissertation "Die Entstehung des Motivs Ecclesia und Synagoge" als auch die Habilitationsschrift "Weströmisches Kaisertum und Römisches Bischofsamt" basierten auf der Auswertung monumentaler Quellen, Münzen und illuminierten Handschriften.

1964 übernahm Raddatz als Dozent die Leitung des Instituts, das auf diese Weise wieder selbständig wurde. Er weitete auch wieder das Fach so wie einst Nikolaus Müller auf alle Epochen der christlichen Kunstgeschichte aus. Sowohl das Zeitalter des Mittelalters wie auch die Entwicklung der Kirchlichen Kunst in Reformation und Gegenreformation und im 19. und 20. Jahrhundert kamen zu dem ihrer Bedeutung in der Geschichte entsprechenden Recht. Dabei wurden die künstlerischen Zeugnisse in ihrem Zusammenhang mit der Frömmigkeitsgeschichte gesehen.

So wichtig es war, diese Zusammenhänge zu vermitteln, barg dieser neue Ansatz auch Anlaß zu Spannungen. Denn nach Walter Elligers Weggang war 1963 Rosemarie Müller-Streisand auf den Lehrstuhl für Kirchengeschichte berufen worden. Sie vertrat für die Kirchengeschichte einmal einen eigenwilligen, extremen "Barthianismus", zum anderen war für sie Kirchengeschichte in erster Linie Kirchenpolitik, die sie von einem extrem marxistischen Standpunkt her beurteilte. Daraus resultierte die Ablehnung des Faches überhaupt und ebenso die der Frömmigkeitsgeschichte, weil Müller-Streisand dieser und anderen Trägern – den kirchlichen Laien – keine Eigenständigkeit zugestehen wollte, sondern sie als von der Kirchenpolitik manipuliert ansah. Doch das war es nicht allein, was den Widerstand von Teilen der Fakultät, der Universitätsleitung und des Staatssekretariats für Kirchenfragen provozierte, sondern die Person von Raddatz selbst. Das zeigte sich, als es 1964 um die Berufung zum Dozenten ging. Die Referentin des Staatssekretärs, Dr. Friedrun Fessen, äußerte sich am 10. 11. 1964 in einer Hausmitteilung wie folgt: "... Das Heranführen an Grundfragen der Theologie geschieht aber ganz im Sinne von Professor Elligers, dessen treuer Schüler Dr. Raddatz ist. So wird im Nebenfach Archäologie versucht einzureißen, was Frau Prof. Müller-Streisand im Hauptfach Kirchengeschichte fortschritt-

lich aufbaut. 2. Die Haltung von Dr. Raddatz ist m. E. nicht unpolitisch, sondern bewußt restaurativ, natürlich nicht exponiert offen reaktionär, sondern im Rahmen des Möglichen ... Mit Dr. Raddatz könnten die progressiven Kräfte kaum erzieherisch zusammenspielen, da er, von seiner eigenen Haltung abgesehen, von reaktionären kirchlichen Kreisen als ihr Vertreter an der Fakultät angesehen wird ... Somit würde Dr. Raddatz mit höchster Wahrscheinlichkeit in die Position des ausgesprochen reaktionären Dozenten hineinmanövriert, als der politischen Erziehungsarbeit abträglich ... Dr. Raddatz trotz seiner gesellschaftlichen Mängel zum Dozenten zu ernennen, würde bedeuten, daß wir bald für ausgesprochen progressive Nachwuchstheologen keine Stellen mehr zur Verfügung hätten ..."
Dem Einsatz des damaligen Dekans Hans-Hinrich Jenssen und dem deutlich bekundeten Interesse der Kirchenleitung an dem Bestand des Faches war es zuzuschreiben, daß die Berufung von Raddatz zum Dozenten dann doch noch erfolgte.

Aber die Vorbehalte gegen das Fach blieben, zumal die Resonanz bei den Studenten eine erhebliche war. Deshalb vermutete man ständig – wie ja die Auslassungen von Frau Fessen schon gezeigt haben – eine Art ideologischer Beeinflussung. Noch bevor die durch die 3. Hochschulreform bewirkte Umwandlung der Theologischen Fakultät in die Sektion Theologie durchgeführt worden war, konnte Raddatz 1971 einen Ruf an die Evangelisch-Theologische Fakultät der Universität Wien annehmen.

Durch die Hochschulreform wurden alle Institute aufgelöst, statt dessen gab es nur noch Fachbereiche, die dem Sektionsdirektor unterstanden. Das barg die Gefahr in sich, daß die Arbeit im Fach Christliche Archäologie und Kirchliche Kunst zum Erliegen käme. Zumal ein fester Stundenplan eingeführt und die Immatrikulationsjahrgänge nach Studienjahren wie Schulklassen organisiert wurden. Für fakultative Lehrveranstaltungen blieb in diesem Rahmen wenig Raum und der mußte zudem noch über die Sektionsleitung geregelt werden.
Die freigewordene Dozentenstelle von Raddatz wurde für eine Systematikerin verwandt. Die Doktorandin von Raddatz, Gerlinde **WIEDERANDERS**, die ihre Promotion im Juni 1971 abgeschlossen hatte, war seit dem 1. 1. 1972 als wissenschaftliche Assistentin angestellt und mit der Wahrnehmung von Lehrveranstaltungen im Fach Christliche Archäologie und Kirchliche Kunst beauftragt. Es gelang, den Lehrbetrieb als Fakultativum, wenn auch auf klei-

ner Flamme, kontinuierlich fortzusetzen und das Fach mit einer Überblicksvorlesung im Studienplan zu verankern. Die Tradition der Exkursionen konnte ebenfalls fortgesetzt werden (jedes zweite Semester) trotz immer wieder auftauchender Behinderungen. Z. B. versuchte man, die Teilnahme der Studenten von der Zustimmung des jeweiligen Studienjahrleiters abhängig zu machen. Es konnten auch immer wieder Examensarbeiten aus dem Gebiet der Christlichen Archäologie und Kirchlichen Kunst geschrieben und ebenso Doktorarbeiten betreut werden. Als Gerlinde Wiederanders 1983 zur außerordentlichen Dozentin ernannt wurde, löste sich das Fach aus der institutionellen Verbindung mit der Kirchengeschichte. Damit war einerseits im Rahmen der damaligen Sektionsstruktur eine gewisse Selbständigkeit erreicht, zum anderen hatte sich wieder die Akzeptanz des Faches durchgesetzt. Die Arbeit konzentrierte sich auf die Ikonologie, auf die Beziehungen zwischen künstlerischen Zeugnissen und den jeweiligen Epochen der Frömmigkeitsgeschichte, wobei neben Alter Kirche, Mittelalter und Reformationsgeschichte auch die Entwicklungen im 19. und 20. Jahrhundert Gegenstand von Forschung und Lehre wurden. Außerdem knüpfte Gerlinde Wiederanders an die von Nikolaus Müller begonnene Tradition erstmals wieder an und wandte sich intensiv der märkisch-brandenburgischen Kirchengeschichte zu. Es begann mit einigen kleineren Publikationen über die Epitaphien des Michel Ribestein in der Berliner Marienkirche und zur Gründungslegende des Zisterzienserinnenklosters Heiligengrabe und vor allem mit der Habilitationsschrift über Schinkels Kirchenbau. Jedes zweite Semester wird seitdem eine Vorlesung "Brandenburgische Kirchengeschichte" angeboten.

Neben der Zusammenarbeit mit dem Kunstdienst der Evangelischen Kirche der Union, die seit 1971 intensiv gepflegt wurde, trat deshalb seit 1982 die Arbeit im Leitungskreis der Arbeitsgemeinschaft für Berlin-Brandenburgische Kirchengeschichte. In den letzten Jahren konnten auch immer wieder Examensthemen aus dem Bereich der märkischen Kunst- und Kirchengeschichte vergeben werden. Schließlich kamen all diese Aktivitäten zusammen zu dem Forschungsprojekt des Lehrstuhls über protestantische Ikonographie. Die Objekterhebungen beziehen sich auf Zeugnisse in Kirchen der Mark Brandenburg.

Die Wende von 1989 brachte notwendigerweise auch die Neustrukturierung der Humboldt-Universität. Das konnte natürlich an den Theologen nicht vorbeigehen. Für die an der Universität arbeitenden Theologen der Sektion Theologie bedeutete das einmal, daß sie sich der Evaluierung stellen mußten. Zum anderen fusionierte die Sektion mit dem Sprachenkonvikt, der Kirchlichen Hochschule im Ostteil Berlins, und dann der Kirchlichen Hochschule in Berlin-Zehlendorf. An den Kirchlichen Hochschulen war bis dahin das Fach Christliche Archäologie und Kirchliche Kunst nur durch Lehraufträge vertreten gewesen. Doch hatte von Anfang an der Wunsch der Kirchenleitung bestanden, daß das Fach auch an der neu strukturierten Ausbildungsstätte für evangelische Theologen vertreten sein möge. Die von der Wissenschaftsverwaltung des Berliner Senats berufene Struktur- und Berufungskommission schloß sich dem an und bestimmte für das Fach, das seit 1994 "Christliche Archäologie, Denkmalkunde und Kulturgeschichte" genannt wird, eine C3-Professur, eine Mitarbeiterstelle, Sekretariat und studentische Hilfskräfte. Damit waren nun wieder die Voraussetzungen geschaffen, um selbständig und qualifiziert in Forschung und Lehre arbeiten zu können. Ebenso ist das Fach seitdem in den Studien- und Prüfungsordnungen der Fakultät verankert. Seit 1994 ist es Mitglied des Seminars für Kirchengeschichte, da sich nach der Neustrukturierung der Theologischen Fakultät die Fächer zu Seminaren zusammengeschlossen haben. Diese fachlich gebotene Zusammenarbeit mit den Kirchenhistorikern schließt aber nicht die praktisch-theologischen Bezüge aus. So wird in regelmäßigem Abstand ein Seminar zur Vorbereitung auf das Gemeindepraktikum angeboten. Ebenso hat sich das Engagement in der Lehrerausbildung intensiviert.

Unbefriedigend ist zur Zeit die Situation, in der sich die alte wertvolle Bibliothek befindet. Da es bisher nicht möglich war, sie in die Bibliothek der ehemaligen Kirchlichen Hochschule zu integrieren – das bezieht sich übrigens auf den gesamten Bestand der alten universitären Fakultätsbibliothek –, ist sie ausgelagert worden und nur beschränkt zugänglich. Es wird jetzt versucht, durch den wissenschaftlichen Mitarbeiter und studentische Hilfskräfte einen Lesesaalbestand aufzubauen. Aber das Ziel bleibt, die Bestände des alten Instituts für Christliche Archäologie und Kirchliche Kunst an die Fakultät zurückzuholen.

Inzwischen ist aber durch die Sparzwänge der Humboldt-Universität die Zukunft des Faches überhaupt wieder ungewiß. Deshalb zum Schluß einige Hinweise zu Sinn und Bedeutung des Faches "Christliche Archäologie und Kirchliche Kunst":

Denkmale und Sachzeugen haben den gleichen Aussagewert wie die – teilweise nur lückenhaft – überlieferten schriftlichen Quellen. Sie können das Bild einer Epoche vervollständigen und bieten verläßliche Fixpunkte für eine historische Orientierung. Die Öffnung des Denkmalbegriffes auf Zeugnisse der Alltagsgeschichte deutet auf einen Wandlungsprozeß in den Geschichtswissenschaften hin. Dieser bedeutsame Paradigmenwechsel sollte auch für die theologische Arbeit nutzbar sein und bleiben.

Quellen

Walter Elliger, 150 Jahre Theologische Fakultät Berlin, Berlin 1960.
Archiv der Humboldt-Universität.
Bundesarchiv Potsdam.
Rainer Wieland, Franz Xaver Kraus, in: Freiburger Universitätsblätter, Heft 137, 1997.
Andreas Tacke, Nikolaus Müller – Christlicher Archäologe, Melanchthon- und Reformationszeitforscher, Jahrbuch für Berlin-Brandenburgische Kirchengeschichte, 61, 1992, S. 8 – 37.

Almut Nothnagle

Die St. Thomaskirche in Pretzien - eine Pfarrkirche des Magdeburger Liebfrauenstiftes

Geschichtlicher Überblick

Die St. Thomaskirche in Pretzien - unweit von Magdeburg auf der linken Elbseite gelegen - ist seit 1974 als hervorragendes Zeugnis spätromanischer Architektur und Wandmalerei bekannt.[1] Ihre Einbettung in die kirchengeschichtlichen Entwicklungen unter dem Gesichtspunkt der Wirksamkeit der Prämonstratenser im Bereich des Erzbistums Magdeburg im 13. Jahrhundert ist jedoch bisher kaum untersucht worden.

Über die Geschichte Pretziens liegen uns nur wenige Angaben vor. Justus Christianus Thorschmidts im Jahre 1725 erschienenes Werk "Altertümer von Plötzky, Prezzin und Elbenau" ist der älteste Versuch einer zusammenfassenden geschichtlichen Darstellung der stark lückenhaften rechts- und kirchengeschichtlichen, urkundlichen Überlieferung.[2] Daraus gehen allerdings wichtige Auskünfte hervor:
Der Ort wird zum erstenmal im Jahre 1004 urkundlich erwähnt, doch schweigen dann die Quellen fast 150 Jahre. In einer Urkunde aus dem Jahre 1145/48 bezeugt der Markgraf Albrecht der Bär die Schenkung der Dörfer Pretzien und Clützow (heute Wüstung), eines Teiles des Elbenauer Werders nebst Nutzungsrecht für Mühlen, Äcker und Haine an das Magdeburger Liebfrauenkloster.[3] Auch der Kirchenzehnt und das Patronatrecht werden darin dem Stift übertragen. Dagegen behält sich Albrecht für sich und seine Nachkommen das Schutzvogteirecht vor.

Im Zusammenhang mit den etappenartigen Bemühungen um eine Wiederbesetzung des Brandenburger Bistums und der Niederlassung des provisorischen Domkapitels im nahegelegenen Leitzkau nehmen die Bindungen Pretziens an das dortige Prämonstratenserstift zu. Wie schon Thorschmidt vermutet, übernehmen nun Leitzkauer Prämonstratenser die Pfarrseelsorge an der Pretziener Kirche. Dies bezeugt auch eine Urkunde des Brandenburger Bischofs Waldemar für das Kloster Leitzkau Ende des 12. Jahrhunderts.[4] Darin erhält das Stift zwei Drittel des Zehnten in den Dörfern Clützow und Pretzien. Das restliche Drittel steht dem Pfarrer von Pretzien zu. Dies entspricht der Zehntregelung in allen Kirchen, die von einer Prämonstratenserniederlassung aus pfarrseelsorgerlich betreut werden und ist auch aus dem Bereich der beiden anderen ostelbischen Bistümer Havelberg und Ratzeburg bekannt.

Als eine der vier Pfarrkirchen steht Pretzien darüber hinaus in einem engen Verhältnis zum Magdeburger Liebfrauenstift. Dies ist vermutlich auch ein wesentlicher Gesichtspunkt für die baukünstlerische Bevorzugung der Pretziener Kirche gegenüber den übrigen Pfarrkirchen in ihrem Umkreis.

Baugeschichte

Die St. Thomaskirche in Pretzien ist ein Bruchsteinbau aus der zweiten Hälfte des 12. Jahrhunderts. Sie ist uns nicht nur in ihrer ursprünglichen romanischen Außengestalt erhalten geblieben, sondern verfügt auch über Reste einer äußerst qualitätvollen Wandmalerei um 1230.

Die Baugestalt der Kirche präsentiert sich als flachgedeckte Saalbau mit eingezogenem Chor und halbkreisförmiger Apsis. Der in mittelalterlicher Zeit unvollendet gebliebene portallose Westwehrturm wurde in Höhe des Kirchenschiffes durch einen im 18. Jahrhundert errichteten Fachwerkaufsatz abgeschlossen. Auf beiden Seiten des Kirchenraumes befinden sich jeweils vier hochgelegene, schmale Rundbogenfenster. Der Chor verfügt auf beiden Seiten über je ein, die Apsis über drei Fenster. In der Westhälfte des Schiffs liegen die beiden Portale einander gegenüber. Zwischen ihnen ist der ursprüngliche Standort des Taufsteins nachgewiesen.[5]
Ganz ungewöhnlich, zumal für eine so große und aufwendige Dorfkirche ist das aus Sußmanns Grundriß sich ergebende Fehlen einer Priesterpforte. Der Bogen zwischen Turmerdgeschoß und Schiff ist so breit - er mißt fast 5/6 der inneren Schiffbreite -, daß er später in der Mitte abgestuft werden mußte. Dieser Bogen ist genauso wie der Apsis- und Triumphbogen eine Erscheinung, wie man sie in vielen Kirchen im Bereich des Elb-Havelwinkels findet. Bei Grabungen und anschließender Bauuntersuchung wurde festgestellt, daß unterhalb des östlichsten Schiffsfensters ein Lettner Chor und Laienraum voneinander trennte. In dem Bericht der Restaurateurin Maria Meußling heißt es dazu: "Für die Lettnergestaltung mit zwei Durchgängen auf beiden Seiten des ehemaligen Kreuzaltars sprach bei der Freilegung zwischen 1973 - 77 die Art, wie die Steine gesetzt waren, sowie zwei breite, abgewetzte Stufen,

rechts und links vom Altar. Beide Stufen sind noch sichtbar, wobei die rechte Stufe stärker ausgetreten ist als die linke. Die jetzige obere Steinschicht ist aus Benutzungsgründen aufgelegt."[6]
Damit entspricht diese Lettnerform genau der in Jerichow und Brandenburg noch bzw. wieder vorhandenen und der in Ratzeburg ergrabenen Anlage.[7] Die Höhe des Lettners läßt sich anhand der Wandmalerei auf der Nord- und Südwand des Schiffs rekonstruieren, die oberhalb des vermauerten Lettneransatzes endet.

Im Vergleich zu den prämonstratensischen Stifts- bzw. Kathedralkirchen begegnen wir hier in einer relativ kleinen Kirche dem Versuch, Kleriker- und Laienbereich voneinander abzugrenzen, aber doch mit Hilfe der unter einer durchgängigen Bildaussage stehenden Wandmalerei zu verbinden. Dem pfarrseelsorgerlichen Anliegen kann insofern Rechnung getragen werden, als der Priester durch eine der beiden Durchgänge der Lettnerwand vor den Kreuzaltar tritt und von dort aus die Gemeinde in die Meßliturgie einbezieht. Von der Lettnerkanzel aus, deren Stufen unmittelbar hinter der Lettnerwand ergraben wurden, erfolgen die Lesungen.[8]
Wir finden in Pretzien ein ausgesprochen seltenes Beispiel für die Anpassung der in Stiftskirchen üblichen Unterscheidung zwischen Altarraum und Chorbereich bis zur Lettnerwand an die räumlichen Verhältnisse einer Dorfkirche. Hier ringen gleichsam die Ansprüche eines Konvents und die pfarrseelsorgerliche Bestimmung einer Archidiakonatskirche miteinander. In den Dorfkirchen des 13.Jahrhunderts schwindet dagegen die Grenze zwischen Kleriker- und Laienraum in zunehmendem Maße, bis sie schließlich nicht mehr zu erkennen ist.

In Pretzien betraten Laien die Kirche durch das große Rundbogenportal auf der Nordseite des Schiffs, während der schmale südliche Eingang möglicherweise die Funktion einer sonst üblichen Priestertür innehatte. Entsprechend läßt sich wohl auch der Einbau der Sakristei im südlichen Turmbereich im 14./15. Jahrhundert erklären. Eine weitere auffallende Besonderheit ist die noch heute wahrnehmbare, hervorragende Akustik der Kirche. Sie hob die Wirkung des liturgischen Gesangs, der ein wichtiger Bestandteil des prämonstratensischen Gottesdienstes war und bis zum heutigen Tage ist. Diese Beobachtung gilt auch für andere Prämonstratenserbauten. Stiftskirchen, aber auch Dorfkirchen, die unter prämonstratensischem Einfluß entstanden sind, zeichnen sich durch eine gute Akustik aus, die ihrerseits als

Funktionsträger der Liturgie diente. Auch im Blick auf die Lichtverhältnisse ist der Kirchenraum in Pretzien sehr bewußt konzipiert. Denn hier hat man durch unterschiedliche Bemessung des Fensterlaibungswinkels die Lichtführung in der Weise beeinflußt, daß durch die Fenster im Apsisrund das Licht in einem ganz bestimmten Winkel fällt.[9] Damit wird der Altarbereich in besonderer Weise hervorgehoben bzw. die Schauwirkung der Apsisausmalung gesteigert.

Zur Ikonographie und Ikonologie der Wandmalerei

In mehreren wissenschaftlichen Publikationen wurde seit Abschluß der Restaurierungsarbeiten das Programm der Pretziener Wandmalerei analysiert.
[10] H. L. Nickel hat als erster und umfassend das ikonografische Programm beschrieben[11]:
"Die Mitte der Apsishalbkuppel nimmt der auf einem Regenbogen thronende Christus ein, umgeben von einer Mandorla. Ihm wenden sich mit anbetend erhobenen Händen Maria und Johannes der Täufer. zu. Die Räume zwischen den stehenden Figuren und der Mandorla werden durch Cherubim ausgefüllt, deren Füße auf Rädern ruhen ... Die Felder zwischen den drei Apsisfenstern werden von einer Märtyrerin und einem Heiligen mit Bischofsmütze eingenommen, während sich an den Seitenstreifen der Apsis jeweils Dreiergruppen von Heiligen befinden, deren Identität auf Grund des schlechten Erhaltungszustandes nicht eindeutig festzulegen ist. Im Chorquadrat befinden sich in der oberen Zone neben den Fenstern je drei lebensgroße Gestalten der klugen und törichten Jungfrauen. Darunter haben sich zwei Bildstreifen fragmentarisch erhalten."[12]

Auf der Südseite des Chores ist die Bereitung des Linsengerichts nach Gen. 27.1-40 dargestellt. Die Darstellung wird auf der Nordseite des Chores unterhalb der Darstellung der klugen und törichten Jungfrauen mit der Szene, in der nach biblischer Überlieferung Jakob anstelle des älteren Bruders Esau den väterlichen Segen entgegennimmt, fortgesetzt. Die alttestamentliche Szenenfolge schließt mit der Darstellung von Gen. 28, Jakobs Traum von der Himmelsleiter, ab. Im weiteren folge ich wieder Nickels Beschreibung:
"Im Gewände des Triumphbogens entfaltet sich über den stehenden Evangelistenfiguren der Stammbaum Christi, eingeleitet durch König David. An der gegenüberliegenden Südbeuge sind in sechs Medaillons die Halbfiguren von Propheten dargestellt. An der dem Schiff zugekehrten

Triumphbogenwand haben sich von der Flachdecke an gerechnet drei Bildstreifen erhalten. Besonders eindrucksvoll ist das in mehreren Bildern dargestellte Gleichnis vom reichen Mann und dem armen Lazarus auf der Südseite. Die Tafelszene an der gegenüberliegenden Seite ist wohl als Gleichnis vom Großen Gastmahl zu verstehen."[13]
Die Christophorusdarstellung auf der Nordseite des Schiffs und die Seelenwägung in der nördlichen Leibung des Bogens unterhalb des Turmes datiert Nickel wenig später als die Chorausmalung.[14]

Das ausgesprochen detailreiche Bildprogramm von Pretzien hat verschiedentlich Anlaß zur Suche nach thematischen und stilistischen Vorbildern in Magdeburg oder im Umkreis des Harzes gegeben. Helga Neumann verweist auf die Kreuzigungsgruppe im Halberstädter Dom, die genau wie die Deesis in Pretzien von sechsflügeligen Seraphim flankiert wird.[15] Ohne den stilistischen Vergleich im einzelnen nachvollziehen zu wollen, liefert Pretzien einen eindrucksvollen Beweis für die Blüte einer künstlerischen Entwicklung im Umkreis von Magdeburg und Halberstadt im 12./13. Jahrhundert. In dieser Kirche verbinden sich entlehnte ikonographische Elemente zu einer originären Bildaussage, die dem Raum sein besonderes Gepräge verleiht. Diese gilt es nun, im Detail näher zu analysieren.

1. Die Majestas Domini-Darstellung

Das gesamte Bildprogramm der St. Thomaskirche ist auf die zur Deesis erweiterten Majestas-Domini-Darstellung in der Apsis ausgerichtet. Christus als Pantokrator - ganz im Stil der strengen byzantinischen Formenauffassung - wird flankiert von den beiden Fürbittgestalten Maria und Johannes der Täufer. - Auch die zu beiden Seiten erscheinenden Cherubimgestalten ergänzen den Gedanken an die Erscheinung des Weltenrichters am Ende aller Zeiten. In Anlehnung an die Thronwagenvision im Buch Hesekiel (Kap. 1) stellen sie hier die himmlischen Throntrabanten dar.
Da der Altar das Zentrum der in solcher Weise ausgestatteten Apsis ist, könnte man die Bildaussage so formulieren: Christus, der in Zeit und Ewigkeit regierende Weltenrichter, dessen Wiederkunft von den Gläubigen erwartet wird, nimmt schon jetzt erfahrbar substantiell Gestalt an im Vollzug der Wandlung der eucharistischen Elemente.[16] Das Geheimnis dieser Wandlung kann nur im Glauben verstanden werden. Die Apsisausmalung versinnbildlicht den Gedanken der Transzendenz und Immanenz Christi in einer Weise, die uns

heute nur noch sehr schwer verständlich ist. Dabei bildet das Bildprogramm an sich keine Ausnahme unter den im gleichen Zeitraum und in der gleichen Kunstlandschaft entstandenen Kirchen.
Erhalten geblieben sind uns Majestas Domini bzw. Deesisdarstellungen in der zum Prämonstratenserstift Jerichow gehörigen Pfarrkirche in Buch/Krs. Tangerhütte sowie in einigen Kirchen im Umkreis von Ratzeburg.[17]

Daß die Prämonstratenser auch in ihren Stiftskirchen dieses strenge, dem byzantinischen Formenkanon entlehnte Bildmotiv bevorzugen, belegen zwei Beispiele aus Gebieten, die nicht unmittelbar mit der sächsischen Ordenszirkarie in Verbindung stehen. In Knechtsteden im Rheinland und in Vä, einer dänischen Prämonstratenserniederlassung entstanden im gleichen Zeitraum um 1170 Apsisausmalungen mit einer sich sehr ähnelnden Pantokratordarstellung.[18] Wir können hieran die These knüpfen, daß die Prämonstratenser in den verschiedenen Niederlassungsgebieten – abgesehen von der Frühzeit einer prämonstratensischen Bildaskese – der künstlerischen Ausgestaltung ihrer Kirchen im Interesse der Pfarrseelsorge immer weniger ablehnend gegenüberstanden, jedoch in der Wahl der Themen liturgisch bedeutsame Inhalte bevorzugten.

2. Weltgerichtszenen

Der dem gesamten Bildzyklus zugrunde liegende Gedanke ist das Jüngste Gericht, ein durchaus übliches Thema der mittelalterlichen Wandmalerei. Das Gerichtsthema wird allerdings im ikonologischen Programm in Pretzien mit der Majestas Domini Darstellung verbunden und damit ethische, auf das irdische Leben ausgerichtete Intentionen mit eschatologischen, transzendentalen Aussagen verknüpft. Dies ist insofern bemerkenswert, als darin ein frömmigkeitsgeschichtlicher Wandel zum Ausdruck kommt. In der Apsiskalotte erscheint Christus noch ganz im Stil des romanischen Pantokratortypus. Doch die einzelnen Gerichtsszenen weisen darüber hinaus auf seine Erscheinung zum Weltgericht. Dem Gerichtsgedanken sind allein drei Bildfolgen zugeordnet: das Gleichnis von den klugen und törichten Jungfrauen, das große Gastmahl und das Gleichnis vom reichen Mann und dem armen Lazarus. Drei Szenen also, in denen die Begrenztheit des irdischen Lebens, das Kommen des Endgerichts und ein gottgefälliger Lebenswandel thematisiert werden. Das Gleichnis vom großen Gastmahl richtet sich - so könnte man vermuten - an die Gemeinde in ihrer Gesamtheit.

Das Gleichnis vom reichen Mann und dem armen Lazarus spricht den einzelnen in der Begrenztheit seines Lebens und der Vergänglichkeit aller irdischen Güter und Werte an. Diese Darstellung beschreibt im Unterschied zum großen Gastmahl nicht das irgendwann hereinbrechende Gericht, sondern das Todesschicksal des Einzelnen. So verbinden sich in beiden Szenen universaler Gerichtsgedanke und individuelles Todesgeschick geradezu in der Art einer "Bildpredigt". Nur der besteht im Endgericht, der schon im irdischen Leben evangeliumsgemäß lebt, d. h. Nackte kleidet und Arme an seinen Tisch bittet. Darauf nimmt auch die Seelenwägung im Westen der Kirche Bezug, die ursprünglich auf dem unmittelbar anschließenden östlichsten Teil der Schiffsnordwand dargestellt war. Im Gegensatz zu den beiden beschriebenen Szenen sind die klugen und törichten Jungfrauen im Chorquadrat nicht ohne weiteres vom Schiff aus zu sehen. Zieht man noch den Lettnereinbau in Betracht, so ergibt sich die Vermutung, daß diese Darstellung gerade innerhalb des dem Geistlichen vorbehaltenen Bereichs der Kirche den Priester zur gewissenhaften Ausführung des Altardienstes ermahnen sollte.

Man kann diese Deutung nur der Pretziener Wandmalerei zugrunde legen, m. a. W. sie nicht etwa als genuin prämonstratensisch bezeichnen, denn es gibt andererseits genug Beispiele, die das Gegenteil belegen. In zwei Dorfkirchen im Umkreis von Ratzeburg, in Büchen und Berkenthin, findet sich ca. 70 Jahre später das gleiche Jungfrauenthema, allerdings an den nördlichen bzw. südlichen Schiffswänden.

3. Die Jacob-Esau-Darstellung

Dieser Teil des Bildprogramms von Pretzien hat wohl weder etwas mit dem Eucharistiegedanken noch mit einem christologischen Bezug zu tun. Um die Funktion dieser Szenenfolge innerhalb des gesamten Bildprogramms zu verstehen, versuchen wir wiederum, die Bildintention im einzelnen zu erfassen. Die sich aus drei Teilen zusammensetzende Szenenfolge nach Gen. 25 und 27 schildert zunächst in detailreicher Ausführlichkeit die Vorbereitungen, die Jacob mit Hilfe seiner Mutter Rebekka trifft, um seinem älteren Bruder Esau das Erstgeburtsrecht abzukaufen. Nicht einmal die an zeitgenössischen Vorbildern erinnernde Küche (!) fehlt, in der Rebekka das Wildbret vorbereitet.

Wie läßt sich diese außerordentlich seltene Darstellung erklären? M. E. erschließt sich die zugrunde liegende Bildaussage auf dem Hintergrund frömmigkeitsgeschichtlicher Entwicklungen des 13. Jahrhunderts, die offenbar in dieser Kirche an einem nur dem Priester zugänglichen Ort aufgegriffen werden. Die Bildpredigt richtet sich an den Geistlichen. Sie muß demnach einen theologischen Bezug haben, in dem das priesterliche Amt eine besondere Rolle spielt. Die kirchenpolitischen Zeitereignisse mögen uns hierbei eine Schritt weiter führen. Prämonstratenser wie Augustinerchorherren konnten der heftigen Kontroverse keineswegs gleichgültig gegenüberstehen, die in der zweiten Hälfte des 12. Jahrhunderts zwischen Mönchen und Regularkanonikern um die jeweiligen Vorzüge des eigenen Standes entbrannte. Aus dem Bereich des Erzbistums Magdeburg liegen uns aus diesem Zeitraum Belege dafür vor, daß von prämonstratensischer Seite mit den scharf geschliffenen Waffen der Polemik in diesen Streit eingegriffen wurde. Aus der Feder des Prämonstratenserbischofs Anselm von Havelberg stammt eine Streitschrift, gerichtet an den Abt Egbert von Huysburg, die eine Art Verteidigung des eigenen Reformideals darstellt. Natürlich darf der Zeitraum, der zwischen dem um 1149 abgefaßten Brief und dem Bildprogramm in Pretzien liegt, nicht übersehen werden. Dennoch wird hier wie auch später an verschiedenen anderen Beispielen deutlich, daß offenbar theologisches Gedankengut im Umkreis einer bedeutenden Kunstmetropole länger tradiert - und dann auch mit entsprechendem zeitlichen Abstand zum Gegenstand der Bildkunst erhoben wurde. Ich möchte daher die sonst ikonologisch schwer verständliche Jakob-Esau-Szene folgendermaßen deuten: Der Benediktinerorden als ältester Orden des Abendlandes besitzt von seinem Ursprung her die höhere Würde, im Bild gesprochen "das Erstgeburtsrecht". Doch durch das unergründliche, verborgene Handeln Gottes erfährt der jüngere Bruder, der sich auf die Einsetzung durch den Kirchenvater Augustin beruft, die Bevorzugung. Der Grund für die Zurücksetzung des älteren Bruders, d. h. des Benediktinerordens liegt in der schändlichen Vernachlässigung des eigenen Ordensideals, in Sittenlosigkeit und Habgier der Mönche. Diesem verachtungswürdigen Handeln kommt die Verschleuderung des Erstgeburtsrechts durch Esau gleich. So heißt es bei Anselm von Havelberg: "Jene (die Benediktiner - A. S.) bemühen sich um Besitz und führen weltliche Geschäfte und erpressen die untergebenen Pächter um Lohn."[19] Dieser heftige Vorwurf gegen die Pervertierung eines ursprünglichen, benediktinischen Armutsanspruchs mag der aktuelle Anlaß für die Jakob-Esau-Darstellung sein.

Abrupt bricht die Szenenfolge auf der südlichen Chorwand ab. Der Begegnung Jakobs mit seinem sterbenden Vater schließt sich sofort Jakobs Traum von der Himmelsleiter nach Genesis 28 an. Mit diesem inhaltlichen Gedankensprung verbindet sich so etwas wie eine moralische Umwertung der Person Jakobs. Auf ihm, der sich auf unrechtmäßige Weise den Erbanspruch bzw. den väterlichen Segen erschlichen hat, ruht die göttliche Verheißung einer zahlreichen Nachkommenschaft. Bezogen auf die Kontroverse zwischen Benediktinern und Regularkanonikern mag dies programmatisch als heilsgeschichtliche Legitimierung des eigenen Ordensideals, der Verbindung von vita activa und vita contemplativa verstanden worden sein. Daß diese Deutung durchaus naheliegt, belegt wiederum die Interpretation der Gestalt des Erzvaters Jakob in der bereits zitierten "Epistula apologetica". Dort heißt es:
"Jakob, der Vater der zwölf Patriarchen, hat beide Lebensformen - das kontemplative und das aktive Leben vorgeformt, - er, der Gott von Angesicht zu Angesicht gesehen hat, wie erzählt wird, und der die Engel auf der Himmelsleiter auf- und absteigen sah, der auch den Herrn des Himmels zu ihren Häuptern stehen sah, während er versunken war in Kontemplation."[20]

Die Pretziener Wandmalerei, insbesondere die Szene mit der Himmelsleiter wirkt im Spiegel dieser symbolistischen Exegese wie ein Bildkommentar, der allerdings nur dem theologisch geschulten Betrachter seinen tieferen Sinn erschließt. Jakob als Symbolfigur für die Verbindung von contemplatio und actio, den beiden grundlegenden Prinzipien prämonstratensischer Frömmigkeit, wird hier als Präfiguration priesterlichen Handelns verstanden. Seine Darstellung ist hinter der Chorbegrenzung den Blicken der Laien entzogen.

4. Die Wurzel Jesse

In der Laibung des Triumphbogens ist neben sechs Prophetenmedaillons und den Evangelistenfiguren die Wurzel Jesse zu erkennen. Auch sie ist durchaus kein ungewöhnliches Thema der mittelalterlichen Ikonographie. Doch interessiert uns hier der inhaltliche Bezug zu den übrigen Darstellungen in Pretzien.
Drei Zeitebenen werden hier in Entsprechung zur mittelalterlichen Zeitalterlehre angedeutet: Die Wurzel Jesse symbolisiert die Zeit der Erzväter des Volkes Israel als Zeit der Verheißung und der Selbstoffenbarung Gottes an die Träger dieser Verheißung. Die Propheten gelten dabei gleichsam als Brücke

zwischen Väterverheißung im Alten Testament und Selbstoffenbarung Gottes in Jesus Christus, dessen Zeugen die Apostel sind. Dieser den Bildmotiven zugrunde liegende Entwicklungsgedanke findet seine Entsprechung in dem bereits mehrfach zitierten Brief des Bischofs Anselm von Havelberg an den Benediktinerabt Egbert von Huysburg: Der göttliche Plan der Menschheitsgeschichte durchläuft mehrere Offenbarungsstufen, deren letzte und höchste die Menschwerdung des Gottessohnes ist. Im Blick auf die neutestamentlichen Zeugen Jesu Christi und rückblickend auf die vorangegangenen Zeitalter ruft Anselm Lukas 10,38 zitierend begeistert aus:
"Glücklich sind die Augen, die gesehen haben, was Ihr gesehen habt. Könige und Propheten wollten es sehen, was Ihr gesehen habt und sie haben es nicht gesehen, und wollten hören, was Ihr gehört habt und konnten es nicht hören."[21]

Es liegt also in der Konsequenz dieses kontinuierlichen Entwicklungsgedankens, wenn im Gegenüber von Triumphbogenbemalung und Deesis in der Apsis die gegenwärtige Zeit zwischen Erscheinung und Wiederkunft Jesu Christi thematisiert kommt. Der Chor- bzw. Altarraum, der Ort also, in dem Jesu Opfertod durch die priesterliche Opferhandlung sinnenfällig vergegenwärtigt wird, steigert gleichsam die Symbolik des Triumphbogens und lenkt den Blick auf die Apsis mit der Darstellung der Wiederkunft Christi am Ende aller Zeiten.

5. Thomas Becket

Die Heiligengestalt mit Bischofsmütze zwischen mittlerem und nördlichem Apsisfenster wird von Meußling und Nickel als Bildnis des Thomas Becket gedeutet. Mehrere Gründe sprechen für die Darstellung des Bischofs von Canterbury in einer Prämonstratenserkirche. Mit ihnen möchte ich in Folgendem die eingangs referierte These auf eine breitere Beweisgrundlage stellen.

Thomas Becket, Lordkanzler, später jedoch erbittert bekämpfter Gegner Heinrich II. von England, repräsentiert innerhalb der mittelalterlichen Kirchengeschichte höchsten päpstlichen Machtanspruch in Gestalt der gregorianischen Reformidee. Hier können wir eine gewisse Parallelität zwischen Thomas Becket und Norbert von Xanten erkennen. Hat sich letzterer doch in ähnlicher Weise als Anhänger des gregorianischen Reformpapsttums vor

allem während seiner Amtszeit als Erzbischof von Magdeburg profiliert.²²
Darüber hinaus gibt es noch weitere Anhaltspunkte für die Verehrung des 1173/74 heiliggesprochenen Erzbischofs von Canterbury innerhalb der sächsischen Ordensgruppe.
Einer von Norberts Nachfolgern im Amt des Erzbischofs von Magdeburg, Ludolf von Kroppenstedt, wurde der Überlieferung zufolge im Jahre 1209 „beyseins etlicher Fürsten und Herren im Thume zu Magdeburg neben dem St. Thomas Altar ehrlich begraben".²³ Es gibt Anlaß zu der Vermutung, daß der Erzbischof noch vor seinem Tode den Ort seiner Beisetzung festgesetzt hat. Vielleicht wollte er damit seine Verehrung gegenüber seinem einstigen Lehrer Thomas Becket ausdrücken. Eine Urkunde aus dem Jahre 1192 berichtet uns über Ludolfs Studienaufenthalt in Paris in der Umgebung des dort zeitweilig im Exil lebenden Erzbischofs von Canterbury.²⁴ Die Zeit ihrer Bekanntschaft fällt etwa in die Jahre zwischen 1164 und 1170. Nach seiner Rückkehr und anschließenden Erhebung zum Erzbischof von Magdeburg hat Ludolf von Kroppenstedt auf mancherlei Weise dafür Sorge getragen, die Thomas-Verehrung in seinem Erzbistum zu verbreiten. Davon zeugt neben Heiligenkalendern, die während seiner Amtszeit entstanden sind, auch die Weihe der Pretziener Kirche auf den Namen dieses Heiligen. Darüber hinaus liegen sowohl aus dem Bereich der sächsischen Prämonstratenserzirkarie wie aus Prémontré selbst Hinweise dafür vor, daß die Thomas-Verehrung offenbar im ganzen Orden beliebt und verbreitet war.²⁵

Die Darstellung eines Vertreters der gregorianischen Reformbewegung läßt uns nach konkreten zeitgeschichtlichen Bezügen im Erzbistum fragen. In zeitlicher Parallele zur Pretziener Chorausmalung entsteht im nahen Magdeburg unter tatkräftiger Förderung durch den bedeutenden Erzbischof Albrecht II. von Käfernburg der gotische Dom. Bis zu Albrechts Tod im Jahre 1232 sind Chor und Teile des Querhauses bereits fertiggestellt. Dieser grandiose, in relativ kurzer Zeit ausgeführte Bau (Baubeginn 1209) konnte seine Wirkung auf die Zeitgenossen kaum verfehlen. Verkörpert er doch den Auftakt deutscher Kathedralgotik und verdankt seine Entstehung der Initiative eines hochgebildeten, bei Papst und Kaiser gleichsam angesehenen, reformfreundlich gesonnenen Metropoliten, eben jenes Albrecht II.

Bereits die Ausstattung des gotischen Chorumgangs nimmt Bezug auf kirchenpolitischen Interessengegensätze zwischen Albrecht und dem gebannten Gegenkönig Otto IV. aus dem Welfenhaus, der zu jener Zeit dem Erzbistum durch Raub- und Kriegszüge schweren Schaden zufügte. Was nimmt es Wunder, wenn nur wenige Kilometer von der Elbmetropole entfernt in einer Pfarrkirche, die zahlreiche Bezüge zu Magdeburg aufweist, gleichsam programmatisch in dem für die Laien nicht zugänglichen Chor ein typischer Vertreter gregorianischer Reformpolitik erscheint.

Hier in Pretzien spiegeln sich kirchenpolitische Auseinandersetzungen und künstlerische Entwicklungen in Baugestalt und Bildprogramm wieder. Die St. Thomaskirche legt in einzigartiger Weise beredtes Zeugnis ab von den kirchen- und kunstgeschichtlichen Entwicklungen einer Zeit und einer Region, die auf Grund der Zerstörungen und Verwüstungen infolge des 30jährigen Krieges wenige schriftliche Zeugnisse aus der Anfangszeit prämonstratensischen Wirkens im Erzbistum Magdeburg überliefert hat.

Anmerkungen

[1] Die aufsehenerregenden Ergebnisse der Restaurierungsarbeiten in Chor und Apsis der Kirche seit 1973 sind dem Einsatz der Restaurateurin Maria Meußling und ihrem Ehemann Pfarrer Rüdiger Meußling zu verdanken, in dessen Pfarrbezirk Pretzien seiner Zeit lag. Ausführliche Zusammenstellung der bisherigen Veröffentlichungen zu den Wandmalereien in Pretzien: Nickel, H. L., Die Wandmalereien in der Thomaskirche zu Pretzien bei Magdeburg, in: Sachsen und Anhalt, Jahrbuch der Historischen Kommission für Sachsen-Anhalt, Festschrift für Ernst Schubert, Band 19, Weimar 1997, S. 327 - 388; Der vorliegende Aufsatz ist das überarbeitete, gleichnamige Kapitel meiner Dissertation "Studien zur Pfarrseelsorge und zum Kirchenbau in den Prämonstratenserbistümern Brandenburg, Havelberg und Ratzeburg", Berlin 1987, S. 32 - 48.

[2] Thorschmidt, Justus Christianus, Altertümer von Plötzky, Prezzin und Elbenau, Burg bei Magdeburg 1725, Nachdruck Magdeburg 1939.

[3] Codex Oiplomaticus Anhaltinus 1, S. 272 ff.; vgl. auch Urkundenbuch von Liebfrauen/Magdeburg, Nr. 27.

[4] Abgedruckt bei Thorschmidt, S. 85.

[5] Sußmann, M., Die St. Thomaskirche zu Pretzien, in: Ausgrabungen und Funde, Bd. 31, Heft 4, Berlin 1986, S. 185, Anm., a. a. O., T. 26, Abb. 1.

[6] Auskunft von Frau Maria Meussling in einem Schreiben vom 19. 7. 1985.

[7] Ellger, D., Bericht über neue Ergebnisse der Bauforschung des Landesamtes für Denkmalpflege 1961 - 68, in: Nordelbingen, 38, Heide in Holstein 1969, S. 199 - 200.

[8] Vgl. Bericht über Grabungsbefund bei Sußmann, die Thomaskirche zu Pretzien .., a. a. O., S. 185. "Im Fußboden konnten auch das Fundament des Hauptaltars in der Apsis, eine Stufe im Altarraum und der Standort der Taufe in der Portalachse im Westbereich nachgewiesen werden."

[9] Sußmann, M., Die St. Thomaskirche .., a. a. O., S. 184. "Das exakte Aufmaß der gesamten originalen Außenfenster ergab, daß der Neigungswinkel der Seitenleibung so angelegt ist, daß das Sonnenlicht offenbar optimal auf die Südseite in Richtung Hauptaltar (Apsis) einfällt (veränderter Leibungswinkel von Osten nach Westen). Dadurch wurde bei der Rekonstruktion der Zusammenhang von Lichtwirkung, Lichtmenge und Innenausmalung besonders deutlich."

[10] Meußling, M., Der romanische Wandmalereizyklus in der Dorfkirche St. Thomas zu Pretzien, in: Byzantinischer Kunstexport, Wiss. Beiträge der Martin-Luther-Universität, Halle/Wittenberg 1978/13, S. 163 - 169.

[11] Nickel, H. L., Zu einigen Fragen der sächsischen Wandmalerei im 12. und in der ersten Hälfte des 13. Jahrhunderts, in: Wandmalerei im Hochfeudalismus: Protokoll eines Kolloquiums in Halle, 1983.

[12] Nickel, H. L., Mittelalterliche Wandmalerei in der DDR, Leipzig 1979, 5. 40 und 50

[13] Nickel, a. a. O., S. 50. Dagegen deutet H. Neumann die Tafelszene auf der linken, dem Laienraum zugewandten Chorwand als Gastmahl des Herodes mit der tanzenden Salome im Vordergrund. Diese Deutung halte ich auf Grund des schlechten Erhaltungszustandes wie auch von der inneren Logik der Bildfolge für unwahrscheinlich. Vgl. Neumann, Helga, Neuentdeckte Wandmalerei im Schnittpunkt östlicher und westlicher Stileinflüsse, in: Eikon und Logos; Beiträge zur Erforschung byzantinischer Kulturtradition, Bd. 2, Hg. Goltz, H., Halle 1981, In seinem Aufsatz: Die Wandmalereien in der Thomaskirche zu Pretzien, Sachsen und Anhalt, Band 19, 1997, S.327 - 388, S. 373 revidiert H. L. Nickel neuerdings seine Deutung, und schlägt vor, die Darstellung als Festmahl zur Heimkehr des verlorenen Sohnes zu interpretieren. Er bringt diese Szene ikonographisch mit einer entsprechenden Darstellung im Goslaer Rathausevangeliar in Verbindung.

[14] Nickel, Handbuch, a. a. O., S. 50. Als Typoskripte liegen neuere Studien vor: Maria Meußling, Aufdeckung und Konservierung der Wandmalereien in der Thomaskirche zu Pretzien (Bericht und Fotodokumentation befinden sich im Landesamt für Denkmalpflege Sachsen-Anhalt in Halle/Saale); Krohn, D., Wandmalereien in der Kirche zu Pretzien bei Schönebeck, Seminararbeit an der Hochschule für bildende Künste, Dresden, 1987. Des weiteren: Nickel, H. L., Pretzien, die Dorfkirche St. Thomas und ihre Wandmalereien (Große Baudenkmäler, Heft 434) München Berlin, 1993, Straße der Romanik. Kunst- und Kulturführer Sachsen-Anhalt, Leipzig, 1994, S. 185 - 19O Pretzien (Heinrich L. Nickel); Neumann, H., Die Wandmalereien von St. Thomas in Pretzien, in: Prémontré des Ostens. Das Kloster Unser Lieben Frauen Magdeburg vom 11. bis 17. Jahrhundert. Katalogbuch zur Ausstellung, hg. v. Puhle, M. u. Hagedorn, R., Oschersleben, 1996, S. 77 - 81.

[15] Neumann, H., Die Seraphim der Halberstädter Triumphkreuzgruppe, in: Byzantinischer Kunstexport, Wiss. Beiträge der Martin-Luther-Universität Halle, 1987, Heft 13, S. 101 - 104.

[16] Wie stark die Eucharistiefeier die Gestalt des Kirchenraumes bestimmt, belegt ein Detail der Untersuchungsergebnisse von Sußmann, Die St. Thomaskirche, a. a. O., S. 184: "Die weitere Untersuchung der Nordwand des Altarraumes (außen) ergab eine vermauerte bzw. später eingemauerte Nische. Bei der Herausnahme der Vermauerung zeigte sich eine in den Innenraum hineinragende Öffnung, die in dieser Form auch bisher an Dorfkirchen nicht festgestellt wurde. Diese Öffnung wird als Knienische gedeutet und diente wohl dem Empfang der Hostie."

[17] Seit 1172 besitzt das Prämonstratenserstift Jerichow den achten Teil des Dorfes in Buch. Dies läßt auch eine pfarrseelsorgerliche Beziehung zum schließen, Germania Sacra, Bistum Havelberg, 5. 194 und 209. Auch in Zehdenick, einer zu Leitzkau gehörenden Pfarrkirche aus dem 12. Jahrhundert finden sich in der Apsiskuppel Reste einer spätromanischen Majestas Domini, darunter eine gemalte Arkatur mit Heiligen, ähnlich wie in Pretzien, vgl. Dehio/Magdeburg, S. 461.

[18] Banning, K., A Catalogue of Wall-paintings, Copenhagen 1973, Teil 1, S. 86, Abb. 110; ferner: Gerd Baier, Zu byzantinischen Stiltendenzen in der romanischen Wand-

malerei Südskandinaviens und Mecklenburg-Vorpommerns, in: Wandmalerei des Hochfeudalismus im europäisch-byzantinischen Spannungsfeld, Protokoll eines Kolloquiums, Halle 1983, 5. 133. In diesem Aufsatz weist der Verfasser besonders auf den vermittelnden Einfluß der Buchmalerei hin.

[19] 1. PL 188, Epistula apologetica Anselmi Havelbergensi, a. a. O., SP 1135 A - C. "Quis enim sapiens quamvis sit monachus, ambigat monachos tunc non esse contemplativos, quod etiam nullatenus, aut vix tunc dixerim activos, cum quidam eorgum foris fore curcumeunt cum de possesionis contendunt, et ad saecularia negotia transeunt, cum colonos suos exorta pecunia exasperant, cum allii domi rupto silentio, fabulas et otiosa contexunt1 cum omnem religione considentes diJudicant." Leider hat die Deutung der Jakob-Esau-Darstellung mit Hilfe der Epistula apologetica des Anselm von Havelberg zu einem Mißverständnis bei H.L. Nickel geführt, vgl. Die Wandmalereien..., Sachsen und Anhalt, Band 19, a. a. O., S. 377 geführt. Es handelt sich hierbei keinesfalls, wie Nickel annimmt, um eine Auseinandersetzung zwischen Prämonstratensern und Dominikanern, sondern um einen Streit zwischen den Prämonstratensern, als Vertreter der Regularkanoniker und den Benediktinern im Erzbistum Magdeburg.

[20] PL 188, Epistula apologetica, a. a. O., Sp. 1130. Neben Jakob verkörpert auch Abraham bei Anselm die Verbindung von contemplatio und actio.

[21] 1. PL 188, Epistula apologetica, a. a. O., Sp. 1131 D.

[22] Schwinekörper, B., Norbert von Xanten als Erzbischof von Magdeburg, in: Norbert von Xanten - Adliger - Ordensstifter - Kirchenfürst, Festschrift zum Gedächtnis seines Todes vor 850 Jahren, hg. v. Elm, K., Köln 1984, S. 190 f.

[23] Magdeburger Chronik des Andreas Werner, Magdeburg 1584.

[24] Regesta archiepiscopatus Magdeburgense, Bd. II, hg. v. Mülverstedt, Magdeburg 1881, S. 1, Nr. 1.

[25] Vgl. L'ordinaire de Prémontré in: Bibliothèque de la revue eccl., Fasc. 22, Louvain 1941, Ein. 5. XI. In diesem Ordinanum vom Ende des 12./Anfang des 13. Jahrhunderts ist neben dem Gedächtnistag Bernhards von Clairvauxs auch der des Thomas Beckett verzeichnet.

Matthias Friske

Überlegungen zur Datierung der Skulpturen im Chorhaupt des Magdeburger Domes

I.

Der Magdeburger Dom ist einer der bedeutendsten Kirchenbauten östlich des Rheins. Dies gilt sowohl für das gegenwärtige Kirchengebäude, als auch für den Vorgängerbau, den ottonischen Dom. Die Gründe für diese Ausnahmestellung sind, in der Geschichte der Stadt bzw. des Erzbistums Magdeburg zu suchen. Die Entscheidung Ottos des Großen, Magdeburg zu seinem Herrschaftszentrum auszubauen, brachte dem Ort den Rang eines Erzbistums ein (968) und bescherte den ersten großen Kirchenbau, welcher bereits 955 begonnen wurde.[1] Dieser war, soweit dies aufgrund von Ausgrabungen noch nachvollziehbar ist, *"eine Basilika von etwa 100 Metern Länge mit aus Italien importierten Prachtsäulen."*[2] Mit diesem Dom entstand in Magdeburg der erste monumentale Kirchenbau nördlich der Alpen seit der Karolingerzeit.

Besonders ausgezeichnet wurde diese Kathedrale durch den umfangreichen Reliquienschatz und die aus Italien importierten Kunstschätze, welche die Kirche insbesondere von Otto I. erhalten hatte.[3] Nicht zuletzt die Gräber dieses ersten ottonischen Kaisers und seiner ersten Gemahlin waren es dann auch, welche die Bedeutung der Kirche erhöhten.[4] Während sich die Beziehungen Magdeburgs zum Reichsoberhaupt in den folgenden Jahrhunderten lockerten, konnten die Erzbischöfe diesen Bedeutungsverlust wettmachen. Zudem entwickelte sich Magdeburg zu einer Metropole für den Handel in Richtung Osten und konnte so großen Nutzen aus der beginnenden mittelalterlichen deutschen Ostsiedlung ziehen. Auch der Dom wurde in der Folgezeit mit bedeutenden Ausstattungsstücken versehen und sicher kam ebenso die eine oder andere bauliche Ergänzung hinzu. Teile des Kreuzganges aus dem 12. Jahrhundert existieren noch heute.

Seit der Mitte des 12. Jahrhundert setzte sich in Frankreich eine neue Kunstrichtung durch. In der Isle de France fielen reihenweise die alten Kathedralen und wurden durch grandiose Neubauten ersetzt. Das konnte nicht ohne Wirkung auf die Nachbarländer bleiben. Im eher traditionell geprägten, römisch-deutschen Reich erfolgte die Aufnahme der Gotik anfangs sehr zögerlich. Magdeburg sollte allerdings wieder einmal vorangehen. Mit Erzbischof Albrecht II. bestieg ein Mann den Erzbischofsstuhl, der in Paris studiert hatte und wohl auch vom Baufieber in Frankreich angesteckt worden war. Letzte Widerstände im Domkapitel gegen einen Neubau wurden durch einen Großbrand im Jahre 1207 ausgeräumt (derartige Brände waren im übrigen eine beinahe typische Erscheinung bei Neubauten in dieser Zeit).[5] *"Die Grundsteinlegung des Neubaus erfolgte im April 1209."*[6] Der Chor des Magdeburger Domes, also der erste Bauteil, ist unzweifelhaft noch stark der Romanik verhaftet. Traditionell wird diese Tatsache sehr stark hervorgehoben.[7] Dennoch sollte wohl stärker das Neue dieses Bauwerks betont werden. Umgangschor mit Kapellenkranz und dreigliedriger Wandaufbau weisen deutlich in die neue Richtung. Im Reich war man mit dem Baubeginn von 1209 in der Rezeption gotischer Stilelemente in solchem Ausmaße anderen Regionen beinahe 20 Jahre voraus. Auch für die neue Krönungskirche der französischen Könige in Reims wurde erst 1211 der Grundstein gelegt.[8] Insgesamt wurde bei der neuen Magdeburger Domkirche eine Synthese aus großer Tradition und moderner Architektur angestrebt und auch erreicht. In den Dimensionen entstand dabei wieder eine Kathedrale, die zu den größten im Reich gehörte und auch später kaum übertroffen wurde.[9] Nun haben sich im Inneren des Domes auch etliche Ausstattungstücke von außerordentlicher Qualität erhalten. Zu einem herausragenden Kirchenbau gehörte eben auch eine herausragende Ausstattung. Im Domkapitel bzw. auf dem Erzbischofsstuhl befanden sich ausreichend gebildete und vermögende Persönlichkeiten, um Wert auf erstklassige Kunstwerke zu legen. Die Metropole Magdeburg scheint zudem attraktiv genug gewesen zu sein, diversem Kunsthandwerk eine Heimstatt zu bieten. Berühmt geworden ist vor allem die sogenannte Magdeburger Gießhütte.[10] Nicht zuletzt finden sich im und am Dom zahlreiche Skulpturen, die in ihrer Bewertung allerdings teilweise stark schwankend beurteilt werden.

II.

Im Chor des Magdeburger Domes sind etwa in Höhe des Mittelgeschosses des Chorhauptes mehrere Statuen angebracht. Es handelt sich um Darstellungen der Apostel Petrus, Paulus, Andreas, Johannes des Täufers sowie der beiden Dompatrone Mauritius und Innocentius. Die Aufstellung monumentaler Skulpturen an dieser Stelle in einer Kirche gilt im übrigen als einer der

frühesten Belege für diesen Brauch.[11] Die Skulpturen sind überlebensgroß (bis zu 230 cm). Als Material wurde Sandstein und Muschelkalk verwendet. Sämtliche Figuren stehen auf hockenden Figuren, die für gewöhnlich als überwundene Feinde gedeutet werden. Vier der sechs Skulpturen befinden sich auf, aus dem alten Dom übernommenen, antiken Säulenschäften, die quasi die Funktion von Pfeilerdiensten übernommen haben.
Augenfällig ist der Unterschied zwischen den Statuen des Mauritius und des Innocentius und den übrigen: Die Apostel sind charakterisiert durch Längsstreckung von Körpern und Gewändern, durch leicht bewegten Faltenwurf, durch ruhige Gesichter und statuarisches Tragen ihrer Attribute. In ihrer ganzen Gestaltung scheinen sie, an der Schwelle von Romanik und Gotik zu stehen und erinnern an die Figuren der Querschiffsportale von Chartres, z.T. auch an das südliche Westportal von Paris, Notre Dame. Ihr ganzer Gestus weist in die beginnende Gotik. Völlig anders dagegen Mauritius und Innocentius. Ihr Aussehen ist, als regelrecht archaisch zu beschreiben. Scharfkantig, beinahe eckig in der Bearbeitung des Steins, erscheinen sie völlig bewegungslos. Der Faltenwurf ist tief eingeschnitten und linear geführt. Die Gesichter sind sparsam proportioniert und blicken streng geradeaus. In ihrer gesamten Erscheinung sind sie der Romanik verhaftet und wirken so altertümlich, daß eine Datierung *"um 1230"*[12] mehr als fragwürdig erscheint. Vergleichsbeispiele sind schwer auszumachen, jedenfalls nicht zu diesem Zeitpunkt. Ähnlichkeiten scheinen am ehesten zu bestehen, zu Werken aus der Zeit um die Mitte des 12. Jahrhunderts. Auffällig ist sowohl bei der Mauritius-, als auch bei der Innocentiusstatue eine ausgesprochene Originalität, die eine Einordnung erschwert. Die Statue von Johannes dem Täufer scheint stilistisch eine Mittelstellung einzunehmen.
Die Kunstgeschichte ging seit den Arbeiten von Adolph Goldschmidt um die Jahrhundertwende davon aus, daß alle Figuren im Chor ursprünglich zu einem geplanten (und dann nie ausgeführten) Portal gehörten.[13] Diese These wurde in der Folgezeit zwar variiert, grundsätzlich jedoch nicht in Frage gestellt. Man nahm an, daß das rekonstruierte Portal ein Weltgerichtsportal gewesen sei. Allerdings hätte sich dieses hypothetische Weltgerichtsportal in seinen Dimensionen klar unterschieden von französischen Vergleichsbeispielen, da es über ganze sechs überlebensgroße Figuren verfügt hätte. Zudem wäre es fraglich, ob Mauritius und Innocentius für ein solches Portal gearbeitet worden wären. Während Goldtschmidt selbst an ein Querhausportal dachte, änderte sich diese Auffassung nach Ausgrabungen im Dom und seit Giesau wurden die Figuren meist mit einem Westportal in Verbin-

dung gebracht.[14] Diese Meinung basierte vor allem auf der Deutung von Fundamentresten knapp östlich des Querhauses als Teilen einer begonnenen, aber nicht fertiggestellten Westfassade.
Erst Fritz Bellmann und Wolfgang Götz stellten in den 60er Jahren fest, daß eine solche Annahme völlig unwahrscheinlich ist.[15] Wäre der geplante Dom an dieser Stelle tatsächlich abgeschlossen worden, so wäre er erstens wesentlich kürzer als der alte Dom geworden und zweitens im geplanten gotischen Stil total disproportioniert. Bellmann brachte die These eines Lettners ins Spiel und sprach auch den Jungfrauenzyklus als Bestandteil dieses Lettners an. Diese These wurde zuletzt von Schubert als ebenso wenig überzeugend wie die Portalstheorie beschrieben.[16] Götz lokalisierte das angeblich geplante Portal am nördlichen Querhaus. Er ging dabei davon aus, daß die Ikonographie des mutmaßlichen Portals einen Zusammenhang mit Rechtshandlungen nahelegt. Ihren neuen Standort im Chor sollten die Skulpturen demnach gefunden haben, weil der Chor ebenfalls eine traditionelle Rechtsstätte war. Auch wenn dies sicher unbestritten ist, blieb der Blick von Götz wohl doch zu sehr auf diesen Aspekt der Rechtsprechung eingeengt. Hervorgehoben werden sollte noch, daß Götz erstmals nachdrücklich darauf hinwies, daß der gesamte Chorraum stark vom Spoliencharakter des Schmuckes geprägt ist, was vorherige ästhetische Werturteile außer acht ließen. Damit war auch die, z.B. von Hans Joachim Mrusek[17] vertretene These überholt, nach der die Skulpturen im Chor unter Burckhard I. von Woldenburg (1232 - 1235) quasi in aller Eile zu Chorpfeilerfiguren umfunktioniert wurden.
In neuerer Zeit begann man auch deutlicher zu differenzieren zwischen den sechs Großskulpturen untereinander. Während Paulus, Petrus und Andreas von Ernst Schubert dem geplanten Portal zugewiesen wurden, sah er Johannes, Mauritius und Innocentius als eigenständig an.[18] Bernd Nicolai brachte dann einen völlig neuen Aspekt zur Diskussion. Er vertrat gerade unter Hinweis auf die Unterschiede (für ihn stellten Andreas und Paulus; Mauritius und Innocentius jeweils eine Gruppe dar, während Petrus und Johannes eigenständige Werke seien[19]) die These, daß sämtliche *"Chorfiguren aller Wahrscheinlichkeit nach direkt für die Aufstellung im Polygon bestimmt gewesen und bewußt in unterschiedlicher Manier gearbeitet worden"*[20] seien. Die, immer unbefriedigender gewordene, Portalstheorie schien damit praktisch aus der Welt. Die These von Nicolai scheint, auf den ersten Blick auch den gordischen Knoten aller Probleme zu zerschlagen. Mindestens zwei Einwände sind jedoch zu erheben: Erstens bleibt der Sachverhalt, daß mindestens die leicht gekrümmten

Engel, *"zu recht stets als Archivoltenfiguren gedeutet wurden"*[21] und zweitens wäre eine solche stilistische Vielfalt in unmittelbarer Nähe bei angenommener Gleichzeitigkeit der Fertigung wohl absolut singulär. (Nicolai bleibt jedenfalls Beispiele schuldig.) Allein die Tatsache, daß Andreas, Paulus und Petrus, im Gegensatz zu den drei übrigen Skulpturen mindestens 10 cm kleiner sind, legt eine Entstehung in zwei unterschiedlichen Gruppen nahe, denn beide Dreiergruppen besitzen untereinander dieselbe Größe. Immerhin ist der repräsentative Charakter des Aufstellungsortes voll erkannt und sicher zu Recht mit einer symbolischen Machtbekundung erklärt worden.

Auch Helga Sciurie geht in diese Deutungsrichtung. Sie macht außerdem Ähnlichkeiten der Mauritiusstatue mit Goldschmiedearbeiten aus und nimmt an, daß das Kopfreliquiar des Mauritius der Skulptur als Vorlage diente.[22] Die enge Beziehung zwischen den Spolien im Chor und den Reliquien des Domes wird ebenfalls stark betont. Ergänzt werden kann an dieser Stelle, daß der Standort der Skulpturen eine ausgesprochene *"Reliquienzone"* war.[23] Sciurie zeigt sich indes noch als Anhängerin der Querhausportalstheorie.[24] Zudem relativiert sie ihre Ausführungen zum besonderen Charakter des Chorhauptes wieder, indem sie annimmt, daß erst die Antikenbegeisterung Friedrich II. dem Magdeburger Erzbischof den Wert der Spoliensäulen verdeutlichte.[25] Wohl eine unnötige Annahme, denn erstens war das Verbauen von Spolien allgemein beliebt[26] und zweitens hatten die Säulen vor allem den Charakter **ottonischer** und erst in zweiter Linie den antiker Spolien.[27]

Zu welchen weitreichenden Deutungen man gelangen kann, wenn man alle Zweifel an der Portalstheorie ausblendet, zeigte Rainer Budde in seiner Gesamtdarstellung der romanischen Skulptur Deutschlands. Aus der These eines Statuenportals wird bei ihm eine Tatsache, woraus wiederum gefolgert wird: *"Dieses Statuenportal ist ein Fremdkörper in Deutschland; es kann daher nur von einem französischen Atelier konzipiert worden sein."*[28] Nicht nur die auffällige Untersicht wird dabei völlig außer acht gelassen. Budde geht jedoch noch weiter und wagt eine derartig präzise Werkzuweisung, daß man meint, ihm haben etliche schriftliche Quellen zur Verfügung gestanden, die der restlichen Forschung entgangen sind.[29]

III.

Fassen wir zusammen, so stellen wir fest, daß es z. Z. keine befriedigende Erklärung zur Herkunft der Skulpturen im Domchor gibt. Einigkeit herrscht dagegen, soweit ersichtlich, nach wie vor in der **Datierung** der Skulpturen. Zwar gehen die Meinungen darüber auseinander, ob die Verwendung der Spolien noch unter Albrecht II. (1205 - 1232) erfolgte oder erst unter seinem Halbbruder Wilbrand (1235 - 1254). Da die Annahme einer Herstellung der Figuren für ihren jetzigen Standort - folgt man Nicolai - zur Datierung des Chorbaus in die späte Zeit Albrecht II. führt, bedeutet auch dies kein anderes Ergebnis bezüglich der Herstellungszeit. Man ist sich demnach praktisch einig darin, daß die Monumentalskulpturen ca. **1225/30** geschaffen wurden. Der früheste vorgeschlagene Termin ist die Zeit *"um 1220"*.[30]

Differenzierungsversuche zwischen den einzelnen Figuren wurden bereits erwähnt. Interessanterweise wird zwar gelegentlich angesprochen, daß gerade Mauritius und Innocentius sich von den übrigen Skulpturen auffallend unterscheiden, eine Rückdatierung wird m. W. daraus jedoch nie abgeleitet. Einzig Nicolai versucht innerhalb seiner These überhaupt gezielt den Charakter der beiden zu erklären. Die Aussage, daß *"die Ritter schließlich als orientalische Exoten und als miles christi ganz soldatisch, maskenhaft unnahbar dargestellt"*[31] seien, vermag aber nicht zu befriedigen, auch wenn auf *"unterschiedliche Formen von Wirklichkeitserfahrung"* in der sächsischen Plastik des frühen 13. Jahrhunderts verwiesen wird.[32] Eine solch große Differenz zwischen Figuren, die für denselben Standort gearbeitet wurden (zur selben Zeit!, wären sie dies nicht, entfiele die Prämisse für Nicolais These), wie sie zwischen Mauritius/Innocentius und den Aposteln besteht, gibt es m. E. nirgendwo. Auf die zwei verschiedenen "Formate" (Mauritius, Innocentius und Johannes der Täufer größer als die übrigen drei) wurde bereits hingewiesen. Man kann davon ausgehen, daß bei einer gleichzeitigen Anfertigung, keine solchen Unterschiede in Größe und stilistischer Ausführung auftreten. Dies hat nicht zuletzt damit zu tun, daß der Geschmack einer jeweiligen Mode unterworfen ist. Deshalb darf man davon ausgehen, daß sich der Wert eines Kunstwerkes mit Sicherheit auch danach richtete, wie es den jeweiligen ästhetischen Ansprüchen genügte. Daß diese Ansprüche natürlich nicht mit den unsrigen identisch sind, bedarf eigentlich keiner eigenen Erwähnung. Es erscheint einleuchtend, daß es einen "Modetypus" gab und extreme Abweichungen von diesem Typus nur in Ausnahmefällen akzeptiert wurden. Diese Ausnahmen bedürfen nun einer Erklärung und diese fehlt bei Nicolai.

Fassen wir weiter zusammen: Einigkeit besteht mittlerweile darin, daß dem Aufstellungsort als solchem eine große Bedeutung beigemessen wird. Das heißt, sämtliche dort angebrachten Figuren bzw. Gegenstände sollten an diesem Ort besonders hervorgehoben werden. Wären die Figuren tatsächlich speziell für diesen Standort geschaffen worden, läge ihr Wert einzig in ihrer Ausführung. Zudem würde dies nicht erklären, warum außerdem etliche Fragmente mitverarbeitet wurden. Wären die Großskulpturen also tatsächlich für ihren jetzigen Standort hergestellt worden, dann wären sie mit an Sicherheit grenzender Wahrscheinlichkeit einheitlicher gearbeitet worden. Außerdem ist es unwahrscheinlich zu glauben, den Aufstellern seien Mängel in der Proportionierung von Mauritius und Innocentius verborgen geblieben. Auch die Bemerkung von Nicolai, daß die übrigen Skulpturen ebenfalls auf Untersicht gearbeitet sind[33], erklärt nicht, wieso sich diese Perspektiven so unterscheiden (zumal auch die Perspektiven der Apostel kaum ihrem jetzigen Standort entsprechen). Alles deutet darauf hin, daß die Figuren nicht als einfaches Figurenprogramm gewertet wurden, sondern (ebenso wie die Säulen, die Kleinplastiken, die Grabplatte) als Spolien Wertschätzung erfuhren. Ihr Wert war dem der im Chor deponierten Reliquien entsprechend.

Der Annahme Nicolais, daß eine Stildifferenzierung nicht taugt[34], ist nicht zu folgen. Zunächst einmal ist festzuhalten, daß die Magdeburgische Skulptur mit dem (2.) Mauritius und der Reiterstatue spätestens um 1245 „Weltniveau" zeigte. Die bisherige Datierung der Chorpfeilerfiguren bereitet nun in doppelter Hinsicht Probleme. Zum einen muß sie den Quantensprung in der Darstellungsweise von Mauritius (1) bzw. Innocentius hin zu Mauritius (2) und dem Magdeburger Reiter erklären und zum anderen die gravierenden Unterschiede zwischen den Aposteln und den beiden Titelheiligen des Doms. Nachdem wahrscheinlich gemacht wurde, daß zumindest Mauritius und Innocentius (und Johannes der Täufer) nicht eigens für ihren jetzigen Standort geschaffen wurden, steht die Frage nach einer Wiederverwendung im Mittelpunkt.

IV.

Die Überlegung der Wiederverwendung von Portalfiguren wurde bereits erwähnt. Man kann mittlerweile davon ausgehen, daß die Rekonstruktion eines bestimmten Themenportals aus den vorhanden Bruchstücken nicht möglich ist.

Die Möglichkeit, daß wenigstens teilweise Stücke eines Portals verwendet wurden (Archivoltenteile!), ist damit jedoch nicht ausgeschlossen. Wo ein solches Portal gestanden haben sollte und wie es im einzelnen ausgesehen haben soll, scheint aus den vorhandenen Bruchstücken allerdings nicht rekonstruierbar. Festzuhalten ist **erstens**, daß die Verwendung im Chor keine Notlösung war, sondern eine bewußte Aufwertung. Die Bedeutung, die den Skulpturen beigemessen wurde, kann wiederum nur in ihrer Herkunft, kaum jedoch in ihrer Ausführung gelegen haben. **Zweitens** ist die Erscheinung des Mauritius und des Innocentius so unterschiedlich von allem, was man an zeitgenössischen Werken vorfindet[35], daß man nur davon ausgehen könnte, daß Magdeburg um 1220/30 ein Entwicklungsland der bildenden Kunst war. Daß dies falsch ist, kann man im Dom selber betrachten: die Grabdenkmäler Friedrichs von Wettin und Wichmanns von Seeburg[36] sind zwar Bronzearbeiten, beweisen aber einen hohen Standart in der bildenden Kunst bereits geraume Zeit früher, ebenso die Amboreliefs (bei denen leider die Köpfe fehlen) und nicht zuletzt die, für gewöhnlich in die ersten Jahrzehnte des 13. Jahrhunderts datierten, Kapitellplastiken des unteren Chorumganges. Überhaupt sollte nicht vergessen werden, daß Magdeburg im 12. Jahrhundert nicht mehr nur Grenzort war, sondern im wirklichen Sinne des Wortes Metropole. Über Magdeburg liefen die ersten Ströme der Ostsiedlung und so ist es auch nicht abwegig, weiträumigere Verbindungen herzustellen.
Eine Annahme, daß der hohe Stand der bildenden Kunst in Magdeburg um 1240/50 ausschließlich durch "Künstlerimporte" zu erklären ist, wäre unbefriedigend, zumal ein derartiger Import zu allen Zeiten möglich war. Daß den Skulpturen aus der genannten Zeit eine längere Entwicklung vorausging, ist wohl auch unbestritten. Dabei ist der gesamte Raum zwischen Weser und Elbe in Betracht zu ziehen. Interessanterweise bereiteten die Chorpfeilerskulpturen in Magdeburg bei der Einordnung in diese Entwicklung schon immer erhebliche Probleme.[37]

Nun soll nicht bestritten werden, daß Kunstwerken eine bestimmte Originalität zugebilligt werden muß und es durchaus singuläre Werke gibt, welche völlig aus gängigen Datierungsschemen fallen. Aber Originalität und Akzeptanz eben dieser sind zwei unterschiedliche Dinge, wie im Zusammenhang mit Nicolais These bereits erläutert wurde. Im Falle von Mauritius und Innocentius wäre die einzig denkbare Erklärung, daß diese Figuren **bewußt** archaisch gestaltet worden sind. Das würde aber bedeuten, daß ältere Werke als Vorbilder verwendet wurden.[38] Weiter würde das heißen, daß Standbilder aus dem alten Dom als Vorlage dienten und mehr oder weniger genau kopiert wurden. Diesen Kopien wäre dann eine Verehrung wie den Originalen zuteil geworden.

Was hindert uns aber anzunehmen, daß wir es mit den Originalen zu tun haben? Die Bedeutung, die ihnen beigemessen wurde, legt dies jedenfalls nahe.

Wir halten fest:
1. Die Chorpfeilerfiguren sind stilistisch weit entfernt von den Skulpturen, die gewöhnlich um 1245 datiert werden. Im Falle von Mauritius und Innocentius sogar sehr weit.
2. In Magdeburg war man in der bildenden Kunst in der 2. Hälfte des 12. Jahrhunderts bereits auf dem künstlerischen Niveau der vier Apostel.
3. Es bestehen deutlich sichtbare Unterschiede bei den Skulpturen im Chor untereinander.
4. Den Figuren ist ein ausgeprägter Spoliencharakter zu eigen.

Was läge also näher als anzunehmen, daß neben den anderen Spolien auch diese Skulpturen aus dem alten Dom übernommen wurden? - Eigentlich nichts.

Zu dem Problem des geplanten Portals sollte man sich grundsätzlich fragen: Warum wurde ein **geplantes** Portal derartig **aufgewertet?**
Auf keinen Fall, weil man nicht mehr zum Bau dieses Portals kam, ebensowenig weil es unmodern geworden war. Eine Aufwertung ist nur bei hoher Wertschätzung möglich. Diese Wertschätzung ist aber bei einem **geplanten** Portal kaum denkbar, durchaus dagegen bei einem bereits **existierenden**, also einem des alten Domes. Dies würde auch der These von Götz nicht widersprechen, daß an diesem Portal Rechtsprechung erfolgte. Es soll an dieser Stelle jedoch keine einseitige Festlegung auf eine Portaltheorie erfol-

gen, auch wenn die Archivoltenteile eigentlich nur einem Portal zugewiesen werden können. Jedoch sind gerade die Statuen durch ihre Bearbeitung auf Untersicht wohl eher an anderer Stelle des alten Domes denkbar. Etwa derart, daß Mauritius und Innocentius sich an exponierter Stelle (starke Untersicht!) befanden und später durch die anderen Apostel ergänzt wurden. Diese Annahme ist jedoch rein hypothetisch, die Apostel könnten praktisch an jeder denkbaren Stelle in oder an der Kirche gestanden haben.[39] Der Phantasie sind hier vorläufig kaum Grenzen gesetzt. Sicher dürfte dagegen sein, daß die Apostel jünger sind als Mauritius und Innocentius. Auffällig ist auch die etwa gleiche Größe von Mauritius, Innocentius und Johannes dem Täufer auf der einen Seite und Andreas, Paulus und Petrus auf der anderen Seite. Ebenso scheint es sicher zu sein, daß die im Chor verwendeten Gegenstände **sämtlich Spolien** aus dem alten Dom darstellen. Die Präsentation der Spolien erweckt tatsächlich den Eindruck, als sei hier allesGreifbare aus dem alten Dom zusammengetragen worden.[40] Ein eigens für den Chor geschaffenes Programm hätte mit Sicherheit anders ausgesehen. Diese Annahme der älteren Forschung kann, bei aller Kritik an ästhetischen Werturteilen, als gesichert gelten. Das Restehafte ließe sich auch damit erklären, daß der alte Dom beim Brand 1207 erhebliche Schäden erlitt. Wenn aber sogar die Amboreliefs und die bronzenen Grabplatten gerettet werden konnten, warum soll nicht eine einzige Skulptur übernommen worden sein? Oder sollte der alte Dom nichts derartiges besessen haben? Dies ist doch mehr als unwahrscheinlich.

So kann man davon ausgehen, daß drei Thesen nebeneinander stehen:
a) Die Skulpturen wurden in der ersten Bauphase des neuen Domes für einen anderen Standort geschaffen und später in den Chor versetzt ("Versetzungsthese").
b) Die Skulpturen wurden eigens für den Chor geschaffen ("Nicolaische These").
c) Die Skulpturen stammen aus dem alten Dom; sind also vor Baubeginn der neuen Kirche entstanden (These dieser Überlegungen).

Die Anhänger der Versetzungsthese (die im Grunde c) entspricht, nur mit dem Unterschied, daß sie an einen geplanten und dann nicht ausgeführten Bauteil denkt) müssen ein befriedigendes Motiv dafür bieten, daß ein gerade geplanter Bauteil (meist wird von einem Portal ausgegangen) in den Chor übertragen wurde. Dies ist bislang nicht geschehen.

Da die Nicolaische These zwangsläufig davon ausgeht, daß die Figuren relativ spät geschaffen wurden (ca. 1230), müssen Anhänger dieser These beantworten, wieso es die starken stilistischen Unterschiede gibt, zum einen zwischen den Figuren selber und zum anderen zu allen annähernd zeitgleichen Werken des näheren Umkreises. Auch dies ist bisher nicht ausreichend geschehen. Demnach sprechen alle Indizien dafür, daß die Chorpfeilerfiguren **vor 1207** geschaffen wurden.

V.

Über die Art der vorherigen Aufstellung lassen sich nur hypothetische Aussagen machen. Bei den Aposteln könnte es sich z. B. vielleicht tatsächlich um Figuren eines Portals gehandelt haben, wenn sie trotz aller ausgemachten Unterschiede tatsächlich eine stilistische Einheit bilden sollten.[41] Allerdings wären sie dann nur im weiteren Sinne mit diesem Portal zusammengehörig. Daß es sich um Gewändefiguren handelte ist außerordentlich unwahrscheinlich, ihr Standort muß höher gewesen sein. Die Galluspforte in Basel zeigt, daß die typisch französische Anordnung keineswegs zwingend war. Über das Thema dieses hypothetischen Portals lassen sich dagegen kaum Aussagen machen. Überhaupt muß in Erwägung gezogen werden, daß sich die Spolien im Chor an den unterschiedlichsten Stellen des alten Domes befanden.
Einige Worte noch zu einer genaueren Datierung. Ein Vergleich mit der Grabplatte Erzbischof Friedrichs könnte eine Datierung von Mauritius und Innocentius in die Mitte des 12. Jahrhunderts nahe legen. Hier sind jedoch eingehendere vergleichende Betrachtungen gefordert. Eine derartige Datierung widerspricht im übrigen auch den Argumenten des Legitimationsanspruches solcher Skulpturen nicht, wie sie bisher im Zusammenhang mit den Käfernburgern vorgebracht wurden. Gerade die Zeit Wichmanns ist prädestiniert für diese Art der Argumentation. Gelegenheiten und Anlässe für die Fertigung und Aufstellung der Skulpturen gab es in der 2. Hälfte des 12. Jahrhunderts mehr als genug.[42] Die Apostel sind dem Augenschein nach, eher in das Ende des 12. Jahrhunderts oder den Beginn des 13. Jahrhunderts[43] zu setzen. Die Tatsache, daß Johannes der Täufer in der Größe Mauritius und Innocentius entspricht rückt diese Skulptur wohl eher in die Nähe dieser beiden. Auch zu den Kleinplastiken, die in den Chorwänden vermauert sind, wären Einzeluntersuchungen unter diesem Gesichtspunkt gefordert, in die die Darstellungen der Seligpreisungen einbezogen werden sollten.

Sollte sich die in dieser Arbeit geäußerte These als zutreffend erweisen, hätte dies durchaus Folgen für die Bewertung der deutschen Skulptur des 12. Jahrhunderts. Schon die vorsichtige Datierung **"vor 1207"** würde relativ weitreichende Konsequenzen haben. Die Magdeburger Chorpfeilerskulpturen lassen sich beinahe nahtlos einreihen in eine Entwicklungslinie, die gerade für den sächsischen Raum bedeutende Zeugnisse hervorgebracht hat. Sie schließen Lücken und zeigen, daß auch die Metropole Magdeburg nicht hinter Orten wie Gernrode, Quedlinburg, Hildesheim, Halberstadt oder Gröningen zurückstand.

Zur Zeit sieht es so aus, daß es für einen ausgesprochen langen Zeitraum des 12. Jahrhunderts ausgesprochen wenig Zeugnisse der Skulptur im niedersächsisch-thüringischen und dem östlich angrenzenden Raum gibt. Zumindest kaum exakt datierbare. Diese Situation ist kennzeichnend für beinahe das ganze römisch-deutsche Reich. Auch wenn die Magdeburger Skulpturen hier nicht ausreichen große Lücken zu füllen, so bieten sie doch wichtige Vergleichsbeispiele für eine Zeit in der diese rar sind. Daß der Metropole des ostmitteldeutschen Raums auch im ausgehenden 12. Jahrhundert eine herausragende kunstgeschichtliche Rolle zufiel, beweisen eben nicht nur die Bronzegußarbeiten.

Ein Blick auf Frankreich, das Land, welches die Skulptur in Verbindung mit der Außenarchitektur zu ungeahnten Höhen brachte, zeigt, daß auch dort erst nach 1200 die berühmtesten der Zyklen entstanden. In die zweite Hälfte des 12. Jahrhunderts fielen dagegen die grundlegenden Westportale von St. Denis, Chartres, Paris (südl.) u.a. Gerade im Vergleich mit den umfangreichen Figurenzyklen französischer Kathedralen, könnte das Reich (nicht nur der niedersächsische Raum), aufgrund mangelhafter Zeugnisse, als relativ zurückgeblieben erscheinen, gab es hier doch scheinbar kaum Gleichwertiges. Jedoch scheint sich die Differenz eher in der Quantität, als der Qualität niederzuschlagen. So erscheinen z.B. die Mauritius- und Innocentiusstatuen in das 12. Jahrhundert gesetzt, bei weitem nicht mehr so *"grob gearbeitet"*[44], erscheinen nicht mehr als *"grobschlächtige und unförmige Gestalten"*[45] herrschten damals doch ganz andere Maßstäbe. Dasselbe gilt von den Aposteln.

In einer Metropole wie Magdeburg überrascht es auch nicht Derartiges vorzufinden. Dagegen überrascht es doch etwas, festzustellen, daß der Schritt einer Rückdatierung der Skulpturen bisher nicht unternommen wurde.[46] Steht doch außer Frage, daß nicht nur die französische, sondern auch die Plastik in den Metropolen des Reiches im 12. und nicht erst in der 1. Hälfte des 13.

Jahrhunderts Vergleichsbeispiele hervorbrachte. Bei der Mobilität der Zeit wäre es doch mehr als erstaunlich, wenn man gerade in Magdeburg 30 bis 40 Jahre veraltete Kunst produzierte.

Es läßt sich der Eindruck nicht von der Hand weisen, daß man wie selbstverständlich davon ausging, daß der Transport bestimmter Stilmerkmale etliche Jahrzehnte von der Seine an die Elbe gebraucht hat. Dieser Auffassung ist eindeutig zu widersprechen. Zwar gehört zum Bau einer ganzen Kathedrale ein großer Mitarbeiterstab, für die Herstellung einzelner Plastiken ist ein solcher Aufwand jedoch nicht erforderlich.

Dennoch muß konstatiert werden: Über die Herkunft der Schöpfer der Statuen läßt sich naturgemäß nur spekulieren. Mögen sie nun aus dem Ausland gekommen sein, aus entlegenen Regionen des Reiches oder aus unmittelbarer Nähe - sie haben ihre Kunstwerke eindeutig vor 1207 geschaffen. Im Magdeburger Chorraum scheint sich ein weiterer Beleg dafür zu finden, daß die Skulptur im Römisch-deutschen Reich während der zweiten Hälfte des 12. Jahrhunderts quantitativ zwar in keiner Weise mit der französischen konkurrieren konnte, qualitativ dagegen durchaus. Nichts anderes begegnet dann auch in der ersten Hälfte des 13. Jahrhunderts, wenn man nach Reims, Amiens und Paris in Frankreich und Straßburg, Bamberg, Naumburg und nicht zuletzt Magdeburg in Deutschland schaut.

Literatur

Bellmann, Fritz, Die klugen und die törichten Jungfrauen und der Lettner des Magdeburger Doms, in: Festschrift für Harald Keller, Darmstadt 1963, S. 87 - 100.

Budde, Rainer, Deutsche romanische Skulptur 1050 - 1250, München 1979.

Ehlers, Joachim, Erzbischof Wichmann von Magdeburg und das Reich, in: Kat. Erzbischof Wichmann (1152 - 1192) und Magdeburg im Hohen Mittelalter, Magdeburg 1992, S. 20 - 31.

Geese, Uwe, Romanische Skulptur, in: Die Kunst der Romanik. Architektur, Skulptur, Malerei, Köln 1996, S. 256 - 323.

Giesau, Hermann, Der Dom zu Magdeburg, Burg 1936[2].

Goldtschmidt, Adolph, Französische Einflüsse in der gotischen Skulptur Sachsens, in: Jahrbuch der Preußischen Kunstsammlungen, Bd. 20 1899, S. 285 - 300.

Goldtschmidt, Adolph, Studien zur Geschichte der sächsischen Skulptur, Berlin 1902.

Götz, Wolfgang, Der Magdeburger Domchor, in: Zeitschrift des Deutschen Vereins für Kunstwissenschaft, Bd. 20 1966, S. 97 - 120.

Hucker, Bernd Ulrich, Kaiser Otto IV., Hannover 1990, MGH Schriften 34.

Jerratsch, Jürgen, Die Ausstattung, in: Der Dom zu Magdeburg, Berlin/München 1993, S. 28 - 62 (Gr. Baudenkmäler 415).

Kimpel, Dieter/Suckale, Robert, Die gotische Architektur in Frankreich 1130 - 1270, München 1995.

Krause, Hans Joachim (Hg.), Deutsche Kunstdenkmäler. Ein Bildhandbuch. Sachsen-Anhalt, Leipzig 1993[2].

Legner, Anton, Reliquien in Kunst und Kult Zwischen Antike und Aufklärung, Darmstadt 1995.

Meckseper, Cord, Antike Spolien in der ottonischen Architektur, in: Poeschke, Joachim (Hg.), Antike Spolien in der Architektur des Mittelalters und der Renaissance, München 1996, S. 179 - 204.

Mende, Ursula, Kleinbronzen im Umfeld der Magdeburger Gußwerkstatt, in Ullmann S. 98 - 106.

Möbius, Helga, Der Dom zu Magdeburg, Dresden 1967.

Mrusek, Hans Joachim/Beyer, Klaus G., Drei deutsche Dome. Quedlinburg Magdeburg Halberstadt, Dresden 1983[3].

Nicolai, Bernd, Überlegungen zum Chorbau des Magdeburger Domes unter Albrecht II. (1209 - 1232), in: Ullmann, S. 147 - 158.

Quast, Giselher, Die Kathedrale - Weg des Glaubens, in: Der Dom zu Magdeburg, Berlin/München 1993, S. 2 - 27 (Gr. Baudenkmäler 415).

Schäfke, Werner, Frankreichs gotische Kathedralen, Köln 1990[5].

Schubert, Dietrich, Von Halberstadt nach Meißen Bildwerke des 13. Jahrhunderts in Thüringen, Sachsen und Anhalt, Köln 1974.

Schubert, Ernst, Der Magdeburger Dom, Leipzig 1984[2].

Schubert, Ernst, Der Magdeburger Dom. Ottonische Gründung und staufischer Neubau, in Ullmann, S. 25 - 44.

Schütz, Bernhard, Romanik Die Kirchen der Kaiser, Bischöfe und Klöster zwischen Rhein und Elbe, Freiburg/Basel/Wien 1990.
Sciurie, Helga, Zur Bedeutung der Chorskulpturen im Magdeburger Dom, in: Ullmann, S. 163 - 168.
Suckale, Robert, Zur Bedeutung Englands für die welfische Skulptur um 1200, in: Kat. Heinrich der Löwe und seine Zeit, Bd. 2 Essays, München 1995, S. 440 - 451.
Ullmann, Ernst, Der Magdeburger Dom ottonische Gründung und staufischer Neubau, Leipzig 1989.

Anmerkungen

[1] Vgl. Thietmar von Merseburg, Chronik, Hg. Trillmich, W., Darmstadt 1992[7] (Ausgewählte Quellen z. Gesch. d. dt. MA Bd. IX), S. 44 und 54.

[2] Schütz, B., Romanik - Die Kirchen der Kaiser, Bischöfe und Klöster zwischen Rhein und Elbe, Freiburg/Basel/Wien 1991[2], S. 31; vgl. auch Schubert, E., Der Magdeburger Dom. Ottonische Gründung und staufischer Neubau, S. 26, in: Ullmann, E. (Hg.), Der Magdeburger Dom ottonische Gründung und staufischer Neubau, Leipzig 1989, S. 25 - 44.

[3] Vgl. Thietmar (Anm. 1) S. 52.

[4] Zum Grab Ediths vgl. von Corvey, W. Die Sachsengeschichte. Lateinisch/Deutsch, Hg. Rotter, E./Schneidmüller, B., Stuttgart 1992, S. 154; Thietmar S. 44; zur Beisetzung Ottos I. Widukind S. 235; Thietmar S. 80.

[5] So z. B. 1218 in Amiens, worauf Bischof Evrard mit dem Baubeginn der größten französischen Kirche begann, vgl. Kimpel, D./Suckale, R., Die gotische Architektur in Frankreich 1130 - 1270, München 1995; oder 1248 in Köln, beim Baubeginn der größten deutschen Kathedrale, vgl. Wolff, A., Der Dom zu Köln 1995, S. 6; ähnliches hatte sich schon 1194 in Chartres ereignet, vgl. Schäfke, W., Frankreichs gotische Kathedralen, Köln 1990[5] S. 148; die Beispiele ließen sich beliebig fortsetzen.

[6] Schubert (Anm. 2) S. 31.

[7] Vgl. die häufige Aufnahme Magdeburgs in Überblicksdarstellungen der Romanik, z. B bei Schütz, B., Romanik - Die Kirchen der Kaiser, Bischöfe und Klöster zwischen Rhein und Elbe, Freiburg/Basel/Wien 1990.

[8] Vgl. Demouy, P., Die Kathedrale von Reims, Paris 1995(?), S. 4.

[9] Mit 120 m Länge wird der Magdeburger Dom östlich des Rheines nur von Freiburg/Br., dem Ulmer Münster, dem Lübecker Dom und dem Prager Veitsdom (dieser zum größten Teil allerdings erst im 19./20. Jh. fertiggestellt) erreicht. Mit 32 m Gewölbehöhe im gleichen geographischen Raum von Ulm (42 m), Lübeck, St. Marien (38 m), den drei Wismarer Kirchen (St. Nikolai - 37 m; St. Georgen - 34 m; St. Marien - 32,6 m, 1960 abgerissen) und dem Prager Veitsdom (33 m) übertroffen.

[10] Vgl. Mende, U., Kleinbronzen im Umkreis der Magdeburger Gußwerkstatt, in: Ullmann (Anm. 2) S. 98 - 106 und Drescher, H., Zeichnerische Konstruktion plastischer Figuren durch "Magdeburger" Gießer im 12. Jahrhundert. Ein Beitrag zur

Form- und Gießtechnik des Mittelalters, ebd. S. 107 - 118. Weitere Lit. bei Schubert (vgl. Anm. 2) S. 41, Anm. 58 u. 61.

[11] In Frankreich gibt es bereits aus dem 12. Jahrhundert Belege (Angers, St. Martin; Le Mans, Notre Dame de la Couture), vgl. Schubert, D., Von Halberstadt nach Meißen, Bildwerke des 13. Jahrhunderts in Thüringen, Sachsen und Anhalt, S. 309.

[12] Vgl. Mrusek, H. J./Beyer, K. G., Drei dt. Dome. Quedlinbg., Magdebg., Halberst., Dresden 1983², S. 116; Jerratsch, J., Die Ausstattung, in: Der Dom zu Magdeburg, Berlin/München 1993 (Gr. Baudenkm. 415), S. 43. Die meisten Überblicksdarstellungen benutzen diese Datierung.

[13] 1899 vertrat Goldtschmidt erstmals diese These, vgl. Französische Einflüsse in der gotischen Skulptur Sachsens, in: Jb. d. Preuß. Kunstsamml., Bd. 20 1899, S. 285 - 300; ausführlicher dann in Studien zur Geschichte der sächsischen Skulptur, Berlin 1902. Abb. bei Götz, W., Der Magdeburger Domchor, in: Zeitschr. d. Dt. Ver. f. Kunstwiss., Bd. 20 1966, S. 101.

[14] Vgl. Giesau, H., Der Dom zu Magdeburg, Burg 1936².

[15] Vgl. Bellmann, F., Die klugen und die törichten Jungfrauen und der Lettner des Magdeburger Doms, in: Festschr. f. Harald Keller, Darmstadt 1963, S. 87 - 100; Götz, W., Der Magdeburger Domchor, in: Zeitschr. des Dt. Vereins f. Kunstwiss., Bd. 20 1966, S. 97 - 120.

[16] Schubert, E., Der Magdeburger Dom. Ottonische Gründung und staufischer Neubau, S. 38, in: Ullmann (Anm. 2), S. 25 - 44. Immerhin löst die Lettnertheorie eine erhebliche Anzahl von Problemen, insgesamt ist sie auch durch keine umfassendere andere Theorie ersetzt worden. Sie trägt allerdings nichts zur Einordnung der Chorpfeilerskulpturen bei.

[17] Vgl. Mrusek S. 121.

[18] Schubert S. 34: "... *vielleicht erst damals hinzugekommen*" (zu den letzteren). So auch Budde, R., Deutsche Romanische Skulptur 1050 - 1250, München 1979, S. 102 f.

[19] Vgl. Nicolai, B., Überlegungen zum Chorbau des Magdeburger Domes unter Albrecht II. (1209 - 1232), S. 152, in: Ullmann (Anm. 2) S. 147 - 158.

[20] Ebd. S. 153.

[21] Wie Nicolai selber bemerkt, ebd. S. 156 Anm. 43.

[22] Sciurie, H., Zur Bedeutung der Chorskulpturen im Magdeburger Dom, S. 164, in: Ullmann (Anm. 2) S. 163 - 168.

[23] Legner, A., Reliquien in Kunst und Kult. Zwischen Antike und Aufklärung, Darmstadt 1995, S. 154 ff. Weitere Beispiele neben Magdeburg sind: Xanten, Winchester sowie in Köln St. Gereon und St. Ursula.

[24] Vgl. Sciurie S. 165.

[25] Vgl. ebd. S. 166.

[26] Sciurie verweist selbst auf etliche Beispiele in Frankreich, ebd. S. 167.

[27] Auch dies von ihr selber herausgearbeitet, indem sie auf die zentrale Stellung des Grabes Otto I. verweist, ebd. S. 165. Zu den Magdeburger Spolien vgl. auch: Meckseper, Cord, Antike Spolien in der ottonischen Architektur, in: Poeschke, J.

(Hg.), Antike Spolien in der Architektur des Mittelalters und der Renaissance, München 1996, S. 179 - 204.

[28] Budde (Anm. 18) S. 102.

[29] Ein französischer Meister aus Chartres hat demnach *"nahe am Jahr 1225"* (ebd. S. 103) die Petrusfigur geschaffen. *"Die Qualität der Petrusfigur kann der Magdeburger Meister"* (gemeint ist der Franzose aus Chartres) *"in seinen beiden anderen Statuen nicht mehr erreichen, seine Kräfte scheinen zu erlahmen, sich zu erschöpfen. Schematisch, leicht resignierend, legt er Paulus und Andreas an."* (Ebd.) Abgesehen davon, daß die Möglichkeit einer Leistungssteigerung dieses Meisters mindestens genauso wahrscheinlich, wenn nicht sogar wahrscheinlicher wäre, haben wir hier ein beinahe typisches Beispiel von Überinterpretation vor uns, denn all die Informationen, die dem Leser mitgeteilt werden sind reine Spekulation. Wie fragwürdig dieses Erklärungsmodell ist zeigt die Fortschreibung: *"Wahrscheinlich vor 1230"* (ebd.) haben die Franzosen Magdeburg nämlich verlassen und nun versucht ein deutscher Bildhauer *"sich den Formenapparat des französischen Ateliers zu eigen zu machen; aber er mißdeutet ihn, und so muß sein Unterfangen scheitern."* (Ebd.) Gemeint sind Johannes, Mauritius und Innocentius. Daß man bereits kurze Zeit später einen ganz anderen Formenapparat (vgl. den Magdeburger Reiter) beherrschte und auch vorher in Magdeburg durchaus nicht rückständig war, wird hier ebenso verschwiegen, wie die Frage, warum diese minderwertigen Figuren im Chor Aufstellung fanden (s. o.). Auch hat die Johannesfigur eine ganz andere Qualität als die beiden Dompatrone.

[30] Schubert, D., (vgl. Anm. 11) S. 260, der dafür aber gerade Mauritius und Innocentius als *"möglicherweise später hinzugefügt und wegen der Fern- und Untersicht nur grob gearbeitet"* ansieht (ebd.), also doch in aller Eile dazugestückelt.

[31] Nicolai S. 153.

[32] Ebd. Budde (Anm. 18) S. 103 bringt die bereits dargelegte Erklärung, die auf Unfähigkeit des deutschen Künstlers hinausläuft (vgl. Anm. 29). Bemerkenswerterweise wird in seinem Werk auf eine bildliche Darstellung von Mauritius und Innocentius verzichtet und das, obwohl den Fotos in der Darstellung eine herausragende Rolle zukommt (von A. Hirmer u. I. Ernstmeier-Hirmer, die vier Apostel sind abgebildet S. 258 f.).

[33] Ebd. S. 152.

[34] Ebd. S. 153.

[35] Vgl. Hildesheim, St. Michael, Chorschranken E. 12. Jh., Gröningen, Emporenbrüstung ca. 1170; Halberstadt Liebfrauen, Chorschranken ca. 1200; Hamersleben, Apostelrelief ca. 1210; Halberstadt, Dom, Triumphkreuz ca. 1220; Hecklingen, Stuckengel ca. 1220, um nur die geographisch nächsten Beispiele aufzuzählen.

[36] Auch dieses Grabmal bietet kontroverse Deutungen, von verschiedenen Seiten wird es für das Grabdenkmal Bischof Ludolfs gehalten. Hauptargument ist dabei die jugendliche Gestalt des Dargestellten, vgl. Schubert, D., (Anm. 11) S. 258. Da Wichmann jedoch viel eher als Förderer des Bistums verehrt wurde, handelt es sich mit großer Wahrscheinlichkeit um ihn. Jugendlichkeit ist ein Typos, den man auch

bei Konrad von Hochstaden, einem nachweislich betagt gestorbenen Erzbischof vorfindet (und nicht zuletzt bei dem Reiterstandbild Ottos I. auf dem Magdeburger Markt). Die Bemerkung aus der Pomarius-Chronik, die D. Schubert wiedergibt, daß Ludolf *"in den Künsten und Sprachen vortrefflich gewesen sei"* (ebd.) spricht eher dafür, daß er als Stifter dieses Grabmals in Frage kommt (er regierte als direkter Nachfolger Wichmanns von 1192 - 1205).

[37] Vgl. die unbefriedigende Erklärung für Mauritius und Innocentius bei Schubert, D., S. 260 (vgl. Anm. 30).

[38] Darauf könnte auch die Beobachtung Sciuries, daß die Statuen Ähnlichkeiten mit Goldschmiedearbeiten aufweisen (vgl. Anm. 22), hinauslaufen.

[39] Der relativ geringe Verwitterungsgrad spricht sogar eher für eine Aufstellung im Kircheninneren, dabei muß aber in Betracht gezogen werden, daß die Skulpturen seit spätestens dem 2. V. des 13. Jh., also mit Abstand der längsten Zeit, mit Sicherheit im Inneren der Kirche standen.

[40] Berücksichtigt man, daß die Reliefs der Seligpreisungen 1449 beim Neubau der Marienkapelle in deren Wand eingelassen wurden und der jetzige Lettner zwischen 1445 und 1451 errichtet wurde, wird es nicht unwahrscheinlich, daß sich diese Reliefs aus dem romanischen Dom zuvor am alten Lettner befanden, also ebenfalls im Chorbereich. Einziges altes Ausstattungsstück außerhalb des Chorbereiches wäre demnach der Taufstein und dessen Standort im Westteil hat eine einfache praktisch-theologische Erklärung: Im dortigen Eingangsbereich erfolgte die Aufnahme in die Gemeinde - hier war der traditionelle Ort des Taufe!

[41] Die Unsicherheiten bei der Zuordnung zu bestimmten Gruppen zeigen die unterschiedlichen Entwürfe von Nicolai und Sciurie in dieser Frage.

[42] Vgl. Ehlers, J., Erzbischof Wichmann von Magdeburg und das Reich, S. 27 f., in: Kat. Erzbischof Wichmann (1152 - 1192) und Magdeburg im Hohen Mittelalter, Magdeburg 1992, S. 20 - 31.

[43] An dieser Stelle sei noch einmal auf die Charakterisierung Ludolfs durch Pomarius als Kunstfreund verwiesen (vgl. Anm. 36). Stilistisch scheinen die Figuren etwas vor dem Wichmanngrabmal zu liegen, wobei die materialbedingten Unterschiede natürlich einen Vergleich erschweren.

[44] Schubert, D., (vgl. Anm. 11) S. 260.

[45] Budde (vgl. Anm. 18) S. 103.

[46] In diesem Zusammenhang soll auch verwiesen werden, auf die kürzlich in Erwägung gezogene Frühdatierung des Grabmals Heinrichs des Löwen in Braunschweig. R. Suckale ("Zur Bedeutung Englands für die welfische Skulptur um 1200", in: Kat. Heinrich der Löwe und seine Zeit Bd. 2 Essays, München 1995, S. 446 ff.) weist nachdrücklich auf eine Notiz Arnolds von Lübeck hin, nach der, sollte sie von dem bekannten Grabmal sprechen, dieses *"vor 1210"* (so auch Hucker, B. U., Kaiser Otto IV., Hannover 1990, MGH Schriften 34, S. 432 f. u. 625 ff.) geschaffen wäre. Suckale weist darauf hin, daß gerade der niedersächsische Raum direkten Einflüssen aus dem anglonormannischen Bereich offenstand.

Hartmut Kühne

"Ich ging durch Feuer und Wasser ..."
Bemerkungen zur Wilnacker Heilig-Blut-Legende

Die mit dem Städtchen Wilsnack im 15. und 16. Jahrhundert verbundene Wallfahrtsbewegung wird in der Literatur nicht selten als exemplarischer Fall betrachtet, an dem die spätmittelalterlich-'vorreformatorische' Situation der kirchlichen Kultur, die durch den Irrationalismus der Frömmigkeit und zahlreiche Mißbräuche des Klerus gekennzeichnet gewesen sei, besonders gut erkennbar ist. Während über die kirchenpolitischen Implikationen der Wilsnacker Wallfahrt, die theologiegeschichtlichen Hintergründe der Kritiker und Verteidiger des dortigen Kultes im 15. Jahrhundert und auch die Baugeschichte der Kirche verläßliche Auskünfte in der Literatur vorliegen oder zumindest hypothetisch formuliert wurden, wissen wir bisher fast nichts darüber, was sich im Wilsnacker Kult tatsächlich abspielte und welche Motive die Christen des späten 14., 15. und frühen 16. Jahrhunderts dazu bewegte, Wilsnack aufzusuchen.[1] Ohne den Anspruch zu erheben, diese Fragen an dieser Stelle in ausreichender Weise klären zu können, soll hier der Versuch unternommen werden, mögliche Perspektiven für eine Antwort aufzuweisen.

Das erste Zeugnis für den Aufstieg der unbedeutenden villa Welsenach, zwei Stunden Fußweg nordöstlich von der ehemaligen Bischofsstadt Havelberg in der Prignitz gelegen, zum überregional bedeutenden Wallfahrtsort ist ein für den Wiederaufbau der Wilsnacker Pfarrkirche von Papst Urban VI. am 10. März 1384 erteilter Bauablaß. In ihm wurde für den mit einem Opfer zugunsten der Kirchenfabrik verbundenen Besuch Wilsnacks ein Jahr und 40 Tage Indulgenz gewährt.[2] In einer kurz darauf, am 15. März 1384, erteilten Sammelindulgenz des Erzbischofs von Magdeburg und seiner Suffragane von Lebus, Brandenburg und Havelberg wird nicht nur die Zerstörung der Kirche durch Feuer bestätigt, sondern auch das den Besuch dieses Ortes besonders motivierende Ereignis erwähnt: Die Auffindung vom Brand verschonter, blutender Hostien[3]. Den Besuchern dieser Objekte, des "corpus dominicum", wird von den Bischöfen eine ganz außergewöhnliche Indulgenz versprochen, nämlich für jede der auf dem Hin- und Rückweg zurückgelegten Meilen ein Strafnachlaß von 40 Tagen, sowie ferner derselbe Ablaß auch für jedes Umschreiten des Kirchhofs in Wilsnack und jedes mit gebeugtem Knie vor dem Heiligen Blut gesprochene Gebet.[4] Vielleicht lag es an dieser Indulgenz, der im folgenden Jahrzehnt noch eine Reihe weiterer bischöflicher Ablässe folgten[5] oder an den über das Wilsnacker Wunderblut erzählten Mirakeln, die von der Heilung kranker und blinder Menschen, gar von der Erweckung Toter berichteten; Wilsnack war bereits an der Wende zum 15. Jahrhundert ein Ort geworden, der in Schweden und den Niederlanden in den Katalogen möglicher Ziele einer Strafwallfahrt genannt wurde, dessen Pilgerzeichen als Abgüsse auf Glocken in Hessen und Lübeck auftauchten und der von Kranken aus dem Ordensland ebenso aufgesucht wurde wie aus Breslau und Prag. Der Fall eines Prager Bürgers, der wahrscheinlich 1402 Wilsnack besuchte, um von einer Lähmung seiner Hand geheilt zu werden, wurde freilich auch zu demjenigen Anstoß, der die kirchliche Kritik an dem neu entstandenen Wallfahrtsort und den dortigen Praktiken auslöste. Dieser Mann, dessen Votivgabe die erhoffte Heilung nicht bewirkt hatte, berichtete in Prag, man habe in Wilsnack – in der Meinung, er sei bereits abgereist – die mißlungene Anrufung des Heiligen Blutes öffentlich zu einer wunderbaren Heilung umgelogen. Daraufhin bildete der Prager Erzbischof Sbynek (1402 - 1411) eine Kommission aus drei Magistern der Prager Universität, der auch der Magister Jan Hus angehörte, um die Nachrichten über die Wilsnacker Mirakel zu überprüfen. Die durch die Kommission durchgeführten Zeugenvernehmungen, über die Hus in einem späteren Traktat berichtete[6], brachten Indizien für die Wirkungslosigkeit der Wilsnackfahrt und für den dort geübten vorsätzlichen Betrug ans Licht, so daß am 15. Juni 1405 durch eine Prager Lokalsynode beschlossen wurde, der Klerus möge mit den Mitteln der Seelsorge gegen den Besuch des Brandenburger Wallfahrtsortes vorgehen. Während die Untersuchung der bischöflichen Kommission auf die 'praktischen' Fragen von Wahrheit und Betrug im Wilsnacker Wallfahrtswesen beschränkt blieb, hob Jan Hus durch einen nach dem Abschluß der Untersuchungen verfaßten Traktat das Problem auf eine grundsätzlichere Ebene, indem er die Möglichkeit der Existenz reliquiaren Blutes Christi nach den Grundsätzen der scholastischen Lehrmethode diskutierte. Die Tendenz dieser Schrift gewann freilich erst eine Generation später in der Kritik an der Wilsnacker Wallfahrt an Bedeutung; die Magdeburger Lokalsynode, die sich 1412 mit zehn kritischen Fragen an den Havelberger Bischof wandte, interessierten mehr die 'praktischen' Aspekte des Geschehens in Wilsnack, die unglaubwürdigen Mirakel, die unklare Herkunft der verkündeten Ablässe, die Schwatzhaftigkeit und Geldgier der in Wilsnack amtierenden Kleriker, als die Fragen nach der Möglichkeit, aus theologischen Sätzen auf die Existenz reliquiaren Blutes Christi zu schließen.[7] Erst in den vierziger Jahren des 15. Jahrhunderts wurde aus dem Wilsnacker Wunderblut eine Angelegenheit, um deren Berechtigung zwischen dem Magdeburger Erzbischof und seinem Havelberger Suffragan bis hin zur gegenseitigen Exkommunikation gestritten wurde. Diese Auseinandersetzung, die ein Jahrzehnt lang die gelehrtesten Köpfe der mitteldeutschen Theologie beschäftigte und Männer wie Johannes Capistran oder Nikolaus von Cusa zur Stellungnahme zwang, ist wiederholt hinsichtlich ihrer theologiegeschichtlichen und kirchenpolitischen Implikationen dargestellt worden.[8] Daß der Wilsnacker Pilgerbetrieb von diesen Debatten kaum tangiert wurde, auch wenn seine Kritiker historisch, pastoraltheologisch und dogmatisch gut begründete Argumente vorbringen konnten, lag sicher auch an der kirchenpoltischen Konstellation, in der die machtpolitischen Gewichte anders verteilt waren, als die theologischen Argumente; vor allem der Brandenburger Kurfürst Friedrich II. intervenierte zugunsten des Havelberger Bischofs und seiner Wallfahrtskirche auch an der römischen Kurie und erlangte damit im Jahr 1453 die päpstliche Approbation des Wilsnacker Wunderblutes, obwohl im Jahr 1451 durch den päpstlichen Legaten Nikolaus von Cusa auf seiner deutschen Legationsreise mit dem Dekret Hoc maxime[9] ein kirchliches Verbot des Wunderhostienkultes besonders im Hinblick auf Wilsnack ergangen war. Wenn die theologisch Kritik an der Wilsnacker Wallfahrt den dortigen Betrieb kaum tangiert zu haben scheint, lag dies wohl auch daran, daß sich die Kritiker kaum über die Motive im Klaren waren, deretwegen die Wilsnacker Pfarrkirche so massenhaft besucht wurde. Der bereits von Jan Hus beschrittene Weg, gleichsam a priori die Möglichkeit der Existenz reliquiaren Blutes Christi negativ zu entscheiden, markiert m. E. am deutlichsten die kulturelle Distanz, die zwischen den 'Rezepienten' der Wilsnacker Praktiken und deren Kritikern bestand. Alle weiteren Argumente der Kritik, die auf einer mehr pragmatischen Ebene angesiedelt waren, betrafen kaum den 'Kern' der Sache, wie z. B. die beigebrachten Indizien für die historische Fragwürdigkeit der Wilsnacker Wunder und die moralische Fragwürdigkeit oder Gewinnsucht, die man dem Wilsnacker Klerus unterstellte. Die Wechselwirkungen, die zwischen den Interessen und Vorstellungen der Wilsnackbesucher und dem dort Erzählten und Praktizierten bestanden, kamen nur unter einem Stichwort in den Blick: superstitio (Aberglauben). Daß dieses Wort keine brauchbare Kategorie kultur- oder religionshistorischer Begriffsbildung ist, sondern ein Ausdruck, der die (von einem bestimmten Standpunkt und Interesse gesetzte) Grenze zwischen Legitimität und Illigitimität bestimmter

Praktiken und Vorstellungen beschreibt, ist in der neueren Forschung deutlich geworden. Ein Dokument, in dem sich das Unverständnis für die mit Wilsnack verbundenen Vorstellungen deutlich ausspricht, ist eine Notiz, die der Magdeburger Domherr Heinrich Tocke über seinem Besuch Wilsnacks hinterließ. Heinrich Tocke, universitär gebildeter Reformtheologe, Teilnehmer am Baseler Konzil und theologischer Mentor des Magdeburger Erzbischofs Friedrich von Beichlingen (1445 - 1464) war der entschiedenste Gegner des Wilsnacker Wunderblutes, der den kirchenpolitischen Streit über die Wilsnacker Wallfahrt in den vierziger Jahren des 15. Jahrhunderts auslöste. Am Beginn der von ihm initiierten Ereigniskette stand ein Besuch in der Wallfahrtskirche, bei dem er sich – offenbar als einziger der in die spätere Debatte verwickelten Theologen – mit eigenen Augen Klarheit über das dortige Geschehen verschaffen wollte. Nach seinem Besuch schrieb er eine kurze Notiz nieder, in der es heißt: *"...Ich war am 12. Juli 1443 dort, hielt es [das Wunderblut] in der Hand und untersuchte es gründlich: Ich sah drei winzige Hostienstücken, die schon gleichsam aufgezehrt und verdorben waren, aber überhaupt nichts Rotes oder Rötliches war dort. Was sollen wir also von dem Blut halten; und selbst wenn es ganz rötlich wäre, folgt daraus nicht, daß es Blut ist, und wenn es Blut wäre, [folgt] daraus nicht, daß es Blut Christi ist und so zu verehren sei, wie es die törichten Leute seit schon 60 Jahren tun. Jenes Blut müßte rechtens teuflisch oder vom Teufel [gemacht] genannt werden, weil, was Sünde tut, vom Teufel stammt 1. Joh. 3 [Vers 8]."*[10]
Diese Äußerung offenbart das Entsetzen eines universitären Theologen angesichts der im märkischen Wilsnack praktizierten Formen spätmittelalterlichen Christentums, zugleich auch die Verständnislosigkeit für jene stulti homines, die weder die ephemere Wirklichkeit des Objektes wahrnehmen, das bei ihnen das 'heilige' oder 'lebensspendende Blut' heißt, und die ebensowenig den rationalen Argumenten Gehör leihen, aus denen die Unwahrscheinlichkeit des von ihnen (anscheinend) Geglaubten gefolgert werden muß. Versucht man im nachhinein jene von Tocke gestellte Frage, was von dem Wilsnacker Wunderblut zu halten sei, aus der Sicht jener 'törichten Menschen' zu beantworten, die Wilsnack in Scharen aufsuchten, wird man Überlegungen anstellen müssen, die sich jenseits der Fragen nach der physischen Gestalt des in Wilsnack verehrten Objektes und seiner theologischen Demonstrierbarkeit bewegen. Freilich ist die Quellenlage, auf die sich derartigen Überlegungen stützen können, außerordentlich ungünstig. Über das, was in Wilsnack vor sich ging, ist der Bericht des Mattheus Ludecus fast die einzige Informationsquelle, die zudem Jahrzehnte nach dem Ende des Wundeblutes und in polemischer Absicht verfaßt wurde.[11] Über den in Wilsnack

geführte Liber miraculorum – eine, wäre sie noch vorhanden, fraglos informative Quelle – teilt Ludecus mit, das Buch sei "nicht mehr vorhanden und mir / wohin es komen sein mag / verborgen".[12] Eine in Wilsnack bestehende Bruderschaft wurde im Streit um Wilsnack erwähnt[13], ohne daß uns Statuten, Bruderschaftsbuch o. ä. überliefert sind. Die gelegentlich in der Kontroverse angeführten Nachrichten, z. T. polemische Anekdoten, sind wenig geeignet, das in Wilsnack Geschehene zu rekonstruieren. Abgesehen von den überlieferten Ablaßurkunden stellt daher die Wilsnacker Legende das ausführlichste Selbstzeugnis der Wilsnacker Wallfahrt dar. In der Literatur bezieht man sich regelmäßig auf die zu Beginn des 16. Jahrhunderts aufgelegten Drucke der Wilsnacker Legende, nämlich die Historia inventionis et ostensionis vivifici Sacramenti in Wilsnack, die im Jahr 1520 in Lübeck bei Stephan Arnd verlegt wurde, sowie die ein Jahr später bei Ludevicus Dietz in Rostock erschienene niederhochdeutsche Übersetzung des leicht bearbeiteten und gekürzten lateinischen Druckes. Den Text der Drucke, von denen heute kein Exemplar mehr erhalten zu sein scheint, hatte bereits Ludecus in sein Werk aufgenommen.[14] Einen älteren Text, vielleicht das nach allgemeiner Ansicht um 1400 in Wilsnack oder Havelberg geschriebene Original der Wilsnacker Legende hatte Tocke nach eigener Aussage bei seinem Wilsnackbesuch in der Hand gehalten.[15] Eine Handschrift der Legende, die älter aber auch etwas kürzer als der Druck von 1520 ist, hat sich in einer Sammelhandschrift im Besitz der Berliner Staatsbibliothek (SPKB) aus der Mitte des 15. Jahrhunderts erhalten.[16] Im folgenden nimmt der Vf. immer auf die Wiedergabe des lateinischen Druckes bei Ludecus Bezug, wobei der Kurztitel Historia benutzt wird. An einigen Stellen werden signifikante Varianten des niederdeutschen Druckes, ebenfalls nach der Wiedergabe des Druckes bei Ludecus, herangezogen.

Die Legende hat in der Forschung bisher insofern Aufmerksamkeit gefunden, als man in ihr eine – allerdings legendarisch überwucherte – Quelle jener historischen Ereignisse sah, die zur Errichtung der Wilsnacker Wallfahrtskirche und ihres Betriebes führten. Nach einer Passage des Textes, die im Ich-Stil berichtet, wird allgemein angenommen, der Verfasser des gesamten Textes sei ein sich dort – dem Titel, aber nicht dem Namen nach – selbst nennender Havelberger Domprobst gewesen, der noch zu Lebzeiten des Bischofs Dietrich von Man (1370 – 1385) Augenzeuge der Ereignisse in Wilsnack war. Ob der Text tatsächlich bereits um 1400 verfaßt wurde, wird sich durch den fast vollständigen Verlust der Wilsnacker und der Havelberger bzw. Wittstocker Lokalüberlieferung kaum noch feststellen lassen. Auch die literarische Homogenität des Textes, die bisher nicht bezweifelt (freilich auch nicht untersucht) worden war, ist keineswegs über allen Zweifel erhaben. Besonders der im Ich-Stil abgefaßte Passus könnte, wie zu zeigen sein wird, ein späteres, jedenfalls literarisch andersartiges Produkt sein, das dem Text erst sekundär eingefügt wurde. Wie dem auch sei, daß die Historia schon wegen ihrer vermeintlichen zeitlichen Nähe zu den Ereignissen als 'historisches' Material und nicht vielmehr als 'legendarische' Quelle zu lesen ist, steht keineswegs fest. Die Historia daraufhin zu befragen, inwiefern sie jene Vorstellungen und Motive widerspiegelt, deretwegen sich die Wilsnackfahrer auf den Weg in die Prignitz machten, ist bislang aber nicht in den Blick gekommen. Ohne bestreiten zu wollen, daß zwischen verschiedenen Nachrichten der Legende und den historischen Vorgängen, die sich im Spätsommer des Jahres 1383 in Wilsnack ereigneten, eine gewisse Korrelation bestehen muß, soll die Erzählung an dieser Stelle daraufhin gelesen werden, ob sie einige der Vorstellungen enthüllt, die jene 'törichten Menschen' bewegten, die Wilsnack aufsuchten. Da an dieser Stelle leider nicht der Platz ist, um einen vollständigen Abdruck des relativ schlecht zugänglichen Textes zu bieten, kann der Inhalt lediglich kurz referiert werden.

Der deutsche Druck der Historia setzt unmittelbar mit der Datierung der zu erzählenden Ereignissen ein: "Na unses Heren Christi gebordt dusent drehhundere dar na in dem der unde achtendigesten yare / up einen sonndage/ de dar was de negeste dach na unser leuen fruwen Krutwiginge. Do wart dat Dorp Wilsnack mit der Kercken darsulvest / dorch Hinricke von Bulow uyentliker wyß gantz vorstört unde vorbrannt..."[17]. Die lateinische Fassung eröffnet ihren Bericht hingegen mit einer wortreichen Ausführung über jene Leute, die für sich den Namen Christi in Anspruch nehmen, "sed Deum factis negantibus et delicta imo potius varia sacrilegio committentibus", wozu auch diejenigen nicht namentlich Genannten gehören, die im Jahre 1383 "in die crastina assumptionis beatae Mariae virginis [also am 16. August], quae tunc simul et dominica erat", "sine aliqua iusta et rationali causa" elf Dörfer niederbrannten, die zum Mensalgut des Havelberger Bischofs bzw. seines Domkapitels gehörten.[18] Die in der Fehde geschehene Verbrennung jener Dörfer wird von dem Schreiber der Historia zu einem Angriff auf die Kirche Gottes stilisiert; aber das Schiff Petri "fluctibus turbari posset, submergi tamen minime potest." Deshalb habe Gott zum Trost der Frommen und zur Bekehrung der Sünder das "sacrament[um] vivific[um] preciosissimi corporis et sanguinis Domini nostri Jesu Christi" in Wilsnack "miro modo" geoffenbart und dort viele Wunder wirken lassen.[19] Nach dieser Diatribe geht der lateinische Bericht zur Erzählung des eigentlichen Geschehens über, das mit dem Besuch des Havelberger Kirchweihfestes durch den Pleban der Wilsnacker Kirche, einen "Dominus Johannes", an besagten Termin anhebt. Auf dem Rückweg von Havelberg, noch eine Viertelmeile von Wilsnack entfernt, sah dieser "Ecclesiam suam et eius turrim igne una cum tota villa fere devastatam."[20] Während der deutsche Druck schon an dieser Stelle erwähnt, der Pleban hätte "dat hillige Sacrament in dren partikelen [...] vmme kranker Lude willen up den altar gelaten", und sei deshalb "sere vorschrecket [...] dat he dar by so vorsummelick gewest hadde"[21], erzählt die Historia nur, der Pleban habe sich mit seinen Bauern in das nahegelegene Dorf Groß Lüben begeben, wo man Quartier gesucht und in der nächsten Zeit auch gefunden habe. Am dritten Tag nach der Zerstörung des Dorfes sei der Pleban "cum pluribus de populo suo" nach Wilsnack zurückgekehrt, um im Schutt nach noch Brauchbarem zu suchen. In der zerstörten Kirche habe man vor allem nach der durch die Hitze geschmolzenen Glockenspeise gefahndet; der Pleban sei auch an den Altar getreten, dessen Mensa mit einer gehobelten Holzplatte bedeckt war, in der sich eine Öffnung befand: "Intra quem vasculum eucharistiale ligneum serico circumductum et super complicatum corporale reverenter situatum tres tantum pro necessitatibus et viatico infirmorum continens hostias reposuit et reclusit." Da aber die Holzplatte durch das Feuer fast völlig zerstört ("penitus devastatum") war, mußte man glauben, daß auch diese Hostien samt Behältnis vollständig verbrannt seien ("fore concremata"), weshalb der Pleban sich von einem heftigen und herzzerreißenden Schmerz ergriffen ("vehemneti et cordiali tactus dolore") samt seiner Bauern auf den Rückweg nach Groß Lüben machte.[22] An dem darauffolgenden Sonnabend ("Sabbato veniente proximo", d. h. am 22. August) soll der Wilsnacker Pfarrer seine Bauern zusammengerufen haben, um ihnen zu erklären, daß er in Perleberg nach einer Anstellung suchen wolle, da der Wiederaufbau des Dorfes und der Kirche nicht abzusehen sei, und er sich anders keinen Lebensunterhalt verschaffen könne. Die Bauern seien von diesen Worten betrübt worden, aber man habe sich dennoch des gegenseitigen Wohlwollens versichert und noch einen Weile über diese Dinge gesprochen. In der darauffolgenden Nacht sei dem Pleban aber eine Audition zuteil geworden; als er nämlich zusammen mit den Bauern am Feuer schlief: "...audiret quendam ante ostium domus voce gracili et puerili dulciter clamantem ipsumque proprio nomine vocitantem, ac charitative admonentem, ut festinantius surgeret Welsnagk pergeret, seque ad missam ibidem celebrandam pararet...."[23] Er hielt die Stimme aber für eine Einbildung und legte sich neuerlich schlafen, woraufhin "post una hora spacium" dieselbe Stimme dieselben Worte wiederholte. Daraufhin weckte er einen der dort schlafenden Bauern, der ihm die Erscheinung als Einbildung interpretierte, die sich aus seiner psychischen Verfassung erkläre: "...nihil est quod audistis, sed ex magno et ardenti desiderio quo aestuatis ad ibidem missam sicut prius celebrandam, et prae angustia spiritus de vestra absentia timore combostioni ecclesiae vana et varia phantasmata vobis taliter occurrunt dormienti."[24] So belehrt, schlief der Pfarrer wieder ein, um gegen morgen zum dritten Mal die Stimme zu vernehmen, nun aber "non leviter, ut ante admonetur. Sed acerrime redarguitur cur monita salubria negligeret adimplere." Da er gar am rechten Arm ergriffen und gerissen wurde, so daß der Arm von dieser Zeit an kontrakt blieb, fuhr er mit Geschrei auf und versprach, zu erfüllen, was ihm befohlen sei. Also machte sich der Pleban mit seinen Bauern und "ornamentis et aliis ad missam celebrandam necessariis" nach Wilsnack auf. Als der Pleban "zum Altar kam, der jetzt in der Ehre des [Fron]leichnams und Blutes Jesu Christi geweiht ist, begann er diesen mit geweihten Tüchern zu bedecken, da er nicht mit einem Altartuch bedeckt war. Dabei fand er drei Hostien, die auf wunderbare und göttliche Weise, wie man glauben muß, von der Zerstörung durch das Feuer bewahrt worden waren. Sie waren nur an den Rändern ein wenig angesengt und auf ihren Mittelpunkten erschien etwas wie Blutstropfen. Sie lagen auf einem Korporale, das ebenfalls an seinen Ecken merkliche Brandspuren aufwies. Da aber in der Nacht zuvor und besonders am frühen Morgen reichlich Regen gefallen war, war auch jener Altar auf seiner Oberfläche sehr naß. Jenes Korporale zusammen mit den Hostien und der Fläche unter dem Korporale ist fast völlig trocken gefunden worden. Da jener Pleban dies sah, war er wie vor den Kopf geschlagen und in seinem Sinn verwirrter, als man glauben möchte, und rief so viele Bauern als möglich zusammen. Da berieten sie sich über diese Erscheinung und er feierte dort die Messe."[25] Weil sich in der zerstörten Wilsnacker Kirche kein geeigneter Ort fand, um das "verehrungswürdige Sakrament" zu verwahren, brachte der Pleban es in die Kirche von Groß Lüben. In der Datierung dieses Wunders besteht zwischen dem deutschen und dem lateinischen Druck eine Differenz, da der deutsche Druck die nächtliche Audition der Abschiedsrede direkt anschließt: "In dersulfften nacht an dem Sunnavende up dem Sundach/de da was de achte dag na dem brande...."[26] In der Historia heißt es dagegen: "In nocte vero ...

dominicae immediate sequentis, quae erat octava dies a die combustionis Ecclesiae inclusive numerando."[27] Die Historia verlegt also das Ereignis um einen Tag nach vorn auf die Nacht vom 23. zum 24. August (dem Bartholomäustag), was mit dem Gang der erzählten Ereignisse nicht recht zusammenstimmen will, da der Pleban ja bereits am Sonnabend von seinen Bauern Abschied genommen haben soll.

Als die in Wilsnack gefundenen Objekte in der Kirche von Groß Lüben aufbewahrt wurden, soll sich dort das nächste Wunder ereignet haben. Am achten Tag nach der Auffindung des Sakraments, nach der Angabe der lateinischen Historia also acht Tage nach dem 24. August, d. h. am 31. August, sahen die Wächter jenes Ortes nämlich in der Zeit vor Mitternacht "quinque candelas cereas coram venerando sacramento in Ecclesia praedictae Luben ardentes."[28] Von diesen fünf Kerzen seien, als der genannte Pleban Johannes dort die Messe feierte, "ut pluribus visum est", zwei Kerzen von allein erloschen; "Reliquiae autem tres incensum deo volente obtinuerunt." Von diesen drei Kerzen werden nun verschiedene Wunderdinge erzählt. Zum ersten sollen sie mehrfach in Prozession von Groß Lüben nach Wilsnack getragen worden sein, ohne daß sie von Sturm oder Unwetter ausgelöscht wurden.[29] Zum zweiten sei der Pleban nach Wittstock vor den Havelberger Bischof zitiert worden, um dort über die Vorgänge in Wilsnack zu berichten. Vor Antritt der Reise habe dieser die brennenden Kerzen abgemessen und nach seiner Rückkehr wären sie, trotzdem sie beständig brannten, immer noch genauso lang gewesen, wie vor Antritt der Reise. Zum dritten habe ein gewisser Bauer mit Namen Slantze dem Brennen der Kerzen ein Ende bereiten wollen; nachdem er zunächst "divina virtute fore factum referens" die Kerzen zweimal ausgeblasen habe, diese sich aber immer wieder entzündet hätten, seien beim dritten Versuch nach dem Ausblasen einer Kerze auch die übrigen verloschen, und er hätte sie auf keine Weise mehr anzünden können. Eine der drei Kerzen befinde sich noch in der Marienkapelle von Perleberg, eine weitere in der Wilsnacker Kapelle, die der hl. Maria Magdalena und dem hl. Erasmus geweiht sei, die dritte Kerze habe jener Bauer entsprechend der ihm auferlegten Sühne nach Rom tragen müssen.

Der Erzählung über die mit den Kerzen zusammenhängenden Mirakel folgt der Bericht eines weiteren Wunders, das geschehen sei, als der Havelberger Bischof Thidericus (Dietrich von Man, gest. 1385) den Ort aufsuchte und dort eine Messe feierte. Der Bischof sei bei dieser Visite von dem Pfarrer aus Altruppin und dem Havelberger Domprobst begleitet worden. Letzterer gibt sich in der Erzählung auch als ihr Verfasser zu erkennen: "Ego, praepositus Havelbergen[sis] eidem reverendo praesuli astans et easdem tres hostias ordinatim positas diligentius perspicens, vidi ingens miraculum, [...] vidi inquam clarenter sanguinem Christi [...] in una trium hostiarum praesignatarum, videlicet in ordine medio, latiorem et rubicundiorem quam antea in eadem missa fuit effectum."[30] Das auf der mittleren Hostie anschwellende 'Blut', das fast über ihrem Rand auf das Korporale geflossen sei, wäre es nicht wunderbarerweise an diesem Rand festgehalten worden, soll auch der dabeistehende Altruppiner Pfarrer gesehen haben, der den Domprobst deshalb am Gewand zupfte und mit dem Finger auf die Hostie wies. Nach dem Ende der Messe sei der Bischof auf die Plattenburg zurückgekehrt und habe dem Propst mit sich genommen, um sich mit ihm "unter Tränen" über das Mirakel auszutauschen. Hier offenbarte der Bischof, er sei nach Wilsnack gefahren "dubitans, illas tres hostias fore consecratas" und habe vielmehr befürchtet, die Hostien seien in Blut oder rote Farbe getaucht worden. Damit die Verehrer dieser Hostien nicht in Götzendienst ("idolatria") verfallen, habe er vorgehabt, die drei Hostien zusammen mit einer neuen Hostie während der Messe zu konsekrieren. Am Beginn des Kanon Missae habe er aber die Verwandlung gesehen, seine Zweifel seinen geschwunden und er habe von der "inuria" einer doppelten Konsekration der Hostien abgestanden. Während jener Messe soll sich, wie ein gewisser Henning Billerbek bezeugt habe, auch das Wunder der von sich von selbst entzündenden Kerzen während der Elevation wiederholt haben.

Nach diesen Ursprungserzählungen bietet der Bericht nun fünf weitere Mirakel, die aus den "innumerabilia miracula quae Dominus noster Jesus Christus hoc in loco dignatus est operari", ausgewählt worden seien. Alle erzählten Mirakel ähneln sich darin, daß sie eine Rettung berichten, die durch das Gelöbnis einer Wallfahrt nach Wilsnack provoziert wurde. Die Mirakel werden exakt, z. T. auf die Stunde genau, datiert und schließen mit der Angabe der Zeugen des Mirakels. Das erste Mirakel soll bereits im August 1383 geschehen sein.[31] Als der Ritter Dietrich Wenkstern von seiner Burg Wenksternburg mit zwei Begleitern durch die Gegend von Lenzen ritt und über das Wilsnacker Sakrament spottete, dessen Ruf sich bereits zu verbreiten begann, erblindete er plötzlich. Daraufhin gelobte er, "si Dominus secundum magnam misericordiam suam virtute vivifici sacramenti corporis et sanguinis sui lumen oculorum sibi restituere dignaretur", jährlich mit dreißig

Leuten barfuß und "lineis non induti" (d. h. im Bußgewand), Wilsnack "cum oblationibus et congruis honoribus" zu besuchen. Sofort wurde er wieder sehend, vollbrachte sein Gelübde im selben Jahr am Tag nach Marie Geburt (also am 9. September) und opferte eine Kerze von einem Pfund Wachs.

Das zweite Wunder soll sich im Jahr 1386, am Sonntag nach Himmelfahrt, zugetragen haben.[32] Die Müllerin Margarethe in Sprengenberg sei durch das Mühlrad verletzt ("enormiter laesa") und unter Wasser gedrückt worden ("submersa"). Man habe sie anderthalb Tage für tot gehalten, dann sei sie durch die Anrufung des Heiligen Blutes zu Wilsnack ("sacrosanguine Christi in Wilssnagk invocato") lebendig und gesund geworden.

Das dritte Mirakel wird in das Jahr 1388 datiert.[33] Der Protagonist der Erzählung ist ein Passauer Domherr ("quidam Canonicus Pataviensis plebanus in Lichtenouu"), der sich, als er nach seinem Tode in die Kirche getragen wurde, wo man mit dem Lesen des Psalters begann, im Sarg zu bewegen begann. Der vermeintlich Tote rief den erschreckten Mitbrüdern zu, sie mögen keine Furcht haben, "quia ipse esset et viveret." Er berichtete ihnen, er sei erweckt worden ("resuscitatus"), um sich auf den Weg zum Heiligen Blut ("Sanguinem Christi") nach Wilsnack zu machen, das er "divina revelatione" gesehen habe ("tali specie, ut in Wilssnagk ostenditur, videlicet in tribus partibus sive hostiis"). Aus der Kirche geführt, habe sich der Priester sofort auf den Weg gemacht, zuvor jedoch den Bischof unterrichtet, der ihn bis zum Erzbischof begleiten wollte (was freilich nicht ganz einleuchtet, da der Weg von Passau nach Salzburg dem nach Wilsnack entgegengesetzt ist). Als die Reisegesellschaft über einen Fluß setzte, kenterte das Schiff und alle Reisenden fielen in das Wasser. Während die übrigen Reisenden aber schnell durch andere Boote gerettet wurden, ertrank der Passauer Domherr und wurde erst nach einer Stunde wiederbelebt, als die ministri episcopi eine Wilsnackfahrt gelobten.[34] Während die Reisegesellschaft am folgenden Abend im Haus eines Ritters übernachtete, brach in dem Haus Feuer aus; alle liefen aus dem brennenden Gebäude, nur jener Domherr blieb krank und schwach in einem Zimmer zurück. Aber der Domherr wurde auch aus diesem Feuer gerettet, so daß er sagen könne: "Ich ging durch Wasser und Feuer, du aber hast mich an einen Ort der Erquickung geführt." ("transivi per aquam et ignem et eduxisti me in refrigerium" [nach Ps. 66, 12]).

Das vierte Mirakel berichtet von der Heilung "Elisabeths der Frau Sigismunds, der Römischen Kaiserin".[35] Sigismund regierte die Markgrafschaft Brandenburg von 1378 bis 1388. Entweder handelt es sich bei der genannten Person um die Frau Sigismunds, Maria, oder um die Mutter des späteren

Kaisers, Elisabeth von Pommern (gest. 1393). Wohl eine von diesen Frauen soll nun am Palmsonntag des genannten Jahres erkrankt sein und zwei Tage zu Bett gelegen haben, ohne Sprechen zu können oder ihrer Sinne mächtig zu sein. Als die Kranke aber am zweiten Tag kein Lebenszeichen mehr von sich gab, leisteten ihre Kammerjungfern und ihre Familie dem Wilsnacker Blut ein Gelübde, woraufhin sie gesundete. Als man aber mit der Einlösung des Gelübdes abwartete, erkrankte die Frau erneut. Daraufhin gelobte sie selbst die Wilsnackfahrt, die sie bis zum Margaretentag (20. Juli) des Jahres leisten wollte; wenn sie aber später käme, wollte sie in der Zwischenzeit nur Fastenspeise, also kein Fleisch, Eier etc. "nec alia genera sanguinem habentia", zu sich nehmen. Sie soll ihr Gelöbnis am Donnerstag nach St. Jakobi (25. Juli) erfüllt haben, der in jenem Jahr einem auf den 27. Juli fiel.

Das fünfte Mirakel soll sich im selben Jahr, am Freitag vor dem Magdalenentag (22. Juli) in Westfalen ereignet haben.[36] Ein gewisser Geismar Bertold von Hausen sei an diesem Tag zur Burg Kogelnberg bei Volkmarssen geritten. Da die Besatzung der Burg ihn für einen Verräter gehalten habe, wurde er von dem Ritter Konrad Spiegel an einen Galgen gehängt, wo er einen halben Tag und eine ganze Nacht gehangen habe, aber "per invocationem sanguinis preciose strangulari nequit." Er wurde nämlich "per imaginem beatae virginis" gehalten, bis der Ritter ihn am nächsten Morgen losband und für die "inuria" um Verzeihung bat. Der glücklich Gerettete fastete bei Brot und Wasser und machte sich auf den Weg nach Wilsnack.

Der Text schließt mit dem Verweis auf die zahlreichen Wunder, die der Herr Jesus Christus durch die Kraft "hujus vivifice sacramenti" tagtäglich bewirke und die "in quibusdam libris de his specialiter complicatis" vollständig verzeichnet seien. Im übrigen hätten Päpste, Kardinäle, Erzbischöfe, Bischöfe und Legaten den Ort und die Kirche des hl. Nilkolaus zu Wilsnack "de thesauro sanctae Ecclesiae" mit vielen "indulgentiis et peccatorum remissionibus" versehen, wie aus den darüber ausgestellten Bullen und litterae klar zu ersehen sei.

Unter Hintanstellung der Frage nach der literarischen Einheitlichkeit des Textes, fällt zunächst auf, daß es sich um eine komplexe Erzählung handelt, deren erster Teil über die inventio und ostensio (im Sinne von "Offenbarung") des Wilsnacker Wunderblutes handelt und deren zweiter Teil Mirakel enthält. Während der zweite Teil durch die klare Aufeinanderfolge der fünf Mirakel geordnet ist, wird der erste Teil durch drei Erzählkerne strukturiert. Der erste Erzählkomplex umfaßt die Ereignisse vom Brand des Dorfes bis zur Auffindung der drei Hostien und deren Übertragung nach Groß Lüben, d. h. die Zeit vom Havelberger Kirchweihfest bis zum Bartholomäustag, der zweite Teil faßt die mit den Kerzen verbundenen Überlieferungen zusammen und setzt kalendarisch am 31. August ein, der dritte Teil (ohne genaue Datierung) faßt die Nachrichten über das Verwandlungswunder zusammen, das sich bei dem Besuch des Havelberger Bischofs in Wilsnack ereignet haben soll. Unsere Überlegungen zum Text können bei einer Beobachtung einsetzten, die ein scheinbar unbedeutendes Faktum betrifft: die auffällige Häufung auf den Tag genauen Datumsangaben, die sowohl in den Mirakeln als auch im ersten Teil, dem Inventionsbericht, begegnen. Alle Einzelüberlieferungen mit Ausnahme des 'eucharistischen Verwandlungswunders', das sich während des Besuchs des Havelberger Bischofs ereignete und dem dritten Mirakel, für das nur die Jahreszahl genannt wird, werden exakt datiert. Diese genauen Datierungen könnte man entweder für ein Indiz halten, das die historische Wahrheit der Erzählungen verbürgt, oder als Versuch des Verfassers der Historia verstehen, durch das Mittel der exakten Chronologie den Schein der historischen Wahrheit zu erzeugen. Allerdings verweisen m. E. die genannten Daten auf einen Zusammenhang mit kalendarischen Zyklen, die innerhalb der spätmittelalterlichen Volkskultur relevant waren. Dies zeigt sich besonders in der Datierung der Ursprungsgeschichte, also jener Ereignisse, die sich im Spätsommer des Jahres 1383 zugetragen haben sollen. Es sind insgesamt vier Ereigniszusammenhänge, die nach der Historia in diesen Zeitraum gehören: die Verbrennung der Wilsnacker Kirche am Tag des Havelberger Kirchweihfestes, d. h. am 16. August[37] (Tag nach Assumptio Mariae / Mariae Kräuterweihe), die nächtliche Audition und die anschließende Auffindung der Hostien sowie des Korporale am 24. August, d. h. am Bartholomäustag, die Entdeckung des Kerzenwunders in der Nacht zum 31. August[38] und das Gelöbnis der Wallfahrt des Ritters Dietrich von Wenckelstern noch im August sowie dessen Einlösung am 9. September, dem Tag nach Nativitas Mariae. Nicht nur die Datierung des ersten Mirakels in das Jahr 1383, sondern auch die formalen Anschlüsse im Text legen es m. E. nahe, dieses Mirakel in einen unmittelbaren Zusammenhang mit der Ursprungslegende des Heiligen Blutes zu stellen. Der abschließende Teil der Inventionslegende, der sich literarisch als Ich-Bericht ohnehin von der Erzählung abhebt, d. h. der Bericht des Havelberger Propstes über das eucharistische Wunder während der Messefeier in Wilsnack, wird nicht wie die übrigen Erzählkomplexe durch eine genaue Datierung angeschlossen, sondern mit einer unbestimmten Zeitangabe eingeführt.[39] Nach der Eröffnungsnotiz des anschließenden Mirakelabschnitts beginnt die Erzählung des ersten Wunders so: "Es geschah aber in demselben Jahr ("eodem anno") und in dem Monat, da das genannte Sakrament gefunden wurde, folgendermaßen. Im Jahr 1383 im Monat August, da ritt ein gewisser Ritter Dietrich von Wenckelstern..."[40] Es ist deutlich, daß sich das "eodem anno" auf eine vorhergehende Datierung beziehen muß, die aber nicht in dem unklar datierten Bericht über das Wunder während der Messe in Wilsnack steht, sondern in dem dieser Passage vorhergehenden Text. Die nachgeschobene Datierung des ersten Mirakels nach Jahr und Monat gleicht diesen Text literarisch den Einleitungen der übrigen Mirakel an. Diese Beobachtung könnte darauf hinweisen, daß in einer älteren Fassung der Legende, in der das erste Mirakel der Erzählung über die Kerzenwunder direkt folgte, der Bericht über das eucharistische Wunder während der Messe eingefügt wurde. Es gibt noch ein weiteres Argument dafür, das erste Mirakel, anders als die übrigen vier Mirakel, in einen unmittelbaren Zusammenhang mit der Inventionserzählung zu stellen. Das erste Mirakel unterscheidet sich von den übrigen dadurch, daß hier die Notlage, deretwegen die Wilsnackfahrt gelobt wird, auf den Zweifel an bzw. die Blasphemie gegen das Wilsnacker Wunderblut zurückführt wird. Es ist also nicht nur Erzählung einer Rettung durch das Heilige Blut, sondern auch der Bestrafung durch das Heilige Blut. Eine bis in Details übereinstimmende Parallele zu dem ersten Wilsnacker Mirakel findet sich in der Heilig-Blut-Legende des Klosters Heiligengrabe. Dieses ebenfalls in der Prignitz gelegene Zisterzienserinnenkloster führte nach einer spätmittelalterlichen Überlieferung seinen Ursprung auf ein eucharistisches Blutwunder zurück, das durch den Hostiendiebstahl eines Juden im Jahr 1287 provoziert worden sein soll. Diese Gründungslegende wird erst durch einen niederdeutschen Druck überliefert, der wie die niederdeutsche Fassung der Wilsnacker Historia 1521 in Rostock bei Ludevicus Dietz erschien.[41] Der eigentlichen Erzählung des Blutwunders folgen in der Legende von Heiligengrabe drei Erzählungen, die sich unmittelbar auf die Gründung des Klosters beziehen; zum ersten der Bericht über den vergeblichen Versuch, das Sakrament von seinem Fundort (einem angeblichen Richtplatz) nach Pritzwalk zu verbringen, zum zweiten die Erzählung über die Anerkennung des Sakraments durch den Bischof von Havelberg und zum dritten die Legende der durch ein Strafwunder vom Markgrafen Otto erzwungenen Gründung des Klosters. Über den Bischof von Havelberg wird dort erzählt: "Also begahaff yd syk / dath Bischop Hinrik tho Havelberge / wolde yn prischwalk riden.de ok nichte alto vele gelovede der nien geschicht. Unde dewil he untruwelik dar van gedachte / so bevel he myt swarer vnd groter krankheyt / dat men ene moste van deme perde boren vnde up de erde legghen/ Don reep he dat hillige Sacramente an / vnde lavede dat tobesokende / und to stunt so wart he weddergesunt[42]..." Diese Erzählung ähnelt stark dem ersten Wilsnacker Mirakel. In beiden Fällen geht es darum, eine Person, die die Wahrheit des geschehenen Wunders bezweifelt, durch ein Strafwunder von dieser Wahrheit zu überzeugen und durch das Gelöbnis einer 'Wallfahrt' zum Zeugen dieses Wunders zu machen. In beiden Fällen ereignet sich das Strafwunder, während die Protagonisten der Erzählung auf einem Pferd reiten. In beiden Fällen müssen sie nach Eintritt der Krankheit vom Pferd gehoben werden und geloben auf der Erde liegend den Besuch des Heiligen Blutes.[43] Auf welche Art und Weise die beiden Erzählungen aus Heiligengrabe und Wilsnack voneinander abhängen, soll an dieser Stelle nicht beurteilt werden. Die Legende aus Heiligengrabe deutet aber an, daß auch der Zusammenhang zwischen der Wilsnacker Inventionslegende und der Erzählung des Strafwunders enger gewesen sein kann, als er in der uns vorliegenden Fassung erscheint. Falls diese Vermutung das Richtige trifft, wäre die Ursprungslegende eine Erzählung, die durch die vier genannten Daten in einen zeitlichen Rahmen eingebunden ist, der vom Tag nach Assumptio Marie bis zum Tag nach Nativitas Mariae (dem Tag der Erfüllung des Gelübdes durch den Ritter) reicht. Der Zeitraum dieser 24 Tage wird durch die Daten des Hostienwunders bzw. -fundes und des Kerzenwunders bzw. -fundes in drei Abschnitte geteilt, die jeweils acht Tage umfassen.[44] Es ist nicht sicher auszuschließen, daß es sich bei diesen Daten um die Widerspiegelung historischen Geschehens handelt; die Angabe freilich, das erste Mirakel habe sich noch im August 1383 ereignet, also notwendig in der letzten Augustwoche, an deren Beginn die Auffindung des Sakramentes geschehen sein soll, ist historisch nicht besonders wahrscheinlich. Die merkwürdige chronologische Konstruktion der Legende findet ihre Erklärung m. E. eher darin, daß durch die Daten der Erzählung die angeblichen Ereignisse in Wilsnack mit einem für die spätmittelalterlichen Volkskultur besonders signifikanten Zeitabschnitt synchronisiert wurden, nämlich dem sog. Frauendreissiger ("unser Frauen dreissigst" o. ä.), d. h. der Zeit zwischen dem 'großen Frauentag' (Assumptio Mariae) und dem 'kleinen Frauentag' (Nativitas Mariae) unter Einschluß der Oktav letzteren Tages.[45] Die Integration dieser Marienfeste in den Bereich der spätmittelalterlichen Volkskultur wird schon durch den Namen angedeutet, mit dem Assumptio Mariae auch in der niederdeutschen Fassung der Historia benannt wird: "unser leuen fruwen Krutwiginge." Unter den Namen Mariae

Kräuterweihe, Würzweihe, Wischweihe firmiert Assumptio Marie im deutschen Raum seit dem 14. Jahrhundert, weil dieses Marienfest seine 'volkstümliche' Bedeutung durch die Segnungen gewann, mit denen die zur Festliturgie mitgebrachten und am oder auf dem Altar niedergelegten Kräuterbüschel geweiht wurden.[46] Die an Assumptio Mariae vollzogene Kräuterweihe leitet sich nicht aus der 'christlichen' Festlegende des Marientages her, sondern aus der besonderen Bedeutung, die diesem Datum und der Zeitperiode der Frauendreissiger insgesamt in der Volkskultur zugesprochen wurden. Die Terminierung der Kräuterweihe entsprach der 'volkstümlichen' Vorstellung, daß verschiedene Kräuter in dieser Zeit gepflückt werden müssen, damit sie ihre volle Heilkraft oder auch magische Potenz entfalten. Darüber hinaus sollen zahlreiche Feldfrüchte und Tiere in dieser Periode lebenserhaltende Eigenschaften auf sich ziehen und schädliche verlieren. So verlieren etwa die 'giftigen' Kröten die in dieser Zeit ihr Gift und wurden deshalb in einigen deutschen Landschaften aufgespießt in den Stall gehängt, um 'Gift' in sich aufzunehmen; die sog. 'Fraueneier' bleiben, so sagte man, lange frisch, Weizen, den man in dieser Zeit drischt, und Kleider, die ausgelüftet werden, seien vor Mottenfraß geschützt etc.[47] Die Frauendreisiger sind mithin eine Zeit der cum grano salis 'magischen Aufladung' natürlicher Gegenstände mit lebenserhaltenden Potenzen. Der Tag Nativitas Mariae besaß als einer der möglichen Daten des Herbstbeginns[48] zusätzlich transitorische Aspekte, d. h. an ihn werden Bedeutungen "geknüpft ..., die durch Veränderungen in der Natur und im Leben der Menschen bedingt sind."[49] In viel höherem Maße gilt dies freilich für den Tag, auf den die Historia die inventio der Wilsnacker Hostien (und des Korporale) datiert: den Bartholomäustag. Der Tag ist im mitteldeutschen Raum als Termin der abgeschlossenen Getreideernte das zentrale Erntefest gewesen[50]; als Zinstag galt Bartholomei u. a. im Sachsenspiegel[51] und als bevorzugter Jahrmarktstermin ist er noch in der Frühen Neuzeit nachzuweisen[52]. Paul Sartori nennt eine Reihe von Übergangsritualen, die von der Volkskunde als charakteristisch für jenen Tag angesehen werden.[53] Die chronologische Konstruktion der Legende verknüpfte das durch transitorische Aspekte bestimmte Datum des Erntefestes und Herbstbeginns mit der durch heilsamen Transformationen gekennzeichneten Periode der Frauenndreissiger. Der Bartholomäustag war als Tag der inventio des Heiligen Blutes zugleich Hauptkonkurstag in Wilsnack; Mathias Ludecus berichtet retrospektiv: "Auf den tag S. Bartholomei Apostoli / ist maximus concursus der grösseste zulauff wie sonsten durchs ganze Jar auff einmal nicht geschehen dahin gewesen / zu welcher zeit die Leute aus allen ortern in solcher grossen anzal dahin kirchfarten gegangen sind / das die in und ausserhalb der Kirchen / welche beiden orter doch in jrer Circumferente und umbkreis zimlich weit / wie es noch augenscheinlich ist / begriffen sind nicht platzes genug haben können."[54] Der Besucherstrom, der am Bartholomäustag nach Wilsnack zog, dürfte sich, wie der Ausdruck "kirchfahrten" nahelegt, aus der Bevölkerung der Region zusammengesetzt haben.[55] Pragmatisch betrachtet hat die Verbindung der Inventionslegende mit dem Bartholomäustag ein Datum, das sich als Jahrmarks- und Kirchweihtermin großer Beliebtheit erfreute, zum Wilsnacker Hauptkonkurstermin gemacht, und so das zu diesem Zeitpunkt ohnehin latente "kirchfahrten" nach Wilsnack gelenkt. Auf dem Hintergrund der volkstümlichen Bedeutung der Zeit zwischen dem großen und kleinen Frauentag könnte die Datierung der Legende aber auch signalisieren, daß es sich um die Erzählung einer Transformation oder 'Aufladung' von Objekten handelt, die lebensspendende Potenzen besitzen. Die Ansicht, das Wilsnacker Heilige Blut habe als lebensspendendes Objekt gegolten, legt schon die mehrfache Apostrophierung als "vivificum sacramentum" in der Erzählung nahe. Die Rede von einem Objekt ist freilich im Hinblick auf die Inventionslegende nicht ganz zutreffend, denn es handelt sich um zwei Gruppen von Objekten, über deren 'Fund' die Historia handelt: zum einen um die drei Hostien und das Korporale, zum anderen um die von selbst brennenden und sich nicht verzehrenden Kerzen. Daß alle diese Objekte im Wilsnacker Wallfahrtsbetrieb eine Rolle spielten, bezeugen jene Fragen, die Heinrich Tocke der Erfurter Universität im Jahr 1446 zur Begutachtung vorlegte. Die achte Frage lautete: "Ob den Wachskerzen besondere Verehrung entgegenzubringen sei, die dort [in Wilsnack] von den Leuten besonders verehrt und denen Opfer dargebracht werden?"[56] Zum neunten wurde gefragt: "Ob das Korporale, auf dem, wie man sagt, das Sakrament gefunden wurde, mit solcher Verehrung behandelt werden darf, daß sogar Menschen mit ihm gezeichnet [= gesegnet] werden, wie mit den Reliquien der heiligen Märtyrer?"[57] Auch wenn die drei Hostien im Zentrum der Wilsnacker Praktiken gestanden zu haben scheinen, besaßen die übrigen Objekte offenbar ebenfalls wichtige Funktionen, die aber im einzelnen wohl kaum noch zu rekonstruieren sind. Das Motiv der sich selbst entzündenden, sich nicht verzehrenden und durch Wind und Wetter nicht auszulöschenden Kerzen scheint auf den ersten Blick mit einem legendarischen Topos zusammenzuhängen, der im Kontext zahlreicher eucharistischer Wunder belegt ist, nämlich dem Lichtglanz, der den Zelebranten während der Feier der Eucharistie umstrahlte oder von der geweihten Hostie selbst ausging.[58] Eine gewisse Parallele zu der angeblichen Entdeckung der brennenden Kerzen in Groß Lüben findet sich z. B. in der Wunderblutlegende, die man in dem märkischen Städtchen Beelitz von dem in seiner Pfarrkirche verwahrten Heiligen Blut erzählte. Die erste und einzige Quelle dieser Erzählung, deren historischer Ort in der Mitte des 13. Jahrhunderts angesiedelt sein soll, ist eine lokale Chronik des späten 16. Jahrhunderts.[59] Die Legende berichtet den Verkauf einer Hostie durch eine christlichen Magd an Juden, die die Hostie marterten und, nachdem sie zu Bluten begann, auf einem Speicher unter dem Dach versteckten: "An dem Orthe sehen darnach die Stadtwächter viel Lichter und Kerzen, zeigen es den Herrn an, die thun Haussuchung und befinden die Ostien..."[60] Das Motiv der Lichterscheinung ist nach der kenntnisreichen Untersuchung Peter Browes besonders häufig in jenen Heilig-Blut-Legenden anzutreffen, die als Auslöser eines eucharistischen Wunders die Marterung oder sonstige Verunehrung von Hostien berichten, da die Lichterscheinung in diesen Erzählungen jene Spur darstellt, durch die das corpus delicti an den Tag gebracht wird.[61] Die Wilsnacker Kerzenerzählungen gehört allerdings nicht zu diesem Legendentyp. Die Historia isoliert zudem die Lichterscheinung materialiter von den Hostien – nicht die drei Hostien leuchten, sondern die drei vor ihnen stehenden Kerzen. Die drei Charakteristika, die von den Wilsnacker Kerzen überliefert werden, nämlich die Selbstentzündung, das unaufhörliche Brennen und die Resistenz der Flammen gegen Wind und Wetter, finden sich als Motive häufig in christlichen Heiligenlegenden, wo sie die Heiligkeit einer Person oder eines Ortes signalisieren: "Vom Kloster Carmissa bei Grenoble heißt es, daß dort eine ewig brennende Kerze entdeckt worden sei; verbreitetes Zeichen von Heiligmäßigkeit war es, wenn sich Kerzen am Grab oder auf Altären (am Todestag von Heiligen) selbst entzündeten. [...] Bei der Translation der Gebeine des hl. Emmeram nach Regensburg brannten auf dem schnellen Schiff unterwegs wunderbarerweise die aufgestellten Kerzen. Die Kerzen, die eine Sünderin am Altar des hl. Paulus opfern wollte, wurden dreimal zurückgewiesen. Als sich jedoch die Kerzen bei der Beerdigung eines großen Sünders selbst entzündeten, galt dies als Zeichen seiner Buße."[62] Der Topos der bei eucharistischen Wundern auftretenden Lichterscheinungen in Verbindung mit dem Motiv der von selbst brennenden, unauslöschbaren und sich nicht verzehrenden Kerze ist m. E. selten. Die in Wilsnack vollzogene Verbindung beider Erzählmotive scheint mit einer Analogie zusammenzuhängen, die zwischen den Eigenschaften der Kerzen und den Qualitäten der auf dem Korporale gefundenen Hostien besteht. Beide Objekte bzw. Objektgruppen werden von Feuer und Witterung nicht tangiert, sie sind im Hinblick auf diese Elemente intaktibel. Wie das Feuer beim Brennen der Kerzen ihre Substanz nicht aufgezehrte, so blieben Korporale und Hostien durch das Feuer des Kirchenbrandes verschont. Wie Wind und Regen die Kerzen, wenn sie in Prozession nach Wilsnack getragen wurden, nicht löschten, so wurde das Korporale und die Hostien durch den auf den Altar fallenden Regen nicht benetzt. Diese Analogie zwischen Kerzen und Hostien/Korporale weist darauf hin, daß in der Wilsnacker Historia das Motiv des eucharistischen Verwandlungswunders, d. h. die sichtbare Verwandlung der Hostie bzw. deren species in ein blutiges Aussehen, nur eine – und zudem nur eine oberflächliche – Schicht ist, die mit ganz anders gearteten Vorstellungen kombiniert wurde, von der die Bluthostien ihre 'eigentliche', 'volkstümliche' Bedeutung herleiten. Die Erwähnung der roten Färbung, die blutstropfenähnlich auf den am Bartholomäustag gefundenen Hostien erschienen sei, stellt im Erzählzusammenhang des ersten Teiles der Historia ein unwesentliches Moment dar, das u. U. auch fehlen könnte. Die gesamte Anlage der Erzählung läuft nicht auf die Verwandlung der Hostien, sondern auf deren Intaktibilität durch das Feuer des Brandes hinaus. Erst der dritte Teil der Inventionserzählung, der angebliche Bericht des Havelberger Dompropstes über das Bluten der Hostien bei dem Versuch des Havelberger Bischofs, die Konsekration der Hostien zu wiederholen, entspricht dem Typus des eucharistischen Verwandlungswunders.[63] Die Erzählungen über eucharistische Verwandlungswunder lassen sich nach der Gestalt der eintretenden Veränderung in zwei Gruppen unterteilen, nämlich in Transformationen der Hostie in visionäre oder materiale Bilder (Vera Ikon, Imago Pietatis, Gekreuzigter, Jesuskind etc.) oder Verwandlungen in physisches Fleisch und/ oder Blut. Bereits Peter Browe stellte fest, daß die Verwandlungswunder mit bildlichen Transformationen positiv konnotiert waren, d. h. ihren Grund in der "Belohnung oder Begnadigung für Fromme und Heilige"[64] besaßen, während die Verwandlungen in Fleisch und/oder Blut negative Konnotationen besaßen, also entweder in Straf- oder Bekehrungswundern auftraten.[65] Wenn von eucharistischen Verwandlungswundern berichtet wurde, die sich zum Zweck der Bekehrung ereigneten, nahmen diese Erzählungen ihren Ausgangspunkt regelmäßig bei den Zweifeln an der Präsenz Christi in der Eucharistie, insbesondere an der Wahrheit der im Nachgang des eucharistischen Streites des 11. Jahrhunderts vom IV. Laterankonzil dogmatisierten Transsubstantiationslehre. Solche Zweifel befielen in den Legenden zum einen "brave Priester, die nicht glauben konnten, daß sich auf ihr Wort hin das große Geheimnis der Wandlung vollzieht"[66], zum anderen Laien, besonders wenn sie durch den Kontakt mit Häretikern von deren Unglauben 'infiziert' wurden.[67] Es ist deutlich, daß diese Erzählungen eine didaktische Absicht verfolgten, nämlich die Demonstration der kirchlichen Sakramentslehre mit Mitteln, die 'unterhalb' des universitär-theologischen Diskurses angesiedelt waren. Dem Typus des Bekehrungswunders entspricht die in der Wilsnacker Historia erzählte Erscheinung des aus der Hostie strömenden Blutes, die ihre Ursache in dem Unglauben des Havelberger Bischofs an die bereits vollzogene Konsekration der Hostien hat. Aber diese mit den Stereotypen der Exemplaliteratur operierende Erzählung ist im Kontext der Historia m. E. literarisch sekundär, vor allem aber sachlich dem Kern der gesamten Erzählung nachgeordnet, in dem nicht die sichtbare Verwandlung, sondern die Unverletztlichkeit der Hostien (und des Korporale) berichtet wird.

Mit dieser Feststellung scheint ein Punkt erreicht, von dem aus jene Vorstellungen in den Blick kommen, denen das Wilsnacker Wunderblut zumindest einen Teil seiner Attraktivität bei den 'stulti homines' verdankte. Die Erzählung von den unverletzt aus der totalen Verbrennung der Kirche geretteten Hostien demonstriert die Immunität dieser Objekte. Das Motiv der aus dem Brand unverletzt geretteten Hostie ist freilich wesentlich älter als die Wilsnacker Legende. Bereits aus dem Frühmittelalter liegen einzelne Überlieferungen darüber vor, daß Reliquien und Reliquienbehälter bei Kirchenbränden unversehrt geblieben seien, und seit dem Ende des 11. Jahrhunderts wird dieser Topos vor allem im benediktinischen Mönchtum in zahlreichen Fällen auf aus dem Feuer gerettete Hostien oder Hostienbehälter übertragen.[68] Diesem Motiv entspricht die gleichzeitig entstehende Praxis, Hostien, vor allem aber das Korporale, bei dem Ausbruch eines Brandes dem Feuer entgegenzuhalten oder in das Feuer hineinzuwerfen, um es zu löschen. Eines der ältesten Zeugnisse für diese Praxis ist der Kan. 6. der Seligenstädter Lokalsynode des Jahres 1023, der die "dummen Priester" mit Anathem belegt, "die das Korporale zum Löschen des Brandes in die Flammen werfen."[69] Rupert von Deutz berichtet, wie ein Mönch das Korporale beim Deutzer Klosterbrand im Jahr 1128 den Flammen entgegengehalten und schließlich ins Feuer geworfen habe.[70] Die Vorstellung, Hostien und Korporale könnten Feuer löschen, ist bis ins Spätmittelalter wirksam geblieben; so berichtet z. B. der Dortmunder Chronist Dietrich Westhoff von einem Standbrand im Jahr 1459: "...und man genk mit dem hilligen sacrament gegen dat vuer mit groter devotion..."[71] Auch der Straßburger Münsterprediger Geiler von Kaisersberg empfahl seinen Hörern: "...wan es brint, das man mit dem sacrament umb das feur gat."⁷² Bevor das Verhältnis zwischen der bestimmten (Wunder-)Hostien zugeschriebenen Immunität im Hinblick auf das Feuer und der allgemein verbreiteten Ansicht, alle geweihten Hostien seien zum Eindämmen von Bränden geeignet, genauer untersucht werden soll, ist noch festzuhalten, daß die Immunität bestimmter Wunderhostien sich nicht nur auf das Feuer beschränkt. In der Wilsnacker Historia wird durch die Nachricht, die Hostien und das Korporale seien, als man es gefunden habe, nicht feucht gewesen, obwohl es zuvor regnete und die Altarmensa entsprechend naß gewesen sei, die Immunität der Objekte auch im Hinblick auf das Wasser angedeutet. Die Unmöglichkeit, Hostien im Wasser zu 'ertränken' ist ein in zahlreichen Wunderbluterzählungen wiederkehrendes Motiv. Es erscheint z. B. in der Legende, die sich um den angeblichen Hostienfrevel rankte, der von Juden 1492 in Sternberg begangen worden sei, und dort kurz vor 1500 stark besuchte Wallfahrt auslöste.⁷³ Als die gemarterte Hostie zu bluten begann, soll die Frau des später beschuldigten Juden versucht haben, die Hostie im Mühlteich zu versenken. Die Hostie ging aber nicht unter; statt dessen sank die Frau in den Boden ein. Ein bis heute in der Pfarrkirche bewahrter steinerner Abdruck soll vom Einsinken ihrer Füße zeugen. Als im Jahr 1510 die Vertreibung der Juden aus der Mark Brandenburg durch einen mit Hostienfrevel begründeten Justizmord an Brandenburger und Berliner Juden eingeleitet wurde, erscheint in den propagandistischen Drucken, die den angeblichen Hostienfrevel popularisierten, auch das Motiv der Immunität gegen Feuer und Wasser.⁷⁴ Ein Druck von 1511 erzählt, der Jude Salomon aus Spandau marterte die Hostie, so daß diese zu bluten begann. Er hätte daraufhin das corpus delicti aus dem Haus bringen wollen: "darumb er in sorgen gestanden unnd bedacht, ob er die gleich in das fewer würff, das sye doch dar aus sprung. Aber in das wasser, das sye aufschwümm..."⁷⁵ Neben der Immunität gegen Wasser und Feuer erscheint besonders in Hostienfrevellegenden, die von der Marterung des Sakraments durch Juden berichten, ein weiteres Motiv: die (freilich nicht vollständige) Unverletzlichkeit der Hostie durch Hieb- und Stichwerkzeuge, die sich darin äußert, das es zunächst unmöglich ist, die Hostien zu zerteilen oder zu durchbohren. In dem eben zitierten Berliner Druck heißt es, der Spandauer Jude Salomon habe "das hochwirdig sacrament vor sich uff einen rauchen tisch gelegt, dar in mit messern gehawen und gestochen [...] Und wiewohl er durch vil arbeyt die heilig hostien nicht hab balde seins gefallens zuerbrechen mogen, so sey sie doch in dem letzten stich in drei partigkel voneinander gesprungen..."⁷⁶ Bereits die älteste Legende des lateinischen Westens, in der Juden die Marterung einer Hostie angelastet wurde, nämlich die über einen angeblich 1290 in Paris geschehenen Hostienfrevel umlaufenden Erzählungen, verbinden alle drei genannten Arten der Immunität (gegen Feuer, gegen Wasser und gegen Hieb- und Stichwerkzeuge) miteinander.[77] Die verschiedenen Überlieferungen des Ereignisses differieren in den Nachrichten über die Art und Weise der angeblichen Marterung der Hostie in einigen Punkten; der Kernbestand der Überlieferung enthält aber die Angaben, daß der beschuldigte Jude zunächst erfolglos versuchte, die Hostie mit verschiedenen Werkzeugen zu zerstören (Messer, Schreibgriffel, Nagel, Schwert). Erst nach der Verwendung eines großen Messers bzw. einer Lanze soll aus der Hostie Blut ausgetreten sein. Der Frevler habe sie dann in kochendes Wasser geworfen, wo sie aber nicht zerstört wurde, sondern sich in Fleisch bzw. das Wasser in Blut verwandelte. Anschließend wurde sie ins Feuer geworfen, wo sie aber nicht verbrannte.[78] Für das legendarische Motiv der Immunität der Hostien, die sie gegen die Zerstörung durch Feuer, Wasser und gewaltsame Einwirkungen mit Hilfe von Marterwerkzeugen schützt, ließen sich noch zahlreiche Belege aus spätmittelalterlichen Heilig-Blut-Legenden beibringen. Im Unterschied zu dem Erzählmotiv der sichtbaren Verwandlung der eucharistischen species in Fleisch und Blut, deren Funktion in der augenscheinlichen Demonstration der Transsubstantiation in Leib und Blut Christi besteht, scheint die Vorstellung von der Immunität der Hostien seinen Ursprung nicht in der theologischen Spekulation über die Präsenz Christi im Sakrament des Altars genommen zu haben. Der 'untheologische' Charakter dieser Vorstellung wird auch dadurch deutlich, daß in der scholastischen Theologie zwar eine reiche Theoriebildung über Wesen und Interpretation der eucharistischen Verwandlungswunder festzustellen ist, in ihr aber kein Diskurs über die vermeintliche Immunität der Hostie stattgefunden hat.[79] Man wird die Vorstellungen über die vermeintliche Immunität der Hostien daher jenen Überlieferungs- und Interpretationszusammenhängen zurechnen dürfen, die in der Forschung unter dem Begriff der Volkskultur verhandelt werden.

Ein nicht unbedeutender Teil der Wirkungen, die man den Wunderhostien zusprach findet seine Erklärung in den skizzierten Vorstellungen von der Immunität der Hostien. So lassen die der Wilsnacker Inventionsgeschichte angefügten Mirakel eine Äquivalenz zwischen den Immunitätseigenschaften der Hostien (und des Korporale, evt. auch der Kerzen) und den durch die Anrufung dieser Objekte bewirkten Rettungen erkennen. Dies bedeutet, jene

Immunitätseigenschaften, die den Objekten in Wilsnack legendär zugeschrieben wurden, sind es auch, die durch die Anrufung des Heiligen Blutes gleichsam auf die geretteten Personen übertragen wurden. Dies wird am deutlichsten im dritten Mirakel, nämlich der – wollte man sie als historisches Geschehen begreifen – abstrusen Geschichte von der Auferweckung des Passauer Domherren und seiner anschließenden zweimaligen Rettung aus dem Wasser und aus dem Feuer. Wie die Hostien den Brand der Kirche unverletzt überstanden, so verbrennt das Feuer auch den krank im brennenden Haus zurückgelassenen Domherren nicht. Und so wie der Regen Hostien und Korporale nicht tangierte, so beweist die Wiederherstellung des Ertrunkenen auch dessen Immunität gegenüber dem Wasser. Ähnlich verhält es sich auch mit dem zweiten Mirakel, in dem von der Rettung der Müllerin die Rede ist, die vom Mühlrad verletzt wurde und im Wasser ertrank. Das fünfte Mirakel berichtet nicht die Rettung vor den Elementargewalten Wasser und Feuer, sondern vor der Erdrosselung durch den Strang. Dieser Schutz vor der physischen Gewalt entspricht – ähnlich der im zweiten Mirakel berichteten Verletzungen durch das Mühlrad – dem Motiv der Unverletzlichkeit der Hostie durch physische Gewalt. Daß auch die in dem uns verlorenen Wilsnacker Liber miraculorum gesammelten Erzählungen durch ähnliche Äquivalenzen zwischen den unterstellten Wundern und den Immunitätseigenschaften der Hostien ausgezeichnet waren, legt eine Nachricht nahe, die Heinrich Tocke in seiner Magdeburger Synodalrede von 1451 überliefert. Tocke berichtet, er habe bei seinem Wilsnackbesuch auch in den dortigen Büchern gelesen und führt als krudes Zeugnis der Wilsnacker Verkündigung folgendes Beispiel an: "Unter anderem war da folgende mit einem Gelübde nach Wilsnack zusammenhängende Notiz: In Hamburg habe eine Brand stattgefunden; eine Hausmutter sei mit ihrem Kind aus dem Fenster gesprungen oder sei ratlos auf dem Dach umhergeirrt, in der Elbe aber sei kein Wasser gewesen. Wahrscheinlich ist das Haus von einem Fleet bespült worden und es war gerade Ebbe und kein Wasser darin: - und dann heißt es, die Elbe sei leer. Ich rief den Propst von Brandenburg heran und sagte zu ihm: Denkt euch, es war kein Wasser in der Elbe! Man muß doch tadeln, daß sie so etwas aufschreiben, was sie selber gar nicht verstanden haben."[80] Die Angaben Tockes lassen die Details des erzählten Mirakels nicht ganz deutlich erkennen; klar ist aber, daß es sich um die Rettung aus einem Brand handelte, der eine anschließende Rettung aus bzw. vor dem Wasser folgte. Leider fehlen aus Wilsnack weitere Nachrichten, die unsere Überlegungen zur Äquivalenz zwischen den Immunitätseigenschaften der Hostien und den unterstellten Wirkungen dieser Objekte besser absichern könnten. Auch aus den Kirchen im näheren Umkreis Wilsnacks, an denen ebenfalls eine Heilig-Blut-Legende haftete, wie an den Klöstern Heiligengrabe, Marienfließ und Zehdenick oder der Pfarrkirche von Beelitz, haben sich keine Mirakelüberlieferungen erhalten. Eine immerhin aus dem mitteldeutschen Raum stammende Quelle, die im Anschluß an die Ursprungslegende eines Heilig-Blut-Kultes ebenfalls Mirakel berichtet, stellt eine im Jahr 1507 im Kloster Hysburg bei Halberstadt in Niederdeutsch geschriebene Handschrift über das Wunderblut von Wasserleben in der Nähe Wernigerodes dar.[81] Drei der fünf überlieferten Wunder (im Text "tecken" = Zeichen genannt) berichten von der Rettung Ertrunkener durch das Heilige Blut von Wasserleben[82] und eine Nachricht betrifft die Heilung eines Knechtes, der von einem "großen Pferd vor das Herz" getreten wurde[83].

Die bisher festgestellten oder wenigstens wahrscheinlich gemachten Äquivalenzen zwischen den Immunitätseigenschaften bestimmter Hostien (und z. T. weiterer Objekte wie Korporale und evtl. Kerzen) und den ihnen zugeschriebenen Wirkungen waren aber wenigstens latent auch im Hinblick auf die Vorstellungen wirksam, die sich die Volkskultur von der geweihten Hostie überhaupt machte. Nach der Untersuchung Peter Browes über die Verwendung der Eucharistie als Zaubermittel[84] lassen sich drei Bereiche abgrenzen, in denen ein 'irregulärer', d. h. kirchlich inkrimierter Umgang mit dem Sakrament im Hoch- und Spätmittelalter vorkam. Unter Vernachlässigung der in den Hexenprozessen unterstellten Praktiken der Verwendung von Hostien zum Schadenzauber, deren historische Rekonstruktion problematisch ist, waren dies zum ersten Handlungen, die die Wiederherstellung oder Steigerung von Fruchtbarkeit betrafen[85], zum zweiten der Bereich des Liebeszaubers[86] und zum dritten Praktiken, die auf die Immunität einer Person zielten: "Die Hostie feit gegen Schuß und Stich; wenn man sie in der Tasche hat, kann man, ins Wasser geworfen, nicht untergehen."[87] Während die Praktiken, die Schutz vor Verletzungen oder Ertrinken versprachen, kirchlich nicht geduldet waren, stellte, wie oben bereits ausgeführt, die Bekämpfung von Feuer mittels der geweihten Hostie, der sog. Feuersegen, eine kirchlich approbierte oder jedenfalls geduldete Praxis dar. Die Verbindung, die zwischen den Immunitätseigenschaften der Hostien und dem von ihnen erwarteten Schutz vor den Gefahren der Elemente Wasser und Feuer bestand, erklärt auch die Verwendung der Hostie in der Praxis des Ordals, des Gottesurteils, besonders wo dieses als Feuerprobe vollzogen wurde. Zumindest im Hochmittelalter scheinen sich die Kandidaten vor dem Vollzug der Feuerprobe durch den Empfang der Eucharistie vor den Wirkungen der Flammen 'geschützt' zu haben; nach dem Urteil Peter Browes war diese Praxis "wohl aus dem Glauben mitveranlaßt, daß seine [d. h. des Leibes und Blutes Christi] Gegenwart die Unschuldigen vor der Glut schützen werde."[88] Ein spätes, spektakuläres Beispiel der Vorstellung, die geweihte Hostie schütze im Feuerordal, war der Vorschlag des Dominikaners Savanerola, er wolle um seine Sache als gerecht zu erweisen, mit einer geweihten Hostie in den Händen einen Scheiterhaufen durchschreiten.[89] Die Nachrichten über die Verwendung geweihter Hostien im Rahmen des Ordals verweisen m. E. auf eine Analogie, die zwischen der Praxis des Ordals sowie den in diesem Rahmen ausgebildeten Vorstellungen und den u. a. in der Wilsnacker Legende vorausgesetzten Immunitätseigenschaften von Hostien (und anderen Objekten) besteht. Die Praxis des Ordals war kein Proprium der europäischen Rechtsgeschichte; sie läßt sich aber in Europa seit dem Frühmittelalter nachweisen und blieb trotz der im Hochmittelalter einsetzenden kirchlichen Kritik an diesem gerichtlichen Beweisverfahren bis in das 17. Jahrhundert – jedenfalls in bestimmten Bereichen – wirksam.[90] Dies bedeutet, daß sich diese Praxis wie kaum ein anderer Bereich der mittelalterlichen und frühneuzeitlichen Kultur dem Bereich der Volkskultur zuordnen läßt. Unter den Formen, in denen sich der als Gottesurteil verstandene Beweisgang vollzog, spielten zumindest für den mitteleuropäischen Bereich neben dem gerichtlichen Zweikampf Feuer- und Wasserprobe die wichtigste Rolle.[91] Gegenüber diesen in der Literatur als 'magisch' qualifizierten Gottesurteilen besaßen die 'mantischen' Ordale, bestimmte Losverfahren etc., in Europa nur eine geringe Bedeutung.[92] Man kann davon ausgehen, daß zumindest seit der Christianisierung Europas die Gottesurteile in dem Glauben vollzogen wurden, die Möglichkeit des Beweisgangs beruhe auf der Gerechtigkeit Gottes, die ein unrechtes Urteil nicht zulassen würde.[93] Der Form des Vollzugs nach beruhten die Feuer- und Wasserordale aber auf einer Beziehung, die zwischen der Integrität der zu prüfenden Person und ihrer Immunität im Hinblick auf Feuer und/oder Wasser bestand: "Wer die Verfolgung abwendet, indem er sich erfolgreich dem Gottesurteil stellt, beweist primär seine Immunität gegen die Elemente (Feuer, Wasser); ein so Gefeiter ist aber auch für seine Mitmenschen unberührbar; die Frage nach Schuld oder Unschuld geht auf in seiner Immunität."[94] Die Praxis der Feuer- und Wasserproben läßt daher vermuten, daß Wasser und Feuer in der mittelalterlichen Volkskultur auch einen cum grano salis 'mythischen' Charakter besaßen, so daß der Umgang mit diesen Elementen auch einen 'mythisch-rituellen' Charakter annehmen konnte und hier wiederum die Vorstellung der Immunität gegenüber diesen Elementen eine zentrale Rolle spielte. Diese Immunität, die in der Praxis des Ordals auf einzelne Personen bezogen war, konnte aber auch von Objekten behauptet werden, die selbst durch die Elementen intaktibel waren und ihre Immunität auf Personen übertrugen. Im Frühmittelalter haftete die Vorstellung der Immunität vor allem am Chrisam, dem geweihten Salböl, dessen illegitime Verwendung durch Probanden beim Feuerordal von zahlreichen karolingischen Synoden inkriminiert wurde.[95] Noch Burchard von Worms ließ im 11. Jahrhundert seine Poenitentiare fragen: "Hast du Chrisam getrunken, um beim Ordal zu gewinnen?"[96] Erst nachdem durch die theologischen Diskussionen um die Interpretation der Präsenz Christi in der Eucharistie im 11. Jahrhundert und die gleichzeitigen Veränderungen in der Praxis der Kommunion die geweihten Hostie die zentrale Stelle im Symbolsystem der westlichen Christenheit belegte, verdrängte sie den Chrisam aus der Funktion des 'Zaubermittels' und übernahm seine Immunitätseigenschaften. Vor diesem Hintergrund stellt sich die spätmittelalterliche Bluthostienverehrung, für die der Fall Wilsnack hier exemplarisch stehen soll, als ein komplexes Prozeß dar, in welchem Elemente des theologischen Diskurses und der kirchlichen Praxis in das Interpretationssystem der Volkskultur eingearbeitet wurden. Nach den hier vorgelegten Überlegungen zur Wilsnacker Legende scheint ein Faktor für den 'Erfolg' Wilsnacks als Wallfahrtsort darin bestanden zu haben, daß in der Ursprungserzählung die 'volkstümlichen' Elemente, d. h. die Immunitätseigenschaften der Hostien und übrigen Objekte, deutlicher zutage traten als die theologischen Implikationen des eucharistischen Verwandlungswunders. Ohne Zweifel erklären diese Erwägungen weder das Phänomen Wilsnack noch dessen 'Erfolg' vollständig. Für die überregionale Attraktivität Wilsnacks sind sicher weitere Faktoren maßgeblich gewesen, wie die vielleicht schon unter dem Luxemburger, sicher aber den Hohenzollernschen Markgrafen einsetzende fürstliche Förderung, oder der in der Literatur bisher kaum wahrgenommene Umstand, daß die Region stark in den Getreidehandel der Hanse eingebunden war. Auch wird man damit rechnen müssen, daß der Wilsnacker Wallfahrtsbetrieb einer Reihe von verschiedenartigen Interessen, 'Bedürfnissen' oder Motiven entsprach. Eine wesentliche Frage stellt dabei u. a. die Attraktivität der Wilsnacker Ablässe dar, die hinsichtlich ihrer Ablaßquanta und der Dignität der Aussteller eigentlich nicht mit den am Ende des 14. Jahrhunderts unter Papst Bonifaz IX. massenhaft an der römischen Kurie expedierten

Plenarindulgenzen hätten konkurrieren können und dennoch wenigstens einen Teil des Wilsnacker 'Erfolgs' ausgemacht haben müssen. Auch auf diese Frage ließen sich in der Wilsnacker Legende vielleicht Antworten entdecken, so daß sie nicht nur erklären würde, warum sich Menschen in physisch-'elementaren' Nöten dorthin wandten, sondern auch, inwiefern an diesem Ort eine wirksame Intervention zugunsten des jenseitigen Schicksals effizienter schien als anderswo.

Für den hier gemachten Vorschlag, die historische Wirksamkeit des Wilsnacker Heilig-Blut-Kultes nicht zuerst von den theologischen Implikationen der vielzitierten 'eucharistischen Frömmigkeit' her zu verstehen, sondern aus der Interaktion zwischen Volkskultur und theologischem Diskurs zu begreifen, ist noch ein letztes Argument vorzubringen. Im Gegensatz zu den theologischen Kritikern des 15. Jahrhunderts hat jener protestantische Prediger, der am 28. Juli 1552 dem Wilsnacker Wunderblut ein definitives Ende bereitete, sich nicht mit den Fragen der theologischen Demonstrierbarkeit von Blutreliquien aufgehalten, sondern die Objekte nach einem handstreichartigen Überfall auf die Wunderblutkapelle vor Zeugen verbrannt – und damit zugleich die Immunität der Hostien gegenüber dem Feuer wirksam widerlegt.[97] Die Zerstörung von Heilig-Blut-Reliquien durch Feuer scheint im Zuge der Reformation ein vielfach angewendetes Verfahren gewesen zu sein; so wurde z. B. im selben Jahr wie in Wilsnack auch das Heilige Blut des Schweriner Domes "ausgebrannt".[98] Wußten die ersten Generationen protestantischen Prediger und Theologen, obwohl sie der Volkskultur viel kompromißloser und kritischer gegenübertraten als ihre Vorgänger aus der Reformtheologie des 15. Jahrhunderts, besser um jene 'volkstümlichen' Schichten, die unterhalb der theologischen Firnis die Kultur des spätmittelalterlichen Christentums strukturierten?

Anmerkungen

[1] Die erste Sammlung der das Heilige Blut von Wilsnack und seine Wallfahrt betreffenden Quellen hat bereits Ludecus, M., Historia von der erfindung / Wunderwercken vnd der zerstörung des vermeinten heiligen Bluts zu Wuilssnagk etc., Wittenberg 1586, unternommen. Die nach wie vor unverzichtbare wissenschaftliche Studie zur Geschichte des Wilsnacker Heilig-Blut-Kultes und der dortigen Wallfahrt hat der Wilsnacker Oberpfarrer Ernst Breest, Das Wunderblut von Wilsnack (1383 - 1552). Quellenmäßige Darstellung seiner Geschichte, in: Märkische Forschungen 18, 1881, S. 133 - 301, vorgelegt. Im Hinblick auf die kirchen- und landespolitischen Aspekte der Wilsnacker Wallfahrtskirche war die Studie von Hennig, B., Kurfürst Friedrich II. und das Wunderblut zu Wilsnack, in: Forschungen zur brandenburgischen und preußischen Geschichte 19, 1906, S. 73 - 104 grundlegend. Zur Aufhellung der theologiegeschichtlichen Hintergründe der Auseinandersetzungen um den Wilsnacker Kult haben verschiedene Arbeiten Ludger Meiers beigetragen, vgl. bes. ders., Wilsnack als Spiegel deutscher Vorreformation, in: Zeitschrift für Religions- und Geistesgeschichte 3, 1951, S. 53 - 67. Eine neuere Zusammenschau der kirchenpolitischen und theologiegeschichtlichen Implikationen dieser Auseinandersetzung hat Boockmann, H., Der Streit um das Wilsnacker Blut. Zur Situation des deutschen Klerus in der Mitte des 15. Jahrhunderts, in : ZHF 9, 1982, S. 385 - 408, unternommen. Die bisher kaum edierten Quellen dieses Streites sind von Ziesak, A.-K., "Multa habeo vobis dicere"... - Eine Bestandsaufnahme zur publizistischen Auseinandersetzung um das Heilige Blut von Wilsnack, in: Jahrbuch für Berlin-Brandenburgische Kirchengeschichte 59, 1983, S. 208 - 248, hinsichtlich ihrer Überlieferung und den jetzigen Bibliotheks- bzw. Archivstandorten katalogisiert worden. Eine jüngere kunstgeschichtliche Untersuchung zur Baugeschichte der Wallfahrtskirche legte Cremer, F., Die St. Nikolaus- und Heiligblut-Kirche zu Wilsnack (1383 - 1552), 2 Bde. (Beiträge zur Kunstwissenschaft 63), München 1996, vor. Ein bisher nur exemplarisch untersuchtes Problem (Gandert, O.-F., Das Heilige Blut von Wilsnack und seine Pilgerzeichen, in: Brandenburgische Jahrhunderte, FS Johannes Schultze, Berlin 1971, S. 73 - 90) stellt die Frage nach den quantitativen und regionalen Aspekten des Wilsnackbesuchs dar. Ein leider bisher nicht im Druck erschienener Vorstoß zur Bewältigung dieses Desiderats der Forschung ist die 1997 an der Technischen Universität Berlin verfaßte historische Staatsexamensarbeit von Stefan Doyé, "...eine grosse anzal Völker aus frembden Nationen / Königreichen vnd Landen dahin Walfarten gegangen seind". Über die Wallfahrer zum Wunderblut von Wilsnack im Spätmittelalter; ich bin dem Vf. für die gewährte Einsichtnahme zu Dank verpflichtet.

[2] Druck: Ludecus, Nr. XIX, fol. 68^{r+v}; danach wiederabgedruckt in: Codex diplomaticus Brandenburgensis, hg. v. A. F. Riedel, Bd. A 2, Berlin 1842, Nr. II, S. 140. Der Ablaß war an einer Reihe von Festtagen zu gewinnen. Das Ablaßquantum in den Octaven der Feste betrug aber nur 100 Tage; in der Literatur wird gelegent-

lich nur das letztgenannte Ablaßquantum genannt (vgl. u. a. Breest, a.a.O., S. 146).

³ "... dominus noster Ihesus Christus in sui corporis Sacramentalis veritate sic dignatus est operari, quod in tribus hostiis, per Rectorem dictae Ecclesiae consecratis, et ante incensionem in Ecclesia retentis, et post concremationem dictae ecclesiae super altare in corporali in parte concremato, octavo die concremationis super altare miraculose inventis, in qualibet hostia appareat gutta sanguinis manifesti..." Druck: Ludecus Nr. IX., fol. 54ᵛ - 55ᵛ, das Zitat hier fol. 55ʳ; danach wiederabgedruckt in: Codex diplomaticus Brandenburgensis Bd. A 2, Nr. III, S. 140 f. Die Urkunde ist datiert auf den Dienstag nach Oculi 1384 (= 15. März 1384).

⁴ "...omnibus et singulis vere poenitentibus et contritis, dictum locum Vuilsnak et corpus dominicum ibidem cum humilitate et devotione visitantibus, pro quolibet passagio miliarium quadraginta dierum Indulgentias in accedendo et recedendo, et quoties coemeterium dictae Ecclesiae circumierint similiter 40 dierum indulgentias, et quotiescunque coram dicto Sacramento corporis et sanguinis flexis genibus orationes suos ad Deum effunderint, Nos [Namen der vier Bischöfe] ... authoritate Omnipotentis Dei 40 dierum indulgentias de inunctis eis poenitentiis in Domino misericorditer relaxamus." Ludecus, fol. 55ʳ - 55ᵛ. Das genannte Ablaßquantum scheint eine irreguläre Interpretation des Kan. 62 des IV. Laterankonzils vorauszusetzen, da dort der von Bischöfen zu verleihende Ablaß auf maximal 40 Tage festgesetzt worden war.

⁵ vgl. die im Codex diplomaticus Brandenburgensis A 2, Nr. 4 - 6, S. 142 ff. edierten Urkunden.

⁶ Determinatio quaestionis cum tractatulo de omni sanguine Christi glorificato per Magist. Ioannem Hus, gedruckt als Nr. III bei Ludecus, a.a.O., fol. 28 ʳ - 43ᵛ; zur Arbeit der Untersuchungskommission dort fol. 42ᵛ - 43ʳ; vgl. zur Überlieferung auch Ziesak, a.a.O., Nr. 18, S. 227 f.

⁷ Articuli Ottoni, Havelbergensi Episcopi, in Magdeburgensi Concilio proposito, circa cultum praetensi cujusdam sanguinis Christi in Wilsnak. Anno Christi 1412, Druck: Hartzheim, Concilia germaniae Bd. 5, S. 35 f.

⁸ vgl. Anm. 1.

⁹ Das Dekret scheint auf dem Magdeburger Provinzialkonzil, das unter Vorsitz des Nikolaus Cusanus am 18. Juni 1451 eröffnet wurde und dessen Beratungen auch dem 'Fall' Wilsnack galten, noch nicht publiziert worden zu sein, sondern erst auf der sich an das Provinzialkonzil anschließenden Halberstädter Lokalsynode am 5. Juli d. J.; vgl. Hartzheim, a.a.O., S. 426 ff. und zur Sache Meuthen, E., Die deutsche Legationsreise des Nikolaus von Kues 1451/1452, in: Lebenslehren und Weltentwürfe im Übergang vom Mittelalter zur Neuzeit, hg. v. H. Boockmann, B. Moeller und K. Stackmann (Abhandlungen der Akademie der Wissenschaften in Göttingen Phil. - Hist. Kl. 3. Folge, Nr. 179), Göttingen 1989, S. 421 - 499, dort S. 486 f. Ein Abdruck des Dekrets findet sich u. a. in: Codex diplomaticus Brandenburgesis A 2, S. 153 - 155.

¹⁰ "Eram ibidem a. D. 1443, die. 12. Julii, tenes in manu ac clare conspicens videns

tres parvulas portiunculas de speciebus panis jam quasi consumptas et corruptas, sed nihil penitus ruboris aut rubedinis erat ibi. Quid ergo mentimur de sanguine, et tamen si multum rubedinis esset, nec ob hoc sequitur quod sit sanguis, et si sanguis sit, nec ob hoc sanguis Christi, nec taliter venerandus ut stulti homines fecerunt jam 60 annis Talis sanguis recte dicitur diabolicus vel a diabolo, quum, quid facit peccatum, a diabolo est, 1, Joh. 3, etc." Eine Abschrift des Textes ist von Ernst Breest im Cod. 36 der Magdeburger Domgymnasilabibliothek, S. 293, gefunden worden. Breest, a.a.O., hat ihn als Anm. 2 auf S. 195 gedruckt.

[11] vgl. vor allem die Vorrede des Werkes.
[12] Ludecus, fol. 11^r.
[13] vgl. Breest, a.a.O., Anhang III, S. 301, Frage 10.
[14] Der lateinische Druck findet sich bei Ludecus fol. 12^v - 18^r; der niederdeutsche Druck auf fol. 18^v (Titelblatt) - 22^v, danach wurde der niederdeutsche Text wiederabgedruckt in: Codes diplomaticus Brandenburgensis A 2, Nr. I, S. 121 - 125.
[15] vgl. Breest, a.a.O., S. 137.
[16] Staatsbibliothek Berlin, SPKB, Ms bor. fol. 980.
[17] Ludecus, a.a.O., fol. 19^r.
[18] ebenda, fol. 12^v.
[19] ebenda, fol 13^r.
[20] ebenda.
[21] ebenda, fol. 19^r.
[22] ebenda, fol. 13^v.
[23] ebenda, fol 14^r.
[24] ebenda.
[25] "Quo dum pervenisset ad altare quod nunc in honorem corporis et sanguinis Iesu Christi consecratum est nullo cooperimento tectum ut ipsum sacris vestibus tegeret acessiset. Tres hostias miraculose ac divinitus, ut pie creditur ab ignis laesione conservatias in suis tamen circumferentiis modicum adustas in quarum cuiuslibet medio quasi gutta sanguinis apparebat super complicatum corporale, quod etiam in suis angulis notabilem adustionem senserat, repositas adinvenit. Et cum in nocte praecedente et specialiter in aurora tam notabilis pluvia ceciderat, quod etiam ipsum altare superius fuctat multum humectatum. Ipsum tamen corporale una cum hostiis et ipsum altare sub corporali penitus sicca sunt reperta. Quo viso idem plebanus vehementer stupefactus et ultra quam credi potest mente consternatus omnes vicinos quoscunque commode habere poterat convocavit. Et habito concilio iuxta formam apparationis sibi factae missam ibidem celebravit." ebenda, fol. 14^v.
[26] ebenda, fol. 19^v.
[27] ebenda, fol. 14^r.
[28] ebenda, fol. 15^r.
[29] "Et acceptis sacrosantis hostiis una cum candelis accensis locum Wilssnagk sic desolatum cum suis iterato devote visitavit. Devotionibusque eorundem ita factis ardentibus candelis, demum in Luben sunt reversi. Quae in earum longitudine

ventostante aeris intemperie veniente illaesae repertae sunt." ebenda, fol. 15^r

30 ebenda, fol. 15^v.

31 vgl. ebenda, fol 16^{r,v}.

32 vgl. ebenda, fol. 16^v - 17^r.

33 vgl. fol. 17^r.

34 "...sed dictus presbyter solus submersus, per horam non emergens voto a ministris Episcopi pro eo facto vivus ascendebat." ebenda, fol. 17^r.

35 vgl. fol. 17^v.

36 vgl. fol. 17^v - 18^r.

37 Die Nennung des 16. August als Kirchweihtag der Havelberger Kathedralkirche entspricht dem Kalender der Havelberger Kirche; vgl. Grotefend, H., Zeitrechnung des deutschen Mittelalters und der Neuzeit, Bd. 2, Hannover 1891, S. 74.

38 Der 31. August wird in den meisten spätmittelalterlichen Diözesankalendern als Tag des hl. Germanus ausgewiesen, im Havelberger Kalender wurde er aber als Tag der Heiligen Justus und Clemens gefeiert; vgl. Grotefend, a.a.O., S. 74.

39 "Post vero iam notabile tempus effluxerat et miraculis de die in diem crescentibus. Idem etiam venerabilis pontifex ex devotionem hunc locum visitavit..." Ludecus, fol. 15^v.

40 "Contogit enim eodem anno et mense quibus inventum fuit dictum sacramentum scilicet. Anno Millesimo tricentesimo octugesimo tertio mense Augusti, quod quidem nobilis nomine Theodericus Wenckelsterne..." ebenda, fol. 16^r.

41 Van dem ortsprunghe des klosters tom hiligen grave in der marke belegen/und dem hiligen Sacramente dar sulvest, Rostock 1521 bei Ludevicus Dietz. Das einzige am Beginn unseres Jahrhunderts noch bekannte Exemplar des Druckes befand sich in der Bibliothek des Halberstädter Domgymnasiums, wo es im zweiten Weltkrieg unterging. Eine Faksimilewiedergabe des Druckes mit seinen Holzschnitten findet sich bei Simon, J., Kloster Heiligengrabe, in: Brandenburger Jahrbuch 3, 1928, S. 105 - 113.

42 Zit. nach der Faksimilewiedergabe ebenda, S. 111, Taf. 11.

43 "De equo igitur depositus et in eodem loco [...] votumque fecit..." Ludecus, a.a.O., fol. 16^v.

44 Der lateinische Text datiert die nächtliche Audition, die der Auffindung voranging, umständlich auf den achten Tag nach der Verbrennung Wilsnacks vgl. oben Anm. 23. Die Endeckung des Kerzenwunders durch die Wächter wird ebenfalls auf den achten Tag nach der Findung des Sakramnts datiert: ...itaque diebus octo a die Inventionis sacramenti vigilatores [...] quinque candelas cereas [...] invenerunt." Ludecus, a.a.O., fol. 14^v - 15^r.

45 vgl. Wrede, Art. Mariae Himmelfahrt, in: HWDA 5, Sp. 1676 - 1680, ders., Art. Frauendreissiger, in HWDA 2, Sp. 1775 f.; zum Namen vgl. auch H. Grotefend, a.a.O., Bd. 1, S. 69.

46 vgl. Franz, A., Die kirchlichen Benediktionen im Mittelalter, Bd. 1, Freiburg i. Br. 1909 (ND Graz 1960), S. 398 - 413.

[47] vgl. Wrede, Art. Mariae Himmelfahrt, Sp. 1678 f.
[48] vgl. die bei Grotefend, a.a.O., Bd. 1, S. 68, verzeichneten Namen des Tages, u. a. "Frauentag ze herbste", Frauentag im evenmaint vor Michaelis", "Frauentag im haberschnitt", "Frauentag in der Saat", "Frauentag in der mustmesse", vgl. auch Wrede, Art. Marie Geburt, in: HWDA 5, Sp. 1672 f.
[49] Wrede, Art. Marie Geburt, Sp. 1672 f.
[50] "Die deutschen Erntefeste beginnen mit dem ersten Schnitt am Jakobstage, 25. Juli, und ziehen sich bis Katharinen, 25. November, hin. Aus diesen vier Monaten ragt besonders der Bartholomäustag, 24. August, als Zeitpunkt der abgeschlossenen Getreideernte, hervor." K. Brunner, Ostdeutsche Volkskunde, Heidelberg 1925 (ND Frankfurt a. M. 1979), S. 235.
[51] Landrecht II 58 § 2; zit. nach: Der Sachsenspiegel. Landrecht und Lehnrecht, hg. v. Friedrich Ebel, Stuttgart 1993, S. 107.
[52] vgl. Sauermann, D., Der christliche Festkalender. Quantifizierende Untersuchungen zur Gliederung des Jahres, in: Sichtweisen der Volkskunde. Zur Geschichte und Forschungsperspektiven einer Disziplin, hg. v. Albrecht Lehmann und Andreas Kuntz, Berlin, Hamburg 1988, S. 267 - 290. Die Studie, die sich besonders auf den westfälischen Raum beschränkt, weist u. a. nach, daß der Bartholomäustag noch in der Frühen Neuzeit als wichtigster Jahrmarktstermin bestehen blieb.
[53] vgl. Sartori, P., Art. Bartholomäus, in: HWDA 1, Sp. 931 - 934, bes. Sp. 931 f.
[54] Ludecus, a.a.O., Vorrede, fol. 7^v - 8^r.
[55] Zum Begriff vgl. Brückner, W., Zur Phänomenologie und Nomenklatur des Wallfahrtswesens und seiner Erforschung, in: Volkskultur und Geschichte, FS J. Dünninger, Berlin 1970, S. 384 - 424, dort S. 393 - 399.
[56] "Utrum cera sit singulariter veneranda et colenda quemadmodum ibi inducuntur homines talem honorare et offerre ibi elemosynam." nach der Abschrift bei Breest, a.a.O., S. 301, zur Sache vgl. ebenda.
[57] "Utrum corporale superquo dicitur inventum sacramentum, tanta possit veneratione coli ut homines cum illo signentur veluti cum reliquiiis sanctorum martyrum." zit. ebenda.
[58] vgl. die Beispiel bei Browe, P., Die eucharistischen Wunder des Mittelalters (Beslauer Studien zur historischen Theologie 4), Breslau 1938, S. 16 - 20.
[59] Creusingers Märkische Fürsten-Chronik, hg. v. E. Holtze, in: Schriften des Vereins für die Geschichte Berlins 23, 1886, dort S. 82 - 89.
[60] ebenda, S. 82 f.
[61] vgl. Browe, P., a.a.O., S. 19.
[62] Brednich, K. W., Art. Kerze, in: Enzyklopädie der Märchen Bd. 7, Sp. 1175 - 1178, dort Sp. 1176.
[63] vgl. Browe, P., a.a.O., S. 93 ff., bes. S. 171 ff.
[64] ebenda, S. 172.
[65] ebenda, S. 173 - 184.
[66] ebenda, S. 179.

[67] vgl. ebenda, S. 180 f.
[68] vgl. ebenda, S. 72 f.
[69] "...quando incendium videant, corporale dominico corpore consecratum ad incendium extiguendum temeraria praesumptione in ignem proiiciant." MGH Const I, S. 637. Dieser und zahlreiche weitere Belege bei Browe, a.a.O., S. 68 - 70.
[70] Der Mönch hoffte, "quod tam s. suppelectili cessurus foret ignis omnisque potestas inimici..." Deutz, R. v., De incendio oppidi Tuitii, PL 170, S. 336; zit. Browe, a.a.O., S. 69, Anm. 14.
[71] Chr. dt. St. 20, S. 326.
[72] zit. Browe, a.a.O., S. 70 mit Anm. 20.
[73] vgl. Browe, P., a.a.O., S. 138 mit Anm. 50; Heuser, J., "Heilig-Blut" in Kult und Brauchtum des deutschen Kulturraumes. Ein Beitrag zur religiösen Volkskunde, masch. Diss., Bonn 1948, S. 30 und S. 199 f. (Zusammenstellung der Quellen).
[74] zur Sache vgl. Holtze, F., Das Strafverfahren gegen die märkischen Juden im Jahre 1510 (= Schriften des Vereins für die Geschichte Berlins 21), Berlin 1884.
[75] Ditzs ist der wahrhafftig Summarius der gerichts hendel unnd proceß der gehalten ist worden uff manichfaltige Indicia, aussag, und bekentnus eines Pawl From ...", Textabdruck bei Holtze, a.a.O., S. 57 ff., das Zitat dort S. 61.
[76] ebenda, S. 60.
[77] Zur Bedeutung der Pariser Ereignisse von 1290 und den bekannten Überlieferungen vgl. Lotter, F., Hostienfrevelvorwurf und Blutwunderfälschung bei den Judenverfolgungen von 1298 ("Rintfleisch") und 1336 - 1338 ("Armleder"), in: Fälschungen in Mittelalter. Internationaler Kongress der MGH, München 16. - 19. September 1986, hg. v. M. Fuhrmann (Schriften der MGH 33), Bd. 5, Hannover 1988, S. 533 - 581, dort S. 536 - 538; vgl. auch Browe, P., a.a.O., S. 129 ff.
[78] vgl. Lotter, F., a.a.O., S. 537.
[79] vgl. Browe, P., Die scholastische Theorie der eucharistischen Verwandlungswunder, in: Theologische Quartalschrift 110, 1929, S. 305 - 332.
[80] zit. Breest, a.a.O., S. 194.
[81] Edition und Besprechung der Quelle bei Jacobs, E., Das heilige Blut zu Waterler und Wernigerode, in: Zeitschrift des Harzvereins 12, 1879, S. 194 - 212, der Quellentext dort S. 201 - 207.
[82] "Dat erste tecken [...] dat waiß ditt: Ein kindt von XII jahren vel in ein deip water tor vromißtentidt unde lach dem sommer langen dach darinne van der vesper, do worde es ein fischer waer, dar hi bi den molen lach, de toch em uth und legede ene up den altar vor dat hillige blodt, do ward he levendich vor allen luden ogen [...] Dat ander tecken iß: darna vel echter ein kindt bey Braunschwieg int water unde vertranck; dar bede man to stundt to dem hilligen blode, unde dat wart ock tor stunde weder levendig unde levede manig jar darna. Dat dridde tecken waß, dat en mensche in dem water to Ilsenborch vertruncken was: von der crafft unde gnade deß hilligen blodes wart he wunderlick levendich." ebenda, S. 205.
[83] "Enes fritagen morgen upen den velde schloch en grott pert en knecht van XV

jahren vor dat hartte, dat he to handt neder vel alß en dode [...] do legenden se one vor unsen altar und we sungen deme hilligen blode en loff unde Unser Leven Fruen unde setten dat hillige blodt up sin harte wente nonen tide unde bededen allmenichliken vor ene; do regede he sine vordere handt unde wandelte [sin] antlat unde wart allevent..." ebenda, S. 205 f.

[84] Browe, P., Die Eucharistie als Zaubermittel im Mittelalter, in: AKG 20, 1930, S. 134 - 154.

[85] Dies betrifft sowohl Fälle menschlicher - wohl nur weiblicher - Sterilität, wie der Fruchtbarkeit von Gärten und Feldern, und der Ertragssteigerung etwa der im Fall der Imkerei bis hin zur Steigerung des Umsatzes in Bierschenken; vgl. ebenda, S. 137 - 139.

[86] vgl. ebenda, S. 135 f.

[87] ebenda, S. 137. vgl. dort auch Anm. 2 und 3 mit zahlreichen Quellenangaben.

[88] Browe, P., Die eucharistischen Wunder des Mittelalters, S. 77; vgl. auch Erler, A., Art. Gottesurteil, in: HRG 1, Sp. 1769 - 1773, dort Sp. 1770.

[89] vgl. ebenda.

[90] vgl. zur Verbreitung und den Formen des Ordals neben der in Anm. 88 genannten Lit. Nottarp, H., Gottesurteilsstudien (Bamberger Abhandlungen und Forschungen Bd. II), München 1956; Müller-Bergström, Art. Gottesurteil (Ordal), in: HWDA 3, Sp. 994 - 1064.

[91] Zum Vollzug und der Verbreitung der Feuerproben vgl. Müller-Bergström, a.a.O., Sp. 1016 - 1026; Nottarp, a.a.O., S. 255 ff.; zur Wasserprobe vgl. Müller-Bergström, a.a.O., Sp. 1026 - 1034; Nottarp, a.a.O., S. 252 ff.

[92] vgl. Müller-Bergström, a.a.O., Sp. 1040 - 1043.

[93] vgl. dazu Nottarp, a.a.O., S. 34ff.

[94] Ehrler, A., wie Anm. 88, Sp. 1769. Leider war mir nicht erreichbar: ders., Der Ursprung der Gottesurteile, in: Paideuma 2, 1941, S. 44 - 65.

[95] vgl. Browe, wie Anm. 84, S. 134 mit Anm. 1.

[96] Migne PL 140, S. 973, zit. Browe, a.a.O., S. 134.

[97] vgl. Breest, a.a.O., S. 282 ff.

[98] vgl. Liesch, G. C. F., Geschichte der Heiligen-Bluts-Kapelle im Dome zu Schwerin, in: Jahrbücher des Vereins für meklenburgische Geschichte und Alterthumskunde 13, 1848, S. 143 - 187, dort S. 172.

Lambrecht Kuhn

Annotationen zur Heiligenverehrung im Bistum Lebus

Verglichen mit den anderen Brandenburgischen Bistümern widersetzt sich das kleinste, Lebus, - wie vormals den reformatorischen Gedanken, so heute der Erforschung der kirchlichen Zustände in ihm, hartnäckig. Diente es in der ersten Hälfte des 16. Jahrhunderts neu- und kurmärkischen altgläubigen Geistlichen als Stätte der Zuflucht und mußten in einigen Städten seines Gebietes später rigide Maßnahmen zur Durchsetzung der neuen kurfürstlichen Kirchenordnung ergriffen werden, so erschweren heute die anfänglich doch beachtete Rücksichtnahme des Kurfürsten gegenüber den Lebuser Oberhirten[1] den Blick auf das religiöse Leben der Bewohner der terra lubucensis ebenso, wie die Auswirkungen der wechselvollen Geschichte dieses deutschen Randgebietes in den viereinhalb Jahrhunderten nach dem Erlöschen des Bistums Lebus.[2] Als Glücksfälle sind daher die dennoch auf uns gekommenen Zeugnisse zu betrachten, die den Schleier der Zeitläufe etwas transparenter werden lassen.

Das Bistum Lebus bietet von seiner Entstehung als Gnesener Sufragan andere Orientierungen, als die beiden Havelbistümer.[3] Wurden diese Mitte des 10.Jahrhunderts[4] zur Mission heidnisch-slavischer Stämme und zur territorialpolitischen Konsolidierung des Heiligen Römischen Reiches Deutscher Nation errichtet, so sollte anderthalb Jahrhunderte später (1123/24, während des Aufenthaltes des päpstlichen Legaten Aegidius in Polen) durch Boleslaw III. Krzywousty das Oderbistum gerade diesem (christlichen) Expansionsdrang der Markgrafen von Brandenburg und der Erzbischöfe von Magdeburg als (ebenfalls politisches und christlich-missionarisches) polnisches Pendant entgegentreten. Dabei entsprach seine Brückenkopffunktion westlich der Oder wohl weitergehenden nordwestlich gerichteten Gebietswünschen polnisch-schlesischen Geistes.[5] Mußten diese nachfolgend auch aufgegeben werden (kirchlich bis hin zur offenkundigen Einbindung in den Magdeburger Metropolitanverband 1420/24[6] und die später belegbare ,Landsässigkeit Lebus'[7]), so wirkt doch die enge Verbindung der ersten Jahrhunderte der lebusischen Kirchengeschichte sowohl zum polnischen Erzbistum, als auch nach Posen und noch stärker zum schlesischen Bistum Breslau nach. Anfang des 16. Jahrhunderts waren die Verbindungen auch zu Breslau gelockert,[8] nicht jedoch abgebrochen. Es würden sich diverse Gemeinsamkeiten und Unterschiede zwischen den östlichen und westlichen

Nachbarbistümern feststellen lassen (so waren in Lebus deutlich mehr Nichtadlige Inhaber der Bischofswürde, als z. B. in Posen, was vielleicht auf den stärkeren Einfluß der Szlachta in jenem Gebiet zurückgeführt werden kann), doch soll hier der Blick auf einen einzelnen Bereich gelenkt werden.
Eine Möglichkeit, kirchlich-religiöse Gewohnheiten innerhalb eines Gebietes zu betrachten, stellt die Analyse des dort gebräuchlichen Kirchenjahreskalenders mit seinen diversen Heiligentagen dar. Von Ausnahmen abgesehen ist er in der liturgischen Gebrauchsliteratur überliefert. Dabei kann hier die Frage, ob diese in von klerikaler Seite in Auftrag gegebenen Werken - quasi administrativ - durchgesetzte Ordnung als Zwangsregulierung des Lebens durch die Geistlichkeit anzusehen sei, oder schon gegebenen Verhältnissen und Bedürfnissen der Gläubigen entsprach, vernachlässigt werden: das Leben des mittelalterlichen und frühneuzeitlichen Menschen war von Heiligenverehrung durchdrungen.[9]
Die Überlieferung der eindeutig als lebusischer Provenienz zu identifizierenden liturgischen Literatur, die Heiligenkalendarien bietet, ist vergleichsweise dürftig.[10] Es sind einige Missales, ein Breviarium sowie ein als liturgisches Handbuch konzipiertes sog. "Viaticum".[11]
Ein um das Jahr 1430 datiertes Fragment (wohl die einzige im Gebiet erhaltene und in Betracht zu ziehende Handschrift) eines Missale[12] könnte nach seinem Kalendarium vielleicht in Lebus gebrauchtworden sein, zumindest sind in diese Pergamenthandschrift einige der auch in Lebus begangenen Hauptfeste nachträglich eingetragen worden, so Translatio Hedwigis (26. 8., in Gnesen/Krakau, Breslau bzw. Meißen am 25. 8. begangen) sowie deren Hauptfest (15. 10.), dieses wurde auch in Gnesen/Krakau sowie Breslau, Posen, Meißen und Magdeburg an diesem Tage gefeiert. Zum 25. August wurde die Translatio A[da]lberti (eventuell ein Schreibfehler?) eingetragen, die in Lebus an diesem Tage begangen wurde; die zum 11. Oktober vermerkte Translatio Augusti[ni?] wurde hingegen auch in den Nachbardiözesen Breslau, Brandenburg und Havelberg an diesem Tage begangen. Das Fragment hält zum 27. Juli das Fest der Jungfrau Martha fest, an diesen Tag feierte jedoch nur Kammin diese Heilige (Lebus am 30. 7.; Meißen am 31. 7.; Gnesen/Krakau, Posen und Breslau am 29. 7.; Havelberg am 19. 7. sowie Brandenburg am 20. 7.). Die Feste der zehntausend Soldaten (22. 6.) sowie der Anna (26. 7.) wurden in allen Nachbardiözesen an diesem Tage begangen (ausgenommen Havelberg, dort wurde Anna einen Tag später verehrt), so daß sie schon gar keinen Beweis einer Lebuser Provenienz des Pergamentfragments darzustellen vermögen. Der (fragmentarische, da nur Mai bis De-

zember umfassende) Heiligenkalender der Handschrift weist in seiner ursprünglichen Anlage so viele Unterschiede zu dem später gedruckten der Lebuser Diözese auf, daß man wohl davon ausgehen kann, nicht ein genuin Lebuser Werk vor sich zu haben, weshalb es im folgenden nicht weiter in die Betrachtung einbezogen wird.[13]

Sicherer zu beurteilen sind die Missale Lubucense, die mit Bischof Dietrich von Bülow in Verbindung zu bringen sind. Grimm gibt an, daß im Bistum Lebus bis zur Einführung dieser neuen Missale im Jahre 1509 das Missale Gnenense-Crakoviniense in Gebrauch gewesen sei, ohne dafür jedoch den Nachweis zu erbringen.[14] Die beiden in der Frankfurter Gertraudenbibliothek erhaltenen Exemplare dieses Missale[15] weichen in der Zahl der Diözesan-Hauptfeste von der der Lebusischen erheblich ab[16] und es sind keine handschriftlichen Eintragungen in die Heiligenkalendarien zum Zwecke einer lokalen Angleichung zu finden. Deshalb ist zumindest aufgrund dieser Gnesen-Krakauer Meßbücher Grimms These nicht zu bekräftigen.

Vielleicht gab schon Bischof Ludwig von Burgsdorf den Auftrag, ein eigenes Lebuser Missale herzustellen,[17] fest steht, daß sein Nachfolger von Bülow das Werk, versehen mit seinem Wappen, 1509 seiner Diözese zum Gebrauch übergab.[18] Zu Beginn unseres Jahrhunderts waren noch drei,[19] später fünf[20] Exemplare bekannt, nunmehr sind es noch vier (falls sich nicht in Wroclaw noch eines befindet[21]). Eines birgt seit 1912 die Berliner Staatsbibliothek in sich,[22] die anderen besitzt die Bibliothek der St. Gertraudenkirche zu Frankfurt. Alle weisen handschriftliche Eintragungen auf, die in zwei Fällen den ehemaligen Besitzer angeben ("Liber domini friderici Brytzk decani ecclesie lubucensis" oben auf dem Wappenblatt des Berliner Exemplars; "Nicolaus Prüwer magister bonarum artium (...) 1509", (Altarist am Altar der Gewandschneidergilde der St. Gertraudenkirche[23]) unter dem Wappen des vollständigen Frankfurter Exemplars), darüber hinaus aber auch den konkreten gottesdienstlichen Gebrauch belegen. Diese Eintragungen stammen von etlichen unterschiedlichen Personen. Bemerkenswert ist, daß dieses Missale noch ein halbes Jahrhundert nach Einführung der brandenburgischen Kirchenordnung durch Kurfürst Joachim II. 1539 für den Vollzug des Gottesdienstes benutzt worden ist, was aus den Eintragungen *"M. Michael, Tocktor primatas celebrat, Anno 1571"* (1591?; Bl. fiij), *"M.Christians Gryphenhagen, primitias celebrat Ao 1586"* (Bl. 188), sowie *"Laurentius Schmeltzer Cremmensis, primitas celebrat Anno 1588"* (Bl. 189) hervorgeht.[24]

An dieser Stelle soll der Heiligenkalender dieser Missale Lubucense mit dem der Nachbardiözesen, also Posen (im Osten), Breslau (im Südosten), Meißen

(im Süden), Brandenburg (im Westen und Norden) sowie Kammin (im Nordosten) verglichen werden, wobei auch die beiden beteiligten Erzbistümer mit herangezogen werden sollen: Gnesen, weil in der Zeit vor 1420/24 für Lebus bedeutend und wohl nicht ohne Einfluß auf die Gestaltung des kirchlichen Lebens des Oderbistums, Magdeburg ist danach für Lebus und vorher schon für die Nachbardiözese Brandenburg zuständig gewesen. Um schließlich einen für die Mark Brandenburg möglichst vollständigen Überblick zu bekommen, wurde auch Havelberg in das Blickfeld gezogen.
In zwei Exemplaren des 1509 eingeführten Missale Lubucense wird uns der vollständige Heiligenkalender überliefert,[25] welcher sich (unwesentlich) aus dem des Frankfurter Exemplares des 1514 durch den Domherren Wolfgang Redorffer herausgegebenen Viaticum ergänzen läßt. (Das Breslauer Exemplar des Viaticum konnte bisher von mir ebensowenig eingesehen werden, wie das dort vorhandene einzige - zumindest im Winterteil - erhaltene Breviarium Lubucense (gedruckt um das Jahr 1505), aus welchem Grotefend den Kalender abgedruckt hat.[26] Es befindet sich auf deutschem Gebiet auch kein Missale Posnanensis.[27] Der Posener Heiligenkalender wurde einem Missale des Erzbistumsarchives Posen entnommen.[28] Um die Veränderungen innerhalb der Kalendarien über einen längeren Zeitraum als Unsicherheitsfaktor (vgl. Anm. 13) vernachlässigen zu können, werden nach Möglichkeit nur Missales aus eben diesem Zeitraum (Anfang des 16. Jahrhunderts) zum Vergleich herangezogen.[29] Die beiden Erzdiözesan-Missales sind etwas früher, 1492 (s. Anm. 15) und 1486, entstanden und waren (ausdrücklich zumindest das Magdeburger[30], die Bezeichnung "Gnesnense/ Crakoviniense" spricht aber auch für sich) für den Gebrauch in mehreren Bistümern gleichzeitig bestimmt.[31] Schließlich wurden die Missales der einzelnen Orden - im Bistum Lebus wären das Johanniter, Karthäuser und Franziskaner - vernachlässigt. Die Karthause von Frankfurt war zwar bedeutend, hatte aber keinen Vertreter im Domkapitel zu Fürstenwalde, ebensowenig die Franziskaner. Die Johanniter hingegen verfügten über eine von ihnen zu verleihende Domherrenstelle,[32] gleiches gilt aber auch für die Prämonstratenser, die wiederum gar kein Stift in der Diözese hatten.[33] Aus der unten gebotenen tabellarischen Übersicht lassen sich die Unterschiede des Kalenders aus Missale, Viaticum und Breviarium Lubucense[34] ersehen; m. E. erstmals kann auch der Heiligenkalender der Posener Diözese geboten und so in die Erforschung der brandenburgischen Territorialkirchengeschichte einbezogen werden. Will man anhand der Heiligenverehrung Verbindungen zu Nachbardiözesen bzw. zu Diözesanverbänden ermitteln, so müssen zuerst die Feste grundle-

gend klassifiziert werden. Nach Jansen beachte man fünf Kategorien:[35] 1. festa universalis ecclesiae, die in allen Diözesen vorkommen. "Vorkommen" bedeutet grundsätzlich, daß diese Feste überhaupt vorhanden sind, unabhängig vom Datum und Festgrad, beides ist variabel; 2. weit verbreitete Feste; 3. festa regionalis ecclesiae, bei Jansen sind das (von Ausnahmen abgesehen) ausschließlich in den nordöstlichen Diözesen vorkommende Feste, was für unsere Lebuser Betrachtung v. a. für die Bistümer Kammin, Havelberg, Brandenburg und Magdeburg zutrifft. Hierbei ist schon auf das gleiche Datum, die Zusammensetzung der Gefährten bei Festen "et socianorum" u.ä. zu achten, nicht jedoch auf den Festgrad; 4. festa dioecesanis ecclesiae, bei denen nur in einem einzigen Bistum ein Fest mit Heiligem, Anlaß, Datum oder Festgrad (z. B. mit Vigil und Oktava, was dem höchsten Grade entspräche) vorkommt. Die hierbei nötige Kontinuität durch alle Textzeugen hindurch vom ersten Auftreten des Festes im Kalender an, kann in unserem Falle aufgrund der kurzen Zeitspanne etwa eines Jahrzehntes vom Breviarium über das Missale bis hin zum Viaticum Lubucense nicht stark ins Gewicht fallen, muß also vernachlässigt werden. Das ist wiederum mißlich, denn nur aufgrund dieser Beobachtungen könnte die 5. Gruppe von Festen ermittelt werden, die jene nur in einem von mehreren Textzeugen erwähnten Feste innerhalb der Diözesanfeste umfassen würde (zum einzig möglichen Fall Genofe s.u.). Die hier interessierende Frage nach eventuell auf Lebus zu führenden Traditionslinien bei der Heiligenverehrung erfordert also die Betrachtung der dritten und vierten Gruppe, der festa regionalis sowie dioecesanis ecclesiae.

Im folgenden sollen die regionalen Heiligenfeste betrachtet werden, die im Bistum Lebus sowie einer, zwei bzw. drei weiteren Diözesen begangen wurden.

a) Mit Meißen ehrte Lebus Materni, ep. et conf. (12. 9. bzw. 13. 9.), mit Brandenburg Vitalis et Agricole, mart. (27. 11.); mit Gnesen/Krakau, Posen, Kammin sowie Magdeburg und Havelberg beging Lebus gar kein Fest allein, dafür mit Breslau derer sechzehn (!). Es sind dies Genofe, virg. (9. 1.), Paulus, prim. erem. (10. 1.), Sotheris, virg. (11. bzw. 10. 2.), Juvenalis, mart. (7. 5.), Medardi, ep. et conf. (8. 6.), Commemoratio Johannis Evangeliste (25. 6.), Naboris (et Felicis) (12. 7.), Stephani, regis (21. bzw. 20. 8.), Auree, virg. (26. bzw. 27. 8.), Pelagii, mart. (31. bzw. 30. 8.), Remadi, conf., n. ep. (3. 9.), Corbiani (9. bzw. 8. 9.), Kunegundis, virg. (10. bzw. 9. 9.), Roperti, conf., n.ep. (24. bzw. 26. 9.), Simplicii et Servii, conf. (4. bzw. 3. 10.), Maximilian, conf. n. ep. (12. 10.). Dieser Befund erweist deutlich, wie verwandt diese beiden Bistümer in diesem Punkt ihres innerkirchlichen Lebensvollzuges waren. Bekräftigung erfährt solche Feststellung durch die in drei Diözesen gemeinsam verehrten Heiligen:

b) Mit Meißen und Kammin ehrte Lebus Maternus (12. 9.); mit Brandenburg und Magdeburg Regine, virg. (9. bzw. 6. 9.); mit Gnesen/Krakau und Posen zusammen Benedicti et soc. (Quinque fratrum, 12. 11.). Neben Gnesen/Krakau und Breslau wurde in Lebus Maximi, conf. (29. 5.), Willibaldi, ep. (7. 7.), Clare, virg. (12. 8.), Paulini, ep. et conf. (31. 8.) verehrt und die Oktava Nicolai (13. 12.) begangen; in Breslau, Posen und Lebus Ignacii, mart. (29. 1.), Joseph, conf. simpl. (nutritoris domini, 19. 3.), Cirici (Quirinti in Posen) et Julite, mart. (16. 6.) sowie Magni, conf. (6. 9.) verehrt. Adalbert (ohne Gregor) wurde am 23. 4. gefeiert (in Posen als Albert bezeichnet), dafür Georgi, mart. erst am 24. 4.verehrt. Auch in dieser Gruppe liegt der Schwerpunkt deutlich im Osten und wieder besonders bei Breslau, die westlichen Nachbardiözesen zeigen seltener Gemeinsamkeiten hinsichtlich der Verehrung von weniger verbreiteten Heiligen mit Lebus.

c) Schließlich sollen die auch in drei weiteren Lebus benachbarten Bistümern verehrten Heiligen genannt werden:
Auch in Gnesen/Krakau, Breslau und Posen wurden Johannes Chrisostomos (27. 1., eventuell auch in Magdeburg, Havelberg und Brandenburg), Floriani, Mart. (4. 5.), Stanislaus, mart. (8. 5.), verehrt sowie die Translatio Stanislai (27. 9.) begangen. In Breslau, Meißen und Posen wurden auch Georgi (24. bzw. 23. 4.) sowie Marthe, virg. (30. bzw. 29. 7.) verehrt. In Breslau, Posen und Brandenburg gedachte man Columbani, conf., n. ep. (20. bzw. 21. 11.). In dieser Gruppe finden sich nun auch verstärkt Bezüge zu den westlichen Nachbarbistümern. So verehrte man in Lebus wie auch in Brandenburg, Havelberg und Magdeburg Magdalberthe, virg. (7. 9.) und Eusebii, mart. (30. 10.); in Lebus, Breslau, Brandenburg und Magdeburg Hylarii (13. 1.), Marie ad martyres (13. 5.) und beging die Conceptio Johannis Baptiste (24. 9.); in Lebus, Breslau, Brandenburg und Havelberg gedachte man Heinrici, imperatoris (14. 7.), Fidis, virg. (5. bzw. 6. 10) und feierte die Translatio Augustini (11. 10.); in Lebus, Gnesen/Krakau, Brandenburg und Magdeburg Sophie, vidua (15. 5.) und schließlich in Lebus, Magdeburg, Havelberg und Kammin Felicissimi (et Agapiti, 4. bzw. 6. 8., in Kammin Agapiti et Sixti, letzterer weiter verbreitet). Bei den socii-Festen treten diverse Varianten auf, die hier nicht weiter verfolgt werden brauchen. Eine weitere Untersuchung der Feste, die Lebus mit vier oder mehr Nachbardiözesen gemeinsam begeht, ist nicht hilfreich, um klare Provenienzen zu eruieren.

Anhand der Gruppe der für Lebus auszumachenden Regionalfeste erkennt man - vornehmlich bei den weniger verbreiteten Festen - eine auch zu Beginn des 16. Jahrhunderts noch gepflogene Heiligenverehrung, die auf die polnisch-schlesische Provenienz des Bistums Lebus weist. Nimmt man an, daß vor der zu Lasten Posens erfolgten Errichtung des Bistums 1123/24 in Lebus dasselbe als ein Missionsbistum in Rotreussen bestanden hat,[36] so könnte ein Niederschlag davon in stärkeren Gemeinsamkeiten mit dem Gnesen/Krakauer Kalender erwartet werden,[37] war Krakau doch direkt dieser Region benachbart. Ein solcher läßt sich aber nicht erkennen, geht doch deren Zahl (im Gegensatz zu der bei Breslau und Lebus) nicht über diejenige hinaus, die Lebus auch mit den westlichen Bistümern verbindet.

Über die mit den östlichen Nachbarbistümern gemeinsam verehrten Heiligen hinaus werden nun zwar auch einige, jedoch nicht so häufige Gemeinsamkeiten mit dem Magdeburger Kreis deutlich. Aus diesem Grunde kann man sagen, daß sich hinsichtlich des Heiligenkultes der Wechsel des Bistums vom Gnesener zum Magdeburger Archidiözesanverband vor einem Jahrhundert in den Heiligenkalendarien nicht widerspiegelt, was sowohl als ein Hinweis auf die geringe Bedeutung solch einer kirchenrechtlichen Zugehörigkeit für das Leben in dem territorial längst Brandenburgischen Gebiet gedeutet werden, als auch für Kontinuität in der gelebten Frömmigkeit sprechen kann.

Anhand des Heiligenkalenders soll nun versucht werden, für Lebus markante Heilige zu ermitteln. Lebuser Diözesanfeste könnten folgende sein: Hundolphi (11. 5.); Juliani, mart. (13. 2.); Genofe, virg. non mart. (5. 3.); Claudii nicostratus (7. 7.); Marcelli, mart. (4. 9.); Hermanni, mart. (25. 9.); Borchardi (6. 10.); Casariae, virg. (9. 12.). Keiner dieser Heiligen kann als spezieller Ordensheiliger angesehen werden.[38] Weiterhin wurde in keiner der Nachbardiözesen die Oktava Adalberti (30. 4.) sowie die Oktava Marie Magdalene (29. 7.) begangen; das Viaticum kennt schließlich die Oktava Annuntiationis Mariae (1. 4.).

Es ist nicht klar, um welchen Hundolphus es sich handelt. Vielleicht kann man (mit dem Breviarium) in Hundolph jedoch eine Form von Gangolph erblicken, eines in seinem Kult von Frankreich bis an die Elbe nach Sachsen verbreiteten Heiligen, dessen Tag eben der 11. (13.) 5. ist. Das Missale Uratislauiensis kennt am 13. 5. übrigens Gudolph, womit sich hier eine Verbindung andeutet, die schon bei den Regionalfesten öfter festgestellt werden konnte. Damit würde Hundolphus als Lebuser Diözesanheiliger ausscheiden.[39]

Juliani gibt es verschiedene, doch eine Zuordnung des in Lebus am 13. 2. verehrten Märtyrers erscheint nur hinsichtlich des Märtyrers von Lyon (nach anderen: Nikomedien), eben an diesem Tage verehrt, nicht jedoch (zu dieser Zeit[40]) in den Nachbar- oder Erzdiözesen Lebus', sinnvoll.[41]
Die laut Viaticum am 5. 3. verehrte Genofe könnte auch die Jungfrau von Paris (3. 1.) sein, da die von Brabant (2. 4.) vermählt und Mutter war. Jedoch müßte verwundern, daß die in ihrem Kult vornehmlich in Frankreich und Süddeutschland, nicht jedoch in Nord- und Ostdeutschland verbreitete Heilige[42] (wie auch in Breslau) bereits einmal am 9. 1. in Lebus verehrt wird. Zum anderen bedarf das Fehlen dieses Festes am 5. 3. im Missale einer Erklärung, da hierin das offizielle liturgische Werk gesehen werden muß. Da auch das Breviarium die Heilige nicht nennt, muß ihre reguläre Verehrung im Bistum Lebus bezweifelt werden, gleichwohl stellt sie formal die einzige Lebuser Heilige der oben (S. 6) genannten 5. Gruppe dar.
Der am 7. 7. in Lebus gefeierte Claudius nicostratus gehört zu den Quattuor Coronati, derer am 8. 11. in allen hier betrachteten Bistümern gedacht wird, denkbar ist aber auch, daß das nicostratus "Nocotratus" und damit einen weiteren der Märtyrer (der pannonischen Märtyrergruppe, die in den Kult der Quattuor Coronatum eingeflossen ist) bezeichnen soll. Doch müßte man dann vielleicht anzunehmen haben, daß aufgrund Platzmangels in dieser Zeile das übliche "et" zwischen beiden Namen weggefallen wäre, hingegen bietet wiederum die darüberliegende Zeile (6. 7.) genug Raum, um Teile der Wörter "willibaldi epi" (der am gleichen Tage verehrt wurde) aufzunehmen, wie es z. B. beim 13./14. 9. gehandhabt wurde. So kann angenommen werden, in Claudius nicostratus einem in Lebus besonders verehrten Heiligen zu begegnen.[43]
Am 4. 9. wird nur in Lebus der Märtyrer Marcellus verehrt, wahrscheinlich ist hier Marcellus von Chalon-sur-Saone (4. 9.) gemeint.[44]
Den am 25. 9. verehrten Märtyrer Hermann könnte man am ehesten mit Hermann (dem Deutschen) von Friesach OP (17. 9., 17. 4.) identifizieren, einem Prediger und Mystiker, der in Oppeln beigesetzt wurde und dessen (nie bestätigter) Kult sich auf Dominikanerklöster in Österreich, Polen und Schlesien beschränken soll,[45] was sich in den östlichen der hier betrachteten Missales nicht niederschlägt. Jedoch gilt er nicht als Märtyrer. In dem am 25. 9. in Lebus verehrten Märtyrer Hermann können wir somit mit großer Wahrscheinlichkeit mindestens einen Diözesan-, wenn nicht gar einen Lokalheiligen erkennen (s. u.).
Am 6. 10. wird in Lebus eines Bekenners und Bischofs Borchard gedacht,

wobei nicht deutlich wird, ob eher Bischof Burckhard von Halberstadt (7. 4.[46]) oder Burckhard von Würzburg (14. 10.) gemeint ist.[47] Auch das Viaticum hat ein Borchhardsfest vermerkt *(Borghardi tenentis feria quinta in coi septimana)*, und zwar über die Zeilen vom 5. bis 7. 10. reichend.
Am 8. 12. wurde in Ville neuve d'Avignion eine Jungfrau Casaria verehrt, die im 6. Jahrhundert lebte, eine Märtyrerin Cäsaria zu Avignion muß man von dieser noch unterscheiden. In unserem Gebiet scheint die am 9.12. in Lebus genannte Casaria singulär zu sein.[48]
Müssen Hundolphus und Genofe ausscheiden, so verbleiben als *Lebuser Diözesanheilige* des betrachteten Zeitraumes Juliani, mart., Claudius nicostratus, Marcellus, mart., Hermanni, mart., Borchard, ep. et conf. sowie Casaria, virg. Nur unter den Diözesanfesten zu findende und sonst als gänzlich unbekannt erachtete Heilige könnten schließlich als *Lokalheilige* betrachtet werden. Für Lebus scheint das nur auf Hermann, mart. (25. 9.) zuzutreffen.
Einige der sechs Diözesanheiligen sind in den umliegenden Diözesen - zumindest im beginnenden 16. Jahrhundert - nicht verehrt worden, doch kennt man sie aus anderen Gebieten, z. B. Frankreich (Juliani, mart., Marcellus, mart., Casaria, virg.). Es erhebt sich nun die Frage, ob nachzuvollziehen ist, auf wessen Initiative ein in entfernten Bereichen des Abendlandes gepflegter Kult eines Heiligen im Lebuser Bistum eingeführt worden ist. Schnell wird man bei solchem Unterfangen an die Grenzen der spärlichen Überlieferung stoßen. So kann man z. B. im Falle der zu Avignion verehrten Casaria zwar feststellen, welche Lebuser Kleriker am Hofe zu Avignion weilten.[49]
Jedoch müßte auch aus der liturgischen Überlieferung die Einführung des Heiligenfestes genau zu bzw. nach diesem Aufenthaltszeitpunkt feststellbar sein, was zum einen die Quellenlage nicht zuläßt, zum anderen stellte das ohne konkreten urkundlichen Beleg höchstens ein Indiz, nicht jedoch einen Beweis dar. Andere schriftliche Zeugnisse hinsichtlich einer Kulteinführung sind nicht vorhanden.
Bei keinem der in summa 116 von mir bisher ermittelten Altäre in Kirchen des Bistums, derer Erwähnung geschieht, begegnet einer dieser Diözesanheiligen.
Nicht mit Diözesanheiligen dürfen die Bistumspatrone der Lebuser Diözese verwechselt werden. Diese sind Adalbert (23. 4.[50], Oktav 30. 4., Translatio 25. 10.), Hedwig (15. 10., Oktav 22. 10., Translatio 26. 8.) und Maria (Purificatio 2. 2., Annuntiatio 25. 3., Oktava 1. 4. nur im Viaticum), Marie (egypciace 2. 4., ad Martyres 13. 5., Visitatio 2. 7., Oktav 9. 7., Assumtio 15. 8., Oktav 22. 8., Nativitas 8. 9., Oktav 15. 9., Conceptio 8. 12.),[51] welche zu den weit ver-

breiteten bzw. sogar Universalheiligen zu zählen sind und vor allem im nordöstlichen Bereich Europas (Adalbert und Hedwig) Bedeutung erlangten. Die zusätzlich zu den drei Bistumspatronen an der Diözesankathedrale, dem Fürstenwalder Dom, verehrten Patrone Johannes Baptiste (Nativitas 24. 6., Oktava 1. 7., Decollatio 29. 8., Conceptio 24. 9.) und Johannes Evangeliste[52] (27. 12., Oktava 3. 1., ante portam latina 6 .5.) sind nicht im Heiligenkalender der liturgischen Bücher hervorgehoben.

Fazit:
Im Unterschied zu anderen Bistümern, wie z.B. Gnesen mit Adalbert, Krakau mit Stanislaus oder Magdeburg mit Norbert hat Lebus keinen eigenen Heiligen aus seinem Gebiet hervorgebracht, der dann auch in anderen Bistümern verehrt worden wäre. In der durch die liturgische Literatur überlieferten Heiligenverehrung werden anhand der Regionalfeste vornehmlich Gemeinsamkeiten zur schlesischen Nachbardiözese deutlich. Zu ihr scheint Lebus in dem für die Ausbildung des Heiligenkalenders relevanten Zeitraum engere Beziehungen gepflegt zu haben, als zu Posen oder zu Gnesen, seinem ehemaligen Erzbistum. Die nebulöse Vor- oder Frühzeit als Missionsbistum in Rotreussen spiegelt sich nicht im Heiligenkalender von Lebus wider. Einige Heilige verehrte man in Lebus mit den westlichen Nachbarbistümern gemeinsam. Die Quellenlage läßt weder zu, die Frage des Beginns dieser gemeinsamen Verehrung zu beantworten noch Rückschlüsse auf eine stärkere Orientierung Lebus' auf die westlichen Nachbargebiete hin zu ziehen, die durch den Wechsel des Archidiözesanverbandes vermutet werden könnte. Besondere Verehrung erfuhren als Diözesanheilige die Märtyrer Julianus, Marcellus, die Jungfrau Casaria, Claudius nicostratus, der Bischof und Bekenner Borchard sowie als Lokalheiliger der Märtyrer Hermann.
Anfang des 16. Jahrhunderts begegnet Lebus in seiner Heiligenverehrung als stärker zum polnisch-schlesischen Bereich, als zum magdeburg-brandenburgischen Kreis gehörendes Bistum.

Anmerkungen

[1] So der Umstand, daß in den bischöflichen Tafelgütern bzw. den Dörfern des Domkapitels vorerst keine Visitationen vorgenommen wurden, wir also der Visitationsakten entbehren, welche doch andernorts eine überaus wertvolle Quelle (für die Ausstattung der jeweiligen Kirche, ihres Pfarrers, etc.) darstellen. Zwar sind 1540 neben Frankfurt und Müncheberg wohl einige (vornehmlich kurfürstliche Lehns-)Dörfer zwischen diesen Städten und Küstrin visitiert worden, doch liegen uns keine Protokolle darüber vor. Die Visitatoren selbst konnten auch auf keine älteren Visitationsmatrikeln zurückgreifen, vgl. Herold, V., Beiträge zur ersten lutherischen Kirchenvisitation in der Mark Brandenburg, in: Jahrbuch für Brandenburgische Kirchengeschichte 20/1925, S. 30, 79; 21/1926, S. 61, 100 ff. Seelow und Lebus sind nicht vor 1544 visitiert worden (ebda. 20, S. 35), Fürstenwalde erst 1574. Abschriften der Protokolle sind hier aber erst für die Visitation von 1600 ermittelbar, vgl. Ortslexikon für die Mark Brandenburg, Bd. 7 Lebus, Weimar 1983, S. 501. In der Neumark fand auf Weisung Markgraf Johanns die erste Visitation Anfang 1539 statt, vgl. Escher, F., Das Kurfürstentum Brandenburg im Zeitalter des Konfessionalismus, in: Materna, I./Ribbe, W. (Hg.), Brandenburgische Geschichte, Berlin 1995, S. 264 f., 268; Schultze, J., Die Mark Brandenburg, Berlin 1961 ff., Bd. 4, S. 104.

[2] Eine wenig beachtete Folge der über das Land hinwegziehenden Kriege war z. B., daß 1813/14 in Frankfurt wertvolle mittelalterliche Kämmereirechnungen (vom Jahr 1380 an) ob ihrer guten Papierqualität zur Herstellung von Patronen mißbraucht wurden, so Riedel, A. F. (Hg.), Codex Diplomaticus Brandenburgensis, Berlin 1838 ff., Abt. D, S. XXX (zit. Riedel + Abt.).

[3] Vgl. hierzu Ludat, H., Bistum Lebus, Studien zur Gründungsfrage und zur Entstehung und Wirtschaftsgeschichte seiner schlesisch-polnischen Besitzungen, Weimar/Böhlau 1942, S. 3 ff.; Karp, H. J., Grenzen in Ostmitteleuropa im Mittelalter, Köln/Wien 1972, S. 54 ff.

[4] Brandenburg 948, Havelberg frühestens 946. Zur Gründungsfrage und der Datierung der Stiftungsurkunde zuletzt Enders, L., Zur Frühgeschichte des Bistums Havelberg, sowie Bergstedt, C., Die Havelberger Stiftungsurkunde und die Datierung der Gründung des Bistums Havelberg, in: Jahrbuch für Berlin-Brandenburgische Kirchengeschichte, Jg. 61, Berlin 1997, S. 38 ff. bzw. 61 ff., letzterer geht bei dem Gründungsdatum bis auf 965/68 herauf (S. 86 f.).

[5] Vgl. Völker, K., Kirchengeschichte Polens, Berlin/Leipzig 1930, S. 42; Ludat, H., Bistum Lebus, Weimar 1942, S. 226, 254 ff. Zur möglichen Vorgeschichte von Lebus als Missionsbistum in Rotreussen s. u. S. 7 mit Anm. 36.

[6] 1420 gibt das Lexikon für Theologie und Kirche, Art. Lebus, Bd. 6, Sp. 870 an; 1424 hingegen Religion in Geschichte und Gegenwart, Art. Brandenburg, Sp. 259; Lexikon des Mittelalters, Art. Lebus, Bd. 5, Sp. 1784, sowie Theologische Realenzyklopädie, Art. Brandenburg, Bd. 7, S. 106.

[7] Hauck nimmt eine ursprüngliche Reichsunmittelbarkeit Lebus' an, die dann wie bei Brandenburg und Havelberg von den Kurfürsten unterbunden worden wäre, jene "verweigerten ihnen [den Bischöfen, d. V.] den Fürstentitel", Kirchengeschichte Deutschlands, Bd. V1, S. 64. Wie eng die Beziehungen der Lebuser Diözesangeistlichen zum kurfürstlichen Hofe in Brandenburg waren, erhellt aus den vielfältigen Regierungsaufgaben, die die Bischöfe von den Kurfürsten übertragen bekamen. Wenn man noch dazu die häufigen Verbindungen (die belegbaren, im Gegensatz zu den Nachbarbischöfen der polnischen Diözesen, wo solche Belege aus der Spätzeit des Bistums Lebus selten sind) der Lebuser zu den anderen märkischen Bischöfen bedenkt, so verdient die öfter von polnischen Wissenschaftlern vertretene Meinung, das Bistum Lebus wäre bis zu seinem Erlöschen kirchlich ein zu Gnesen gehörendes polnisches Bistum gewesen, in Zweifel gezogen zu werden (so zuletzt J. Klaczowski, Art. Polen, TRE 26, 1996, S. 760). Zur Entfremdung Lebus', Breslaus, Kammins und Kulms von Gnesen, vgl. Völker, a. a. O., S. 66.

[8] Es wurde z. B. 1511 das dort befindliche Haus des Lebuser Bischofs verkauft, was nicht aus wirtschaftlichen Zwängen heraus geschehen sein kann, da Lebus das finanzkräftigste der brandenburgischen Bistümer in dieser Zeit war. In Breslau weilten die Lebuser Bischöfe Vorzeiten häufig, zwei haben dort im Dom ihre letzte Ruhestätte gefunden, vgl. Wohlbrück, S. W., Geschichte des ehemaligen Bisthums Lebus und des Landes dieses Namens, Berlin 1829 ff., Bd. I, S. 460, II, S. 259; Sabisch, A., Die Grabstätten der Bischöfe Stephan († 1345) und Apeczko († 1352) von Lebus in der Breslauer Domkirche in: Wichmann-Jahrbuch für Kirchengeschichte im Bistum Berlin (zit. WJB), Jg. XV/XVI, Berlin 1961/62.

[9] Vgl. Daxelmüller, Ch., Art. Heilige II, in: Lexikon des Mittelalters, Bd. 4, München/Zürich 1989, Sp. 2016, der den Gegensatz zwischen offizieller, d. h. "kirchlich-staatlich gelenkte[r]" und populärer Heiligenverehrung betont; van Dülmen hingegen verweist darauf, daß der Heiligenkult von allen Schichten gemeinsam getragen wurde und eine Differenzierung erst seit dem späten 17. Jahrhundert erfolgte, vgl. Kultur und Alltag in der Frühen Neuzeit, Bd. 3, München 1994, S. 57.

[10] Grimm, A., Die Liturgischen Drucke der Diözese Lebus, in: WJB IX/X (1955/56), (zit. Drucke), S. 45 ff., der die liturgische Überlieferung "bedeutsam" nennt.

[11] Die äußere Beschreibung der Werke erfolgte z. B. von Grimm, a. a. O.; K. Haebler, Das Missale für die Diözese Lebus, in: Nordisk tidskrift för bok - och biblioteksväsen, Oslo 1915, S. 53 ff. (zit. Missale), sowie ders., Die liturgischen Drucke des Bistums Lebus, in: Brandenburgia XXIV, 1915, S. 97 ff. (zit. Drucke); - vor allem aus drucktechnischer Perspektive und kann hier vernachlässigt werden.

[12] Grimm, Altfrankfurter Buschschätze (zit. Buchschätze), S. 11, Nr. 4, der eine Eintragung auf Blatt 1 "ad altarem x milia militum" zu Frankfurt übermittelt, was auf den Ort des Gebrauches, nicht jedoch der Entstehung weist. Die Bibliothek der Gertraudenkirche Frankfurt führt in ihrem handschriftlichen Katalog dieses Fragment als um 1430 entstandenes Lebuser Missale.

[13] Grundsätzlich muß von Veränderungen innerhalb der Heiligenverehrung der

einzelnen Diözesen über einen längeren Zeitraum ausgegangen werden, z. B. durch Aufnahme sich immer mehr verbreitender Feste von "Modeheiligen" wie im 15./16. Jahrhundert Anna. Für das Bistum Kammin hat Jansen (Studien am Kamminer Kalender, in: WJB IV-VI, 1933, S. 14 ff.) solche Veränderungen mit zunehmenden oder abnehmenden Festgraden etc. nachgewiesen, er hatte dafür diverse Handschriften vom 13. Jahrhundert bis hin zu Drucken aus dem 16. Jahrhundert auswerten können. Aufgrund der genannten Veränderungen sind die Listen der Heiligenkalendarien bei H. Grotefend, Die Zeitrechnung des deutschen Mittelalters und der Neuzeit, Hannover 1891 (Nachdruck Aalen 1970), nur bedingt nutzbar (s. Anm. 25). Darüber hinaus sind die Kalendarien verschiedenartiger liturgischer Bücher der gleichen Entstehungszeit nicht gänzlich gleich, was sich auch an Missale bzw. Viaticum und Breviarium Lubucense aufzeigen läßt.

[14] Vgl. Drucke, S. 46, 48; Buchschätze, S. 15, Nr. 24 a/b.

[15] 1492 in Mainz durch Peter Schöffer gedruckt, vgl. Copinger, Supplements to Hain's Repertorium Bibliographica (Repro), Berlin 1926, C 4131.

[16] Es sei hier nur auf die Zahl der rot herausgestellten Feste (unabhängig von ihrem Festgrad) verwiesen, deren das Missale Gnenense-Crakowiniense 60 aufweist, das Missale Lubucense hingegen nur 39.

[17] Vgl. Haebler, Missale, sowie die Reaktion Grimms darauf in: Drucke.

[18] Vgl. Grimm, Drucke, S. 48 f. Es wurde öfter auf den an der Sakristeitür der Frankfurter St. Marienkirche bis ins 18. Jahrhundert (!) hinein angeschlagen gewesenen Hirtenbrief Dietrichs von Bülow, hingewiesen, mit dem er die neuen liturgischen Bücher empfahl. Er wurde überliefert von Kortum, R. A., Continuation oder Zusatz der Lebusischen Geschichte, angehend das alte Bischofthum (...), o. O. u. J., S. 30 f., angeheftet an: (ders.) Historische Nachricht von dem alten Bischofthum Lebus, Frankfurt/Oder 1740, und erneut abgedruckt bei Grimm, Dietrich von Bülow, in: WJB XI/XII, 1957/58, S. 62 f. (zit. Dietrich von Bülow).

[19] Vgl. Haebler, Drucke, S. 97, der zwei in der St. Marien-Kirche Frankfurt und eines im Dom zu Fürstenwalde angibt.

[20] Grimm gibt seinem Kenntnisstand von 1940 entsprechend drei Exemplare in Frankfurt, eines in Berlin sowie eines in Breslau an; vgl. Drucke, S. 48. Ein im Märkischen Museum zu Berlin als "eventuell Lebuser Missale" aufbewahrtes sehr schadhaftes Fragment eines Missale ist nach Vergleich des Kalenders kein Missale Lubucense.

[21] Der polnische Incunabelkatalog (Incunabula quae in bibliothecis Poloniae asservantur, wratislaviae-varsaviae-cracoviae MCMXCIII) kennt kein Missale Lubucense in Wroclaw, was aber vielleicht auf die zeitliche Begrenzung von "Inkunabeln" auf Druckjahre vor 1501 zurückzuführen ist.

[22] Leider geben die Reste des Archivs der St. Marien-Domgemeinde Fürstenwalde, die den Brand vom 18./19. 4. 1945 überstanden, keine Auskunft darüber, aus welchem Grunde und auf welche Weise das Missale nach Berlin transferiert worden ist. Daß es sich um das Fürstenwalder Exemplar handelt, gehe aus den Zugangsbüchern

der Staatsbibliothek hervor (für diese Mitteilung danke ich Herrn Dr. U. Czubatinsky). Letztere führt das Missale Lubucense bisher nicht einmal im Katalog.

[23] Vgl. Grimm, Drucke, S. 49; Teichmann, Von Lebus nach Fürstenwalde, Leipzig 1991, S. 136.

[24] Grimm gibt (ebenso wie Teichmann, a. a. O., S. 75) Eintragungen für Primitzzelebrierungen in den Jahren 1586, 1588, 1590 und 1591 an und bemerkt: "Die altkirchlichen Zeremonien blieben in den Kirchen der alten Lebuser Diözese bestimmt bis gegen Ende des 17. Jahrhunderts zu einem großen Teil beibehalten." (Drucke, S. 51).

[25] Daher können hier die ausführlichen Texte des Proprium de Sancto vernachlässigt werden, aus denen sich fehlende Teile des Kalenders erschließen lassen könnten.

[26] Vgl. Bohatta, Bibliographie der Breviere, 1501 - 1850, Leipzig 1937, der nur das Viaticum (als defekt) angibt (2372); Haebler, Drucke, S. 101; Grimm, Drucke, S. 47. Grotefend bietet den Heiligenkalender aus dem Breviarium Lubucense, hat ihn aber aus dem Breslauer Exemplar des Viaticum ergänzt, a. a. O., Bd. 3, S. 98 ff. Seinen Listen ist leider nicht zu entnehmen, welcher der beiden Quellen das jeweilige Fest entnommen wurde. Geht man jedoch davon aus, daß das Breslauer und das Frankfurter Viaticum sich nicht unterscheiden, läßt sich durch Abzug der dem Missale unterschiedlichen Feste des Frankfurter Viaticums der Kalender des Breviariums deduzieren.

[27] Nach den Katalogen der Landes- und Staatsbibliotheken, dem Gesamtkatalog der Wiegendrucke, etc. Die bekannten Missale bzw. Breviare existieren in Gnesen und Posen, das Warschauer Exemplar gilt als Verlust, vgl. den Katalog Anm. 21.

[28] Es sei hier am Rande auf den augenscheinlich gleichen handkolorierten Holzschnittdruck der Kreuzigungsdarstellung hingewiesen, der sich vor dem Kanon Missae des Poseners und dem (nur noch) einiger der Lebuser Missales befindet (mit zwei unter den Armen Jesu schwebenden Engeln, die aus den Wunden der Hände und der Seite Blut in Kelche auffangen, ebenso wie ein weiterer, der aus der Fußnagelwunde Christi Blut in einen Kelch auffängt). Das ist insofern auffällig, als erstere 1505 von Melchior Lotter in Leipzig, letztere 1509 von Konrad Kachelofen in Frankfurt gedruckt worden sind. Vielleicht ist hierin ein Beleg zu sehen für die - letztendliche - Zusammenstellung und Bindung von Druckwerken an anderen, als den Druckorten.

[29] Das hat zur Folge, daß diese Studie zu anderen Ergebnissen kommt, als z. B. Grotefend, a. a. O. Dessen Angaben basieren bei diversen Bistümern auf Quellen des beginnenden 15. Jahrhunderts.

[30] Missale Magdeburgiensis, Halberstadiensis, Brandenburgensis, verdensis aliarumque multarum ecclesiarum (Hain-Copinger 11322; Weale/Bohatta, Bibliographia Liturgica, Catalogus Missalium, London 1928, 570).

[31] Diese Praxis verwundert nicht, weisen doch selbst später gedruckte Missales auf gemeinsame Benutzung eines eigentlich für eine bestimmte Diözese hergestellten

Missales in einer anderen hin. So wurde das 1518 von Valentin Schumann in Leipzig gedruckte Missale Brandenburgiense (Weale/Bohatta 201, VD 16: M 5562; in der Frankfurter Gertrauden-Bibliothek vorhanden) in der Havelberger Diözese verwendet, was aus zwei Papierstreifen hervorgeht. Diese wurden mit (schwarzer) Schrift "Havelbergense" bedruckt und über das originale (rote) Brandenburgense geklebt (Blatt 1, ebenso 286), auch widmete Bischof Busso von Alvensleben (1522 - 48) das Missale mit einem Vorwort seiner Diözese. Dieser Vorgang ist um so bemerkenswerter, als bereits 1506 ein eigenes Missale Havelbergiense gedruckt worden war (Weale/Bohatta 422).

[32] Seit 1244, vgl. Riedel A XX, S. 182.

[33] Vgl. Teichmann, a. a. O., S. 83. Jansen, a. a. O., S. 27, gibt den Einfluß sowohl des Romanums als auch der Orden "vornehmlich der Cistercienser, Prämonstratenser und des Deutschordens" auf den Festkalender als gering an, "da alle diesen Kreisen entstammenden Heiligenfeste Allgemeinbesitz der spätmittelalterlichen Kalender sind". Wenn das auch für die drei o. g. Orden vermutet werden darf, so soll es demnächst dennoch untersucht werden.

[34] Nach Grotefend, a.a.O.

[35] A. a. O., S. 20 ff., 29, auch für das Folgende.

[36] Das kann gefolgert werden aufgrund der bis weit in das 14. Jahrhundert hinein aufrecht erhaltenen Jurisdiktionsansprüche Lebus' in dem Gebiet, in welchem dann das Erzbistum Halicz errichtet worden war und in welchem Lebus Güter besaß. Vgl. zu dem ganzen Komplex Ludat, a. a. O., S. 271 ff.

[37] Da das vermutete Missionsbistum jedoch schon Ende des 11. Jahrhunderts (also ein halbes Jahrtausend vor dem Druck der uns vorliegenden Kalendarien !) wieder erloschen sein muß, sei hier noch einmal auf den Risikofaktor Zeit hingewiesen.

[38] Vgl. Lexikon Christlicher Ikonographie, Band 8, Sp. 96 f. (zit. LCI + Band).

[39] Vgl. LCI 6. Grotefend ordnet Hundolf Gengulphi zu, der in div. Diözesen am 19. 5. verehrt wurde, an anderen Tagen in Magdeburg, Breslau und Havelberg, a. a. O., II, S. 117. Am 16. 5. wurde in Prag ein Gundulphus verehrt, mit wieder anderen Daten begegnet Gondolphus, vgl. Stadler, J. E. (Heim, F. J./Ginal, J. N.), Vollständiges Heiligenlexikon, Augsburg 1858 ff. (Nachdruck Hildesheim/New York 1975), Bd. II, S. 466, 583, 803.

[40] Nach Grotefend wurde der Heilige in Breslau verehrt, was aus den von mir eingesehenen Missales nicht hervorgeht, a. a. O., Bd. III, S. 124.

[41] Vgl. Stadler/Ginal, a. a. O., Bd. III, S. 524; LCI 7, Sp. 231 ff.

[42] Vgl. LCI 6, Sp. 360 ff.

[43] Vgl. LCI 8, Sp. 235 ff.; Stadler/Heim, a. a. O., Bd. I, S. 630.

[44] Vgl. LCI 7, Sp. 490 f. Anders Grotefend, nach welchem er auch in Breslau verehrt wurde, a. a. O., Bd. III, S. 134. Nach Stadler/Ginal wurden andernorts an dem Tage 3 Heilige verehrt, außer dem genannten noch ein galatischer Märtyrer zu Ancyra, sowie ein Bischof und Märtyrer. Marcellus von Chalon-sur-Saone wird meist mit Valerianus zusammen erwähnt, a. a. O., Bd. III, S. 93 f.

[45] Vgl. LCI 6, Sp. 503 (f); Stadler, a. a. O., Bd. II, S. 670 ff. Auch Grotefend kennt eine Verehrung nur für Lebus, a. a. O., Bd. III, S. 115.
[46] Geboren am 4. 5., vgl. Stadler/Heim, a. a. O., Bd. I, S. 524.
[47] Vgl. LCI 5, Sp. 452 ff. Grotefend sieht in ihm letzteren, a. a. O., Bd. III, S. 75; vgl. auch Stadler/Heim, a. a. O., Bd. I, S. 523 ff.
[48] Vgl. Stadler/Heim, a. a. O., Bd. I, S. 532, 566; auch Grotefend, der für den 4. 2. eine in Breslau verehrte Cesarie nennt, a. a. O., Bd. III, S. 77.
[49] Zur Zeit der "Babylonischen Gefangenschaft der Päpste" (1309 - 77) waren das die Bischöfe Stephan II. (mehrfach 1322 - 26) sowie Heinrich II (1353), vgl. Funke, F., Regesten der Bischöfe von Lebus bis zum Jahre 1418, in: Brandenburgia XXIV, 1915/16, S. 148 - 153, 189; Ludat, a. a. O., S. 264 f.
[50] Nicht 24. 4., wie Grimm, Dietrich von Bülow, S. 62, fälschlich angibt.
[51] Vgl. Wohlbrück, a. a. O., Bd. III, S. 115; Teichmann, a. a. O., S. 137. Erstgenannter nimmt an, daß die Plastiken der Bistumspatrone im Hauptaltar der Frankfurter St. Marienkirche auf die Initiative Bischofs Stephan II. im Zusammenhang mit seinem Versuch, diese zur Kathedrale des Bistums zu erheben, zurückzuführen sein könnte, a. a. O., I, S. 450. Der in seiner Gesamtkonzeption dann 1419 von Pistoricci erstellte Altar verbrannte 1945. Eine Abbildung findet sich in: Die Bau- und Kunstdenkmäler der Provinz Brandenburg, Berlin 1912, Bd. VI/2, Tafel 15.
[52] Vgl. Goltz, G. F. G., Diplomatische Chronik der ehemaligen Residenzstadt der Lebusischen Bischöfe Fürstenwalde (...), Fürstenwalde 1837, S. 96.

Dirk Schumann

geistlich textil
Von der textuellen Bedeutsamkeit der Textilien

IN MEMORIAM RAINER VOLP

Der Gottesdienst ist ein mehrdimensionales Kommunikationsgeschehen. In ihm wird der Mensch von Gott auf verschiedenen Ebenen angesprochen. Heutiges theologisches Denken über den Gottesdienst ist sich dieser Vielfalt bewußt. Längst vorbei ist die Zeit, in der der Gottesdienst nur vom von der Kanzel herab gepredigten Wort her, als der eigentlich unmöglichen Aufgabe des Predigers, der er sich im Glauben an die Wirkung des heiligen Geistes zuwenden soll und kann, verstanden wurde. Der Weg dahin führte von K. Barth[1] und E. Thurneysen[2], für die das Wort Gottes stets senkrecht von oben in die Welt hineinfiel, über die Versuche der sogenannten textfreien Themapredigt in den 60er Jahren[3] und die empirische Homiletik E. Lerles[4], die in G. Otto[5] einen Höhepunkt erreicht und in R. Bohren[6] ihren Kritiker gefunden hatte, schließlich hin zu O. Herlyn[7], E. Jüngel[8], R. Volp[9] und M. Josuttis[10]. Evangelischer Gottesdienst entfaltet seine ganze Kraft als Fest Gottes, das zu feiern Gott selbst uns ermöglicht, weil er uns in Jesus Christus dazu befreit hat. Indem wir als versammelte Gemeinde (CA VII) dieses Fest feiern, erfahren wir exemplarisch schon hier und jetzt etwas von der Fülle der göttlichen Gnade. Wie aber ein jedes Fest nicht allein nur aus Reden besteht, so besteht auch das Fest "Gottesdienst" aus einer Vielzahl von Dingen, die in ihrer Gesamtheit das Fest ausmachen. Neben dem Wort gehören Musik, Licht, Gesang, Tanz, Geschenk, ein festlicher Raum und festliche Gewänder in je spezifischer Gewichtung mit dazu. All das trägt zum Gelingen des Festes bei. Das Wichtigste aber, der Grund dafür, daß dieses spezielle Fest, daß der Gottesdienst gefeiert werden kann, liegt außerhalb des Festes selbst. Vor diesem (Hinter) Grund sind all die großen und kleinen Festbeigaben, die wir mitbringen, zwar keineswegs unwichtig, doch müssen sie es sich gefallen lassen, Antwort und damit auch Reflexionsspiegel auf die Einladung zu sein, die an uns ergangen ist. Zwar ist bei Gott kein Ansehen der Äußerlichkeiten, doch wird man nur unschwer auf eine Einladung zum Fest in Sack und Asche kommen, wenn nicht äußerste Not dazu zwingt.[11]

Textil und Text - Die Geschichte eines (un)gleichen Zwillingspaares

Textilien sind etymologisch betrachtet eng mit dem verwandt, was wir unter Text[12] verstehen. Text, das ist das geschriebene oder gesprochene literarische Produkt aus Morphemen und Lexemen, die unter Beachtung bestimmter Verknüpfungsregeln miteinander in Beziehung gebracht, d. h. die miteinander verwoben werden. Ein solcher (literarischer) Text ist auf Kommunikation hin angelegt, d. h. er will etwas mitteilen. Diese Mitteilungen können entweder Bekanntes bestätigen oder auch Neues kundtun, so daß sich daraufhin eine Bewußtseinsänderung ergibt.

Gottesdienstliches Sprechen vollzieht sich in der Spannung zwischen Bekanntem und Neuem. So sagt jede Predigt immer wieder dasselbe, aber sie sagt es in einer konkreten Situation, die sich von der Situation gestern unterscheidet und deshalb immer wieder Neues zu sagen nötigt. Der legitime Platz des gesprochene Text im Gottesdienst wegen steht sie allerdings seiner Orientierung auf das vermutete intellektuelle Vermögen der Hörerinnen und Hörer, in der Gefahr, andere Dimensionen der Wahrnehmung zu ignorieren und zu verdrängen. Von daher ergibt sich die Forderung, auch die übrigen menschlichen Wahrnehmungsformen in das gottesdienstliche Geschehen mit einzubeziehen; denn Gottes Reich nur als ein Hör-Reich zu klassifizieren, mag in der reformatorischen Auseinandersetzung seine Berechtigung gehabt haben, wo es darum ging, gegen die Vorherrschaft des bloßen Seh-Reichs Widerspruch einzulegen.[13] Doch Gottes Reich ist groß genug, sowohl ein Seh-Reich als auch ein Hör-Reich zu sein, und gewiß ist es auch ein Reich, das alle anderen Sinneswahrnehmungen nicht mit dem *anathema* belegt. Angesichts solcher Gewißheit stehen alle Versuche, das Hören auf das Wort gegen die anderen Sinneswahrnehmungen auszuspielen, m. E. in der Gefahr, eine unzulässige Engführung in Bezug auf die Kommunikation mit der frohen Botschaft zu betreiben. Wer den Text gegen das Textil ins Feld führt, bezieht damit zwar einen klaren Standpunkt. Es fragt sich allerdings, ob dieser Standpunkt nicht zugunsten eines Weges verlassen werden sollte, auf dem sich Text und Textil (wieder) begegnen?

Der Blick in die Geschichte unterstreicht die o. g. Beziehung von Text und Textil. Als Beispiel mag die aztekische Knotenschrift *Quipu* dienen. Diese Schrift bedient sich einer ein bis mehrere Meter langen Hauptschnur, an der sich fransenartig eine Menge bunter Fäden, die nach bestimmten Regeln untereinander und mit der Hauptschnur verbunden wurden, befinden. Die so entstehende Textur ist und beinhaltet die zu übermittelnde Information. Text und Textil bildeten eine Einheit. Grundsätzlich ist diese Art der Schrift-Sprache unserer Schreibschrift vergleichbar. Hier wie dort gibt es kleine und kleinste Einheiten und bestimmte Verknüpfungsregeln, die vom Produzenten wie vom Rezipienten gleichermaßen beherrscht werden müssen, soll der Kommunikationsvorgang gelingen. Daß die *Quipu* in Vergessenheit geraten ist, dürfte lediglich ihrer mangelnden Praktikabilität bei der Darstellung komplexer Zusammenhänge geschuldet sein. Nicht zu schließen ist daraus jedoch, das textile Objekte prinzipiell keinen Mitteilungscharakter haben.

Funktionen von Textilien - ein allgemeiner Überblick

J. C. FLUEGEL[14], der sich aus psychoanalytischer Sicht mit der uns am besten vertrauten Form textiler Objekte, d.h. mit der Kleidung, befaßt hat, unterscheidet drei wesentliche Funktionen. Kleidung dient dem Bedürfnis des Menschen, sich zu schmücken; Kleidung steht in direkter Beziehung zu unserem Schamgefühl; und Kleidung übernimmt Schutzfunktionen. Diese drei Funktionen treten nur in Extremvarianten von Kleidung völlig isoliert voneinander auf. Im Allgemeinen sind Elemente des Schmuckes mit denen der Scham und des Schutzes vereint. Rein schmückende Kleidung, die von jeglicher Schutzfunktion absieht, ist vollständig reduzierte Kleidung[15]; Schutzkleidung wiederum, wie bspw. die von Feuerwehrleuten oder Chirurgen, entbehrt in der Regel der bloß schmückenden Elemente. Das Element "Scham" begegnet in unterschiedlichen Zusammenhängen, so daß eine schamhafte bzw. schamlose Kleidung an sich nicht existiert, sondern immer in Relation von Trägerin bzw. Träger, Betrachterin und Betrachter entsteht.[16] So war das öffentliche Zeigen des Beines über Jahrhunderte hinweg für Frauen gesellschaftlich völlig unmöglich, wollten sie nicht als schamlos gelten.[17]

Die Schmuckfunktion der Kleidung kann mit Recht als diejenige bezeichnet werden, die einen maßgeblichen Einfluß auf die weitere Entwicklung hatte. Durch sie werden ästhetische Momente mit kommunikativen und sozio-kulturell-distinktiven Momenten miteinander verknüpft.[18] Gerade bei den sogenannten Uniformen, also derjenigen Klasse von Kleidungsstücken, die von gleicher Form sind, finden sich bei aller Gleichheit dem Grunde nach, auf den ersten Blick unschwer wahrzunehmende Unterschiede, die die angestrebte Gleichheit aufheben. Diese Accessoires, deren Benutzung keineswegs in das Belieben der einzelnen Uniformträgerin oder des einzelnen Uniformträgers fällt, führt zu einer Hierarchisierung der Kleidung. Für die kundige Leserin bzw. den kundigen Leser dieses Kleidungs-Textes ergibt das Miteinander von Uni-Form und Spezial-Schmuck einen deutlichen Hinweis auf den Rang der betreffenden Person innerhalb eines bestimmten Gefüges.[19] Es ist aber nicht nur der Schmuck allein, der die Unterschiede deutlich macht. Es ist auch der für das Kleidungsstück verwendet Stoff, der Auskunft über den Rang gibt. Auch hier sei der Vergleich mit der militärischen Uniform gestattet. So ist der Stoff für die Uniformen der niederen Chargen in der Regel robuster, sprich von ästhetisch betrachtet minderer Qualität, als der Stoff, der für die Uniformen der höheren Ränge angemessen erscheint, die darüber hinaus ohnehin zu Maßanfertigungen tendieren. Gleiches gilt übrigens auch für das Schuhwerk. Anders verhält es sich da schon bei der zivilen Kleidung. Es ist offensichtlich, daß sich heute fast alle Menschen Kleidung kaufen können, die das Attribut "modisch" für sich in Anspruch nehmen darf. Damit befinden sich diese Personen inmitten einer relativ uniformen Gesellschaft, da irgendwie alle doch immer das Gleiche tragen.[20] Wenn es zutrifft, daß sich über die Wahl der Kleidung, besonders aber durch die Wahl der Schmuckstücke, die zur Kleidung dazugehören[21], der gesellschaftlich Rang ausdrücken läßt, dann gewinnt das gewählte Material, aus dem die Kleidung gefertigt wurde, eine nicht zu unterschätzenden Bedeutung. Die Bluse aus Polyester steht in dieser speziellen Hierarchie auf einer niedrigeren Stufe als die Seidenbluse, und das Cashmere-Sakko übertrifft ein solches aus einem Wolle-Baumwolle-Gemisch um Längen. Diese Relikte einer ständischen Kleiderordnung begegnen heute allerdings selten. So wird das Cashmere-Sakko weniger als Ausdruck einer bestimmten Standeszugehörigkeit getragen, sondern weil es als angenehmes und schönes Gewebe empfunden wird. Daß mit einer solchen Wahl allerdings immer auch ein Licht auf die jeweilige Persönlichkeit fällt (vermögend, snobistisch, elitär, größenwahnsinnig, qualitätsbewußt, markenfetischitisch), steht außer Frage. So ist denn unsere Kleidung ein ständiges lautloses Sprechen. Indem wir uns kleiden, teilen wir uns mit. Mag die Mitteilung zunächst relativ intentionslos erscheinen, so wird sie auf der nächsten Stufe z. B. in die Kategorien "sportlich", "elegant", "leger" oder "jung" gegossen und nimmt damit intentionale Dimensionen an. Auf der höchsten Stufe schließlich, nämlich durch die Kenntnis von Hersteller (No-name-product oder Markenfirma), Materialqualität und Kombination verschiedener Kleidungsstücke (Frack mit Zylinder oder Melone), wird sie zum Code, der wiederum Informationen über die Personen mitteilt.[22] Das Textil wird zum Text, wird zur Mitteilung, die es seiner Potenz nach schon immer ist. Die Schwierigkeit besteht, wie bei jeder anderen Textart, darin, daß dieser Text gelesen und verstanden, d. h. daß entschlüsselt werden muß. Bleibt er unentschlüsselt bzw. erweist er sich als nicht entschlüsselbar, wird es zur Quelle spekulativer Vermutungen - oder versinkt im Dunkel der Ignoranz.

Textile Objekte im sakralen Raum

Textile Objekte im gottesdienstlich genutzten Raum werden unter dem Begriff "Parament" subsumiert. Paramente im erweiterten Sinne sind all diejenigen Dinge, die der Bereitung (*parare*) des Gottesdienstes dienen. Dazu gehören neben den verschiedenen Textilien auch die Leuchter, die *vasa sacra* oder die Weihrauchgefäße.[23] Evangelische textile Paramentik erfuhr eine Beschränkung auf die Bekleidung von Ausstattungsgegenständen, d.h. auf die Herstellung von Kanzel- und Altarantependien, Altartüchern, Taufbeckentüchern, Velen[24] und gelegentlich auch Korporalen[25] und Pallen.[26] Katholische textile Paramentik kennt diese Textilien ebenfalls, befaßt sich aber überwiegend mit der liturgischen Gewandung von Personen. Die Frage der liturgischen Gewandung ist dabei nicht nur auf den Priester reduziert, sondern erstreckt sich neuerdings auf alle mit einem besonderen Dienst bei der Gestaltung des Gottesdienstes befaßten Personen.[27] Wenn man die römisch-katholische Paramentik eher subjektbezogen nennen könnte, so ist die evangelische eine eher objektbezogene. Dies hat relativ wenig mit der Reformation zu tun. Vielmehr setzte diese Unterscheidung erst mit dem Wirksamwerden des Erlasses des preußischen Königs Friedrich Wilhelm III. ein, der die subjektbezogene, evangelische Paramentik, die sich nicht wesentlich von der römisch-katholischen unterschied, dadurch in ihrer Entwicklung bis hin zum faktischen Stillstand einschränkte, daß er den sogenannten preußischen Talar, eine Form der spätmittelalterlichen Schaube[28], nicht nur allen evangelischen Pfarrern, sondern auch allen Richtern und Rabbinern als die zu tragende (liturgische) Amtstracht vorschrieb.[29]

Der Einfluß der Reformation auf die evangelische liturgische Gewandung
Luther und König Friedrich Wilhelm III. von Preußen und die Folgen für die liturgischen Gewandung in der evangelischen Kirche in Deutschland

Albe, Stola und Kasel waren am Ende des späten Mittelalters überall im Abendland in Gebrauch. Die Reformatoren haben sie nicht nur vorgefunden, sondern auch selber weiterhin in Gebrauch gehabt.[30] Daß Luther in seinem Ordensgewand nach damals üblicher Gepflogenheit gepredigt hat, ist unbestritten, bis er es am Nachmittag des 9. Oktober 1524 gegen die Schaube eintauschte.[31] Spätestens mit dem Wittenberger Bildersturm 1522 kam es bei einigen Pfarrern zum Bruch mit den als papistisch empfundenen liturgischen Gewändern. Geistliche in Alltagskleidung waren keine Seltenheit, sowohl auf der Kanzel als auch am Altar. Andere wiederum behielten die gewohnten Gewänder bei, Dritte benutzten die Schaube als liturgisches Gewand. Ob dies nur zur Predigt geschah oder auch bei der Feier des Abendmahles, war offenbar keiner allgemeinen Regel unterworfen bzw. unterlag Einzelfallregelungen. Luther vertrat in der Frage der Gewänder eine sehr freie Ansicht, wie von der Rechtfertigungslehre her gar nicht anders zu erwarten ist: Die Stellung zum liturgischen Gewand kann nicht zur Frage des Bekenntnisses werden. Als Seelsorger bemühte sich Luther um die Schwachen, deretwegen man die überkommenen Gewänder beibehalten solle, so lange es not täte.[32] Es sei nicht gut, daß sich jemand an solchen Äußerlichkeiten stieße und darüber vielleicht wieder in die alten Gleise gerate. Als 1536 in Württemberg das Chorhemd (Superpelliceum?) abgeschafft wurde, gab es zwar keinen Tumult, doch mußte es 1553 durch Benz wieder eingeführt werden, weil es die Gemeinde nicht für richtig befand, daß der Prediger "in einem stumpfen Röcklein" amtierte. Folglich ging 1559 die "Große Kirchenordnung" auch nicht gegen die alten Kirchenkleider und Zeremonien vor.[33]

Wenn Luther mit der Schaube ein profanes Laiengewand für die gottesdienstliche Praxis übernahm, das auf der einen Seite seinem Stand als Gelehrtem entsprach, auf der anderen Seite durch die Farbe Schwarz an seine abgelegte Mönchskutte erinnerte, dann machte er damit deutlich, daß er erstens die traditionelle liturgische Kleidung als nicht zwingend für die Gestaltung des Gottesdienstes ansah, daß er sich zweitens als Gelehrten darstellen wollte, der nur insofern Priester ist, wie alle, "die aus der Taufe gekrochen", Priester, Bischof und Propheten sind, daß er drittens durch die Wahl der

Farbe auf Schlichtheit bedacht war und auf distinktive Zeichen verzichten wollte, und daß er schließlich viertens mit all dem keine neue liturgische Kleidung schaffen wollte, die er der bestehenden entgegenzusetzen trachtete.[34] Luther, so darf man annehmen, war an diesen Dinge nicht sonderlich interessiert. Sein Interesse an symbolische Dingen kann als eher gering angesehen werden. So reiht sich sein Desinteresse an einer neu zu gestaltenen Liturgie (Die "Deutsche Messe" ist nicht in diesem Sinne geschrieben) ein in das Bedenken und die zwiespältig anmutende Weise, in der es sich der von ihm eher beiläufig beachteten Kunst zuwendet - die Musik und die Dichtkunst einmal ausgenommen. Sein wenig der bildenden Kunst gegenüber aufgeschlossener Geist[35] stieß sich vermutlich an den nicht nur ornamental, sondern auch figural geschmückten liturgischen Gewändern, die für ihn die Stelle von bewegten Bildern einnahmen, die allzusehr die Aufmerksamkeit auf sich zogen. Eine Art von "Augenspeise" für die Laien zu sein, war in der Tat ein Anliegen der liturgischen Kleider. Gerade auf den Pluvialen und Kaseln war mitunter die gesamte Heilsgeschichte abgebildet, die sich die Gläubigen wie in einem Bilderbuch ansehen konnten.[36] Daneben waren die festlichen und schönen Gewänder auch Ausdruck tiefer Frömmigkeit. Gott zur Ehre wurden sie geschaffen in unendlich langen Arbeitsgängen und unter mancherlei geistlicher Betrachtung. Allerdings bestand dabei immer die Gefahr, das mit ihr der von Luther bekämpfte Gedanke der Werkgerechtigkeit verbunden war; denn die Stiftung kostbarer Gewänder war immerhin eine gute Tat, von der sich der Stifter möglicherweise ein Stück Seelenheil versprach. Die dritte, nicht minder wichtige Dimension der liturgischen Gewandung ging dabei wohl unter: die liturgischen Kleider waren geradezu darauf aus, das Augenmerk von der in ihnen handelnden Person abzulenken. Der, der am Altar agierte, steht dort *vice et loco Christi* und eben gerade nicht als dieser oder jener Mensch.[37] Offenbar konnte dieser Gedanke nicht gegen andere Gedanken aufkommen. Die personenbezogene Pracht- und damit auch Machtentfaltung, die in den liturgischen Gewändern zum Ausdruck kam, war neben der Erkenntnis vom Priestertum aller Gläubigen sicher mit ein Grund für Luther, die schlichte Laienkleidung den kostbaren Meßgewändern vorzuziehen.[38] Es fragt sich, ob die theologisch behauptete und bekleidungstechnisch umgesetzte Nivellierung von Priestern und Laien die Hierarchie auch gesellschaftlich aufgehoben hat, oder ob sie nicht latent weiterexistierte und auch heute noch weiterexistiert? In den Ländern, in denen eine starke, hierachisch geordnete Zentralmacht regierte, wie zum Beispiel in England unter Heinrich VIII., wurden trotz der Trennung von Rom, die ja weniger aus theologischen denn aus dynastischen Gründen geschah, die liturgischen Gewänder beibehalten. Die liturgische Gewandung wiederum war aufs engste mit der höfischen Kleidung verbunden. In der Person des Monarchen, der das Haupt der anglikanischen Kirche war, vereinten sich staatliche und kirchliche Autorität, die der Garant für eine einheitliche liturgische Entwicklung war. In Deutschland erwuchs infolge der Trennung von Rom keine vergleichbare Autorität. Die Reformation englischer Prägung kann mit einer von oben verordneten verglichen werden, wohingegen die in Deutschland eine Reformation von unten war, der sich hie und da einzelne Landesherren anschlossen. Die landesherrlichen Kirchenregimenter aber bewirkten, daß es zu unterschiedlichen Ausformungen in Bezug auf die liturgischen Dinge kam.[39] Diese Entwicklung, die sich in Anlehnung an marktwirtschaftliche Terminologie wohlwollend als "freies Spiel der liturgischen Kräfte" bezeichnen läßt, kann andererseits auch als Beliebigkeit gedeutet werden, mit der gerade im Mutterland der Reformation in *rebus liturgicis* zu Werke gegangen wurde. So gesehen kommt man wohl nicht umhin, die Verfügung des Preußenkönigs Friedrich Wilhelm III. als eine Willensäußerung in die richtige Richtung anzusehen. Es war seine Absicht, kraft seiner Autorität als Landesherr eine ihm dringend notwendig erscheinende Verbindlichkeit und Ordnung in die Frage der liturgischen Gewandung zu bringen, die immer mehr ein Ausdruck der Beliebigkeit geworden war. Es fragt sich allerdings, ob des Königs Entscheidung, den preußischen schwarzen Talar als verbindliche Amtstracht für evangelische Geistliche[40], Richter und Rabbiner einzuführen, die nicht losgelöst vom reformierten hohenzollernschen Bekenntnishintergrund zu sehen ist, die beste Entscheidung gewesen ist.

Der Ruf nach dem hochzeitlichen Kleid - Reformbemühungen und Reformerfolge in Sachen "Liturgische Gewandung" von der Mitte des XIX. Jahrhunderts bis zur Gegenwart

Bereits 1858 hat sich Wilhelm LÖHE[41] für die Wiedergewinnung der liturgischen Gewänder eingesetzt - jedoch blieb ihm der Erfolg versagt. Auch die Liturgische Bewegung[42] schaffte es nicht, der liturgischen Tradition in weiten Teilen der evangelischen Kirche in Deutschland wieder zum Durchbruch zu verhelfen. Mit der Schrift "Das Kirchengerät im evangelischen Gottesdienst" von Rudolf KOCH[43] wurde ein Meilenstein im Blick auf das, was kirchliche Kunst überhaupt ist und will, und im Blick auf das, was die für den kirchlichen Gebrauch notwendigen Gegenstände sind, gesetzt. Kirchliche Kunst ist demzufolge von dienender Natur, und liturgische Gewänder gehören dieser für die weitere Entwicklung der Paramentik so wichtigen Schrift zufolge offenbar nicht zu den für den kirchlichen Gebrauch notwendigen Gegenständen! KOCHS Einfluß auf Gestaltung der kirchlichen Ausstattunsgegenständen kann nicht hoch genug eingeschätzt werden. Die von ihm geschaffenen Urtypen kirchlicher Symbolik wurden noch über Jahrzehnte hinweg von seinen Schülern kopiert. Gegen das von ihm weitergetragene Desinteresse am liturgischen Gewand regt sich jedoch nach dem Ende des zweiten Weltkrieges mit der bereits zitierten Schrift von Walter LOTZ[44] "Das hochzeitliche Kleid" erstes Aufbegehren.[45] Im von LOTZ sogenannten "Gesetz der Anküpfung"[46] empfiehlt er nach eingehender Gemeindeunterricht die Ersetzung des Beffchens durch die Stola, die zum schwarzen Talar getragen werden sollte. Als nächster Schritt wäre dann - etwa bei den Sakramentsgottesdiensten - die zusätzliche Verwendung des Superpelliceums anzustreben. In dieser Kombination verlöre der Talar seine Weite und Falten, die eigentlich dem Superpelliceum zustehen. LOTZ endet mit dem Wunsch, das schließlich die volle liturgische Gewandung, bestehend aus Alba, Cingulum, Stola und Kasel, wiedergewonnen werden möge - allerdings in schlichter, anglikanischer Form. Der Grund, den er für diese ihm wünschenswerte Entwicklung angibt, ist der, daß nicht einzusehen ist, "inwiefern die Bekleidung des Altars völlig anderen Gesichtspunkten unterliegen sollte wie die Bekleidung dessen, der am Altar dient."[47] Die Angst der Gemeinde vor Romanisierung und die Fragwürdigkeit der gegenwärtigen Tradition müßten allerdings zum Gegenstand innergemeindlicher Gespräche gemacht werden. Die Praxis würde dann schnell zeigen, daß die Gemeinde die österliche Freude, die sich in den liturgischen Gewändern ausdrückt, als Bereicherung des Gottesdienstes aufnehmen wird.

Die von LOTZ genannten Argumente machen die von ihm als defizitär eingeschätzte Situation der evangelischen Liturgik im Zeitalter von Dialektischer Theologie und Entmythologisierung deutlich. Die Wiedergewinnung der liturgischen Gewänder, gegen die es keine theologischen Gründe gibt, bedeutet für ihn eine Bereicherung des Gottesdienstes. Allerdings läuft sie in ihrer nicht genügend reflektierten Fixierung auf den, der am Altar dient, Gefahr, die *de facto* vorhandene Hierarchie zwischen Pfarrer und Laien zu zementieren.

1954 weist Karl Ferdinand MÜLLER in einem Vortrag darauf hin, daß das liturgische Gewand den Liturgen verhüllen, ihn entpersonifizieren und objektivieren soll. Verhüllt werden soll das Menschliche und herausgestellt wird das Amtliche. Zugleich darf dabei aber nicht die Beziehung des liturgischen Gewandes zur Sphäre des Profanen außer Acht gelassen werden. Der Liturg, und das muß auch im liturgischen Gewand zum Ausdruck kommen, gehört mit der Gemeinde auf ein und dieselbe Ebene.[48] Daß der schwarze Talar kein liturgisches Idealgewand ist, liegt für ihn nicht auf der ästhetischen, stilistischen, historischen, ökumenischen, praktischen oder profanen Ebene, sondern einzig auf der emotionalen Ebene: Schwarz trägt der im eucharistischen Geschehen verkündeten christlichen Freude nicht in angemessener Weise zeichenhaft Rechnung.[49] Mit der schlichten Empfehlung, das Superpelliceum über dem Talar zu tragen, geht er einen Schritt in die von LOTZ vorgegebene Richtung.

Die liturgischen und ausstattungstechnischen Richtlinien und Hinweise die für die 50er Jahre von Bedeutung gewesen sein dürften[50], lassen Aussagen zur liturgischen Gewandung vermissen. Es darf vermutet werden, daß hierfür der dominierende geistige Einfluß, den KOCH auf beide Veröffentlichungen ausübte, verantwortlich ist.

Friedrich BUCHHOLZ[51] macht 1962 wieder auf das Problem der Amtstracht aufmerksam, mit der es am Ende sei. Schwarz ist nicht Reformation, sondern Aufklärung, und die wollte doch Weiß sein, und vom Schnittmuster her ist der Talar ein Produkt des preußischen Biedermeier, heißt es bei ihm. Deswegen müsse man sich erstens um eine nicht-schwarze Gewandung bemühen, zweitens das gottesdienstliche Kostüm zu entwerfen denen überlassen, die davon etwas verstehen - und das sind nicht die Synoden, sondern die Paramentikwerkstätten und die *Haute Couture*, und wenn man deswegen bis nach Paris fahren müßte! - und drittens müssen alle, die im Gottesdienst etwas zu tun bekommen ein ansprechendes Gewand erhalten! Der Stein ist wieder losgetreten.

Herwig HERR[52] nimmt das Thema 1965 erneut auf[53] und spricht scharf vom negativen Symbol, das der Talar ist. Um des reformatorischen Anliegens willen, keine neue Kirche zu gründen, sondern die Katholizität der *una sancta*, gereinigt von Fehlentwicklungen, zu bewahren, müsse man sich von der schwarzen Nicht-Farbe, die man sich unverständlicherweise habe aufdrängen lassen, wegkommen. Ziel ist für ihn nicht in erster Linie die Wiedereinführung von Alba, Stola und Kasel - dies könne man getrost der Zukunft überlassen - Ziel ist die Wiedergewinnung der weißen Farbe für die gottesdienstlichen Kleider. Als Chorhemd über dem schwarzen Talar getragen, macht sie im Zusammenhang mit diesem das deutlich, was K. F. MÜLLER zehn Jahre zuvor gefordert hat: Die liturgische Gewandung soll sowohl den dem Tode verfallenden Menschen, als auch zugleich den Menschen zeigen, der von Gott aus Gnaden gewürdigt wird. Die Stola, auf die auch HERR nicht verzichten will, ist nicht nur das Verbindungsstück zu den übrigen textilen Paramenten hinsichtlich der Farben des Kirchenjahres, sondern sie ist auch Abzeichen des ordinierten Pfarrers bzw. in entsprechender Tragweise des Diakons. In der Reihenfolge der Einführung spricht auch er sich für die von LOTZ empfohlene Variante aus: Gemeindeunterricht, Stola über schwarzem Talar, der allerdings mit Beffchen als dem letztem Stück Weiß zu tragen ist, und schließlich Chorhemd (Superpelliceum). Das sollte sich denn aber schon in der Form von denen der "Römer" unterscheiden! Auch HERR nimmt bei seinen Überlegungen billigend in Kauf, daß der Gedanke des Priestertums aller Gläubigen, will sagen die Aufhebung der Hierarchie, nicht wirklich überzeugend bekleidungstechnisch und damit sinnenfällig "ausgesagt" wird. Zwar wird Gottes Botschaft nicht nur durch das Ohr aufgenommen, was das Auge aber aufnimmt, ist die nach wie vor exponierte Stellung des "ordinierten Amtsträgers".

Im selben Jahr veröffentlichte die LUTHERISCHE LITURGISCHE KONFERENZ DEUTSCHLANDS [54] Richtlinien, die auch etwas zur "Kleidung" sagen; denn die Kleidung ist wegen Mt 22, 12 nicht belanglos aber auch nicht überzubewerten. Sie sei ordentlich und sauber. Unter dem Talar ist ein schwarzer Anzug zu tragen. Die Schuhe wie auch die Strümpfe haben schwarz zu sein. Unter dem Beffchen ist ein weißer Kragen zu tragen. Das Barett ist im Freien zu tragen. Die Lektoren tragen (in manchen Gemeinden) einen schwarzen Chormantel, ebenso die Küster und Chorsänger. In einer Fußnote wird konzediert, daß die heute übliche gottesdienstliche "Kleidung mancher Kritik unterliegt und ihr Weitergebrauch bis an das Ende der Tage durch nichts begründet werden kann"[55], daß aber die Änderung bzw. Neueinführung gottesdienstlicher Kleidung Sache der Kirchenleitungen ist, weshalb auch davon Abstand zu nehmen ist, deren Überlegungen und Bemühungen durch ungeordnetes Experimentieren zu stören![56] Daß das Papier auch die gottesdienstliche Kleidung (von liturgischer Gewandung ist nicht die Rede) von Nicht-Ordinierten (um nicht Laien zu sagen) erwähnt, ist hervorzuheben.[57] Allerdings ist die Begründung, die für deren Gebrauch angegeben wird, ein wenig knapp geraten. Was soll aber dadurch, daß ein kirchlicher "Unifomkomplex" in Abrede gestellt wird, theologisch ausgesagt werden? Ist es nicht so, daß sich gerade durch die Uniformität der liturgischen Kleidung der mit ihr bekleidete Mensch aus seiner Rolle als Privatperson für einen Moment zurückziehen kann, um sich ganz in den Dienst der Sache zu stellen und ihr Ausdruck zu verleihen? Im liturgischen Gewand tritt die Person hinter sich zurück. Daß man dadurch aller privaten Kleidersorgen enthoben ist, ist ja nicht falsch, aber doch auch nicht das wesentliche der liturgischen Kleidung. Wichtiger ist da schon die mit einem "außerdem" eingeleitete zweite Begründung: kircheneigene gottesdienstliche Gewänder lassen in der Tat ihre jeweiligen TrägerInnen noch deutlicher hinter sich selbst zurücktreten. Das in aller Kleidung liegende Moment der Distinktion ist dadurch - zumindest was sich im Blick auf den privaten Geldbeutel gestalten ließe - von vornherein gebannt. Die Distinktion erfolgt nur noch über die unterschiedlichen Gewandtypen, nicht aber über die unterschiedliche Qualität des Stoffes innerhalb eines Gewandtypes.

In brillanter Weise plädiert Christian VASTERLING[58] nur ein Jahr später für die Wiederaufnahme des altkirchlichen Ornats, d. h. Albe, Stola, Kasel, für die Feier des Sakramentsgottesdienstes, in dem das geistliche Amt als Stiftung Christi die Person Christi repräsentiert und die anderen im Gottesdienst aktiv Mitwirkenden (Diakone, Lektoren) repräsentieren die Jünger bzw. (Sänger) die Schar der Engel. Von *analogia entis* könne bei einer solchen Auslegung nicht die Rede sein, viel eher von *analogia fidei* und damit von Kerygmatischem und nicht von Ontologischem. Auch den Vorwurf der *theologia gloriae* will er mit dem Hinweis auf die *theologia resurrectionis*, die die *theologia crucis* einschließt, nicht gelten lassen, wie er schließlich auch den *Adiaphoron*-Begriff dahingehend interpretiert, daß es sich letztlich bei der Gewandfrage um eine Entscheidung der Sachgemäßheit und Angemessenheit handelt. Die Wiedereinführung des altkirchlichen Ornats für die Feier des Altarsakraments geht für VASTERLING nicht auf dem Wege der Verordnung, sondern nur auf dem der Erweckung und des Kirchenkampfes. Dabei ist er auch nicht bereit, Kompromisse einzugehen, die auf eine allmähliche Veränderung abzielen: Also nicht: erst schwarzer Talar mit Stola, dann darüber weißes Superpelliceum[59] und dann nach einer Zeit der Erprobung, die ja auch wieder eine Zeit der Gewöhnung ist, Albe, Stola und Kasel. Möglich ist für ihn jedoch der weiße Talar (Albe) mit Stola, dem dann sozusagen nur noch die Kasel hinzuzufügen wäre.[60] Ökumenische Aufgeschlossenheit und christliche Freiheit der evangelischen Kirche würden durch die Wiedergewinnung liturgischer Gewandung deutlich gemacht werden.

Mit Christian RIETSCHEL endet im Jahre 1968 für nahezu ein Jahrzehnt die Diskussion um die liturgischen Gewänder. Daß auch er liturgische Gewänder befürwortet, kann eingedenk der Worte von VASTERLING eher ein Euphemismus genannt werden. Unter liturgischen Gewändern versteht RIETSCHEL die Stola und das Superpelliceum, das er Albe nennt. Doch will er der Gemeinde nicht all zuviel an Veränderung zumuten, weil doch gerade die äußeren Dinge stark ins Auge fallen und man an "das gewohnte Bild und die gute Ordnung (wird) anknüpfen müssen, die sich eingebürgert und auch bewährt hat."[61] Deshalb stünde den Gemeinden auch ein instruktiver (Instruktion = Anleitung, Vorschrift, Richtschnur!) Bildstreifen als Hilfe (sic!) zur Verfügung. Bei Sakramentsfeiern z. B. könne man über dem Talar das Chorhemd tragen oder die Stola oder beides. Der Chormantel - natürlich in Schwarz - ist für ihn das liturgische Gewand aller nichtordinierten Helfer im Gottesdienst, wobei das seiner Meinung nach Schöne an dem schwarzem Kleid mit in liturgischer Farbe gehaltenem Kragen, in das gewandet die Kurrende im Chor Aufstellung nehmen soll, offenbar darin zu suchen ist, daß es sich im Einklang mit der Schönheit des schwarzen Talars mit farbiger Stola befindet.[62] Die "black is beautiful-Gesinnung" des Künstlers, Theologen und damaligen Leiters des Kunstdienstes Dresden läßt wenig Mut zum (künstlerischen) Experiment, dafür umso mehr Respekt vor der Tradition (und deren Hütern) erkennen.

Die Jahre nach 1968, wenngleich sie u. a. in provokanter Frontstellung gerade mit dem tausendjährigen Muff unter dem (Universitäts-)Talar - und damit vielleicht auch gleich mit demselben als Kleidungsstück - abrechnen wollten, waren innerkirchlich nicht die Zeit der Rückbesinnung auf eine liturgische Gewandung. Der Talar als Insignie der staatlichen Macht ist nur zeitweilig zugunsten von Straßenanzug oder Jeans "an den Haken" gehängt worden. Zu einer "Reformation im Kleiderschrank"[63] führte dies nicht.

1978 findet sich ein erstaunlicher Artikel in der Zeitschrift "Kirche und Kunst". Klaus RASCHZOK[64] berichtet darin von einer Gastvorlesung, gehalten von Dr. Reinhold KRAUSE in Erlangen, der dort als Mitglied des Liturgischen Ausschusses der Evangelischen Kirche in der DDR (sic!) den schwarzen Talar weitgehend für liturgisch geeignet erklärte, nur eben nicht in dieser Farbe! Ein cremefarbenes Weiß, das durch eine rote Komponente noch verstärkt werden könne, sei vorzuziehen, weil es auf den Menschen positiv wirke. Im Übrigen komme der Talar jedem zu, "der im Gottesdienst wirkt, er hänge nicht von der Ordination ab. Unterschiede bei den Talaren ... dürfen lediglich auf geschlechtsspezifischen Eigenarten beruhen, die Pfarrerin müsse sich in ihrer Amtstracht vom Pfarrer unterscheiden. Die Kirchenbesucher müssen auch rein optisch erkennen, mit wem sie es im Gottesdienst zu tun haben - mit einer Frau oder einem Mann."[65] Erstaunlich ist dieser Artikel insofern, als er von Erstaunlichem berichtet! Erstens: Ein Mitglied des Liturgischen Ausschusses bedauert, daß es keine Fürsprecher für den schwarzen Talar gibt, dessen wichtigstes Kennzeichen, nämlich die Schwärze, er dann allerdings als negativen Wirkfaktor vom Talar verbannen möchte. Es fragt sich, was dann noch vom Talar noch bleibt, denn "Körperfehler retuschieren" kann man auch mit anderen Bekleidungstücken, die zugleich pflegeleicht sein und sommers wie winters getragen werden können? Zweitens: Ein Mitglied des Liturgischen Ausschusses bringt die Stola lediglich als eine "rote Komponente" in die Diskussion um das gottesdienstlich Kleid ein, ohne daß auch nur ein Sterbenswörtchen über die damit einhergehende Symbolik gesagt wird. Oder sollte uns dies der Verfasser des Berichtes verschwiegen haben? Drittens: Offenbar hat die in den 70er Jahren erstarkende Frauenbewegung auch bei einem Mitglied des Liturgischen Ausschusses Frucht gebracht, wenn er einen geschlechtsspezifischen Talar fordert. Warum aber, so fragt sich, ist es für den Gottesdienstbesucher wichtig, daß er oder sie wissen, ob sie es mit Mann oder Frau zu tun haben? Wenn schon geschlechtsspezifische liturgische Kleidung, dann doch wohl nicht auf dem Wege der Feminisierung des männlichen Talars, womöglich durch Annähen der Knöpfe auf der linken Seite bzw. die Verwendung eines vorgeblich weiblich wirkenden weißen Kragens statt der, wie Wilhelm LÖHE so trefflich sagt, "zwei Läppchen, von denen im Grunde kein Mensch weiß, was sie sollen und wollen".[66] Alles in allem, so wird man bedauernd feststellen müssen, kein großer Schritt nach vorn, gemessen an dem, was zu dem Thema bereits gesagt wurde.

Erfrischend der Beitrag von Hans WEISSGERBER[67] in den Lutherischen Monatsheften, der den Entschluß der Synode der Rheinischen Kirche, daß neben dem schwarzen Talar auch hellere liturgische Kleidung getragen werden dürfe, begrüßt. Er stellt die "Geistlichkeit" des Talares, der keiner innerkirchlichen Willensbildung entstammt, in Frage und sieht im helleren Gewand die für die fröhliche Feier, die der Gottesdienst sein soll, angemessenere Kleidung. Nebendinge sind nicht nebensächlich, und es bestehen Zusammenhänge zwischen Inhalt und Form, was heißt - und das lehrt die liturgische Bewegung - daß die Form nicht als nebensächlich beiseite geschoben werden darf. So richtig diese Anmerkungen auch sind, in einem Punkt gerät seine Argumentation ins Wanken: Gerade der Hinweis auf die ökumenische Vielfalt der liturgischen Gewänder und der Blick auf die Aussagen von CA VIII widersprechen der weiteren Benutzung des schwarzen Talars nicht, ja sie könnten sogar für ihn ins Feld geführt werden! Allerdings wird man die

Isolation, in die das deutsche Luthertum innerhalb des Weltluthertums hinsichtlich seines gottesdienstlichen Gewandes gerät, dann auch aushalten müssen.
Diesen Gedanken macht Joachim STALMANN[68] deutlich, der auf Grund einer stattgehabten Umfrage in der Hannoverschen Landeskirche zu dem Ergebnis kommt, daß die weiße Tunika mit Cingulum und - für den Abendmahlsliturgen - die Stola in den Kirchenjahresfarben neben dem schwarzen Talar (den er nicht für zeitlos gültig erklärt) durch die Landeskirche freizugeben sei. Mehr aber auch nicht. Auf die Kasel möge dann doch verzichtet werden, weil dadurch der Abstand zu den "Hochkirchlichen" aufgegeben würde, eine Entscheidung, die die Gemeinden in absehbarer Zeit wohl nicht mittrügen.
Wohl um diese Ansicht zu unterstützen, veröffentlicht dasselbe Heft einen Erfahrungsbericht von Heinz FISCHER[69], der darin besonderer Weise auf das Priestertum aller Gläubigen abhebt, das sich auch in der gottesdienstlichen Kleidung ausdrückt. Die Albe, die von Menschen jeden Alters und beiderlei Geschlechts über der Alltagskleidung getragen werden kann, wenn sie im Gottesdienst als LektorInnen, PrädikantInnen oder im Zusammenhang mit dem Austeilen von Brot und Wein amtieren, vermittelt ungewohnte Verbindlichkeit mit größerer Sicherheit in der Ausführung des Amtes. Besonderes Amt und allgemeines Priesteramt wirken - sinnenfällig sichtbar durch das gleiche Grundgewand - zusammen *"vice et loco Christi"*. Die praktischen Hinweise, man könne sich die liturgische Gewandung einfach selber nähen und mit von Kindern gestickten Ornamenten und Symbolen versehen, ist vom Gemeindeaufbau her sicher ein interesssanter Gedanke. Es bleibt jedoch zu befürchten, daß derartige *ad hoc*-Produkte nach kurzer Zeit nicht mehr gefallen, jedoch mit Rücksicht auf die Herstellerinnen und Hersteller auch nicht einfach abgeschafft werden können. Evangelische Schlichtheit, die vom Autor zu Recht angemahnt wird, darf nicht auf dem Altar der Infantilität geopfert werden. Auch das schlichte Gewand sollte dem Grundanspruch an das hochzeitliche Kleid gerecht werden und nicht letzten Endes im nur Gutgemeinten verbleiben.
Inmitten der Stimmen, die sich mit dem schwarzen Talar auseinandersetzen, findet sich bislang keine, die sich für ihn einsetzt. Zehn Jahre nach der o. g. Vorlesung von Reinhold KRAUSE[70] ist es Friedemann MERKEL[71], der sich dazu angesichts der Unzufriedenheit "vieler Pfarrer und (vielleicht) auch Gemeinden mit dem schwarzen Pfarrertalar mit weißem Beffchen" anschickt, denselben zu verteidigen, obwohl dies hierzulande weniger nottut, als das Bei-

bringen überzeugender Argumente für die helle Amtskleidung.[72] MERKEL ist nämlich der Ansicht, daß LOTZ mit seiner Schrift "Das hochzeitliche Kleid" "die evangelische Kirche langsam zum weißen Gewand umziehen möchte - ein bedenkliches und zweifelhaftes Vorhaben, das offenbar jetzt 'den Marsch durch die kirchlichen Institutionen' angetreten hat."[73] MERKEL konstatiert nach seiner (knappen) Analyse der historischen, theologischen, ästhetischen und farbpsychologischen Gründe, die für die hellere Amtstracht sprechen, daß keiner von ihnen geeignet sei, ihre Einführung zu begründen: Historisch gehen beide auf profane Kleidung zurück; theologisch läßt sich das helle Gewand nicht als Anweisung für eine gottesdienstliche Kleidung interpretieren; ästhetisch endet das Urteil im Patt; farbpsychologisch steht das Schwarz nicht von vornherein für Trauer, vielmehr kommt es dem überpersönlichen Charakter des Amtes entgegen, so daß der Amtsträger hinter der Sache, für die er einsteht, zurücktritt, und das ökumenische Argument wird schließlich mit der Feststellung "Andere Länder, andere Sitten!"[74] *ad acta* gelegt. Da nun alle diese Dinge nicht zwingend gegen den schwarzen Talar sprechen, er andererseits als das Erkennungsmerkmal des deutschen evangelischen Pfarrers gilt, läßt sich nur für seine kompromißlose Beibehaltung eintreten. Aus diesem Grunde sind für MERKEL die landessynodalen Beschlüsse, die die Erprobung einer helleren Amtstracht ermöglichen, nichts anderes, als eine Verlegenheitslösung. Die mehr und mehr *contra legem* gebrauchten helleren Gewänder verbieten wollte man nicht und den schwarzen Talar abzuschaffen, traute man sich nicht. Was bleibt, ist das Erprobungsstadium, und es fragt sich, wer unter welchen Kriterien über den Ausgang der Probe entscheiden wird? In einem letzten Teil äußert MERKEL sich dann auch unmißverständlich zur Stola, die in der auch hier besprochenen Literatur immer wieder als Teil der neu wiederzugewinnenden evangelischen liturgischen Gewandung erwähnt wird; entweder verstanden als liturgisches Abzeichen, das den ordinierten Diener am Wort oder den Abendmahlsliturgen kennzeichnet, oder einfach als Möglichkeit, die liturgische Farbe an das helle gottesdienstliche Gewand zu bringen. MERKEL verweist darauf, daß die Stola Amtsinsignie und nicht schmückendes Stofftuch nach Art einer passend ausgewählten Krawatte ist. Deshalb kann die Stola nicht Teil der evangelischen Amtstracht sein![75]

Es ist anzunehmen, daß MERKEL einen nicht unbeachtlichen Teil der *vox populi* vertritt, die von Veränderung nichts wissen will, weil es dafür ihrer Meinung nach keinen Handlungsbedarf gibt. Der schwarze Talar steht für ihn für "Volkskirche", alles andere ist der esoterische Bereich.[76] So bedenkenswert die Gedanken MERKELS im einzelnen auch sind, so fragwürdig (im doppelten Sinne des Wortes) sind die Konsequenzen, die er daraus zieht nicht nur im Hinblick auf die Gestaltung des Gottesdienstes, sondern auch im Hinblick auf die dahinter stehende Theologie des Amtes. (Acht Jahre nach MERKELS Aufsatz verneint auch Michael LÖFFLER[77] mit Argumenten, die stark auf den Gedanken von MERKEL fußen, die Frage des Gebrauchs der Stola als Teil der evangelischen Amtstracht. Aber auch bei ihm fragt es sich, ob das volltönende Verdikt, die Stola unterscheide als liturgisches Distinktivum die ordinierten Person von der nicht-ordinierten Person, nicht letztlich auch auf den Talar zutrifft? Was ist denn der Talar anderes, wenn nicht ein liturgisches Distinktivum. Welcher Laie würde sich seiner bedienen, wenn sie oder er predigt, was ja gelegentlich vorkommt. Stünde ihr oder ihm dann nicht auch der Talar als Zeichen der als Zeichen einer "Ordination auf Zeit" zu?)

Mit Gerd HINRICHS[78] ergreift wieder ein Praktiker das Wort für die "weiße Mantelalbe"[79] und die Stola. Es ist erstaunlich, wie ein Theologe, der geschäftsführender Vorsitzender einer Paramentenwerkstatt ist, die Frage der liturgischen Gewandung zur Geschmacksfrage erklärt. Im Abendmahlsgottesdienst in Albe mit farbiger Stola, weil es gut aussieht? Aber warum trägt der "Amtsbruder"[80] - die Amtsschwester kommt wohl nicht in Frage? - beim Mithalten[81] des Gottesdienstes den schwarzen Talar mit weißem Beffchen? Des geschmacklichen Ausgleichs wegen? Warum darf sich die Gemeinde beim Predigtgottesdienst ohne Abendmahl nicht auch am hellen Gewand ihres Predigers (oder ihrer Predigerin!) erfreuen, sondern muß nun mit einem dritten, der schwarzen "Albe" mit Stola nämlich, zufrieden sein? Ist das Wort Gottes, das im Zusammenhang mit der Feier des Altarsakraments gesprochen wird, von dem Wort Gottes, das von Kanzel oder Pult verkündet wird, zu unterscheiden, da es bei beiden Gelegenheiten in unterschiedlichen Gewändern verkündigt wird? Wird die Predigt eventuell dadurch würdiger, oder wirkt sie gelehrter, wenn sie im schwarzen Kleid des Akademikers, dem mit der farbigen Stola[82] ein wenig Chic verliehen wird, daherkommt? Bei Taufen verzichtet er auf das Tragen des Westerhemdes, um die Gemeinde nicht zu verwirren, denn sie hätte es dann mit einem vierten liturgischen Gewand zu tun, und auch die Kasel will er der Gemeinde nicht zumuten, weil es dann doch zu hochkirchlich - und vermutlich vollends verwirrend - werden würde. Der Hinweis, daß die Kasel durch die reich gestickten Altarparamente ersetzt wurde, die es in der römisch-katholischen Kirche nicht gibt, ist denn wohl eher eine Verlegenheitsantwort als eine fundierte theologische Stellungnahme zur Frage des Gebrauchs bzw. Nicht-Gebrauchs der Kasel. Die relativ junge Verdrängung des Messgewandes vom Altar in der evangelischen Kirche[83] hatte keineswegs die Konzentration auf das Altarparament als dem einzigen übriggebliebenen geistlich textilen Stück Stoff zur Folge. Friedrich Wilhelm III. hätte auch dieses am liebsten im selben Schwarz gesehen wie die übrigen liturgischen Textilien.[84] Die Befürwortung von Albe und Stola bleibt auf der Ebene des Geschmacks begründet, doch darf man von einem mit der Materie von Amts wegen befaßten Theologen nicht doch etwas mehr erwarten als Geschmacksansichten?

Dietrich STOLLBERG optiert in seinem Aufsatz für die farbigen Stolen, die "als in der Ökumene übliches Zeichen der Ordination auf jeden Fall über dem schwarzen Talar getragen werden"[85] sollte. Darüber hinaus ist auch er trotz einer deutlich konservativen Grundhaltung, der Verwendung von Alben (er nennt sie "weiße Talare", ein kostümkundlich mißverständlicher Begriff!) mit bunter Stola nicht abgeneigt, auch wenn er den schwarzen Talar in gelegentlicher Kombination mit dem weißen Chorhemd (Superpelliceum) als Regelfall liturgischer Amtsracht beizubehalten wünscht. Ja sogar der Verwendung der Kasel an Festtagen setzt er nichts entgegen. Angst vor "Rom", die auf Abgrenzung hinaus läuft, weist er zurück. Zumindest *in liturgicis* sei sie nicht notwendig, eher schon in Fragen der Amtstheologie und des kirchliches Führungsstils. Nicht länger sollten wir uns als evangelische Kirche "Rationalismus, Mangel an Symbolverständnis und liturgische Respektlosigkeit gegenüber dem Geheimnis des Glaubens nachsagen lassen. *Ästhetik und Stilgefühl müssen wieder zentrale Kategorien evangelisch-theologischer Wahrnehmung werden.*"[86]

Das von STOLLBERG Geforderte weist in die Richtung, in die in den 90er Jahren vermehrt gedacht wurde: Die Zeitschirften "das Münster" (2/79), "Kirche und Kunst" (1/91) und "Kunst und Kirche" (4/92) befaßten sich auf je eigene Art mit dem Thema "Textilien". Die dabei geäußerten Ansichten gingen deutlich in Richtung Wiedergewinnung des Wissens um die Dimension des Textilen in Theologie, Soziologie und Ästhetik.

Anfang der 90er Jahre schreibt der katholische Theologe Albrecht GERHARDS eine Besinnung auf die Kleidung im Gottesdienst.[87] In ihr spricht er davon, daß die weißen Gewänder die einzig tragfähige Grundlage für liturgische Gewandung allgemein sind. Mit ihnen wird nicht das Unterscheidende zwischen Priestern und Laien zum Ausdruck gebracht, sondern das Verbindende. Alle Getauften haben Christus als Gewand angelegt (Gal 3, 27). Das Taufkleid ist das weiße Gewand und damit Ausdruck des neuen Lebens, das grundsätzlich zum liturgischen Tun befähigt. Der besondere Dienst des Priesters ist dem nachgeordnet. Insofern sind auch die liturgischen Insignien zweitrangig. Nicht über die Christuspräsenz in einigen, sondern über die Christusförmigkeit aller, wie sie textil ausgedrückt werden kann, muß nachgedacht werden, denn der Priester ist nicht Christusrepräsentant und auch nicht Stellvertreter der Gemeinde[88] sondern der Leiter der Gemeinde, mit der er sich gemeinsam auf dem Weg, dem Herrn entgegen, befindet. GERHARDS Vorschläge für die Überlegungen zur Gestaltung liturgischer Gewänder, sind deshalb folgende:

Ausgehend von den traditionellen Gewändern sollten Gewandformen gefunden werden, die in erster Linie Kleidung und nicht Insignie sind. Besonders die Stola gilt es hierbei zu bedenken. Ihr Schmuckcharakter, den sie sozusagen zusätzlich hat, ist dabei in seiner Bedeutung nicht gering einzuschätzen. Nach wie vor wichtig aber bleibt bei diesen Überlegungen, daß sich die besonderen Dienste und Weihegrade voneinander unterscheiden, ohne sich dabei allzu demonstrativ in den Vordergrund zu spielen. Eventuell lassen sich Gewandformen finden, die von der jeweiligen Funktion her entworfen sind, und allein durch ihren Schnitt ihre TrägerInnen spezifisch kennzeichnen.

Die zweite Überlegung geht vom Festcharakter der Liturgie aus, die als gemeinschaftlicher Vollzug auch eine Gemeinsamkeit im Ausdruck der Kleidung erfordert. Die Verwendung von Trachten bzw. des sogenannten "Sonntagsstaats" brachten diesen gemeinsamen Ausdruck noch zustande. Der heutige Kleidungspluralismus scheint dem eher entgegenzustehen. Es ist die Frage, ob es eine profane Festkleidung gibt, die form- und stilbildend für die gottesdienstliche Kleidung wirken kann? In zweiter Linie ist auch hier eine Differenzierung nach besonderen Funktionen und Diensten denkbar. Von der klassischen Gewandform wird dabei abstrahiert.

Diese Überlegungen eines katholischen Liturgiewissenschaftlers sind wichtig, weil sie deutlich machen, daß sich auch die katholische Kirche in der Frage der liturgischen Gewänder auf dem Wege befindet.[89] Daß dabei der Punkt der amtstheologisch sanktionierten und am Gewand ablesbaren Trennung der Kleriker von den Laien als ein Problem aufgefaßt wird, das offensiv angegangen werden muß, will man nicht in Fragen der Kleidung hinter den Erkenntnissen der Theologie zurückbleiben, ist erfreulich.[90] Der Angst der Protestanten, per Gewand rekatholisiert zu werden, wird damit die Spitze genommen. In dem Bemühen katholischer Liturgiker, die Schranke zwischen Laien und Kleriker wenn nicht ganz, so doch in gewisser Hinsicht aufzuheben, wird im Ansatz etwas von dem sichtbar, was auch evangelischerseits gesagt wird: Alle sind zum liturgischen Tun geeignet, wenn sie getauft sind, aber nicht alle werden dazu in spezieller Weise ordiniert.[91] Und dies gilt es - evangelisch wie katholisch gesehen - auch nach außenhin sichtbar werden zu lassen.[92]

1992 erscheint in der Zeitschrift "Pastoraltheologie" ein Beitrag von Christian TRAPPE[93], der sich unter theologischer, liturgischer und psychologischer Fragestellung einer aktuellen randständigen Frage zuwendet. TRAPPE zitiert HERLYN und LUTHER[94] und macht unmißverständlich deutlich, was es mit dem *adiaphoron*[95] auf sich hat. Im Blick auf das gottesdienstliche Handeln des Menschen kann im Lichte der Rechtfertigung und von dieser her (und nicht etwa auf sie zu!) gesagt werden, daß *coram Deo* alles *adiaphoron* ist, weil alles erlaubt ist (1Kor 6,12; 10,23) und daß zugleich nichts *adiaphoron* ist, weil alles heilsam und aufbauend ist. In der Frage der Gottesdienstgestaltung ist die Frage nach dem Gebotenen bzw. dem Verbotenen bzw. dem Gleichgültigen eine Frage, die unweigerlich in die Fänge des Gesetzes führt. Von dort ist der Weg in die Selbstrechtfertigung nicht weit. Gottesdienstliche Gestaltung unter der Gnade fragt nach dem, was möglich ist, nicht nach dem, was geboten ist. Damit ist die ethische Rechtfertigung gottesdienstlichen Gestaltens und Handelns vom Tisch. Das Kriterium, dem der christliche Gottesdienst verpflichtet ist, ist nicht eine erfüllte Gebotsliste und auch nicht eine gestalterische Beliebigkeit, sondern die Frage, ob er "Christum treibet" bzw. ob Christus ihn treibt. Durch die Relationalität zwischen Subjekt (Gemeinde, LiturgIn) und Objekt (Christus) innerhalb des Gottesdienstes[96] wird der Gottesdienst zu einem transzendierenden Geschehen.
Für die Gewandungsfrage folgt daraus, daß sie "Christum treiben" muß bzw. von Christus getrieben wird. Möglich sind die Gewänder in der Freiheit der Gnade allemal. Für Luther sind sie durchaus in der Lage "ein kindlich Bild christlicher Lehre und Lebens"[97] zu sein.
Daß Kleidung eine Verkündigungsrelevanz hat, steht für TRAPPE fest, daß sie von daher verantwortet werden muß, folgt notwendig daraus. Inwiefern sie im Kommunikationsgeschehen brauchbar ist, ist theologisch jedoch nicht zu entscheiden.[98] Er stellt deshalb die Kleidung als menschliches Ausdrucksmittel dar, das auch im Gottesdienst genutzt wird, indem er sich an den Ergebnissen kleiderpsychologischer Studien orientiert.[99] Die Verkündigungsrelevanz der Kleidung ist an drei Rollen der Pfarrerin und des Pfarrers

geknüpft: an die Rolle als Gottesdarsteller/Gottesdarstellerin, an die Rolle als Mitmensch innerhalb der Gemeinde, als Repräsentant/Repräsentantin der Kirche.

Von der GottesdarstellerInnen-Rolle empfiehlt sich nicht in erster Linie der schwarze Talar, der einseitig auf das gesprochene Wort und gerade nicht auf das fleischgewordenen Wort orientiert. Er tut dies, indem er alle fleischliche Kontur faltenreich verbirgt und selbst die Falten im lichtabsorbierenden Schwarz, das kein Schattenspiel erkennen läßt, eliminiert. Einzig das Gesicht und die Hände ‚in sprachbegleitender Mimik und Gestik, bleiben erkennbar.[100] Gottesdarstellung ereignet sich in Form der Darstellung eines Gelehrten, der auch - der Talar macht's möglich - von einer Frau dargestellt werden kann. Auch die Pfarrerin trägt in der Regel das männliche[101] Gewand - mit einem Gran Weiblichkeit.

Gott als den Gott der Lehre im Bild des gelehrten schwarzgewandeten Predigers - und sei sie eine Predigerin - darzustellen, heißt einen Gott im Verzicht auf das Bild darzustellen. Mit Recht sagt TRAPPE, daß das Bilderverbot nicht durch den Bilderverzicht erfüllt wird. Der mitunter gefangennehmenden Macht der Bilder läßt sich dadurch entgegenwirken, daß sie in sich selbst relativierender Verschiedenartigkeit auftreten.[102] In der dialektischen Spannung von Schwarz und Weiß im Gewand der Predigerin oder des Predigers (worunter er wohl nicht das Schwarz des Talars in der Spannung zum Weiß des Beffchens versteht) spiegelt sich die Dialektik der Offenbarung von Kreuz und Auferstehung Christi wieder.[103] Die Liturgin und der Liturg als Mensch brauchen die Kleidung, weil die kultische Nacktheit (vgl. 2Sam 6, 14. 20-22) verborgen werden muß. Verbergen geschieht aber letztlich nur, um zu offenbaren.[104] Gottesdienstliche Gewandung kommt diesem kontradiktorischen Ziel dadurch nahe, daß sie die Liturgin oder den Liturgen als die oder den symbolischen Darstellerin und Darsteller des nackten Menschen vor Gott anschaulich macht. Die Schlichtheit des Gewandes ist Ausdruck der Nacktheit vor Gott. Damit wird zugleich dem Versuch der Amtsüberhöhung begegnet. Und dennoch ist sie dadurch nicht völlig in die Schranken gewiesen ist, da das Gewand - bei aller Schlichtheit - sich aus dem normalen Bekleidungskanon der anderen GottesdienstteilnehmerInnen als ein Gewand heraushebt, das die Amtsperson kenn- und auszeichnet.[105]

Mit der Orientierungshilfe "Liturgische Kleidung im Evangelischen Gottesdienst", 1991 in erster Auflage herausgegeben von der LUTHERISCHEN LITURGISCHEN KONFERENZ DEUTSCHLANDS[106], wird die 1965[107] eben gerade für nicht belanglos erklärte Kleiderfrage zu einem eigenständigen Topos. Die

LUTHERISCHE LITURGISCHE KONFERENZ DEUTSCHLANDS empfiehlt grundsätzlich die Albe als das liturgische Grundgewand[108]. Die Verwendung der Stola bringt "die liturgische Farbe wieder an die handelnde (ordinierte, Vf.) Person zurück"[109]. Kasel[110] bzw. Pluviale[111] zu tragen, soll ermöglicht werden.[112] Eingehende Sachgespräche mit der Gemeinde und eine Zeit der Erprobung sollten der Einführung der liturgischen Gewänder, die durch den Kirchenvorstand einvernehmlich mit der Kirchenleitung beschlossen werden muß, vorausgehen.

Mit der Orientierungshilfe wird versucht, einer Entwicklung Rechnung zu tragen, die als erneuerte Spiritualität definiert werden kann. Ihr kommt es darauf an, sich nicht allein mit sprachlichen Mitteln darzustellen, sondern sich auch anderer sinnenfälliger Ausdrucksmittel zu bedienen. "Die starke visuelle Prägung neuzeitlicher Kommunikationsvorgänge"[113] legen ein erneutes Nachdenken über die optische Gestaltung des Gottesdienstes als einer festlichen Versammlung der Gemeinde nahe. Daß in einer Kirche, die sich selbst den Anspruch *semper reformanda* zu sein auferlegt hat, theologische Entscheidungen - die nichts anderes als Vor-Entscheidungen sein müssen - im Lichte neuer Erkenntnisse und Erfahrungen geprüft und unter Umständen auch neu formuliert werden müssen, wird deutlich ausgesprochen. Daß dies nichts mit der Anpassung an den Markt, sondern viel mit dem Sehen, Hören und Fühlen hier und jetzt zu tun hat, in dem sich die Frohe Botschaft mitteilt, liegt auf der Hand.

Ob liturgische Gewandung ein *Adiaphoron* ist, ist eingedenk dessen, was HERLYN[114] zum Adiaphoron-Thema gesagt hat, allein Glaubensaussage und allenfalls dazu angetan "Ausdruck für ein bestimmtes Verhältnis der Person zur Sache" zu sein. In theologisch und seelsorgerlich verantworteter Freiheit wird es von Fall zu Fall zu unterschiedlichen Positionen kommen, so daß "schwarzer Talar" neben "schwarzer Talar mit Stola" und "Albe mit Stola und Kasel" auch in evangelischen Gottesdiensten zu sehen sein werden, ohne daß es zu Irritationen über die Rechtmäßigkeit des Bekenntnisses der jeweiligen Trägerinnen und Träger jener Gewänder kommt. Im Zweifelsfalle ist meine Option eindeutig: Weiß statt Schwarz! Damit ist nicht nur dem Festcharakter des Gottesdienstes durch die Verwendung festlicher statt feierlicher Gewänder Rechnung getragen, sonder damit kann auch - anders als dies beim schwarzen Talar möglich wäre, der als Standestracht eindeutig nur dem akademisch aus-gebildeten Theologen zuzustehen scheint - die Fülle der übrigen am und im gottesdienstlichen Geschehen beteiligten Personen "auf Zeit" bekleidet werden, denn das weiße Gewand ist nicht das Gewand eines besonderen Standes, sondern es ist das Kleid aller Getauften.[115] Wenn es im Gottesdienst getragen wird, von Lektorinnen und Lektoren, von Predigerinnen und Predigern, von Zelebrantinnen und Zelebranten am Altar oder am Taufstein, von Sängerinnen und Sängern im Chor, so stellt sich dadurch eine augenscheinliche Verbindlichkeit aller her - eine Verbindlichkeit durch die und in der Verbindung mit dem dreieinigen Gott, der sich uns in Jesus Christus in menschlicher Gestalt offenbart hat. Das weiße Grundgewand ist darüber hinaus geeignet, Zeichen neben und an sich aufzunehmen, die distinktive Funktion haben, und die somit die von der Gemeinde mit den verschiedenen Aufgaben innerhalb des Gottesdienstes Beauftragten kenntlich macht und dadurch auch voneinander abhebt. Daß die Pfarrerin oder der Pfarrer im gottesdienstlichen Zusammenhang nichts anderes sei, als ein ganz normales Gemeindeglied, ist eine pfarramtliche Selbsttäuschung. Diese Behauptung ist *coram Deo* gewiß richtig - *coram populum* stimmt sie nicht![116] Falls nicht auf das egalitäre Moment verzichtet werden soll, möge man besser das Bild vom *primus/prima inter pares* gebrauchen. Wenn aber nicht alle am Gottesdienst Beteiligten hinsichtlich ihrer Funktion gleich sind, was ja allein schon durch den privilegierten Gebrauch des Talars durch die ordinierte Amtsträgerin oder den ordinierten Amtsträger deutlich wird, dann spricht auch nichts gegen die Verwendung weiterer liturgischer Abzeichen, die auf ihre Weise unterschiedliche Funktionen und Funktionsträgerinnen und -träger innerhalb des Gottesdienstes kennzeichnen.

Literatur

BARTH, Karl, Das Wort Gottes als Aufgabe der Theologie, in: DERS., Das Wort Gottes und die Theologie, München 1925

BOHREN, Rudolf, Predigtlehre, (Einführung in die Theologie, Bd. 4), 4. Auflage, München 1980

BOURDIEU, Pierre, Die feinen Unterschiede. Kritik der gesellschaftlichen Urteilskraft, 2. Aufl., Frankfurt/Main 1982

BOVENSCHEN, Sylvia (Hrsg.), Die Listen der Mode, Frankfurt / Main 1986

BRAUN, Joseph, Die liturgischen Paramente in Gegenwart und Vergangenheit, Freiburg i. Br. 1924

BRAUN, Joseph, Die priesterlichen Gewänder des Abendlandes nach ihrer geschichtlichen Entwicklung, Freiburg i. Br. 1897

BRAUN, Joseph, Handbuch der Paramentik, Freiburg i. Br. 1912

BUCHHOLZ, Friedrich, Paramente als Zeugnis der Feier, in: Liturgie und Gemeinde, Gesammelte Aufsätze, München 1971 (=Theologische Bücherei, Band 45), S. 138-154

DIETZ, Otto, Unser Gottesdienst. ein Hilfsbuch zum Hauptgottesdienst nach der Agende I für evangelisch-lutherische Kirchen und Gemeinden, 2. Aufl.. München 1983

DREWS, Paul, Der evangelische Geistliche in der deutschen Vergangenheit, (Monographien zur deutschen Kulturgeschichte XII. Band, hrsg. von Georg Steinhausen), Jena 1905

ENGEMANN, Wilfried, Wie beerbt man die Dialektische Theologie. Kleine homiletische Studie, in: Gib mir ein Zeichen. Zur Bedeutung der Semiotik für theologische Praxis- und Denkmodelle (hrsg. von Wilfried Engemann und Rainer Volp, Berlin, New York 1992, S. 161-173

FISCHER, Heinz, Schwarz-Weiß, Erfahrungen und Erwägungen zur hellen Feierkleidung in einer Traditionsgemeinde, in: Für den Gottesdienst, hrsg. von der Arbeitsstelle für Gottesdienst und Kirchenmusik der Ev.-Luth. Landeskirche Hannovers in Verbindung mit der Liturgischen Konferenz Niedersachsens, Nr. 25 (1986) S. 9-16

FLUEGEL, J. C., The psychology of clothes,(The international psycho-analytical library, No. 18), London MCMXXX

FRIELING, Heinrich, Das Gesetz der Farbe, 2. Aufl., Göttingen - Zürich - Frankfurt 1978

FRIELING, Heinrich, Farbe im Raum, Angewandte Farbenpsychologie, 2. Aufl., München 1979

FRIELING, Heinrich, Mensch und Farbe, Wesen und Wirkung von Farben in allen menschlichen und zwischenmenschlichen Bereichen, Mit Farbtest zur eignen Persönlichkeitsbestimmung, Göttingen - Zürich 1981

GERHARDS, Albrecht, "Denn ihr alle habt Christus angelegt" und "... in weißen Gewändern", Eine Besinnung auf die Kleidung im Gottesdienst (1 und 2), in:

Gottesdienst, Information und Handreichung der Liturgischen Institute Deutschlands, Östereichs, und der Schweiz, 25 (1991), Nr. 13 und 17, S. 97-99 und 132f

GRAFF, Paul, Geschichte der Auflösung der alten gottesdienstlichen Formen in der evangelischen Kirche, Band 1, Bis zum Eintritt der Aufklärung und des Rationalismus, Göttingen 1937; Band 2, Die Zeit der Aufklärung und des Rationalismus, Göttingen 1939

GRETHLEIN, Christian, Abriß der Liturgik. Ein Studienbuch zur Gottesdienstgestaltung, Gütersloh 1989

HARTMANN, G., Die textfreie Themapredigt: notwendiges Pendant der Textpredigt, in: Pastoralblätter 105 (1965) S. 478ff

HERLYN, Okko, Theologie der Gottesdienstgestaltung, Neukirchen-Vluyn 1988

HERR, Herwig, Das gottesdienstliche Kleid, in: Kunst und Kirche, Vierteljahreszeitschrift für Kirchenbau und kirchliche Kunst, 30 (1967) S. 19-25

HERR, Herwig, Das gottesdienstliche Kleid: Negatives oder positives Symbol?, in: Nachrichten der Evangelisch-Lutherischen Kirche in Bayern 20 (1965) S. 151-153

HESS, Walter, Problem der Farbe in den Selbstzeugnissen moderner Maler, München 1953

HINRICHS, Gerd, Schwarzer Talar oder weiße Mantelalbe?, in: Für den Gottesdienst, hrsg. von der Arbeitsstelle für Gottesdienst und Kirchenmusik der Ev.-Luth. Landeskirche Hannovers in Verbindung mit der Liturgischen Konferenz Niedersachsens, Nr. 35 (1990) S. 24-28

HOFHANSL, ERNST, Art.: Gewänder, liturgische, in: Theologische Realenzyklopädie, Bd. 13, Berlin, New York 1984, S. 159-167

HÖRISCH, Jochen, Die Wut des Verstehens. Zur Kritik der Hermeneutik, Frankfurt/Main 1988

ITTEN, Johannes, Kunst der Farbe, Ravensburg 1962

JANNASCH, W., Art.: Amtstracht der Geistlichen, in: Religion in Geschichte und Gegenwart, 3. Aufl., Band 1, Tübingen 1957, Sp. 343-345

JEDIN, HUBERT, Kleine Konzilsgeschichte. Die zwanzig ökumenischen Konzilien im Rahmen der Kirchengeschichte, 4. Aufl., Freiburg i. Br. 1969

JORDAHN, Ottfried, Das Zeremoniale, in: Handbuch der Liturgik, Liturgiewissenschaft in Theologie und Praxis der Kirche, hrsg. von Hans-Christoph Schmidt-Lauber und Karl-Heinrich Bieritz, 2. korr. Aufl. , Göttingen 1995

JOSUTTIS, Manfred, Die Einführung in das Leben. Pastoraltheologie zwischen Phänomenologie und Spiritualität, Gütersloh 1996

JÜNGEL, Eberhard, Der evangelisch verstandene Gottesdienst, in: Wertlose Wahrheit. Zur Identität und Relevanz des christlichen Glaubens. Theologische Erörterungen III, (Beiträge zur evangelischen Theologie. Theologische Abhandlungen; Bd. 107), München 1990

KALB, Friedrich, Grundriß der Liturgik. Eine Einführung in die Geschichte, Grundsätze und Ordnungen des lutherischen Gottesdienstes, München 1965 , auch 2. Aufl. 1982

KIRCHE UND KUNST 69 (1991) 1

KOCH, Rudolf, Das Kirchengerät im evangelischen Gottesdienst, 3. erw. Auflage, Hamburg 1935

KUNST UND KIRCHE, Ökumenische Zeitschrift für Architektur und Kunst, Heft 4 / 92 (Themenheft "Textilien in der Kunst")

Kunst-Station "Sankt Peter Köln (hg.), CASULA. Gregory Amenoff, James Brown, Paolo D' Orazio, W. Gies, Clemens Kaletsch, Martha Kreutzer-Temming, Markus Lüpertz, Heinz Mack, Henri Matisse, Georg Meistermann, Josef Mikl, Hermann Nitsch, Arnulf Rainer, Gustav Tröger, Ulrich Wagner, Leo Zogmayer, Ausstellungskatalog, Köln, 1992

KUNZLER, Michael, Die Liturgie der Kirche, Paderborn 1995

KURZ, Paul Konrad, Von realer Gegenwart. Der Streit um Transzendenz in Literatur und Kunst, in: Stimmen der Zeit 118 (1993) 8, S. 547-559

LERLE, Ernst, Grundriß der empirischen Homiletik, Berlin 1975

LÖFFLER, Michael, Jahresarbeit für das 2. Probedienstjahr "Kann die Stola Teil evangelischer Amtstracht sein?", Typoskript, Heidelberg 26. 07. 1996

LÖHE, Wilhelm, Vom Schmuck der heiligen Orte, (hrsg. von Arnold Rickert), Kassel 1949

LORENZER, Alfred, Das Konzil der Buchmacher. Zur Zerstörung der Sinnlichkleit. Eine Religionskritik, Frankfurt am Main 1984

LOTZ, Walter, Das hochzeitliche Kleid, (Im Dienst der Kirche, Heft 6), Kassel 1949

LUTHER, Martin, Werke, Kritische Gesamtausgabe , Briefwechsel, Bd. 1-18, Weimar 1930ff (WABr)

LUTHER, Martin, Werke, Kritische Gesamtausgabe, Bd. 1-66, Weimar 1883ff. (WA)

LUTHERISCHE LITURGISCHE KONFERENZ DEUTSCHLANDS (Hr.), Liturgische Kleidung im Evangelischen Gottesdienst, 3. Auflage, Hannover 1993

LÜTZELER, Heinrich, Abstrakte Malerei, Gütersloh 1961

MAHRENHOLTZ, Christhard, Die liturgischen Gegenstände und Geräte des Kirchenraumes (Liturgische Richtlinien für die Ev.-luth. Landeskirche Hannover, Heft 39, 2. Aufl., Hannover 1951

MARSCH, Angelika, Bilder zur Augsburger Konfession und ihren Jubiläen, Weißenhorn 1980

MERKEL, Friedemann, Schwarz - oder heller? Zur Amtstracht evangelischer Pfarrer, in: Festschrift für Frieder Schulz, hrsg. von Heinrich Riehm, Heidelberg 1988, S. 219-227

MÜLLER, Karl Ferdinand, Das theologische, liturgische und künstlerische Problem der Paramentik in der Lehre vom Gottesdienst (Vortrag, gehalten während des Paramententages im Kloster St. Marienberg am 25.- 27. Juni 1954), in: Grundfragen evangelischer Paramentik, hrsg. von der Marienberger Vereinigung für evangelische Paramentik E. V., Kassel 1955, S.11-34 das Münster, Heft 2/79

OTTO, Gert, Predigt als Rede. Über die Wechselwirkung von Homiletik und Rhetorik, Stuttgart, Berlin, Köln, Mainz 1976

Paramente und Kultgeräte in der Liturgiereform. Die Paramentengruppe, Nr. 53, Oktober 1970, Hauszeitschrift des Paramentenhauses Joh. Bapt. Düster, Köln

PIEPKORN, Arthur Carl, Die liturgischenGewänder in der lutherischen Kirche seit 1555, Marburg 1965

RASCHZOK, Klaus, Schwarz geht nicht, in: Kirche und Kunst, hrsg. vom Verein für Christliche Kunst in der Evangelisch-Lutherischen Kirche Bayern, 56 (1978) S. 16

RICHARD, Birgit, Mit Workerhose und Bustier. Jugendmoden inszenieren ein gespaltenes Lebensgefühl, in: Evangelische Kommentare 7 / 98

Richtlinien für das Verhalten von Gemeinde und Pfarrern im Gottesdienst, Hrsg. von der LUTHERISCHEN LITURGISCHEN KONFERENZ DEUTSCHLANDS, Berlin und Hamburg 1965

RIEDEL, Ingrid, Farben. In Religion, Gesellschaft, Kunst und Psychotherapie, Stuttgart 1983

RIETSCHEL, Christian, Paramente und Geräte des evangelischen Gottesdienstes, Gütersloh 1968 (=Handbucücherei für Gemeindearbeit, Heft 43)

RIETSCHEL, Goerg / GRAFF, Paul, Lehrbuch der Liturgik, Bd. 1, Die Lehre vom Gottesdienst, 2. Aufl.., Göttingen 1951

RITTER, Karl Bernhard, Die eucharistische Feier. Die Liturgie der evangelischen Messe und des Predigtgottesdienstes, herausgegeben in Verbindung mit der Evangelischen Michaelsbruderschaft, Kassel 1961

ROTHERMUNDT, Jörg, Der heilige Geist und die Rhetorik. Theologische Grundlagen einer empirischen Homiletik, Gütersloh 1984

SCHILLER, Gertrud, Ausstattung des Kirchenraumes, Hamburg , o. J

SCHWEBEL, Horst, Autonome Kunst im Raum der Kirche, Hamburg 1968

STALMANN, Joachim, Schöner predigen? Überlegungen zu einem protestantischen Tabu-Thema, in: Für den Gottesdienst, hrsg. von der Arbeitsstelle für Gottesdienst und Kirchenmusik der Ev.-Luth. Landeskirche Hannovers in Verbindung mit der Liturgischen Konferenz Niedersachsens, Nr. 25 (1986) S. 3-8.

STEINER, George, Von realer Gegenwart. Hat unser Sprechen Inhalt?, Mit einem Nachwort von Botho Staruß, München 1990

STOLLBERG, Dietrich, Stola statt Beffchen, Protestantismus und Sinnlichkeit - anhand eines Details, in: Deutsches Pfarrerblatt 90 (1990) S. 45-47

THURNEYSEN, Eduard, Die Aufgabe der Predigt, in: Pastoralblätter, 63 (1921) S. 211ff

TRAPPE, Christian, Reformation im Kleiderschrank?, in: Pastoraltheologie. Monatsschrift für Wissenschaft und Praxis in Kirche und Gesellschaft, 81 (1992/93) S. 117-130

VASTERLING, Christian, Kirchlicher Ornat oder bürgerliches Gewand?. Erwägungen zur Amtstracht der lutherischen Geistlichen, in: Lutherische Monatshefte 5

(1966) 7, S. 346-350

VEBLEN, Thorstein, Theorie der feinen Leute. Eine ökonomische Untersuchung der Institutionen, München 1971

VOLP, Rainer, Liturgik. Die Kunst, Gott zu feiern, Bd. 1, Gütersloh 1992

WEISSGERBER, Hans, Der schwarze Talar steht zur Disposition, in: Lutherische Monatshefte 22 (1983) S. 104f

WENZ, Helmut, Körpersprache im Gottesdienst. Theorie und Praxis der Kinesik für Theologie und Kirche, Leipzig 1995

Anmerkungen

[1] z. B. Barth, K., Das Wort Gottes als Aufgabe der Theologie, in: ders., Das Wort Gottes und die Theologie, München 1925.

[2] z. B. Thurneysen, E., Die Aufgabe der Predigt, in: Pastoralblätter, 63 (1921) S. 211 ff.; Engemann, W., Wie beerbt man die Dialektische Theologie. Kleine homiletische Studie, in: Gib mir ein Zeichen. Zur Bedeutung der Semiotik für theologische Praxis- und Denkmodelle (hg. von Wilfried Engemann und Rainer Volp, Berlin, New York 1992, S. 161-173, macht deutlich, daß die Gegner einer semiotischen Homiletik gar nicht die Vertreter der dialektischen Theologie sind, sondern jene Praktiker, die eine undialektische Predigt bevorzugen (S. 164). Bereits 1984 hat Rothermundt, J., Der heilige Geist und die Rhetorik. Theologische Grundlagen einer empirischen Homiletik, Gütersloh 1984, einen Ausgleichsversuch zwischen den homiletischen Ansätzen von G. Otto und R. Bohren vorgelegt.

[3] z. B. Hartmann, G., Die textfreie Themapredigt: notwendiges Pendant der Textpredigt, in: Pastoralblätter 105 (1965) S. 478 ff.

[4] Lerle, E., Grundriß der empirischen Homiletik, Berlin 1975.

[5] Otto, G., Predigt als Rede. Über die Wechselwirkung von Homiletik und Rhetorik, Stuttgart, Berlin, Köln, Mainz 1976.

[6] Bohren, R., Predigtlehre (Einführung in die Theologie, Bd. 4), 4. Auflage, München 1980, der sich insbesondere gegen die Homiletik G. Ottos ausgesprochen hat, wenngleich er selber auf die Bedeutung der Literatur in der Predigt hinweist.

[7] Herlyn, O., Theologie der Gottesdienstgestaltung, Neukirchen-Vluyn 1988.

[8] Jüngel, E., Der evangelisch verstandene Gottesdienst, in: Wertlose Wahrheit. Zur Identität und Relevanz des christlichen Glaubens. Theologische Erörterungen III (Beiträge zur evangelischen Theologie. Theologische Abhandlungen; Bd. 107), München 1990.

[9] Volp, R., Liturgik. Die Kunst Gott zu feiern, Bd. 1, Gütersloh 1992.

[10] Josuttis, M., Die Einführung in das Leben. Pastoraltheologie zwischen Phänomenologie und Spiritualität, Gütersloh 1996.

[11] Damit ist keinesfalls gesagt, daß die Mühseligen und Beladenen, die nicht in Samt und Seide gekleidet sind, dem Gottesdienst fernzubleiben haben. Auch sie sind eingeladen an den Tisch des Herrn. Wer aber die Einladung annimmt und verachtet,

nimmt sie zu eigenem Schaden an.

[12] Das lateinische *texere* heißt weben. Die davon angeleiteten Begriffe *textile, textum, textura* und *textus* bezeichnen das Produkt des Webens: das Gewebe.

[13] vgl. Luther, M., WA 51, 11, 29. - Vielleicht ist die Wertschätzung der Predigt, d. h. des zu hörenden Wortes, auch einmal von daher zu betrachten, daß im Zeitalter des schwunghaft ansteigenden Buchdrucks die Bibel plötzlich ein Buch unter vielen Büchern wurde, das von jedermann gelesen werden konnte, so wie vorher jedermann ein Gnadenbild sehen konnte. Im Akt der Predigt aber behielt das Wort Gottes seinen angestammten exklusiven Platz bei. Vielleicht ist die Reduzierung der Verkündigung auf das Hören der Predigt der Versuch der Reformatoren, die Einzigartigkeit der göttlichen Offenbarung im Wort Jesu Christi gegen die Vielzahl der produzierbaren aber nicht mehr kontrollierbaren "Worte Gottes" zu bewahren? Das reformatorische Schriftprinzip, das von der Bibel als der alleinigen Quelle der Offenbarung spricht, hätte somit den Grundstock dafür gelegt, daß nur über den gehörten quasi-akademischen Vortrag sich dieses Wort erschließt. Das paulinische khrussw aus 1Kor 1, 23 ist, wenn dahintersteht, was wir unter "Predigen" verstehen, lediglich eine Art der Verkündigung. Oder ist die Taufe (zu der Paulus ja nicht geschickt ist) nicht auch Verkündigung *sui generis*?

[14] Fluegel, J. C., The psychology of clothes,(The international psycho-analytical library, No. 18), London MCMXXX - Eine deutsche Übersetzung einzelner Teile des Buches in: Bovenschen, S. (Hg.), Die Listen der Mode, Frankfurt/Main 1986.

[15] Insofern ist hier von Kleidung schon eigentlich gar nicht mehr zu sprechen: Die Haut, die vollständig mit Tätowierungen überdeckt ist, ist schmückende Be-kleidung. Die Parfümindustrie machte sich diese Vorstellung zu Nutze, indem sie z. B. propagierte, das eine Frau, wenn sie das Parfüm "Soundso" benütze, nicht weiteres anzuziehen bräuchte, um gekleidet zu sein.

[16] Beim Hinweis auf Gen 2, 25. 3, 10 im Zusammenhang mit der Entstehung der Kleidung, werden immer wieder die Kategorien von Schuld, Scham und Schutz miteinander verbunden. Dabei war es weniger das Schutzbedürfnis noch das Schuldgefühl, als vielmehr die Scham des ersten Menschenpaares über ihr Nacktsein, das die Bekleidungsfrage auf die Tagesordnung brachte. Und dieses Gefühl war zunächst ein Gefühl Gott gegenüber. Wenn Gott später selbst (Gen 3, 21) den Menschen bekleidet, dann ist das eine Aussage über Gott: Gott erweist sich auch im Zorn (Vertreibung aus dem Paradies) als gnädig und versieht den Menschen mit schützender Kleidung. Die Kleidung als Schmuck kommt in diesen Texten nicht zum Tragen, da Kleidung von ihrem Ursprung her eine Frucht des Ungehorsams ist und unter dem Vorzeichen des Nicht-von-Gott-Gewollten, aber nun eben notwendig Gewordenen steht.

[17] Es gibt die Anekdote, daß in lange zurückliegender Zeit der königlichen Braut ein Paar Seidenstrümpfe zum Geschenk gemacht werden sollten. Dies Unterfangen wurde mit dem entrüsteten Satz untersagt: "Die Königin von Spanien hat keine Beine." (Zitiert nach Fluegel 1930, in: Bovenschen, 1986, S. 244) - Der Pariser *Can-*

can war deshalb eine solche Ungeheuerlichkeit, weil die Schamgrenze, die von der Ethik gesteckt war, in eklatanter Weise durch die Mode übertreten wurde. Noch heute gibt es Auffassungen, daß es nicht "schicklich" sei, wenn Männer Kirchen in kurzen Hosen betreten, bzw. Frauen solches in Hosen statt in Kleid oder Rock tun.

[18] Der Begriff der Distinktion ist entliehen bei Bourdieu, P., Die feinen Unterschiede. Kritik der gesellschaftlichen Urteilskraft, 2. Aufl., Frankfurt/Main 1982, hier S. 355 ff.

[19] So ist im Falle der militärischen Uniformen für den Eingeweihten sofort erkennbar, ob er es mit einem Angehörigen des Heeres, der Luftwaffe oder der Marine; mit einem Soldaten, Offizier oder General oder/und mit einem Angehörigen einer technischen Spezialeinheit bzw. mit einem Verwaltungsbeamten zu tun hat. Die Art jener der Uniform beigefügten Zeichen kennzeichnen den jeweiligen Rang bzw. die besondere Dienstbefähigung. Dabei gilt in der Regel, je höher der Rang ist, desto aufwendiger der Schmuck. (vgl. die roten Biesen an den Hosen der Admiräle und Generäle).

[20] Die sogenannte Jugendmode ist der Versuch, diesem Uniformismus zu entrinnen. Dies geschieht entweder durch die Protestmode (Jeans, Hippie-Mode, Punk-Mode), die sich bewußt aus dem *ordo* der Mode und damit der Gesellschaft löste oder durch die derzeitige Techno-, House- und HipHop-Mode, die in der Spannung zwischen absolutem Freisein (in der Musik / durch synthetische Drogen) und absichtlicher Behinderung gerader dieser Freiheit durch die Wahl zu großer (baggy), zu schwerer (workwear) oder isolierender (Schweißerbrillen, Schutzkleidung von Chemiearbeitern) Kleidung. Damit wird ein Lebensgefühl ausgedrückt, das die punktuelle Abkopplung von der Gesellschaft sucht, um dann wieder in diese Gesellschaft zurückzukehren. Die Technoszene ist weniger Protestszene, sondern eher eine gewaltige Kunstszene, die sich mit den von der Gesellschaft zur Verfügung gestellten, oft bereits stark artifiziell daherkommenden Mitteln (Neonfarben, Schwarzlicht, Bekleidung aus Chemiefasern) ausdrückt. - Vgl. Richard, Birgit, Mit Workerhose und Bustier. Jugendmoden inszenieren ein gespaltenes Lebensgefühl, in: Evangelische Kommentare 7 / 98.

[21] Das von Coco Chanel kreierte "Kleine Schwarze" wirkt ohne "Chanel Nr. 5" und ein dezentes Brillantenkollier doch recht puristisch.

[22] Sie wird es natürlich auch dann, wenn dies Vorwissen nicht da ist. Allerdings ist es ein Unterschied, ob ich bewußt gegen eine Regel verletze (Melone statt Zylinder zum Frack) oder ob ich die Melone aus Unkenntnis aber in bester Absicht zum Frack trage. Im ersten Falle möchte ich vielleicht bewußt gegen das Establishment rebellieren, im zweiten starte ich den unbeholfenen Versuch, Teil dieses Establishments zu werden. In der Folge dieses Versuches könnte sich dann der von Fluegel, 1930, angesprochene Schameffekt einstellen, wenn ich nämlich erkenne, daß ich weder over- noch underdressed, sondern schlicht misdressed bin.

[23] So Beyer, O., Zur Frage einer neuen Paramentik, in: Kunst und Kirche 6 (1929/30) 1, S. 12-23, hier S. 12.

[24] Das Velum ist ein meist weißes, traditionell aber in der liturgischen Farbe gehaltenes feines Tuch, mit dem die *vasa sacra* bedeckt werden.

[25] Das Korporale ist ein weißes quadratisches Leinentuch, das auf der Altardecke liegt. Auf ihm kommen die *vasa sacra* zu stehen.

[26] Die Palla ist eine quadratische Pappe, die mit einem weißen, traditionell aber in den liturgischen Farben gehaltenen Stoff überzogen ist und den Abendmahlskelch bedeckt.

[27] Gottes Volk-Neu gekleidet. Ein Versuch, hg. vom Deutschen Liturgischen Institut. Trier 1994.

[28] Die Schaube war ein ständisches Gewand der Akademiker, der Lehrer an Universitäten. Es war innerhalb des spätmittelalterlichen Kleiderkanons ein sicheres Erkennungszeichen, wie es auch heute noch der Habit eines Ordensgeistlichen ist. Wenn man weiß, welcher Orden welche Kleidung trägt, so erkennt man einen Ordensangehörigen allein auf Grund dieses Merkmals. Franziskaner haben eine braune Kutte, die mit einem geknoteten Strick zusammengebunden wird, wohingegen Dominikaner ein weißen Gewand (mit schwarzem Mantel) tragen.

[29] Es handelt sich bei dieser Vorschrift um eine Kabinetts-Ordre vom 31. Januar 1811 (anders Piepkorn, Arthur Carl, Die liturgischen Gewänder in der lutherischen Kirche seit 1555, Marburg 1965, S. 82; Merkel, F., Schwarz - oder heller? Zur Amtstracht evangelischer Pfarrer, in: Festschrift für Frieder Schulz, hg. von Heinrich Riehm, Heidelberg 1988, S. 219 - 227, hier Anm. 18, die die Ordre auf den 20. März 1811 datieren; Grethlein, Chr., Abriß der Liturgik. Ein Studienbuch zur Gottesdienstgestaltung, Gütersloh 1989, S. 101 (datiert auf den 1. 1. 1811), die am 31. Januar 1817 in Form einer Konsitorial-Publikation zur Kenntnis und Beachtung für die betreffende Geistlichkeit gebracht wurde. Deren Text ist abgedruckt in: Lotz, W., Das hochzeitliche Kleid (Im Dienst der Kirche, Heft 6), Kassel 1949, S. 40 f. - Der Wortlaut der königlichen Ordre selbst scheint nirgendwo publiziert zu sein. Mehr dazu weiter unten.

[30] Ob Luther bei der Feier des Abendmahles weiterhin die Kasel benutzt hat, ist mir nicht bekannt. Der BildBd. von Marsch, A., Bilder zur Augsburger Konfession und ihren Jubiläen, Weißenhorn 1980, bringt jedenfalls keine darauf hindeutende zeitgenössische Abbildung. Die Zelebranten tragen in der Regel über der Schaube das Chorhemd bzw. Chorrock genannte Superpelliceum. Es existieren aber auch Darstellungen, die die Verwendung der Kasel belegen: Vgl. Luthers Kirchenlieder nach der Ausgabe letzter Hand von 1545, hg. von Johannes Helmrath und Michael Korth, München. Im Nationalmuseum Kopenhagen befindet sich ein Gemälde aus der Kirche in Torslunde, das den evangelischen Gottesdienst darstellt, in dem ebenfalls eine Kasel getragen wird.

[31] vgl. Drews, P., Der evangelische Geistliche in der deutschen Vergangenheit, (Monographien zur deutschen Kulturgeschichte XII. Bd., hg. von Georg Steinhausen), Jena 1905, S. 38. - Mit Sicherheit aber besaß er nicht das, womit man ihn sich vielleicht gern bekleidet vorstellt - den preußischen schwarzen Talar mit Beffchen!

[32] vgl. Luthers Brief an Propst G. Buchholzer, in: Luther, M., WABr. 8, 624 (Nr. 3421), dem er halb spöttisch vorschlägt, doch statt einer notfalls auch zwei oder drei Chorkappen (Chormänte/Pluviale) zu tragen, wenn es einem anderen gefalle bzw. glücklich mache.

[33] vgl., Piepkorn 1965, S. 17 f. Seine detaillierte Untersuchung legt dar, daß die liturgischen Gewänder sowohl in Deutschland als auch in der evangelischen Ökumene niemals vollkommen in Vergessenheit und außer Gebrauch geraten sind, daß wohl aber einige besondere Gewänder (darunter auch die Stola) dieses Schicksal erlitten. - Vor Piepkorn hatte bereits Graff, P., Geschichte der Auflösung der alten gottesdienstlichen Formen in der evangelischen Kirche, Bd. 1, Bis zum Eintritt der Aufklärung und des Rationalismus, Göttingen 1937, S. 106 - 109; Bd. 2, Die Zeit der Aufklärung und des Rationalismus, Göttingen 1939, S. 69 - 71, in weitaus gedrängterer Form eine Darstellung gegeben.

[34] Daß letzteres dann doch, wenn auch mit einiger zeitlicher Verzögerung eingetreten ist, ist ihm wohl nicht anzulasten.

[35] Auch wenn Luther kein Freund der Bilder war, so hat er sich diesem Thema doch gewidmet. Im folgenden einige seiner Gedanken dazu: **1518** ist er der Ansicht, daß Bilder, die durch die Heilige Schrift autorisiert sind, um der Schwachen im Glauben wegen (Röm 14, 1) zu dulden sind (WA 1. 413, 28 - 29), **1521** schreibt er in der Auslegung des Magnifikat den Malern vor, wie sie eine Maria zu malen haben (WA 7, 568, 33 - 569, 26), **1522** verwirft er in der Invokavitpredigt Nr. 2 alle Bilder (WA 10 / 3, 26 und 32) bzw. nennt sie in der vierten Invokavitpredigt "weder gut noch böse" (WA 10 / 3, 35, 7-9) und stellt den richtigen Gebrauch für Zukunft in Aussicht (WA 10 / 3, 35, 109; **1525** fordert er in der Schrift "Wider die himmlischen Propheten von den Bildern und Sakrament (WA 18, 80, 7f) "daß man uns ein cruzifix odder heyligen bilde lassen [möge]", um **im gleichen Jahr** in "Deuteronomion Mosi cum annotationibus" (WA 14, 622, 25) die Entfernung aller Bilder aus den Kirchen zu verlangen. Eine Entwicklung durchgemacht zu haben, würde Luther verneinen (WA 10 / 2, 459, 5 ff. = Vorrede zum Passional von 1529). Bilder hatten für ihn katechetischen Zweck. Erfüllten sie diesen, waren sie für ihn akzeptabel, andernfalls galt es, gegen sie vorzugehen.

[36] Wenn man so will, hatten sie Ähnlichkeit mit der *Biblia pauperum*. Aus reformatorischer Sicht problematisch waren allerdings die ebenfalls dargestellten Szenen aus dem Marien- oder einem Heiligenleben.

[37] Der donatistische Streit ist bereits entschieden.

[38] Falls Luther bei der Feier des Abendmahles eine Kasel getragen hat, so war sie wahrscheinlich eher schlicht. Vielleicht muß die in Anm. 56 aufgeworfene Frage dahingehend entschieden werden, daß er statt auf die Kasel auf das schlichtere Superpelliceum zurückgriff und durch dieses Abweichen von der liturgischen Norm evangelische Freiheit in allen Äußerlichkeiten demonstrierte.

[39] Piepkorn 1965 führt die vielen unterschiedlichen Gepflogenheiten und Ordnungen auf.

[40] Ausnahmen wurden den Gemeinden zugebilligt, "wo eine besondere gottesdienstliche Kleidung, als Chorhemden und dergleichen, sich erhalten hat, ..." In diesen Gemeinden sollte es "statt oder auch neben der allgemein einzuführenden Robe" (schwarzer Talar, Vf.) bleiben. (Lotz 1949, S. 40)

[41] Löhe, W., Vom Schmuck der heiligen Orte, (hg. von Arnold Rickert), Kassel 1949, S. 31ff: "Am Altar aber, bei der Feier der heiligen Sakramente, ziemte sich für den priesterlichen Vertreter des ewigen hohen Priesters und des priesterlichen Volkes eher die Alba, weit und faltenreich, ..., mit nicht sehr weiten Ärmeln und dem Cingulum versehen ..."

[42] Dabei ist weniger an die ältere liturgische Bewegung (Friedrich Spitta, Julius Smend) zu denken, als an die jüngere (Hochkirchliche Vereingung des Augsburger Bekenntnisses; Berneuchener Bewegung / Michaelsbruderschaft, Kirchliche Arbeit von Alpirsbach). Taizé stellt in dieser Hinsicht vielleicht eine interessante Ausnahme dar, wenn man den Einfluß gerade auf Jugendliche in Betracht zieht.

[43] Koch, R., Das Kirchengerät im evangelischen Gottesdienst, 3. erw. Auflage, Hamburg 1935.

[44] Lotz 1949.

[45] Koch wird von ihm jedoch als Vorbild hinsichtlich der objektbezogenen Paramentik genannt. Vgl., a. a. O., S. 31.

[46] a. a. O., S. 35.

[47] a. a. O., S. 37.

[48] Müller, Karl Ferdinand, Das theologische, liturgische und künstlerische Problem der Paramentik in der Lehre vom Gottesdienst (Vortrag, gehalten während des Paramententages im Kloster St. Marienberg am 25. - 27. Juni 1954), in: Grundfragen evangelischer Paramentik, hg. von der Marienberger Vereinigung für evangelische Paramentik E. V., Kassel 1955, S. 11 - 34, hier S. 30.

[49] a. a. O., S. 32.

[50] Schiller, Gertrud, Ausstattung des Kirchenraumes, Hamburg , o. J.; Mahrenholtz, Christhard, Die liturgischen Gegenstände und Geräte des Kirchenraumes (Liturgische Richtlinien für die Ev.-luth. Landeskirche Hannover, Heft 39, 2. Aufl., Hannover 1951.

[51] Buchholz, Friedrich, Paramente als Zeugnis der Feier, in: Liturgie und Gemeinde, Gesammelte Aufsätze, München 1971 (= Theologische Bücherei, Bd. 45), S. 138 - 154, hier S. 151 - 153.

[52] Herr, Herwig, Das gottesdienstliche Kleid: Negatives oder positives Symbol?, in: Nachrichten der Evangelisch-Lutherischen Kirche in Bayern 20 (1965) S. 151 - 153.

[53] Vgl. auch die Wendung in der Homiletik-Diskussion mit dem Nachdenken über die textfreie Themapredigt.

[54] Richtlinien für das Verhalten von Gemeinde und Pfarrern im Gottesdienst, Hg. von der Lutherischen Liturgischen Konferenz Deutschlands, Berlin und Hamburg 1965.

[55] a. a. O., S. 44.

[56] Wenigstens als Anmerkung sei es gestattet zu sagen, das eine solche Formulierung gefährlich in die Nähe eines Denkens gerät, das in den Gemeinden - bei denen meines Wissens in der Regel das *ius liturgicum* liegt - lediglich unmündige Weisungsempfänger einer allwissenden Kirchenleitung sieht, statt die dort vorhandenen Potentiale für die Lösung anstehender Aufgaben zu nutzen.

[57] Bei Herr 1965, wurde dies nicht so deutlich, wenngleich es wohl auch beabsichtigt war.

[58] Vasterling, Christian, Kirchlicher Ornat oder bürgerliches Gewand?. Erwägungen zur Amtstracht der lutherischen Geistlichen, in: Lutherische Monatshefte 5 (1966) 7, S. 346-350.

[59] Das weiße Superpelliceum über dem schwarzen Talar ist für ihn ein eindrucksvolles Symbol der Rechtfertigungslehre: der "schwarze" Sünder wird mit der "weißen" Gerechtigkeit Christi überkleidet. Was sagt demgegenüber der schwarze Talar über dem schwarzen Anzug? Nichts! a. a. O., S. 348

[60] Herr, Herwig, Das gottesdienstliche Kleid, in: Kunst und Kirche, Vierteljahreszeitschrift für Kirchenbau und kirchliche Kunst, 30 (1967) S. 19 - 25, stimmt diesem Gedanken in Abwandlung seiner 1965 geäußerten Ansicht ebenfalls zu, wenngleich er auch anders als Vasterling darauf bedacht ist, sich von der röm.-kath. Kirche zu unterscheiden (S. 24).

[61] Rietschel, Christian, Paramente und Geräte des evangelischen Gottesdienstes, Gütersloh 1968 (=Handbücherei für Gemeindearbeit, Heft 43), S. 27.

[62] a. a. O., S. 26 f.

[63] So der Titel eines Aufsatzes von Trappe, Christian, Reformation im Kleiderschrank?, in: Pastoraltheologie. Monatsschrift für Wissenschaft und Praxis in Kirche und Gesellschaft, 81 (1992/93) S. 117-130.

[64] Raschzok, Klaus, Schwarz geht nicht, in: Kirche und Kunst, hg. vom Verein für Christliche Kunst in der Evangelisch-Lutherischen Kirche Bayern, 56 (1978) S. 16

[65] Ebda.

[66] Löhe 1949, S. 31.

[67] Weißgerber, Hans, Der schwarze Talar steht zur Disposition, in: Lutherische Monatshefte 22 (1983) S. 104 f.

[68] Stalmann, Joachim, Schöner predigen? Überlegungen zu einem protestantischen Tabu-Thema, in: Für den Gottesdienst, hg. von der Arbeitsstelle für Gottesdienst und Kirchenmusik der Ev.-Luth. Landeskirche Hannovers in Verbindung mit der Liturgischen Konferenz Niedersachsens, Nr. 25 (1986) S. 3 - 8.

[69] Fischer, Heinz, Schwarz-Weiß, Erfahrungen und Erwägungen zur hellen Feierkleidung in einer Traditionsgemeinde, in: Für den Gottesdienst, hg. von der Arbeitsstelle für Gottesdienst und Kirchenmusik der Ev.-Luth. Landeskirche Hannovers in Verbindung mit der Liturgischen Konferenz Niedersachsens, Nr. 25 (1986) S. 9 - 16.

[70] Vgl. Anm. 87.

[71] Merkel, 1988.

[72] a. a. O., 1988, S. 226.
[73] a. a. O., 1988, S. 220.
[74] a. a. O., 1988, S. 224.
[75] a. a. O., 1988, S. 225f.
[76] Merkel, 1988, S. 224.
[77] Löffler, Michael, Jahresarbeit für das 2. Probedienstjahr "Kann die Stola Teil evangelischer Amtstracht sein?", Typoskript, Heidelberg 26. 07. 1996, S. 22-24.
[78] Hinrichs, Gerd, Schwarzer Talar oder weiße Mantelalbe?, in: Für den Gottesdienst, hg. von der Arbeitsstelle für Gottesdienst und Kirchenmusik der Ev.-Luth. Landeskirche Hannovers in Verbindung mit der Liturgischen Konferenz Niedersachsens, Nr. 35 (1990) S. 24-28.
[79] Müßig darauf zu verweisen, daß eine Albe immer weiß sein muß, will sie nicht eine *contradictio in adiecto* darstellen. Eine solche wird mit der schwarzen Mantelalbe von ihm, S. 27 erwähnt.
[80] Die Unterscheidung von "Brüdern" und "Amtsbrüdern" ist im Horizont allgemeinchristlicher Geschwisterlichkeit doppelt problematisch.
[81] Was um alles in der Welt geschieht eigentlich beim "Halten" eines Gottesdienstes? Eine Predigt zu halten ist in Analogie zu "eine Rede halten", ja noch vorstellbar, aber einen Gottesdienst, den sollte man doch feiern, wie man ein Fest feiert, statt ihn zu "halten"! Offenbar schwingt bei der Rede vom Gottesdiensthalten unbewußt der Gedanke im Hintergrund mit, daß bei aller Hochschätzung der Liturgie, die Predigt den Ton angibt.
[82] Daß die historische Herleitung der Stola vom Tallit der Juden (Vgl. Hinrichs, 1990, S. 27) hinfällig ist, sollte einem offiziell mit der Paramentik befaßten Theologen durch die Lektüre von Braun, 1924, nicht entgangen sein. Anderseits ist eine Ähnlichkeit nicht völlig von der Hand zu weisen, wenngleich der Tallit auch nie eine Weiheinsignie war.
[83] Luther hatte dies in der "Deutschen Messe" von 1526 (Luther, Martin, WA 19, 60 B) weder verlangt noch untersagt.
[84] Herr 1965, S. 152, weist auf diese bereits frühzeitig. außer Kraft gesetzte bzw unwirksam gewordene Bestimmung der königlichen Kabinetts-Ordre von 1811 hin.
[85] Stollberg, Dietrich, Stola statt Beffchen, Protestantismus und Sinnlichkeit - anhand eines Details, in: Deutsches Pfarrerblatt 90 (1990) S. 45-47, hier S. 47.
[86] Ebda.
[87] Gerhards, Albrecht, "Denn ihr alle habt Christus angelegt" und "... in weißen Gewändern", Eine Besinnung auf die Kleidung im Gottesdienst (1 und 2), in: Gottesdienst, Information und Handreichung der Liturgischen Institute Deutschlands, Österreichs, und der Schweiz, 25 (1991), Nr. 13 und 17, S. 97-99 und 132f.
[88] Anders: Kunzler, Michael, Die Liturgie der Kirche, Paderborn 1995, S. 211, der zwar erklärt, daß Ordinierten wie Nichtordinierten das königliche Priestertum gemeinsam ist, daß es aber nur einige repräsentativ ausdrücken, indem sie das liturgische Grundgewand (Albe) in Erinnerung des Taufgewands tragen, zu dem bei den

geweihten Amtsdienern die besonderen Gewändern und Insignien dazukommen. Der geradezu revolutionär zu nennende Impetus Gerhards wird bei Kunzler deutlich zurückgenommen.

[89] Es gab bereits zwei in diesem Zusammenhang wichtige Ausstellungen: Die Kölner Ausstellung "Casula" von 1992 zeigt, wie international anerkannte bildende Künstler mit der Form "Kasel" umgehen bzw. sich von ihr in farb-gestalterischer Hinsicht inspirieren lassen. Vgl. Kunst-Station "Sankt Peter Köln (hg.), CASULA. Gregory Amenoff, James Brown, Paolo D' Orazio, W. Gies, Clemens Kaletsch, Martha Kreutzer-Temming, Markus Lüpertz, Heinz Mack, Henri Matisse, Georg Meistermann, Josef Mikl, Hermann Nitsch, Arnulf Rainer, Gustav Tröger, Ulrich Wagner, Leo Zogmayer, Ausstellungskatalog, Köln, 1992. Die Wiener Ausstellung "Sakralgewand, prototypisches" von 1995 setzt sich indessen mit der Form des Sakralgewandes in experimenteller Weise auseinander. Beides sind Versuche, die auf einem hohen künstlerischen Niveau angesiedelt sind und nicht in direkter Linie neue Formen kreieren wollen. Es ist eher wie mit der Haut Couture, die auf die Boutique- bzw. Konfektions- Mode nicht direkt, sondern eher inspirativ einwirkt.

[90] Leider habe ich bislang nicht die päpstliche Instruktion über die Mitwirkung der Laien im Gottesdienst zur Verfügung gehabt. Es wäre angesichts der heftigen Diskussion, die es um dies Papier bereits gegeben hat, interessant zu prüfen, ob sich in ihm auch Bestimmungen hinsichtlich der Gewänder befinden.

[91] Ein Dominikaner-Pater machte in einem Gespräch deutlich, daß das, was immer als Priesterweihe bezeichnet wird, doch nichts anderes als eine Ordination ist. Evangelisch verstandene Ordination aber ist ja wohl auch eine Weihehandlung. Sie ist dem Grunde nach nicht wiederholbar. Einmal Priester, immer Priester; einmal Pfarrer, immer Pfarrer. Das schließt nicht aus, daß man nicht seiner daraus erwachsenen Rechte für verlustig erklärt werden kann. Wer aber wollte den heiligen Geist, der bei der Ordination herabgerufen wird, wieder zurückschicken? (In diesem Zusammenhang war es sehr überraschend zu hören, daß ein ordinierter Pfarrer bei seinem Ausscheiden aus dem Dienst seine Ordinationsurkunde zurückgeben mußte!)

[92] Auch Gerhards befindet sich mit solchen Gedanken *contra legem*. Lorenzer, Alfred, Das Konzil der Buchmacher. Zur Zerstörung der Sinnlichkeit. Eine Religionskritik, Frankfurt am Main 1984, konzediert der Liturgiereform des Vaticanum II zwar eine "demokratisierende Bedeutung" (vgl. bsonders S. 52-55), macht aber daraus aufmerksam, daß "die Verbalisierung der Liturgie als mensa verbi" per systematischer Pädagogisierung und Indoktrinierung dazu führt, daß der Laie zu tun hat, was ihm zukommt. Das Konzil erweist sich unter dem Deckmantel der Öffnung autoritärer als es die alten Ordnungen waren, die zumindest regionale Wandlungen und Nuancierungen zuließen. (S. 81f., 100f, 193) Daß die liturgische Gewandung nicht angetastet wurde, wird auch aus einem Beitrag in einem Katalog eines Paramentenhauses ersichtlich, der darauf hinweist, daß Änderungen von einem Priesterteam in der Machstr. in Wien gefordert wurden. Vgl. Paramente und Kultgeräte in der Liturgiereform. Die Paramentengruppe, Nr. 53, Oktober 1970, Hauszeitschrift des

Paramentenhauses Joh. Bapt. Düster, Köln, S. 6f.

[93] Trappe, 1992.

[94] a. a. O., S. 119-121.

[95] *Adiaphoron* ist ein von Melanchthon aus der stoischen Lehre entlehnter Begriff, der Mitteldinge bezeichnet, die in ethischen Zusammenhängen weder gut noch böse sind, d. h. sie sind grundsätzlichen ethischen Kriterien entzogen und obliegen der menschlichen Freiheit.

[96] Die Subjekt-Objekt-Beziehung ließe sich auch genau entgegengesetzt definieren.

[97] a. a. O., S. 120.

[98] a. a. O., S. 122.

[99] a. a. O., S. 122-124. Auch wenn er sich nicht direkt auf Fluegel 1930, beruft, so sind doch die Kategorien "Schmuck" und "Schutz" von ihm vorgegeben worden. Daß Trappe an dieser Stelle auf die Kategorie "Scham" verzichtet, ist nicht weiter verwunderlich, wenn man bedenkt, daß sie gerade in der noch jungen Psychoanalyse wesentlich wichtiger gewesen sein dürfte als im Kontext liturgischer Überlegungen. Im Zusammhang mit der Darstellung des Liturgen als Menschen (vgl., a. a. O., S. 127) wird dann aber auch auf die Nacktheit vor Gott eingegangen, und durch die Feststellung, daß eben diese Nacktheit verborgen werden muß, wird das Moment der Scham unausgesprochen thematisiert.

[100] Zur Mimik und Gestik im Gottesdienst, einem keineswegs unumstrittenen und in der praktisch-theologischen Ausbildung nahezu unbekannten Thema vgl. Wenz, Helmut, Körpersprache im Gottesdienst. Theorie und Praxis der Kinesik für Theologie und Kirche, Leipzig 1995.

[101] Man kann allerdings mit einigem Recht fragen, warum der von der Form her mehr an ein heutiges schwarzes "Umstands-Kleid", wie man ein Kleid für Schwangere oft zu nennen pflegt, erinnernde Talar nach wie vor "männlich" konnotiert wird. Die Antwort lautet wohl, daß er es über Jahrzehnte hinweg war, während sich die Damenmode in dieser Zeit geändert hat und fast nie jene weite, entkörperlichende Form hatte. - Vgl. Veblen, Thorstein, Theorie der feinen Leute. Eine ökonomische Untersuchung der Institutionen, München 1971, S. 138f, zählt die (katholischen) Priesterkleider ihrer Unzweckmäßigkeit und Prestigeträchtigkeit wegen in eine Reihe mit den Frauen- und Dienstbotenkleider (Livree), denn all diese Kleider gehören in den Bereich des "stellvertretenden Konsums", d. h. nicht ihr Träger ist Träger des mit ihnen verbundenen Prestiges, sondern der "abwesende Herrr". Eine schöne Begründung für die Theorie der Verobjektivierung durch Kleidung, die im kirchlichen Zusammenhang zum "Gotteslob" wird.

[102] Die orthodoxe Ikonenmalerei kennt dieses Problem. Auch wenn sie dem ungeübten Auge stets irgendwie gleich erscheinen, so gibt es doch mehrere hundert Darstellungsarten der Gottesgebärerin mit dem Christuskind.

[103] Im Gegensatz zu anderen (vgl. z.. B. Vasterling, 1966) nennt Trappe keine konkreten Gewandstücke. Man darf hier sicher von der Talar-Superpelliceum-Variante ausgehen. Im Begriffspaar "Überbetonung der Gottesdarstellerrolle" - "übermensch-

liche Figur", der es zu wehren gilt, kann man einen dezent formulierten Vorschlag zum Verzicht auf die Kasel sehen.

[104] Das Offenbarende im Verhüllenden findet sich z. B. bei vielen Creationen der großen zeitgenössischen Modedesigner.

[105] Daß Trappe in diesem Zusammenhang nicht die Wichtgkeit und Notwendigkeit liturgischer Laiengewänder bedenkt, ist bedauerlich. - Offenbar ist Trappes Aufsatz auch von Jordahn, Ottfried, Das Zeremoniale, in: Handbuch der Liturgik, Liturgiewissenschaft in Theologie und Praxis der Kirche, hg. von Hans-Christoph Schmidt-Lauber und Karl-Heinrich Bieritz, 2. korr. Aufl. , Göttingen 1995, für sehr wichtig erachtet worden, denn dessen Gedanken stellen einen nicht unerheblichen Teil des Textes von Jordahn dar. Es ist bedauerlich, das in diesem Handbuch, das sich auf insgesamt 1023 Seiten anschickt, die Liturgik zu verhandeln, magere 4(!) Seiten den liturgischen Gewändern gewidmet sind. - Anders bei Volp, 1992/1994. Hier finden sich verstreut immer wieder Hinweise und Auseinandersetzungen mit den liturgischen Gewändern (S. 128, 155f, 454-462, 510-527, 997, u. a.) Er plädiert im übrigen für eine schöpferische Vielfalt in den Grenzen des guten Geschmacks und schlägt den Ordinierten z. B. vor, sie mögen ihre Talare wie bisher anbehalten aber darüber Gewänder und Stolen tragen, die ihre liturgische Funktion kennzeichnen. - Weitere Literatur in Auswahl: Rietschel, Georg / Graff, Paul, Lehrbuch der Liturgik, Bd. 1, Die Lehre vom Gottesdienst, 2. Aufl.., Göttingen 1951, S. 121-127 bietet neben einer historischen Betrachtung lediglich die Feststellung, daß der schwarze Talar die Amtsrracht evangelischer Geistlicher ist. Ritter, Karl Bernhard, Die eucharistische Feier. Die Liturgie der evangelischen Messe und des Predigtgottesdienstes, herausgegeben in Verbindung mit der Evangelischen Michaelsbruderschaft, Kassel 1961, S. 31-34, hält die Verwendung liturgischer Gewandung für geboten, damit in den "Schönen Gottesdiensten des Herrn" nicht nur die Ohren, sondern auch die Augen teilhaben an der festlichen Freude. Wenn auch die Verwendung der kompletten liturgischen Kleidung oberstes Ziel ist, so kann er doch auch mit der Verwendung von Stola über schwarzem Talar (ohne Beffchen) als einer "ersten Nothilfe" leben. - Dietz, Otto, Unser Gottesdienst. ein Hilfsbuch zum Hauptgottesdienst nach der Agende I für evangelisch-lutherische Kirchen und Gemeinden, 2. Aufl.. München 1983, macht, wenn auch nur in Anm. 108 seines Buches, dort aber umso deutlicher klar, daß das Schwarz nicht der frohen Botschaft Gottes entspricht und auch Luther lediglich denschwarzen Universitätsgelehrtenrock zur Predigt trug, zu allen anderen Handlungen aber die Gewänder der alten Kirche (S. 229); Kalb, Friedrich, Grundriß der Liturgik. Eine Einführung in die Geschichte, Grundsätze und Ordnungen des lutherischen Gottesdienstes, München 1965, S. 57f., zählt zwar die liturgische Gewandung auf und weist auch auf das Anliegen Löhes und der liturgischen Bewegung hin, die alten Gewänder wiederzugewinnen, sieht dies aber als gescheitert an. In der 2. Auflage von 1982 stellt er dann am Schluß der Auszählung fest, "es hat den Anschein, als würde sich allmählich ein Wandel vollziehen und der Einführung einer von symbolischen Farben und Formen gekennzeichneten liturgischen Klei-

dung kein so starker Widerstand mehr wie früher entgegengesetzt werden" (S. 62). Offen bleibt, wer damals Widerstand entgegengesetzt hat, und unklar ist, ob er mit den "symbolischen Farben und Formen" nun die alten Gewänder oder aber Neuschöpfungen meint. - Grethlein, 1989, S. 99-104, macht auf die Probleme aufmerksam, die in der Verwendung des schwarzen Talars liegen (Schwarz spricht gegen die frohe Botschaft; nur der Pfarrer in besonderer liturgischer Kleidung spricht gegen das Priestertum aller Gläubigen), Man darf aber annehmen, daß er der Einführung anderer liturgischer Gewänder aufgeschlossen gegenübersteht.

[106] Lutherische Liturgische Konferenz Deutschlands (Hg.), Liturgische Kleidung im Evangelischen Gottesdienst, 3. Auflage, Hannover 1993.

[107] Vgl. Anm. 88.

[108] Lutherische Liturgische Konferenz Deutschlands 1993, S. 8 und S. 46f.

[109] a. a. O., 1993, S. 8 und S. 48

[110] a. a. O., 1993, S. 8 und S. 50.

[111] a. a. O., 1933, S. 52.

[112] Die Verwendung von enganliegendem schwarzem Talar mit weißem Superpelliceum (Chorhemd) ggf. mit Stola (nicht beim Chorgebet) war ja ohnehin durch die königliche Kabinetts-Ordre zu keiner Zeit verboten worden, so daß auch die Empfehlungen dies nicht tun.

[113] a. a. O., 1933, S. 6. - Die Werbeindustrie benutzt zunehmend religiöse Themen, um das von ihr beworbene Produkt zu vermarkten und hat dabei große Erfolge.

[114] Herlyn 1989, S. 54, zitiert hier aus Bonheoffers Ethik.

[115] Leider ist dies im heutigen Taufritus kaum noch praktizierbar: Die Täuflinge kommen allermeist in weißen Taufkleidern zur Taufe, so daß der Ritus der Be-Kleidung bzw. Um-Kleidung (mit Christus) nur noich gesagt, aber nicht mehr symbolisch vollzogen werden kann. Trotzdem bringt das weiße Kleid, das die Eltern ihrem Kind zur Taufe anziehen zum Ausdruck, das es das "richtige" Gewand ist. Wer würde sein Kind wohl im schwarzen Kleid taufen lassen?

[116] Daß die Liturgin oder der Liturg im Gottesdienst eine leitende Funktion hat, wird niemand erstlich leugnen wollen.

Wolfgang Krogel

Kirchenbau und Patronat in der Mark Brandenburg

„Die Vertragsparteien stimmen darin überein, daß (...) im Land Brandenburg durch die Verordnung über das Kirchenpatronatsrecht und gemeinsame Angelegenheiten der Gemeinden und Kirchengemeinden vom 9. Februar 1946 das Kirchenpatronat als staatsrechtliche Einrichtung aufgehoben ist."[1] Dieser Passus im Staatskirchenvertrag zwischen dem Land Brandenburg und der Evangelischen Kirche in Berlin-Brandenburg bedeutete nicht mehr und nicht weniger als die Anerkennung der Fakten, die sich als Folge der Trennung von Staat und Kirche in der Sowjetischen Besatzungszone und der Enteignung großer Güter nach dem zweiten Weltkrieg ergeben hat. Land und Landeskirche einigten sich nach langen Verhandlungen am 8. November 1996 in einem Staats-Kirchenvertrag.

Auf dem Gebiet des heutigen Landes Brandenburg gab es vormals mehr als 550 staatliche Patronate und eine große Zahl weiterer Patronate zugunsten der Kommunen oder privater Patrone. Die angesprochene Kirchenpatronatsordnung von 1946 legte fest, das Eigentum gehe an den bislang dem Staat gehörenden Kirchengebäuden auf die Kirchen über und daß damit sämtliche Baulasten erloschen.

Über viele Jahrhunderte gewachsene Rechtsverhältnisse, deren Ziel der Bau und Erhalt der Brandenburgischen Gotteshäuser war, wurden im ersten Ansturm revolutionärer Erneuerung nach der Befreiung von der NS-Herrschaft aufgehoben. Die Trennung von Kirche und Staat vollzog sich in Brandenburg konsequenter als in anderen Bundesländern. Zwar wurde so rechtliche Klarheit geschaffen, aber die praktische Seite des Problems blieb: Wer sorgt für unsere Kirchengebäude?

Bis zum Ende des Zweiten Weltkrieges waren es die Patrone, die zu Leistungen des Bauerhaltes hunderter kleiner Dorfkirchen oder schmucker Stadtkirchen herangezogen wurden. In den meisten Fällen sahen es die Patrone als ihre selbstverständliche Ehrenpflicht an, auch über die Pflichtaufgaben hinaus die Ihnen anvertrauten Kirchengebäude baulich zu erhalten. Das Patronat erwies sich seit dem 12. Jahrhundert als ein stabiles Rechtsverhältnis, das den veränderten Herrschaftsformen angepaßt wurde. Der Inhalt des Patronatsrechts blieb erhalten: Die Patrone erwarben durch die Übernahme von Pflichten beim Bau und der Erhaltung des Kirchengebäudes Privilegien im Leben der Kirchengemeinde.

Das mit dem Begriff Patronat[2] bezeichnete Rechtsverhältnis bot Gewähr für den Bau und den Erhalt der Kirchen in der Mark Brandenburg. Heute werden viele Kirchengebäude wenig genutzt oder stehen leer, sind dem Verfall preisgegeben oder sollen als baufällige Gefährdungspotentiale sogar abgerissen werden. Im Folgenden wird mit dem Patronatsrecht ein rechtliches Instrument vorgestellt, das über Jahrhunderte viel zum Erhalt der kirchlichen Bauten in einer religiös geprägten Gesellschaft beigetragen hat. Der Rückgang der religiösen Bindungen hat zu einem Funktionsverlust oder bestenfalls Funktionswandel der Gebäude geführt, eine Entwicklung, die kaum aufhaltbar erscheint. Aber vielleicht ist die Hoffnung nicht ganz unbegründet, daß eine kirchenferne Bevölkerung durch die Kirchenbauten als weithin sichtbare Zeugnisse dörflicher und städtischer Gemeinschaft angeregt wird, sich des christlichen Programms der häufig nur als Baudenkmäler gesehenen Kirchen bewußt zu werden. In der Errichtung liturgischer Gebäude ohne praktischen Nutzen für die täglichen Geschäfte konstituierte sich seit dem Mittelalter Gemeinschaft in ihrer sichtbarsten und dauerhaftesten Form, mit dem Patronat als besonderer Rechtsform für die bauliche Fürsorge. So eingeschränkt auch die aktuelle Bedeutung dieser Rechtsform für den Erhalt der Kirchengebäude zu beurteilen ist, so anregend kann doch ein Blick in die Geschichte des Patronats auf der Suche nach Möglichkeiten sein, das Gefühl für die Verantwortung gegenüber den Kirchen in der Mark Brandenburg neu zu wecken.

Der mittelalterliche Ursprung des Patronatsrechts

Das Patronatswesen gilt als eine besonders charakteristische Neuschöpfung des mittelalterlichen Rechts. Es löste historisch das in den Arbeiten von Ulrich Stutz so bezeichnete Eigenkirchenrecht ab, das den Laien in vielen Kirchen eine umfassende Verfügungsgewalt über kirchliche Ämter und kirchlichen Besitz zubilligte.[3]
Das im frühen Mittelalter teilweise auch von den Konzilien legitimierte Eigenkirchenwesen wurde seit der zweiten Hälfte des 11. Jahrhunderts im Zuge der Gregorianischen Reformen und der Aufwertung der kirchlichen Gewalten bekämpft.[4] Unter Behauptung der libertas ecclesiae wandten sich die Kritiker gegen die umfassende Verfügungsgewalt der Laien, z. B. das Recht der Laien auf Verkauf, Schenkung und Nutzung; sie räumten gemäß dem Decretum Gratiani um 1140 aber auch ein Recht auf Fürsorge für deren Kirche, Auswahl des Priesters und das Recht auf Unterstützung in Notlagen

ein. Berechtigte waren vor allem die Erbauer von Kirchen. Der Bologneser Kanonist und Bischof von Assisi, Rufinus, bezeichnete die Rechtsstellung eines Kirchengründers ca. 1165 als ius patronatus.[5]
Das kanonische Recht legte drei Erwerbsgründe für ein Patronat fest: Bereitstellung eines Grundstücks zum Kirchenbau, Finanzierung des Kirchenbaus, Ausstattung einer bereits bestehenden Kirche. Jeder Erwerbsgrund ließ selbständig ein Patronat entstehen, so daß eine Kirche mehrere Patrone haben konnte. Das Patronat erschien zunächst als ein persönliches Recht des Patrons. Unter Papst Alexander III. (1159 - 1181) wurde auch Klerikern und juristischen Personen, wie Stiftskapiteln und Klöstern der Erwerb des ius patronatus zugestanden. Der Verkauf des Patronats blieb als sittenwiedrig ausgeschlossen. Lediglich bei dem Verkauf von Grund und Boden konnte das Patronat mitveräußert werden.
Mit dieser letzten Bestimmung wurde der Grund für die spätere sachenrechtliche Auffassung des Patronatsrechts als zum Grundbesitz gehörig gelegt.[6]
Gegenüber dem Eigenkirchenrecht war es die wichtigste Funktion des neuen Rechtsbegriffs, die Rechte des Patrons klar zu begrenzen, oder mit den Worten von Peter Landau gesagt: „War das Eigenkirchenwesen ein Ausdruck der Laienmacht in der Kirche, so begründete das Patronatsrecht ein Amt des Laien in der Kirche."[7]
Welche Rechte waren mit dem Kirchenpatronat verbunden?
Dem Patron stand seit Alters her das Nutzungsrecht an den Gütern der Patronatskirche zu, d. h. das Recht auf Abgaben aus der Bewirtschaftung. Dazu kamen Ehrenrechte und vor allem das Präsentationsrecht. Darunter verstand man das Recht, den für den Kirchendienst bestimmten Geistlichen Auszuwählen und dem Bischof vorzustellen. Der Bischof war zur Einsetzung des Vorgeschlagenen verpflichtet, sofern er sich nicht auf mangelnde Eignung berufen konnte.

Den entscheidenden Einschnitt für die Rechtsauffassung des Patronats brachten erst die Umwälzungen im Zeitalter der Reformation. Aber schon im Spätmittelalter hatten Landesherrn und Städte in großem Umfange Patronatsrechte erworben. Viele Pfarreien in den Städten standen in einem engen Rechtsverhältnis zum Dom oder zu den Stiften und Klöstern und hießen entsprechend Dom- oder Stiftspfarrei. Die Stadtpfarrkirche war Eigen- und Patronatskirche des Grund- oder Stadtherrn.[8]

In einer Reihe von Städten erlangten der Rat oder die Parochianen in einer oder mehreren Pfarreien das Recht, den Pfarrer zu präsentieren oder zu wählen und erwarben damit im Streben nach umfassender kommunaler Selbstbestimmung ein Stück Kirchenherrschaft. Wege zum Erwerb dieser Rechte waren die Errichtung von Genossenschaftskirchen, Abtretung der Rechte durch den Patron, Verkauf des Kirchengrundes, Spitalhoheit oder einfach widerrechtliche Aneignung (Usurpation). Die seit dem 13. Jahrhundert nachweisbare Kirchenpflegschaft räumte den Laien über die Parochialgemeinde oder den Rat wichtige Verfügungsrechte ein, z. B. die Verwaltung des innerkirchlichen Vermögens.

„Das Niederkirchenwesen wurde damit zu einem Bestandteil der städtischen Gesellschaft."[9] Laikale Kirchenpfleger übernahmen die treuhänderische Verwaltung des Fabrikgutes, d. h. des zum Bau und zur Bauunterhaltung bestimmten Vermögens, zu dem die Bürgerschaft durch Stiftungen, Zuwendungen, Ablaß- und Opfergelder reichlich beitrug.[10]

Umbruch in der Reformationszeit

Mit der Reformation traten die Rechtskreise des katholischen, des evangelischen und des weltlichen Rechts auseinander.[11] Durch die Einziehung umfangreicher Kirchenbesitzungen gerieten nun viele Patronatsrechte in die Hände protestantischer Obrigkeiten.[12] Die städtischen und privaten Patronate blieben derweil erhalten. Im Gegensatz zur Säkularisierung von Kirchengütern zu Beginn des 19. Jahrhunderts dienten die eingezogenen Güter weiterhin vor allem der Finanzierung kirchlicher Bedürfnisse. „Die Güter der eingezogenen Kapitel, Stifte und Klöster blieben sonach in der Anschauung der damaligen Zeit Kirchengüter mit kirchlicher Zweckbestimmung. Die Inkameration des Kirchengutes hatte mithin zur Konsequenz, daß nunmehr der Landesherr für die materielle Ausstattung des kirchlichen Lebens aufzukommen hatte. Vornehmlich in diesem Sachverhalt finden die Leistungen des Staates an die evangelische Kirche ihren Ursprung."[13]

Verwaltet wurden die kirchlichen Angelegenheiten nun im Sinne des „cuius regio, eius religio" durch die landesherrlichen Konsistorien. Nach dem Augsburger Religionsfrieden entwickelte sich auf den evangelischen Territorien eine enge Verbindung zwischen landesherrlicher Obrigkeit und Kirche. Die von Landesherrn und Städten im 16. Jahrhundert erlassenen Kirchenordnungen waren einerseits Vorschriften kirchlichen Rechts, in ihrer Funktion aber weltliche Gesetze.[14]

Für die Baulastenfrage in der Mark Brandenburg war die Konsistorialverfassung aus dem Jahre 1573 ausschlaggebend. Die Bedeutung dieser Verordnung rechtfertigt ein ausführlicheres Zitat aus dem Kapitel 13, „Von den Kirchen, iren einkommen und gebeuden":

„Die kirchen sollen zu gottes ehren wol gezieret und dergestalt in beulichen wirden gehalten und zugericht werden, das man gottes wort füglich darinne predigen könne, und nicht dermassen dach- und baulos liegen, das beide, kirchendiener und zuhörer, darein zu gehen scheu tragen, und wo im gotteshaus oder kasten soviel, davon es geschehen könte, an vorrathe nicht vorhanden, soll der rath und obrigkeit samt der gemeine in stedten und dörfern, darzu hülfe zu thun und die kirche bauen zu lassen, schuldig sein."[15]

Wer war demnach in welchem Ausmaße für die Baulasten an Kirchengebäuden zuständig?

Das war und blieb eine Frage der Interpretationen und Interessen.[16] Die Frage beschäftigte seit dem ausgehenden 19. Jahrhundert wiederholt Gutachter und Gerichte in einer Epoche, in der es um die Trennung des engen Verhältnisses von Staat und Landeskirche in Brandenburg ging, wie es sich seit der Reformation herausgebildet und durch lange Tradition fortgesetzt hat. Aus dieser rückblickenden, interessengeleiteten Perspektive schwelender Rechtsauseinandersetzungen um die Baulastverpflichtungen der Stadt Berlin soll im folgenden der historische Abriß zur Entwicklung des Patronatsrechts dargestellt werden.[17]

Der Wortlaut des Textes von 1573 legt die Deutung nahe, daß für den Fall, daß die Kirchenkasse nicht in der Lage sein sollte, für einen würdigen Zustand der Kirchen zu sorgen, die Obrigkeit von Staat, Stadt und Land dafür aufzukommen habe. Umstritten war die Bestimmung des Umfangs dieser obrigkeitlichen Verantwortlichkeiten. Das Patronat wurde von den Gutachtern ins Spiel gebracht, obwohl die Konsistorialordnung kein Wort darüber verlor.

Das Gutachten des Magistrats von Berlin stellte zunächst heraus, daß vor den Neuregelungen durch das Tridentinum im Jahre 1552 die Baulasten folgendermaßen geregelt waren: 1/4 der Kircheneinkünfte waren für die Baulasten vorgesehen. Reichte dieser Betrag nicht aus, so sollten die Benefiziaten und bzw. der Patron und drittens die Angehörigen des Parochialverbandes, also die kirchliche Gemeinde herangezogen werden. Die Pflichten bezogen

sich nach Ansicht des Gutachters ausschließlich auf die Erhaltung und Wiedererrichtung der kirchlichen Gebäude, nicht aber auf den Neubau.[18]
Die Behauptung ist nun, daß diese Regelungen durch das Konzil von Trient festgeschrieben und dann im wesentlichen unverändert in die Konsistorialordnung von 1573 übernommen worden seien. Damit könnten dem Stadtkämmerer von Berlin nur die Verpflichtungen aus dem Patronatsverhältnis auferlegt werden. Wörtlich:
„Voraussetzung einer Kirchenbaupflicht ist immer ein bestimmtes Rechtsverhältnis kirchenrechtlicher Art zu der betreffenden Kirche oder Pfarre."[19]
Gegengutachter im Auftrage des Berliner Stadtsynodalverbandes war der Gerichtsrat Berner. Um die Argumtentation der Gegenseite zu erschüttern hob er zunächst die Unerheblichkeit des kanonischen Rechts für die anstehende Frage hervor, auf das sich das Magistratsgutachten berief, weil das Tridentinum in den protestantischen Staaten keine Rechtsverbindlichkeit habe.[20]
„Die reformatorische Lehre mußte eine wesentliche Verschiebung der Grundlagen des kanonischen Rechts herbeiführen. Ein besonderer priesterlicher ordo, ein Regiment der Kirche durch den Klerus wurde nicht mehr anerkannt. Die Kirche, als das sichtbare Abbild der unsichtbaren Kirche Christi, berief jedes Glied gleichmäßig zur Mitarbeit am Reiche Gottes; dazu bedurfte sie des weltlichen Schutzes. Infolge davon erschienen bereits in den ersten Jahren nach Luthers Auftreten (...) zwei Begriffe, die dem kanonischen Recht teils fremd, teils nebensächlich gewesen waren (...), Obrigkeit und Gemeinde.[21]
Die Frage nach der Trägerschaft der Baulasten für kirchliche Gebäude betraf daher nicht die Patronate, sondern die christliche Obrigkeit als dem „weltlichen Advokaten" in Gestalt des Landesfürsten, der Städte oder des landsässigen Adels in den Dörfern. Die Obrigkeit habe nach dem Prinzip des cuius regio, eius religio auch die Verpflichtung übernommen, für die kirchliche Versorgung der Untertanen zu sorgen. Dies sei um so mehr zur staatlichen Aufgabe geworden, als durch die Einziehung kirchlicher Güter und Lehen die Mittel dazu beschafft worden waren, die der Bezahlung von kirchlichen Bedürfnissen aus dem „gemeinsamen Kasten" dienen sollten. Eine besondere Verpflichtung der Kirchengemeinde zur Abtragung der Kirchenbaulast wies der Gutachter demgegenüber entschieden zurück. Zum Verhältnis von Ortsgemeinde und christlicher Gemeinde stellte er fest: „Es gab überhaupt nur eine christliche Gemeinde, und diese christliche war die politische."[22]

Die in der Konsistorialordnung genannte „gemeine in städten und dörfern" war demnach die vollberechtigte Einwohnerschaft, keineswegs nur die Mitglieder der kirchlichen Pfarrgemeinde.

Das Kirchengutachten resümierte, daß mit der Reformation und der entsprechenden brandenburgischen Konsistorialordnung die rechtlichen Grundlagen der Baulastregelungen völlig neu gelegt wurden und faßt derart zusammen, daß „das tragende Subjekt der zur Erhaltung des Kirchenwesens erforderlichen Rechtspflicht die politische Gemeinde und das zur Verwaltung berufene Subjekt die politische Obrigkeit war. Neben der letzteren trat die Institution der Patrone ganz in den Hintergrund."[23]

Diese Interpretation begründete zweifelsfrei den Anspruch der Kirche auf generelle Übernahme der Baulasten durch die Obrigkeit, und zwar nicht nur für die Reparatur, den Wiederaufbau und die Ausstattung, sondern auch den Neubau von Kirchen, um den es in dem Rechtsstreit vor dem Kammergericht im Jahre 1903 ja ging.

Um es vorwegzunehmen: Das königliche Kammergericht wies in seinem Urteil vom 13. 3. 1903 diese weitreichenden Ansprüche der Kirchengemeinden gegenüber den Kommunen zurück. Der hohe Senat hielt es für erwiesen, daß in Kapitel 13 nur von der Instandhaltung der vorhandenen Kirchen und im Falle ihrer vollständigen Zerstörung von Wiederherstellung die Rede gewesen sei. „Wer die Polizeigewalt ausübte, und dies war von jeher in den märkischen Städten der Rat, auf den Dörfern der Dorfherr (Junker, Amtshauptmann) gewesen, hatte in dieser obrigkeitlichen Stellung sowohl das Recht, wie auch die Pflicht, dafür zu sorgen, daß die öffentlichen Anlagen nicht verfielen."[24]

Das Gericht erkannte zwar die subsidiäre Verantwortung der Obrigkeiten an. Hatte die Kirche aber einen Patron, so ging die subsidiäre Verpflichtung der Städte an diesen über. Überhaupt habe sich die subsidiäre Verpflichtung der Stadt ausschließlich auf die Reparatur und den Neubau der vorhandenen Kirchen, nicht aber auf die Begründung neuer Kirchen neben den vorhandenen bezogen.[25]

Mit dem Urteil des Kammergerichts war die Angelegenheit allerdings keineswegs abgeschlossen. Schon wenige Jahre später, am 7. August 1907, beauftragte der Evangelische Oberkirchenrat in Berlin den Jenaer Professor für öffentliches Recht Niedner mit einem Gutachten zur Frage der Kirchenbaulast in den Städten der Mark Brandenburg. Der Minister der geistlichen, Unterrichts- und Medizinalangelegenheiten hatte über die Leistung eines Patronatsbeitrages der Stadtgemeinde Züllichau bei Frankfurt an der Oder und der dortigen Kirchengemeinde zu entscheiden. Er bot dem Oberkirchenrat an, bis zum Eintreffen des Gutachtens die Entscheidung auszusetzen, bestand jedoch auf eilige Bearbeitung, da sonst auf das Urteil des Kammergerichts zurückgegriffen werden müsse. Dieses Verfahren hätte der Kirchengemeinde große Nachteile gebracht. Dennoch konnte Niedner erst nach mehrfacher Aufforderung im Mai 1911 sein umfassendes Gutachten vorlegen.[26]

Darin vertrat Niedner die Auffassung, daß Kammergericht habe in seinem Urteil von 1903 „vor allem die Rechtsnormen über das Patronat und über die Kommunal- und Parochialverfassung verkannt, die Rechtsnormen über das Patronat insofern, als es die verschiedenen früher mit dem Patronat bezeichneten Rechtsverhältnisse nicht auseinandergehalten und angenommen hat, daß die Patrone in den Städten der Mark nicht kirchbaupflichtig seien; die Normen über die Kommunal- und Parochialverfassung insofern, als es nicht erkannt hat, daß sich die Parochialverfassung nicht auf die kirchlichen Einwohner bezog, diese vielmehr vor der Einführung der neueren Kirchengemeindeverfassung rechtlich in den Wirkungskreis der Kommune gehörten."[27]

Den Nachweis einer Kirchbaupflicht der Städte, soweit sie Patrone waren, sah der Gutachter im märkischen Recht von 1710. Der Fiskus wurde in einem königliches Edikt als Patron aller Ämterkirchen gewohnheitsrechtlich für kirchbaupflichtig angesehen.

In der allerhöchsten Ordre vom 11. 12. 1710 hieß es wörtlich:
"... So haben wir darauf allergn. resolviert, daß , was die Kirchen und Pfarrgebäude anbetrifft, es bey der bißherigen Observantz zwar dergestalt verbleiben solle, daß die Patroni alle Materialien an Holtz, Steine, Kalck und dergleichen anschaffen, die Unterthanen aber die Gespann- und andere Handdienste dabey praestiren müssen ...."[28]

Das Gutachten von 1911 bestand klar auf der umstrittenen Neubaupflicht seitens der Kirchenpatrone. Ob das Gutachten die Entscheidung des Ministeriums beeinflußt hat, war noch nicht definitiv festzustellen, die Wirkung sollte aber nicht überbewertet werden. Eine endgültige Klärung der Kirchbaulasten im Sinne der Kirche scheint es jedenfalls nicht gegeben zu haben; denn schon 1932 gab der Evangelische Oberkirchenrat ein weiteres, ergänzendes Gutachten in Auftrag, diesmal an den Konsistorialrat Loerke aus Memel.

Die Frage war, ob kommunale Kirchbaupflichten gegenüber den Gemeinden Berlin-Lichterfelde, Bartholomäus und Schmargendorf bestanden. Der

Oberkirchenrat sah durchaus Möglichkeiten, vor dem Oberverwaltungsgericht in dieser Angelegenheit zu „obsiegen". Aber Kirchengemeinden hatten Zweifel an ihren Patronatsrechten und wollten aus dem Patronat entlassen werden. Trotz des Verständnisses für die „innerkirchlichen Gründe" sah der Oberkirchenrat diese Entwicklung aus finanziellen Erwägungen mit gewisser Sorge.[29] Zu diesem Zeitpunkt war bereits seit mehreren Monaten ein Verwaltungsgerichtsverfahren der Kirchengemeinde Berlin-Schmargendorf gegen den preußischen Fiskus wegen eines Patronatsbaubeitrages zu den Kosten des Baues der Kreuzkirche am Hohenzollerndamm anhängig.[30]
Das Gutachten Loerke stützte die Position des Oberkirchenrats. Im wesentlichen fußten die Ausführungen auf dem Gutachten Niedner. Deutlicher umrissen wurde aber der Umfang der Baulasten, die aus dem Kirchenvermögen zu erbringen waren. Das kirchliche Eigenvermögen, also Fundationskapitalien, Rücklagen, Einkünfte und Zinsen, waren bekanntlich als erstes für den Kirchenbau heranzuziehen. Die königliche Kabinettsordre vom 11. Juli 1845, „betreffend die Vermögensverwaltung der Kirchen, Pfarren und kirchlichen Stiftungen nach Märkischem Provinzialrechte", grenzte diese Verpflichtung dahingehend ein, daß „das Fundationskapital überhaupt nicht angegriffen, und das übrige Kirchenkapital nur insoweit zu Bauten herangezogen werden darf, als Fundations- und übriges Kapital nicht nötig sind, um Zinsen oder andere Einkünfte zur Betreuung der laufenden Ausgaben zu gewähren."[31]
Zusammengefaßt ergab die Aktenlage nach Loerke folgendes Bild: Die Kirchenbaulast, einschließlich des Neubaus von Kirchen, trifft in den Städten der Mark Brandenburg in erster Linie das Kirchenvermögen, und soweit es nicht ausreicht, den lastenpflichtigen Patron und die städtische Kämmereikasse.[32]
Das Oberlandesgericht folgte dem Gutachten bezüglich der eingegrenzten Leistungspflicht der Kirchen in seinen nachfolgenden Urteilen offenbar nicht. Das Gericht bestand vor allem darauf, daß in Abänderung der Bestimmungen des Allgemeinen Landerechts nunmehr auch die kirchensteuerliche Leistungsfähigkeit der Kirchengemeinden zur Beurteilung der „Insuffizienz" mit in Betracht gezogen werden mußten. In einem Rundschreiben vom 6. 2. 1934 an die Evangelischen Konsistorien verweist der Oberkirchenrat auf die entsprechenden Urteile und Literatur und fährt fort:
„Wir geben den Evangelischen Konsistorien weiter davon Kenntnis, daß wir die angedeutete Entwicklung der Rechtsprechung des Oberverwaltungsgerichts in Patronatsbausachen zum Anlaß genommen haben, an den Herrn

Minister für Wissenschaft, Kunst und Volksbildung wegen einer Neugestaltung des Patronatsrechts heranzutreten. Wir erstreben dabei Normen, die einerseits den Grundsätzen des neuen Staates gerecht werden, andererseits die Ansprüche der Kirchengemeinden auf Patronatsleistungen, wenn vielleicht auch in geringerer Höhe als gegenwärtig, besser sichern als dies angesichts der erwähnten Rechtsprechung des Oberverwaltungsgerichts jetzt der Fall ist."[33]

An dieser Stelle ist nun nachzutragen, was mit den Bestimmungen des Allgemeinen Landrechts gemeint war und welche wichtigen Rechtsentwicklungen im 19. Jahrhundert Einfluß auf die bis dahin bestehenden Regelungen der Baulastfrage nahmen.

Der Gesetzeskorpus des Allgemeinen Preußischen Landrechts ist ein Resultat aufklärerisch-absolutistischer Systematik der spätfrederizianischen Zeit, in dem vor allem geltendes Recht kodifiziert wurde. Die §§ 568 bis 617 handeln von den Kirchenpatronen.[34]

Das Kirchenpatronat wird vom Staat verliehen für Kirchenbau, Wiederaufbau und Dotationen. Das Patronat wurde im Preußischen Landrecht als ein Sachenrecht angesehen, das an Grund und Boden gebunden sein sollte, ohne Ansehen der „Religionspartei" des Patrons.[35] Zu den Rechten des Patrons gehörte das Präsentationsrecht der Geistlichen, der Kirchenstuhl, gemeindliches Kirchengebet, ein bevorzugter Begräbnisplatz der Familie, Ehrenmäler, Trauergeläut und im Falle der Verarmung ein notdürftiger Unterhalt aus dem Kirchenvermögen. Auch die Witwen verstorbener Patrone waren zur Ausübung des Patronatsrechts berechtigt. Zur Regelung der Baulasten verwies das ALR auf die Provinzialgesetze, Verordnungen und Rechtstraditionen, die z. T. schon Gegenstand der Betrachtungen gewesen sind.

Die Definitionen des ALR bleiben für das 19. Jahrhundert bestimmend. Ein gravierender Einschnitt für die kirchlichen Patronate war die Säkularisation der geistlichen Güter und Mediatisierung der Reichsstädte – mit wenigen Ausnahmen – auf der Grundlage des Reichsdeputationshauptschlusses von 1803. Die Stärkung der deutschen Mittelstaaten und die damit verbundene Neuordnung der deutschen Länder wurde vor allem bezahlt mit der Aufhebung der reichsunmittelbaren geistlichen Fürstentümer, d. h. der Bistümer, Abteien, Klöster, Stifte und Orden. Die neuen Landesherren nahmen als Rechtsnachfolger der Patrone die Stellenbesetzungsrechte in Anspruch, die als Patronate definiert wurden.[36] Das landesherrliche Patronat wurde in Preußen mit der Verfassung von 1850 aufgehoben. Man unterschied zwischen fiskalischen, d. h. staatlichen und den privaten Patronaten. Der Art. 18 der Preußischen Staatsverfassung von 1850 schloß die staatlichen Rechte bei der kirchlichen Stellenbesetzung aus. Die Patronatsrechte sollten aber weiterhin Bestand haben. Diese Vorgabe der Verfassung wurde dadurch unterlaufen, daß die Rechte der fiskalischen Patronate vom Staat an das landesherrliche Kirchenregiment übertragen wurden.[37] Die evangelische Kirche blieb daher auch weiterhin ohne Gemeindewahlrechte. Erst zwischen 1873 und 1876 wurde in Preußen ein alternierendes Wahlrecht eingeführt, nach dem sich landesherrliche Bestellung und Gemeindewahl des Pfarrers abwechselten. Das Staatskirchentum des 18. und frühen 19. Jahrhundert konnte sich so bis zur Trennung von Staat und Kirchen in der Weimarer Verfassung halten.[38] Die weiteren Entwicklungen im evangelischen Kirchenrecht verliefen nach Ländern uneinheitlich. Grundsätzlich entfielen 1918 die Rechte aus dem landesherrlichen Kirchenregiment. Dies galt aber nicht für die Privatpatronate, zu denen jetzt auch die fiskalischen Patronatsrechte des Staates und der Kommunen gezählt wurden, die ja teilweise noch bis in die Gegenwart weiterbestehen. Während praktisch der Einfluß auf die Stellenbesetzung weitgehend entfiel, blieben die Baulast-Verpflichtungen bestehen.

Die Trennung von Staat und Kirche ging in der Weimarer Zeit nur schleppend voran. Aber selbst der kirchenfeindliche NS-Staat kam in den 12 Jahren seiner Existenz auf dem Gebiet Preußens nur zu einem die Kirchenpatronate betreffenden Gesetz über die Trennung dauernd vereinigter Schul- und Kirchenämter.[39] Das Gesetz von 1938 sah eine Auseinandersetzung des Vermögens der bis dahin vereinigten Ämter zwischen den Beteiligten vor. Dabei sollten die Küsterschulgehöfte grundsätzlich an die Gemeinden gehen. Die Miteigentümer Kirchengemeinde und in einigen Fällen auch die Gutsherren, sollten entschädigt werden. Zum Stellenvermögen gehörende Gerechtsame sowie „Ansprüche gegen einen Kirchenpatron oder sonst kirchlich Beteiligten" sollten an die Kirchengemeinde gehen.

Folge oder Erfolg dieses Gesetzes war lediglich eine partielle Herauslösung des Schulvermögens aus dem generell weiterbestehenden Patronatsrecht.

Die Aufhebung des Kirchenpatronats in Brandenburg

Zu einer förmlichen Aufhebung des Patronats kam es in Brandenburg durch den Beschluß der Provinzialverwaltung vom 9. Februar 1946 „nach Benehmen mit den Kirchenbehörden der Provinz". Der § 1 dieser Verordnung besagte:

„Das Kirchenpatronat wird als staatsrechtliche Einrichtung aufgehoben."[40] Danach beteiligten sich Provinzialverwaltungen und Gemeinden nicht mehr an den Besetzungen kirchlicher Ämter, deren Verbindlichkeiten gegenüber der Kirche wurden annulliert – mit Ausnahme der Leistungen, die bei der Trennung von Küsterschulvermögen seitens der Gemeinden übernommen worden waren. Erklärend hieß es, die Verordnung beseitige das Kirchenpatronat „lediglich als staatsrechtliche Einrichtung „."[41] Kirchenpatronatsrechte sollten als rein kirchliche Einrichtung solange erhalten bleiben, bis sie durch kirchliche Vorschriften aufgehoben würden.

Eben dies geschah durch die Notverordnung der Kirchenleitung der Altpreußischen Union vom 5. März 1946 für den Bereich der Mark Brandenburg. Das kirchliche Patronat wurde aufgehoben, die Pfarrstellen sollten ausschließlich alternierend durch die Kirchenbehörde oder Gemeindewahl besetzt werden. Lediglich die Ehrenrechte der Patrone erhielten ein gewisses Fortleben in der Neuschöpfung des sogenannten „Ehrenpatronats" (§ 4), welches die Kirchenleitung der Provinz besonders bewährten Kirchenpatronen" verleihen konnte. Insbesondere sollten die Patrone vor jeder Besetzung der Pfarrstelle gehört werden.[42] Der Erhalt der Ehrenrechte war ein kleiner Trost der Kirchenleitung für die kirchennahen, nun durch die Bodenreform plötzlich verarmten Gutsbesitzer östlich der Elbe sein, denen Otto Dibelius im Oktober 1945 sein tiefes Mitgefühl für die erlittenen Enteignungen ausgedrückt und für die Unterstützung „in guten und in bösen Tagen vergangener Jahrhunderte" gedankt hatte.[43]

Die Verordnung Brandenburgs zur Bodenreform vom 8. September 1945 führte zur Enteignung und Aufteilung der Rittergüter unter Neusiedler vor allem aus den östlichen Gebieten. Dem Gutsbesitz und dem privaten Kirchenpatronat waren damit die ökonomischen Grundlagen entzogen.

Bei allem Mitgefühl der Kirchenleitung für das Schicksal ihrer jahrhundertelangen Förderer überwog aber doch die Einsicht, an der Schwelle zu einer neuen Epoche zu stehen, in der historische Rechte nicht mehr einzulösen waren. So hieß es im Protokoll der ersten Sitzung des kirchlichen Siedlungsausschusses unter Vorsitz v. Arnim-Kröchlindorffs vom 12. Februar 1946:

„Durch die Besiedlung der Rittergüter ist das Kirchenpatronat in seiner bisherigen Form nicht mehr zu halten. Die Übernahme des Patronats durch die Siedler ist unzweckmäßig."[44]

Stattdessen sollte auf eine Ablösung des Patronats durch Landabfindung hingearbeitet werden.

Der Wandel auf dem Lande schien unumkehrbar.[45] Gegen die Aufrechterhaltung des Patronats der Städte führte das Berliner Konsistorium die schmerzhaften Erfahrungen des Nationalsozialismus an; denn das Patronat hatte bei den NS-Bürgermeistern gelegen, was immer wieder zu schwerwiegenden Konflikten führte.[46]

Schwieriger war es für die Kirchenleitung, sich von dem Staatspatronat zu trennen. Der preußische Staat hatte als Patron der Kirche die kirchlichen Baulasten mitgetragen. Die Provinz Brandenburg sah sich aber nicht als Nachfolgerin des preußischen Staates und wollte daher keine diesbezüglichen Lasten übernehmen. Ohne diesen Standpunkt rechtlich anzuerkennen, hielt die Kirchenleitung es trotzdem für richtig, auch das Staatspatronat zu beenden, auch wenn dabei Baumittel verloren gingen: „Uns erschien jedoch die allgemein erstrebte Trennung kirchlicher und staatlicher Aufgaben, wie auch eine Beendigung dieser alten Verknüpfung zwischen Kirche und Staat erwünscht." Die Kirchenleitung wollte an dieser Stelle, auch als Konsequenz aus der NS-Zeit, offenbar eine deutliche Grenzlinie zu den staatlichen Stellen ziehen und ergänzte durch die Notverordnung vom 5. März die staatliche Verordnung.[47]

Für das Gebiet von Groß-Berlin bestand und besteht das städtische und staatliche Kirchenpatronat weiter. Eine Aufhebung des Patronats wurde 1946 deshalb nicht als notwendig empfunden, weil in Berlin „das Patronat bei Besetzung von Pfarr- und Kirchenbeamtenstellen im allgemeinen nicht ausgeübt" wurde. Außerdem hätte nach Ansicht des Konsistorialpräsidenten v. Arnim eine Ablösung durch Sachwerte die Patronatsbeiträge nicht ausgeglichen, was angesichts des zerstörten Berlin von 1947 einleuchtet. Gleichermaßen unzweckmäßig schien ein Geldausgleich im Jahre 1947, „solange die geplante Währungsreform nicht durchgeführt ist."[48]

So blieb das Patronatsrecht in Berlin bis heute erhalten. Nur für Brandenburg war mit dem Nachkriegsjahr 1946 die fast 800 Jahre alte Rechtskonstruktion des ius patronatus aufgehoben worden. Fünfzig Jahre danach, am 8. November 1996, bestätigte der Brandenburgische Staatskirchenvertrag die Verordnung von 1946. Die Aufhebung des Patronats in Brandenburg ist seit dem 10. März 1997 Gesetz.

Das Ehrenpatronat

Bislang zurückgestellt wurde die Erläuterung des Ehrenpatronats bei den kirchlichen Patronaten in Brandenburg. Dies soll im folgenden an einigen Beispielen nachgeholt werden.

Die kirchliche Notverordnung vom März 1946 sah die Verleihung des Ehrenpatronats vor. Zur Anwendung ist diese Regelung vor allem in der Zeit zwischen 1946 und 1948 gekommen und ist damit in seiner Wirksamkeit deutlich abgegrenzt auf die Demonstration „treuer Verbundenheit" mit den ehemaligen Patronen. Eines der ersten Ehrenpatronate ging auf die Initiative des Pfarramts Schönfeld im Kirchenkreis Calau zurück und betraf Ilse Gräfin zu Lynar, Witwe des früheren Patrons Graf zu Lynar auf Schloß Seese. Dabei sind zwei Aspekte der Interpretation des Ehrenpatronats von Interesse.

Erstens zum Verfahren der Verleihung des Ehrenamtes: Der Gemeindekirchenrat faßte die Wahl der Ehrenpatronin als seine Angelegenheit auf. Analog zur Pfarrerwahl sollte die Kirchenleitung nur den „gewählten Ehrenpatron in seinem Amte betätigen".[49]

Zweitens zum Inhalt des Amtes: Die Gräfin sieht ihr Amt als ein geistliches Amt an, das nicht aus dem Grundbesitz, sondern inneren Verhältnis zur Kirche ihr gegeben wurde. Dies ist ja auch die einzige kirchlich legitime Begründung für das Amt."

Deutlich distanzierte sich der Pfarrer in seinen weiteren Ausführungen von den herrschaftlichen und aristokratischen Zügen des Patronatsrechts: „Das Amt des Patrons war an sich völlig unkirchlich motiviert. Es war ein Amt aus Blut und Boden und ein fossiler Rest germanischen Heidentums."

Der Pfarrer unterliegt hier dem Irrtum, das Patronatsrecht sei Ausdruck herrschaftlichen Eigenrechts, während es in Wirklichkeit, wie wir sehen konnten, eine Neuschöpfung mittelalterlichen kirchlichen Rechts war, das sich im Gegensatz zum Eigenrecht entwickelte.

Offenbar teilte die Kirchenleitung die Ansicht des Pfarrers nicht, sondern verlieh der Gräfin zu Lynar das Ehrenpatronat über alle Kirchengemeinden im Kreise Calau, die zuvor zum Patronat gehört hatten.

Die Verleihung von Ehrenpatronaten kam aber schon 1948 zum Erliegen.

Erst im Jahre 1966 begegnet in den Akten wieder eine Patronatsbewerbung, die wegen der veränderten Rahmenbedingungen von gewissem historischen Interesse für die Auffassungen von dem altehrwürdigen Rechtsgebilde ist. Sie ging diesmal von dem ehemaligen Patron selbst aus.[50]

Wilhelm von Bredow, ehemaliger Patron von Stechow im Westhavelland und nach Enteignung seiner Güter wohnhaft bei Celle in Niedersachsen, äußerte anläßlich des Rittertags der Brandenburgischen Genossenschaft des Johanniterordens 1966 in einem Gespräch mit Bischof Scharf in Berlin, er wolle als Ehrenpatron für sein altes Patronat und zum Ehrendomherr des Domstifts Brandenburg berufen zu werden.

Der Bischof trug dieses Anliegen dem Kollegium des Konsistoriums in der Jebensstraße vor. Grundsätzliche Einwände wurden dort nicht erhoben. Es wurde aber entschieden, daß die „Verwaltungsstelle Ost soll noch um ein zustimmendes Votum gebeten werden" müsse, da es sich um deren Zuständigkeitsbereich handelte.[51] Der Domdechant Albrecht Schönherr wurde gebeten, das Kuratorium des Brandenburger Doms zu befragen.

An den Antworten zeigte sich, wie problematisch mittlerweile die Verleihung von kirchlichen Ehrenrechten geworden war. Die Kritiker argumentierten mit der kirchenpolitischen Opportunität, den Rechten der Gemeinde oder geschichtlich.

Zunächst die Antwort des Domdechanten, der sich zwar bereit erklärte, Herrn v. Bredow zum Ehrendomherrn vorzuschlagen, eine Ernennung zweier weiterer, von diesem vorgeschlagener Kandidaten aber für „völlig ausgeschlossen" hielt. Der spätere Bischof der Ostregion hielt „eine solche Häufung westlichen Zuwachses für die Arbeit des Kapitels auch für nutzlos, ja im Blick auf die Optik vielleicht sogar für schädlich."[52]

Das andere Anliegen v. Bredows stieß in der Neuen Grünstraße ebenfalls auf Widerstände, die in dieser Schärfe vom Westen nicht erwartet worden waren. Die Einwände galten nicht so sehr der Person, sondern dem Ehrenpatronat insgesamt. Der amtierende Konsistorialpräsident der Ostregion, Hagemeyer, vertrat in seinem Schreiben die Ansicht, „daß je länger je mehr das Recht der mündigen Gemeinde, sich ihre Pfarrer selbst auszuwählen, nicht durch die Ausübung von Patronatsrechten beeinträchtigt" werden dürfe und führte an, seit 1948 seien keine Ehrenpatronate mehr verliehen worden.

Gegen das Ehrenpatronat hatte sich vor allem der Propst Siegfried Ringhandt eingesetzt, dessen Ergänzung in die Endfassung des Schreibens einging. Darin äußert er folgenden Gedanken:

„Es darf doch nicht übersehen werden, daß das Kirchengesetz seine Voraussetzungen in bestimmten geschichtlichen Bedingungen hatte, die inzwischen abgestorben sind."[53]

Die Ablehnung des Anliegens fiel so deutlich aus, daß eine Verleihung des Ehrenpatronats an Herrn v. Bredow sehr unwahrscheinlich wurde. Es gibt auch keinen Nachweis in den Akten, daß diese Ernennung erfolgte.

Die Ost-Abteilung des Konsistoriums hatte sich ihre Entscheidung gegen die Verleihung des Ehrenpatronats nicht leicht gemacht. Aus den überlieferten Schriftsätzen und Randvermerken läßt sich deutlich ablesen, daß hier der Weg der Einzelfallprüfung mit umfangreichen Recherchen und Konsultationen gegangen worden war. Entscheidend für die Ablehnung war, daß Ehrenpatronate mit ihren Einflußmöglichkeiten auf die Pfarrstellenbesetzung der Gemeinden nicht mehr als zeitgemäß angesehen wurden. Die eingeholten Leumundsaussagen ergaben auch nicht, daß v. Bredow als Patron während der NS-Zeit durch mutiges Eintreten für bedrängte Pfarrer in Erscheinung getreten war. Problematisch wurde die Ausübung von Rechten und Pflichten dieses Amtes über Staats- und Systemgrenzen hinweg gesehen. Es war nur schwer vorstellbar, wie unter den gegebenen Umständen die Wahrnehmung dieses Amtes hätte aussehen können, wenn sowohl der räumliche als auch persönliche Bezug unterbrochen war.

Schluß

Zusammenfassend läßt sich der dargestellte Prozeß als eine Auseinandersetzung zwischen privaten, staatlichen und kirchlichen Interessen um die Verteilung der Kirchbaulasten charakterisieren, die eingebettet war in den Trennungsprozeß von Staat und Kirche.

Das Patronat in seinen historischen Ausprägungen und Formen bildet heute keine Grundlage mehr der Zusammenarbeit zwischen Kirche und dem Staat, den Kommunen und Privatpersonen. Diese Epoche ging mit der Trennung von Staat und Kirche in Brandenburg nach dem Zweiten Weltkrieg zu Ende und erlebte nur einen gewissen Nachhall in einem rein kirchlichen Ehrenrecht, das aber schon zu Beginn der 1950 er Jahre faktisch tot war. Versuche zur Wiederbelebung scheiterten an praktischen und theologischen Gründen. Die Bestätigung der Verordnung von 1946 im Staatskirchenvertrag von 1996 ist die logische Konsequenz einer historischen Entwicklung und eine Bestätigung der inzwischen eingetretenen Fakten. Eine umfassendere rechtsgeschichtliche Untersuchung des Patronatsrechts wäre von hoher Aussagekraft für die Entwicklung des Verhältnisses von Staat, Kirche und Gesellschaft. Dieser Aufsatz ist ein kleiner Beitrag in dieser Richtung.Für die zukünftige Kooperation zwischen Staat, Kommunen und Kirchen zum Erhalt des kulturellen Erbes müssen aber andere Wege gefunden werden, die sich – und darin war das Patronat vielleicht auch für zukünftige Überlegungen vorbildlich – an der gemeinsamen Verantwortung für die symbolischen Stätten sozialer, politischer und religiös-kultureller Gemeinschaft orientieren sollten. Die Kirchengemeinden wären als alleinige Träger der Kirchbaulast überfordert. Aus gutem Grund ist den Kirchengemeinden dies in der Vergangenheit auch nie abverlangt worden, wie die Untersuchung gezeigt hat. Vorstellbar ist, daß in Analogie zum Ehrenpatronat Kirchen-Patenschaften mit Einzelpersonen, Unternehmen oder öffentlichen Trägern ins Leben gerufen werden. Entsprechende Rechtsformen lassen sich den Zwecken gemäß finden und sollten von der Kirche angeboten werden.

Kirchenbauten gehören in das Netz abendländischer Traditionen, ganz gleich ob sie zu den städtischen Großkirchen mit reicher Architektur und Ausstattung oder kleinen Dorfkirchen mit liebevoller Ausschmückung zählen. Kirchen sind Orte des Gottesdienstes und Stiftungen in der Hoffnung auf das Leben in einer friedvollen Gemeinschaft. Nicht nur die Bauerhaltung, sondern auch das Leben in diesen Räumen zu gestalten ist eine Gemeinschaftsaufgabe.

Anmerkungen

[1] Gesetz und Verordnungsblatt für das Land Brandenburg vom 12. März 1997.
[2] Wegen der Herkunft von ius patronatus häufig auch „der Patronat"; wir schließen uns hier dem gebräuchlichen „das Patronat" mit Bezug auf das Genus von „Recht" in der deutschen Grammatik.
[3] Vgl. Stutz, U., Eigenkirche, Eigenkloster, in: Realencyklopedie für protestantische Theologie und Kirche, Bd. 23, 3. Aufl., Leipzig 1913.
[4] Papst Gregor VII. (1073 - 1085).
[5] Landau, P., Patronat, in: Theologische Realencyclopädie, Bd. 26, Berlin 1996, S. 106.
[6] Lindner, Th., Baulasten an kirchlichen Gebäuden, Tübingen 1995, S. 29 f.
[7] Landau, Patronat, S. 106 f.
[8] Isenmann, E., Die deutsche Stadt im Spätmittelalter, Stuttgart 1988, Kapitel Stadt und kirchliche Institutionen, S. 216 ff. Beispiele für Patronatskauf gibt es überall, z. B. die Stadt Ulm, die 1446 das Patronat der Pfarrkirche für 25.000 Gulden vom Konvent der Reichenau mit Zustimmung des Bischofs von Konstanz erwirbt.
[9] Isenmann, Die Deutsche Stadt im Spätmittelalter, Stuttgart 1988, S. 217.
[10] Lindner, Baulasten, S. 31.
[11] Lindner, Baulasten, S. 36.
[12] Lindner, Baulasten, S. 42.
[13] Lindner, Baulasten, S. 43.
[14] Lindner, Baulasten, S. 37.
[15] Schling, E., Die evangelischen Kirchenordnungen des 16. Jh., 3. Bd., Leipzig 1909, S. 115.
[16] Zum gegenwärtigen Forschungsstand unter rechtsgeschichtlichen und rechtlichen Aspekten vgl. vor allem Lindner, Th., Baulasten an kirchlichen Gebäuden, Tübingen 1995, S. 16 - 68.
[17] Der Streit wurde vor dem königlichen Kammergericht in den Jahren 1900 bis 1903 geführt und fand seine unmittelbare Fortsetzung bis in die 30er Jahre. Klägerin war der Berliner Magistrat und Beklagte die St. Markus Kirchengemeinde, die zuviel ausgezahltes Geld des Magistrats für den Bau der Samariter-Kirche in Friedrichshain zurückzahlen sollte. In diesem Zusammenhang sind vor allem zwei Schriften zu nennen, in denen ausführlich die rechtliche Auseinandersetzung im Vorfeld des Reichskammergerichtsurteils geführt wurde: 1. „Beiträge zur Frage, in wieweit aus der kurbrandenburgischen Visitationsordnung von 1573 eine Kirchenbaulast der politischen Gemeinde herzuleiten ist," ein Gutachten im Auftrage der Stadt Berlin von 1900; 2. „Die Kirchbaupflicht der Stadt Berlin. Erwiderung auf die Schrift der Stadtgemeinde Berlin," bearbeitet von Oberanwalt Gerichtsrat Berner 1900- 1901, gedruckt als nicht zur Veröffentlichung bestimmtes Manuskript, Berlin 1901. Beide Schriften sind überliefert in den Akten des Evangelischen Oberkirchenrats, „Acta enthaltend Druckschriften betr. die Kirchbaupflicht

der Stadt Berlin, Adhibendum I und II, ad Provinz Brandenburg, V. Abt., Nr. 35".
Die Aktenstücke liegen derzeit im Landeskirchlichen Archiv Berlin-Brandenburg und enthalten weiteres. Die gedruckten Schriften sind auch an anderen Stellen, z.B. der Berliner Stadtbibliothek, vorhanden.

[18] Vor allem die Benefiziaten des Kirchenvermögens sollten für die Bauten einstehen, wie der Gutachter des Magistrats mit Hinweis auf die Kapitulare Karls des Großen zu belegen meinte: „Ut domus ecclesiarum et tegumenta ab eis fiant emendata vel restaurata, qui beneficia exinde habent." Gutachten der Stadt Berlin, S. 4. Vgl. auch Lindner, Baulasten, S. 38 ff.

[19] Gutachten der Stadt Berlin, S. 6.

[20] Erwiderung, S. 11. Darin werden im ersten Teil auch eine Reihe von Kritikpunkten gegen die Wertungen des Gutachtens geltend gemacht. So habe das Tridentinum z.B. die Parochianen nicht zum Kirchenbau verpflichtet.

[21] Erwiderung, S. 14.

[22] Erwiderung, S. 26 f.

[23] Erwiderung, S. 44.

[24] Urteilsspruch des königlichen Kammergerichts Berlin vom 13. 3. 1903, S. 21.

[25] Urteilsspruch 1903, S. 138.

[26] Gutachten betr. Die Kirchbaulast in den Städten der Mark Brandenburg, verfaßt von Dr. Niedner, Professor für Öffentliches Recht in Jena, Manuskript, Jena 1911.

[27] Gutachten Niedner, S. 73.

[28] Riedel, F., Magazin des Provinzial- und statutarischen Rechts der Mark Brandenburg und des Herzogthums Pommern, Bd. 1, Berlin 1837, S. 414 - 420.

[29] Evangelischer Oberkirchenrat, Vermerk vom 4. 3. 1932, Akten Brandenburg V 330 II (Abschrift), S. 3:
„Hiernach kam man grundsätzlich zu dem Ergebnis, daß die Aussichten der Kirchengemeinde auf Obsiegen in der Patronatsfrage nicht so schlecht seien, wie sie die kirchengemeindlichen Organe ansehen. Diese wollten offenbar das Patronat unter allen Umständen beseitigt wissen. Diesseits wurde nicht verkannt, daß sich dafür innerkirchliche Gründe geltend machen lassen."

[30] Verwaltungsrechtsräte E. Hoffmann und W. Kramer an den EOK, 14. 10. 1931.

[31] Die Kirchenbaulast in den Städten der Mark Brandenburg, erarbeitet von Konsistorialrat Loerke (Memel), maschinengeschriebenes Manuskript, 6. 7. 1932, S. 120.

[32] Vgl. Gutachten Loerke, S. 70, 98, 117.

[33] Evangelischer Oberkirchenrat, Acta betreffend die Kirchenbaulast nach Märkischem Rechte, 1904 - 1934, Abschrift aus den Akten gen. V 275 V, Provinz Brandenburg XVIII. Abt., Nr. 6.

[34] Von den kirchlichen Baulasten handeln im Allgemeinen Landrecht für die preußischen Staaten (ALR), Teil 2, Titel 11, folgende Paragraphen: Von den Kirchenpatronen §§ 568 - 617, Von der Verwaltung der Güter und des Vermögens der

Pfarreien §§ 618 - 771, Von Pfarrgütern und Einkünften §§ 772 - 856.

[35] Vgl. § 581 ff. Der § 582 im Wortlaut: „Doch können Personen, welche zu keiner von den im Staat aufgenommenen oder geduldeten christlichen Religionsparteien gehören, das Patronatsrecht über eine Kirche nicht ausüben." Und § 583: „Es steht ihnen zwar frei, diese Ausübung einem Anderen während ihrer Besitzzeit zu übertragen; die Beiträge und Leistungen aber, welche aus dem Patronat fließen, müssen in allen Fällen aus den Einkünften des Gutes bestritten werden."

[36] Die Rheinisch-Westfälische Kirchenordnung von 1835 räumte zwar den patronatsfreien Gemeinden das Recht der Pfarrerwahl ein, dies wurde aber in der Praxis auf die Gemeinden eingeschränkt, die wegen ihrer reformierten Tradition ohnehin diese Rechte besessen hatten.

[37] Besier, G., Preussische Kirchenpolitik in der Bismarckära, Reihe Veröffentlichungen der Historischen Kommission zu Berlin, Bd. 49, Berlin 1980, S. 34 f.

[38] TRE, Artikel Patronat, S. 111

[39] Gesetz vom 7. September 1938, Preußische Gesetzsammlung, 30.9.1938. Verordnung über die Auseinandersetzung des Vermögens bisher vereinigter Schul- und Kirchenämter vom 13. 10. 1938, Preußische Gesetzsammlung, 18. 10. 1938.

[40] Verordnungsblatt der Provinzialverwaltung Mark Brandenburg Nr. 6 vom 20. 3. 1946.

[41] Vgl. die Ausführungsanordnung vom 9. 2. 1996, Verordnungsblatt der Provinzialverwaltung der Mark Brandenburg 10, 26. 7. 1946.

[42] LABB Kart. 365, P4 Patronate, Bd. I, 1945 - 1979, Notverordnung über die Aufhebung des Kirchenpatronats in der Provinz Mark Brandenburg, 5. 3. 1996. LABB Kart. 365, P4 Patronate, Bd. I, 1945 - 1979, Ausführungsbestimmungen zur Notverordnung, 2. 9. 1997. Die Ernennung zum Ehrenpatron durch die Kirchenleitung wurde an bestimmte Verdienste um die Belange der Kirchengemeinden geknüpft. „Bei der Bewertung der besonderen Verdienste eines Patrons ist auch sein Eintreten für Geistliche, die während des Kirchenkampfes um ihrer Bekenntnistreue willen gemaßregelt oder nicht kirchenamtlich anerkannt wurden, zu würdigen." Die Rechte des Ehrenpatrons betreffen Gehör und Vorschlagsrecht bei der Besetzung der Pfarrstellen (Absatz 4). Die Notverordnung wird am 15. September 1946 im Kirchlichen Amtsblatt der Kirchenprovinz Berlin-Brandenburg unter 3. Ausführung der Verordnung über das Kirchenpatronatsrecht näher bestimmt. In Abschnitt I. wird der Hinweis gegeben, daß für die katholischen Kirchenpatronate die Bestimmungen des Codex Iuris Canonici vom 28. 6. 1917 ihre Gültigkeit behaupten, aber unter Ausschluß der „Mitwirkung der Provinzialverwaltung und der Gemeinden bei der Besetzung kirchlicher Ämter und bei der Verwaltung des Kirchlichen Vermögens".

[43] LABB Kart. 365, P 4 Patronate, Bd. I, 1945 - 1979, Dibelius an die hochverehrten Patrone und Patroninnen, 31. 10. 1945.

[44] LABB Kart. 365, P 4 Patronate, Bd. I, 1945 - 1979.

[45] Vgl. auch Kirchliches Amtsblatt der Kirchenprovinz Berlin-Brandenburg, 15. 4.

1946, 4. Kirchliche Maßnahmen zur Bodenreform.

[46] Und an anderer Stelle desselben Schreibens vom Konsistorium an das Evangelisch-lutherische Landeskirchenamt Sachsens, 8. 10. 1946 (LABB Kart. 365, P4 Patronate, Bd. I, 1945 - 1979): „Vor allem während des nationalsozialistischen Regimes machten sich bei Neubesetzung der Pfarrstellen in dem Berufungs- und Präsentationsrecht der städtischen Stellen so kirchenfremde Einflüsse geltend, dass eine Beendigung dieses Zustandes unter kirchlichen Gesichtspunkten dringend erwünscht erschien."

[47] Dabei bleibt noch die Anmerkung zu machen, daß die Verhandlungen zwischen den staatlichen und kirchlichen Stellen im Laufe der zweiten Hälfte des Jahres 1945, also noch vor der Bodenreform, nur mündlich geführt wurden und keinen Niederschlag in irgendwelchen Akten gefunden haben, wie das Berliner Konsistorium 1951 der sächsischen Landeskirche mitteilte.

[48] LABB Konsistorium Generalia, Kart. 365, P 4 Patronate, Bd. I, 1955 - 1968, Evangelisches Konsistorium an den Evangelischen Oberkirchenrat, 9. 12. 1947.

[49] LABB Kart 365, P 4 Patronate, Bd. I, 1945 - 1979, Pfarrer Doebert, Pfarramt Schönfeld, an das Evang. Konsistorium, 9. 7. 1946.

[50] LABB Kart. 365, P 4 Patronate, Bd. I, 1955 - 1968.

[51] LABB Kart. 365, P 4 Patronate, Bd. I, 1955 - 1968, Protokollauszug der Sitzung des Kollegiums vom 16. 6. 1966.

[52] LABB Kart. 365, P 4 Patronate, Bd. I, 1955 - 1968. Vermerk vom 30. 8. 1966

[53] LABB Kart. 365, P 4 Patronate, Bd. I, 1955 - 1968, Hagemeyer an Rudloff, 8.8.1966.

Hartmut Mai

Die Ikonographie evangelischer Kirchen in Berlin und Potsdam zur Zeit König Friedrich Wilhelms IV. (1840 - 1861)

Am 6. August 1854, dem Fest der Verklärung Christi, verfügte Friedrich Wilhelm IV., wie er bestattet sein wolle. Im Mausoleum des Schloßgartens von Charlottenburg sollte sein Herz in einem Granitkreuz im Boden vor der Grabstätte seiner Eltern beigesetzt werden, sein Leib aber "vor den Stufen, die zum heiligen Tisch führen, in der Friedenskirche" in Sanssouci.[1]
Friedrich Wilhelm IV. selbst hatte jenes Mausoleum, das zunächst für seine Mutter, die 1810 verstorbene Königin Luise, errichtet worden war und danach auch den Leichnam seines Vaters, des 1840 verstorbenen Königs Friedrich Wilhelm III., aufnahm, durch Erweiterung und Anfügung einer Apsis mit Altar und Kruzifix in eine Grabkapelle verwandeln lassen. 1849/50 malte Carl Gottfried Pfannschmidt die Apsiskuppel aus. Das Gemälde auf Goldgrund zeigt den erhöhten Christus. Vor ihm knien, die Kronen in den Händen, Friedrich Wilhelm III. und Luise. Dieses Bild ist nicht nur ein Dank an die frommen Eltern, sondern es manifestiert auch eindrücklich das Verständnis des Gottesgnadentums der Hohenzollern.[2]
Friedrich Wilhelm IV. setzte als ein architekturbegabter, kunstsinniger und tief religiöser Herrscher in die Tat um, was ihm schon als Kronprinzen wichtig geworden war. Zum einen war er der Erbe der kirchenpolitischen Bemühungen und der Erneuerungsbestrebungen auf religiösem und künstlerischem Gebiet, die schon die Regierungszeit seines Vaters kennzeichneten. Auf der anderen Seite korrigierte der "Romantiker auf dem Thron" manche Einseitigkeiten durch stärkere Beachtung der historischen Dimension des Christentums und durch die Verbindung des kirchlichen Verantwortungsgefühls als Primas des deutschen Protestantismus mit "romantischem Ökumenismus".[3]
Der Friedrich Wilhelm III. und seinem Sohn eng verbundene Bischof Friedrich Eylert hat den von jenem initiierten Weg liturgischer Erneuerung, der im Umgang mit dem Kirchenraum von Friedrich Wilhelm IV. weiterbedacht und -geführt wurde, im Jahr 1830, dem 300. Jubeljahr der Augsburgischen Konfession, so beschrieben:
"Nichts als das Wort Gottes annehmend und alles was nicht ausdrücklich Lehre Jesu Christi und nicht Er selbst ist, mit festem Glaubensmuthe verwerfend, spiegelt sich in unsrer evangelischen Kirche also gestaltet die Ur-

kirche der ersten Christen im apostolischen Zeitalter ab, getauft mit dem heiligen Geiste und dem Feuer ihres Stifters, des Sohnes Gottes. Auf diesem glänzenden Standpunkte befindet sich jetzt die evangelische Kirche in den Königlich Preußischen Staaten, unter den Auspicien ihres erhabenen, vielfach geprüften, christlich erleuchteten Regenten. Die Union und Agende, die Er gab und sanctionirte, und die ein Muster der Nachfolge selbst für auswärtige evangelische Länder geworden ist, ist das w ü r d i g s t e E l e m e n t i n d e r d r e i h u n d e r t j ä h r i g e n J u b e l f e i e r d e r A u g s b u r g i s c h e n C o n f e s s i o n, von der diese Union und Agende zeugt, und deren Geist sie in der Kirche lebendig macht."[4]

Zur Zeit Friedrich Wilhelm IV. entstanden in Preußen 300 Kirchenneubauten und -erweiterungen. Unter dem maßgebenden Einfluß des Königs folgten sie weitgehend dem Grundmuster der frühchristlichen Basilika. Die bedeutendsten Bauten entstanden in Berlin und Potsdam. Ihre liturgische Einrichtung und ihr ikonographisches Programm gehen ganz oder teilweise auf die Vorstellungen des Königs zurück. Im Blickfeld dieses Beitrags liegen die Nikolaikirche in Potsdam, die Schloßkapelle in Berlin, die Friedenskirche in Potsdam-Sanssouci, die Heilandskirche in Potsdam-Sacrow und die Kirche in Caputh bei Potsdam.

Die Nikolaikirche in Potsdam

Die Baugeschichte der neuen, von Karl Friedrich Schinkel erbauten, von Ludwig Persius, Friedrich August Stüler und Gustav Emil Prüfer vollendeten Nikolaikirche in Potsdam zeigt einschließlich ihrer Innengestaltung Kontinuität und Wandlung in der Kirchbaufrage. Der Zeitraum von der Planung bis zur Einweihung umfaßte die Jahre 1826 bis 1837. Das Aufsetzen der Kuppel und die damit verbundene Vollendung der Innenausstattung beanspruchte die Jahre 1843 bis 1849. Am Palmsonntag, dem 24. März 1850 wurde die völlig fertiggestellte Kirche erneut in Gebrauch genommen.[5]

Bereits Friedrich Wilhelm III. hatte in Zusammenarbeit mit Bischof Eylert und Schinkel das ikonographische Programm der Eingangsseite entworfen und realisiert. Gegenüber Eylert äußerte der König seine Wünsche und Vorstellungen auf folgende Weise:

"Die Bergpredigt enthält die ganze evangelische Glaubens- und Sittenlehre und wo sich Beides in der Ueberzeugung, im Herzen und im Leben findet, da ist wahres Christenthum. Dieses will ich auch in Potsdam gern fördern,

und darum habe ich mit der Zustimmung von Schinkel und Persius auf dem Frontispice der neuen Nicolai-Kirche Christum mit seinen Jüngern, wie er die Bergpredigt hält, darstellen lassen. Unter dieser Abbildung ist eine oblonge Platte, auf welcher seine Aussprüche, am passendsten die Seligpreisungen, und andere apostolische Aussprüche, stehen sollen."[6]
Schinkel konzentrierte sich auf die liturgische Ausstattung der Altarnische und ihre Ausmalung, für die er Programme und Entwürfe entwickelte, die der Berliner Maler Bernhard Wilhelm Rosendahl realisierte. Die Ausmalung des Apsisrundes mit den 12 Aposteln in der unteren Zone, den Evangelisten in der mittleren Zone und dem erhöhten Christus in der Kuppel ist bestimmend geblieben. Die Veränderungen und Ergänzungen, die im Zuge des Kuppelbaus nach Vorgaben Friedrich August Stülers und unter Anleitung von Peter Cornelius durch mehrere Berliner Künstler vorgenommen wurden, folgten nicht nur Schinkels Ideen, sondern eröffneten auch neue Aspekte. Durch Veränderungen am Antlitz Christi in der Apsis und Einfügung von Palmen zwischen den Evangelisten kam ein archisierender Zug in die Darstellung. Gustav Emil Prüfer hat 1853 in "Mittheilungen über den Bau der St. Nicolai-Kirche in Potsdam" auch festgehalten, was an bildlichem Schmuck neu hinzukam:
"Besonders zeichnet sich die Kuppel durch reiche Staffir- und Frescomalereien aus. Letztere bestehen aus 28 Engelsgestalten ... Weiter unten am Tambour enthalten 14 Nischen die in Stuck ausgeführten Statuen der Glaubenshelden nach Ebr. 11 V. 39 und 12 V. 1, nämlich: Abel, Moses, Josua, Gideon, Samuel, David, Salomo, Elias und Johannes der Täufer ... Unter der Gallerie in den 4 Gewölbezwickeln befinden sich auf Goldgrund die Bilder der 4 großen Propheten Jesaias, Jeremias, Ezechiel und Daniel al fresco gemalt ... Die Gurtungen unter den 4 großen Tonnengewölben enthalten 4 • 7 = 28 Brustbilder, welche die berühmtesten Märtyrer, Kirchenväter, Kirchen-Reformatoren und die 7 apokalyptischen Gemeinden darstellen. Sie sind ... auf Goldgrund al fresco gemalt ..."[7]
So entstand ein Bekenntnis zur Kontinuität der Kirche seit den Zeiten der Apostel. Diese Endfassung soll auf den Theologen und Kirchenmann August Twesten, den Nachfolger Friedrich Daniel Schleiermachers an der Berliner Universität, zurückgehen.
König Friedrich Wilhelm IV. war mit der Ausmalung des Inneren vollkommen zufrieden. Sein besonderes Augenmerk richtete sich auf die liturgische Einrichtung. Er ordnete "einige Änderungen an Altar, Kanzel und Taufstein an. Auch befahlen allerhöchst dieselben die Errichtung eines Baldachins

über dem Altar, und schenkten hierzu der Kirche 4 Säulen von gelblichem venetianischen Marmor. Die Ausführung dieses Baldachins ... nahm noch den Winter 1849/50 in Anspruch."[8]

Die Kapelle des Berliner Schlosses

Die die Stadt Potsdam und ihre Umgebung beherrschende Kuppel der Nikolaikirche ging auf eine Skizze des Kronprinzen zurück. Ähnliches geschah in Berlin, als Friedrich Wilhelm IV. den mächtigen Baukörper des Schlosses mit der Kuppel der nach seinem Befehl und seinen Wünschen errichteten Schloßkapelle krönte und damit zugleich dem Stadtbild zu einer Dominante verhalf. Die Kapelle wurde zwischen 1845 und 1853 nach Entwürfen von Friedrich August Stüler und Albert Schadow ausgeführt. Schon als Kronprinz ließ sich Friedrich Wilhelm eine Wohnung im Schloß einrichten. Damals fertigte er auch Skizzen zu einer Kapelle über dem Eosander-Portal an. Sie wurden von Schinkel bearbeitet und bildeten die Grundlage für den Ausführungsentwurf.[9]

Die Kuppel gab dem Schloß einen christlichen Akzent und bezeugte den Glauben des Herrscherhauses. Sie war gleich der Potsdamer Nikolaikirche von einem Kreuz bekrönt. Die kronenartig durchbrochene Haube der Laterne wurde aus Palmwedeln gebildet und von Cherubim getragen. Die Gebälkinschrift unterhalb des Kuppelansatzes enthielt Worte aus dem zweiten Kapitel des Philipperbriefes: "DASS IN DEM NAMEN JESU SICH SOLLEN BEUGEN ALLER DERER KNIE IM HIMMEL UND AUF ERDEN UND UNTER DER ERDEN." Rings um den Kuppelfuß standen Propheten.

Der 22,21 x 20,65 messende oktogonale Innenraum mit 34 m Höhe besaß 735 Sitzplätze. Insgesamt faßte er 1500 Personen. Die im Norden und Süden gelegenen Eingangstüren zeigten in den Feldern Metallreliefs mit den Darstellungen der Seligpreisungen. Der durch die verwendeten Steine und Wasserglasmalereien sehr farbenprächtige Raum wies unter den von Friedrich Wilhelm IV. veranlaßten Kirchenbauten das reichste ikonographische Programm auf. Es bestand aus Bildern und Bibelsprüchen (Bergpredigt). Der König hat es offensichtlich selbst entworfen und die unter der Leitung von Peter Cornelius durch mehrere Berliner Künstler bewirkte Ausführung bis in Einzelheiten begutachtet. Eine Episode ist in der Biographie Carl Gottfried Pfannschmidts überliefert.[10]

Der Künstler hatte eines der vier Lünettenbilder mit der Darstellung des Abendmahls übernommen. Pfannschmidt dachte sich, wie er am 22. Dezember 1850 an seinen Vater schrieb, den "Heiland stehend als Hoherpriester, der Brot und Wein, Leib und Blut seinen Jüngern giebt, die um die Tafel herumsitzen oder sich erheben je nach den verschiedenen Charakteren".
Martin Pfannschmidt berichtet in der Biographie seines Vaters: "Pfannschmidt übergab die Zeichnung an Stüler zur Weiterbeförderung an den König.
Das Urteil des Königs teilte ihm Stüler mit (14. Dezember 1850).
'Lieber Freund! Seine Majestät der König haben es nicht gebilligt, daß Jesus beim Abendmahl Brot und Kelch zugleich in den Händen halte, indem biblisch der Kelch noch vor ihm stehen müsse, wenn er das Brot austeile. Cornelius will indes Ihre symbolische Auffassung verfechten ...'"
Erst nach längerem Hin und Her gab der König nach.
Betrachten wir nun den Raum im Ganzen! Besondere Aufmerksamkeit galt zunächst dem Altarbereich. Das aus kostbarem Gestein hergestellte Altarciborium bekrönte ein mit Edelsteinen besetztes Kreuz.
Das Deutsche Kunstblatt gibt davon im Jahrgang 1853 eine Beschreibung. "An der mit antikem rothem Porphyr bekleideten und mit Mosaiken eingefaßten Rückwand, welche die beiden Pilaster des Ciboriums einschliessen, schwebt ein 8 1/2 Fuss hohes, von Silber getriebenes, stark vergoldetes und mit Emaillen besetztes Kreuz, dessen innere Fläche mit kostbaren und grossen Edelsteinen ausgelegt sind, die Se. Majestät der König eigens dazu aus seiner Privatsammlung hergegeben hat. In der Mitte befindet sich der Kopf des Erlösers und an den Armen die vier Zeichen der Evangelisten, welche auch in Mosaik ausgeführt werden sollen."[11]
Für das reichhaltige Bildprogramm ergaben sich folgende Schwerpunkte: In den Bogenfeldern der Wandnischen der sich kreuzenden Hauptachsen kamen das Abendmahl, Christi Geburt, Auferstehung und Pfingsten zur Darstellung, in den überkuppelten Ecknischen die Evangelisten. Die Zwickel der Archivolten nahmen, zu Paaren geordnet, Propheten auf: Jeremia und Mose, Elia und Hesekiel, Daniel und Johannes den Täufer, Samuel und Jesaja.
Das Kirchenverständnis des Monarchen und der besondere Anspruch der Schloßkapelle kamen in der Neuheit ikonographischer Programmgestaltung zum Ausdruck, die dem Bildschmuck der acht, durch Bögen verbundenen Wandpfeiler zugrunde lag. Albert Geyer kommentierte Entstehung und Sinngebung der dort gemalten Figurenfolgen mit den Worten: "Die 8 Pfeiler des

Unterbaues haben, einem historischen Gedanken folgend, den schon eine der ersten Skizzen des Kronprinzen zeigt, auf ihren Flächen die Bildnisse der Männer erhalten, die zum Aufbau der Kirche seit Gründung derselben beigetragen haben. So wie sie Bausteine für den Aufbau der Kirche waren, so sollten sie hier sinnbildlich die Kuppel der Schloßkirche tragen. In 3 Zonen übereinander, 98 Bildnissen an der Zahl, in ganzer und farbiger Figur ..."[12]

Jeweils 12 Personen bilden eine Einheit: Apostel, Erzväter, kleine Propheten, Hohenzollern, erste christliche Monarchen, Märtyrer des christlichen Glaubens, Repräsentanten des Protestantismus. Bei der Auswahl dieser Personen ging es um die Darstellung der Breite der reformatorischen Erneuerung der Christenheit. Zu sehen waren Luther, Melanchthon, Calvin, Hus, Wilhelm von Oranien, Theodor Beza, Johannes Pomeranus (Bugenhagen), Kurfürst Friedrich der Weise, August Hermann Francke, Philipp Jakob Spener, Nikolaus Ludwig Graf von Zinzendorf und König Gustav Adolf von Schweden.[13]

Die Friedenskirche in Potsdam-Sanssouci

Unter den von Friedrich Wilhelm IV. veranlaßten Kirchenneubauten steht die Friedenskirche in Sanssouci an erster Stelle. Sie war als Hof- und Pfarrkirche geplant und diente später auch als Begräbnisstätte des Königs und seiner Gemahlin, der Königin Elisabeth. Architektursymbolisch und liturgisch stellte sie eine bewußte Anknüpfung an die frühchristlichen Basiliken Roms dar, die dem Bauherrn durch das großformatige Stichwerk der Architekten Johann Gottfried Gutensohn und Johann Michael Knapp und aus eigener Anschauung bekannt waren. Den Ideen des Königs folgend, entwarf den Bau Ludwig Persius, der nach dessen Tod 1845 unter der Oberleitung von Friedrich August Stüler vollendet und 1848 eingeweiht wurde. Die Errichtung des Turmes und die Fertigstellung des Gesamtkomplexes mit Pfarrhaus und Schule, Pförtnergebäude und Kavalierflügel zog sich bis 1854 hin.[14] Das besondere geistliche Anliegen der Kirchengründung spricht sich in den im Sinne von Epheser 2,14 aufeinander bezogenen Themen "Christus" und "Frieden" als Schwerpunkten des ikonographischen Programms aus. Dies stand dem König klar vor Augen, als er am 12. April 1845, zwei Tage vor der Grundsteinlegung, an Bischof Eylert schrieb:

"Verehrtester Eylert! Nach vielem Nachdenken will ich die neue Vorstadtkirche 'Christ-Kirche' oder 'Friedens-Kirche' nennen, nach ihrer Vollendung aber die Weih-Inschrift setzen: **'Christo dem Friede-Fürsten unserm Herrn'** - und **das ihren eigentlichen, officiellen Namen seyn lassen.** Es scheint mir passend, eine Kirche, welche zu einem Pallast-Bezirk gehört, der den Namen **Sans Souci**, 'ohne Sorge' trägt, dem ewigen **Friedensfürsten** zu weihen und so das weltlich **negative**: 'Ohne Sorge', dem geistlich **Positiven**: 'Frieden' entgegen oder vielmehr gegenüber zu stellen. Billigen sie meinen Gedanken, so überlasse ich Ihnen ganz in Ihrer Rede darauf anzuspielen. Haben Sie Bedenken, **so sagen Sie mir es ja recht offen.**
Vale. Friedrich Wilhelm.
Der Name **'Friedens-Kirche'** als die vulgäre Bezeichnung der neuen Kirche lächelt mich so an, daß ich mich für den selben entscheide - falls Sie nicht Unpassendes darin finden.
Der feyerliche Name, den ich an die Facade und auf das Kirchen-Siegel schreiben lasse, wird dann seyn, wie ich ihn oben bezeichnet habe."[15]
Christus als Friedefürst bildet die theologische Mitte des ikonographischen Programms. Im Innern zieht das Apsis und Bema einnehmende Mosaik mit der Darstellung des erhöhten Christus, umgeben von Maria und Johannes, Petrus und Bischof Cyprian, die Blicke des Kirchenbesuchers auf sich. Über Christus schwebt die Taube des Heiligen Geistes. In der Zone vor ihm sieht man das Gotteslamm und seitlich die Erzengel Michael und Raphael. Der König erwarb diese kostbare byzantinische Arbeit, die ins 12. Jahrhundert datiert, 1834 aus der zum Abbruch bestimmten Kirche S. Cipriano auf Murano bei Venedig und paßte die Maße seiner neuen Kirche diesem für sie bestimmten Kunstwerk an.
Bemerkenswert ist, wie einerseits eine Konkurrenz mit diesem Mosaik durch neue bildkünstlerische Werke vermieden wird, aber andererseits Kernsätze der Lutherbibel so ausgewählt und angeordnet sind, daß sie das Mosaik zu einem Glaubensimpuls für die evangelische Gemeinde werden lassen.[16] Die Auswahl der Schriftworte wurde so getroffen, daß die alttestamentliche Prophetie, das apostolische Zeugnis und Christus selbst zu Worte kommen.
Für die Giebelwand über dem Apsisbogen wurde Jesaja 9,6 gewählt: "SEIN NAME WIRD GENANNT WERDEN: WUNDERBAR, RATH, KRAFT, HELD, EWIG VATER, FRIEDE FÜRST." Im Bogen selbst steht Kolosser, 2,9: "IN IHM WOHNET DIE GANZE FÜLLE DER GOTTHEIT LEIBHAFTIG."

Auf dem Simsband der Apsis steht 1. Joh. 5,20: "DIESER IST DER WAHRHAFTIGE GOTT UND DAS EWIGE LEBEN", in der Apsisrundung darunter Joh. 14,27: "DEN FRIEDEN LASSE ICH EUCH, MEINEN FRIEDEN GEBE ICH EUCH. NICHT GEBE ICH EUCH, WIE DIE WELT GIEBT."

Über dem Eingang zur Taufkapelle an der Stirnwand des rechten Seitenschiffs liest man drei biblische Kernsprüche zur Taufe (Joh. 3,5; Gal. 3,26 f.; Römer 6,3 f.). Innerhalb der Taufkapelle wurde der Taufbefehl nach Matth. 28,19 angebracht. Über dem Sakristeieingang an der Stirnwand des linken Seitenschiffs findet man eine Auswahl von fünf Bibelstellen, die von der durch Christus geschenkten Erlösung künden (Joh. 3,16; 1. Kor. 3,11; Gal. 3,13; 1. Petr. 2,24; 1. Joh. 2,2). Das Altarbild in der Sakristei zeigt das Haupt Christi auf dem Schweißtuch der Veronika.

Zur Begegnung mit dem Friedefürsten führt schon der Friedensgruß des Auferstandenen (Joh. 20,19), wenn man vom Marlygarten aus das Atrium betritt: "FRIEDE SEI MIT EUCH." In der Mitte des Atriums
selbst steht auf einem die Paradiesesströme und die Reinigungsbedürftigkeit des Menschen symbolisierenden Brunnen die von Julius Winkelmann geschaffene und 1851 aufgestellte galvanoplastische Kopie des einladenden Christus von Bertel Thorvaldsen, des am weitesten verbreiteten Christusbildes des 19. Jahrhunderts. Der Westgiebel der Kirche trägt die Inschrift aus Eph. 2,14: "CHRISTUS IST UNSER FRIEDE", das Gesims des Narthex die Dedikationsinschrift: "DEM FRIEDEFÜRSTEN JESU CHRISTO, UNSERM HERRN."

Über dem Haupteingang, der von zwei Tafeln gerahmt wird, die die für das Leben des Christen fundamentalen Texte aus dem Alten und Neuen Testament enthalten, nämlich die 10 Gebote und die Seligpreisung der Bergpredigt, ist 1. Thess. 5,23 als apostolischer Friedenswunsch angebracht: "ER, DER GOTT DES FRIEDENS, HEILIGE EUCH DURCH UND DURCH."

Eduard Steinbrück schmückte 1849 die Ostseite des Turmes mit einem Fresko, das Christus im Garten Gethsemane darstellt. Mit der hinzugefügten Weissagung aus Jesaja 53,5 wird auf den durch die Passion Christi erwirkten Frieden hingewiesen. "ER IST UM UNSERER MISSETHAT WILLEN VERWUNDET, UND UM UNSERER SÜNDE WILLEN ZERSCHLAGEN. DIE STRAFE LIEGT AUF IHM AUF DASS WIR FRIEDEN HÄTTEN."

Das Christusthema wird auch noch einmal an der ursprünglich dem Patron und seiner Familie vorbehaltenen Erlöserpforte angeschlagen: "Auf der Sanssouciseite derselben ist in den Giebel des Mauerwerks eine Lavatafel eingelassen, auf welche ein Christuskopf auf Goldgrund im Atelier des Herrn v. K l ö b e r in Berlin gemalt und eingebrannt ist." Die Gegenseite zeigt ein "eigenthümlich geformtes Kreuz".[17]

Die Heilandskirche in Sacrow und die Kirche in Caputh

Ähnliche Grundzüge in der ikonographischen Programmgestaltung wie die Friedenskirche zeigen auch zwei kleinere Kirchen in der Umgebung von Potsdam: die Heilandskirche in Sacrow und die Kirche in Caputh. Die Heilandskirche ist als Vorläufer der Friedenskirche anzusehen. Nach einer Ideenskizze des Königs wurde sie 1841 - 44 von Ludwig Persius erbaut.[18] August Kopisch hat 1854 Erscheinungsbild und Wirkung der Kirche ansprechend charakterisiert:
"Auf einem Pfahlrost gegründet ... erhielt dieselbe die Gestalt einer einfachen italienischen Basilika ... Auf dem Vorplatz ward ein schönes Marmorkreuz aufgerichtet, die Apsis in der Kirche aber von Begas (Entwurf Karl Begas d. Ä.) und Eybel (Ausführung Adolf Eybel) mit einem in Goldgrund al fresco gemalten von Engeln umgebenen Christusbild würdig und dem Stil der Basiliken angemessen geziert ... Ein edles Denkmal des Königlichen Natur- und Kunstsinns, spiegeln sich die nun reich belaubten Ufer um das säulenumringte friedliche Gotteshaus mit seinen einladenden Ufertreppen in dem weit ausgeschwungenen mächtigen Havelbecken."[19]
Ähnlich wie in der Friedenskirche wird das Apsisgemälde des in seiner himmlischen Herrlichkeit zwischen den Evangelisten thronenden Christus durch das Bibelwort zur Botschaft an den Betrachter. Die Stirnwand des Schiffes erhielt das Wort aus Offenbarung Johannes 2,17 f.:
"FUERCHTE DICH NICHT, ICH BIN DER ERSTE UND DER LETZTE UND DER LEBENDIGE. ICH WAR TODT, UND SIEHE, ICH BIN LEBENDIG VON EWIGKEIT ZU EWIGKEIT, UND HABE DIE SCHLUESSEL DER HÖLLE UND DES TODES."
Dem Verlauf des Apsisbogens folgt die Aufforderung zum Gebet mit Psalm 50,15: "RUFE MICH AN IN DER NOTH, SO WILL ICH DICH ERRETTEN, SO SOLLST DU MICH PREISEN."
Im thematischen Anschluß an die Evangelisten auf dem Apsisgemälde wurden zwischen den Fenstern des Schiffes Statuen der 12 Apostel aufgestellt,

die Jakob Alberty nach dem Vorbild des Sebaldusgrabes in Nürnberg geschnitzt hatte.[20] Unter jeder Figur schmückte ein passendes Schriftwort die Wand. Diese Bemalung ist leider zerstört. Erhalten blieben hingegen die in die Stirnseite des Narthes eingefügten Steintafeln mit zwei neutestamentlichen Texten von zentraler Bedeutung. Die linke Tafel trägt auf 28 Zeilen Johannes 1,1-14: "IM ANFANG WAR DAS WORT ... GNADE UND WAHRHEIT", die rechte auf 29 Zeilen 1. Kor. 13,1-13: "WENN ICH MIT MENSCHEN ... UNTER IHNEN."

Die Gestaltung eines christozentrischen Programms aus Zitaten der Lutherbibel zeigt auch noch die Kirche in Caputh, die 1848 - 52 nach einem Entwurf von Stüler als Basilika erbaut wurde.[21]

In der Vorhalle spricht Christus nach Matthäus 11,28 die Einladung aus: "KOMMET HER IHR MÜHSELIGEN UND BELADENEN, AUF DAS ICH EUCH ERQUICKE." Im Triumphbogen vergewissert Christus die Gemeinde mit Joh. 11,25: "ICH BIN DIE AUFERSTEHUNG UND DAS LEBEN. WER AN MICH GLAUBT, WIRD NIMMERMEHR STERBEN."

Im Apsisrund liest man zwei Verse aus dem zweiten Kapitel des Epheserbriefes, in denen der Apostel die in Christus geschenkte Erlösung bezeugt, links Vers 8: "AUS GNADEN SEID IHR SELIG GEWORDEN DURCH DEN GLAUBEN, UND DAS SELBIGE NICHT AUS EUCH, GOTTES GABE IST ES", rechts Vers 13: "DIE IHR IN CHRISTO IESU SEID UND WEILAND FERNE GEWESEN, SEID NUN NAHE GEWORDEN DURCH DAS BLUT CHRISTI." Das Apsisgewölbe zeigt das Kreuz im Sternenhimmel.

Schlußbemerkung

Nachdem es in der Ära Friedrich Wilhelms III. bereits zu einer Neubelebung evangelischer Ikonographie gekommen war, an der das Interesse des Herrschers und das Bemühen Karl Friedrich Schinkels wesentlichen Anteil hatten, sind diese Bestrebungen unter Friedrich Wilhelm IV. fortgesetzt und intensiviert worden. Die von Friedrich Wilhelm IV. in Berlin und Potsdam veranlaßten und geförderten Kirchenbauten wurden mit Wort und Bild nach wohldurchdachten christologischen und ekklesiologischen Programmen ausgestaltet.

Das umfangreichste Bildprogramm wäre sicher zur Ausführung gekommen, wenn Friedrich Wilhelm IV. sich seinen seit 1828 gehegten Lieblingswunsch hätte erfüllen können, den Berliner Dom als Hauptkirche des deutschen

Protestantismus neu zu errichten. Die fünfschiffige Basilika mit nördlich anschließendem Camposanto wurde zwar 1845 nach Stülers Entwurf begonnen. Doch die Bauarbeiten kamen als Folge der Revolution von 1848 zum Erliegen. Das Bildprogramm für den Camposanto über der Grabstätte der Hohenzollern stammte von Peter Cornelius und beinhaltete einen biblischen Zyklus, dessen Hauptthemen der christliche Glaube an Erlösung, Auferstehung und die eschatologischen Ereignisse waren. An den Kartons hat Cornelius bis zu seinem Tode 1867 gearbeitet.[22] Um den Glauben des Königspaares an die Wiederkunft Christi zum Weltgericht kreisen auch die Entwürfe zum Altarbild des Domes, die zwischen 1853 und 1856 von Peter Cornelius, Eduard Steinle und Philipp Veit vorgelegt wurden.[23]

Anmerkungen

[1] Riehl, W., Die Friedenskirche bei Sanssouci, in: Mittheilungen des Vereins für die Geschichte Potsdams, 2. Bd., Potsdam, 1864, S. 53 - 74.

[2] Börsch-Supan, H., Das Mausoleum im Charlottenburger Schloßgarten. Berlin: Verwaltung der staatlichen Schlösser und Gärten, 3. erw. Aufl. 1991.

[3] Nowak, K., Geschichte des Christentums in Deutschland: Religion, Politik und Gesellschaft vom Ende der Aufklärung bis zur Mitte des 20. Jahrhunderts, München 1995, S. 71.

[4] Eylert, R(ulemann) Fr(iedrich), Ueber Werth und Wirkung der für die evangelische Kirche in den Königlich Preußischen Staaten bestimmten Liturgie und Agende, nach dem Resultate einer zehnjährigen Erfahrung. Ein Beitrag zur dreihundertjährigen Jubelfeier der Uebergabe der Ausburgischen Confession, Potsdam, 2. Aufl. 1830, S. 180 - 182.

[5] Kania, H., Potsdam. Staats- und Bürgerbauten, Berlin 1939, S. 3 - 60 (Karl Friedrich Schinkel - Lebenswerk); Gertler, Carljürgen, Die Nikolaikirche zu Potsdam, Berlin 1984 (Das Christliche Denkmal, H. 123); Beuchel, Dietmar, Die St. Nikolaikirche in Potsdam; München/Berlin, 2. Aufl. 1993 (Große Baudenkmäler, H. 424); Wiederanders, Gerlinde, Die Kirchenbauten Karl Friedrich Schinkels. Künstlerische Idee und Funktion, Berlin 1981, S. 83 - 88.

[6] Eylert, R(ulemann) Fr(iedrich), Charakterzüge und historische Fragmente aus dem Leben des Königs von Preußen Friedrich Wilhelm III. 3. Theil, 2. Abth, Magdeburg 1846, S. 416.

[7] Prüfer, (Gustav Emil), Mittheilungen über den Bau der St. Nicolai-Kirche in Potsdam, in: Zeitschrift für Bauwesen 3, 1853, Sp. 3 - 18.

[8] Ebda.; Zur Ausmalung der Kirche und ihrer Restaurierung 1908 durch Fritz Wichgraf siehe: Hoßfeld, Von der Nikolaikirche in Potsdam, in: Zentralblatt der Bauverwaltung 33, 1913, S. 497 f.

[9] Peschken, G./Klünner, W., Das Berliner Schloß, Frankfurt a. M./Berlin, 2. Aufl. 1991; Berlin und seine Bauten, bearb. u. hg. vom Architekten-Verein zu Berlin und der Vereinigung Berliner Architekten, Berlin 1896, Bd. II, S. 12: „das Hauptdenkmal der frühchristlichen Richtung, die unter Friedrich Wilhelm IV. das Berliner Kunstleben beherrschte."

[10] Zum folgenden siehe Pfannschmidt, Martin, D., Carl Gottfried Pfannschmidt. Ein deutsches Künstlerleben, Stuttgart 1896, S. 227.

[11] Deutsches Kunstblatt 4, 1853, S. 290.

[12] Geyer, A., König Friedrich Wilhelm IV. von Preußen als Architekt, in: Deutsche Bauzeitung 56, 1922, S. 548.

[13] Peschken/Klünner (wie Anm. 9), S. 493 - 495.

[14] Badstübner, S., Die Friedenskirche zu Potsdam, Berlin 1972 (Das Christliche Denkmal, H. 85).

[15] Riehl (wie Anm. 1), S. 57.

[16] Das Mosaik selbst trägt eine Inschrift aus Psalm 26,8 (nach der Vulgata 25,8), die ihrerseits ein die Zeiten überdauerndes Kontinuum im Verständnis des christlichen Gotteshauses darstellt: „Domine, dilexi decorem domus tuae et locum habitationis gloriae tuae." Zitiert bei Heuer, R., Die Friedenskirche in Potsdam, Berlin 1939 (Die schöne deutsche Kirche, Reihe F).

[17] Riehl (wie Anm. 1), S. 65.

[18] Kitzschke, A., Die Heilandskirche am Port in Potsdam-Sacrow, Passau 1994 (PEDA-Kunstführer Nr. 128/1994).

[19] Kopisch, A., Die Königlichen Schlösser und Gärten in Potsdam, Berlin 1854, S. 203 f.

[20] Kitzschke (wie Anm. 18), S. 23 - 26.

[21] Die Bau- und Kunstdenkmale in der DDR: Bezirk Potsdam, hg. vom Institut für Denkmalspflege, Berlin 1978, S. 267.

[22] Koch, D., Peter Cornelius. Ein deutscher Maler, Stuttgart 1905, S. 169 - 194.

[23] Jordan, M., Beschreibendes Verzeichnis der Kunstwerke in der Königlichen National-Galerie zu Berlin, Berlin, 4. neu bearb. Aufl. 1878, Nr. 71, 83, 84.

Gerlinde Strohmaier-Wiederanders

Protestantischer Kirchenbau in Brandenburg zur Zeit Friedrichs des Großen

Allgemeiner Überblick über Kirchenbau im 18. Jahrhundert

In der Zeit von 1740 bis 1790, also in etwa der Regierungszeit Friedrichs, sind in der Mark Brandenburg nur eine gewisse Anzahl von Kirchen neu gebaut worden, aber viele wurden in dieser Zeit innen neu gestaltet und verloren dabei oft ihre mittelalterliche Ausstattung. In der Mehrzahl der Fälle gehen die Neubauten oder Neuausstattungen auf die Patrone zurück. In den Städten übernahm der Rat der Stadt diese Aufgaben. Bei einem ersten Überblick hat man den Eindruck, das sich diese Kirchenbauten nicht sehr von denen aus dem Anfang des Jahrhunderts unterscheiden. D. h. es handelt sich meist um Rechteckbauten mit umlaufender Empore. Herrschaftsloge, Orgelempore, Kanzel und Altaraufbau sind mit Knorpel- oder später Rankenwerk verziert. Das Altargemälde folgt dem protestantischen Schema: Abendmahl in der Predella, Kreuzigung oder anderes Passionsthema im Hauptbild und das Bild des auferstandenen Christus oben als bekrönender Abschluß. So ähnlich sieht es in den Kirchen von Brück, Reckahn, Waltersdorf (Kreis Jüterbog), Barenthin (Kreis Kyritz) aus. Die Kirchen stehen alle noch in der Tradition der Baumeister Grael, Gerlach und Grünberg. Verbreitet sind daneben noch die Querkirchen. So wurde die St. Marien-Kirche von Trebbin 1740 von Christian Friedrich Feldmann als Querkirche begonnen. Der Kanzelaltar trägt die Inschrift 1744. Er steht an der südlichen Längsseite gegenüber der Patronatsloge. 1755 wurde an der westlichen Schmalseite ein Turm errichtet.[1] Der General von Lestwitz erneuerte 1781 als Patron von Kunersdorf im Oderbruch die Dorfkirche und ließ sie als Querkirche gestalten. Es handelte sich um einen rechteckigen Emporensaal mit dem Kanzelaltar an der nördlichen Längsseite. Die Orgel befand sich an der Westseite und eine kleine Vorhalle an der Südseite.[2] Alles in allem war es eine sehr schlicht gehaltene Kirche. Das gilt noch mehr von der einzigen, heute noch erhaltenen dörflichen Querkirche in Großderschau-Friedrichsdorf. Hier hatte der König 1773 - 74 Kolonisten angesiedelt und das Patronat übernommen. Demzufolge sorgte er auch für den Kirchenbau. Um 1785 wurde für die etwa 250 Einwohner eine einfache Querkirche errichtet mit doppelter Empore, einer Schwalbennest-Kanzel und einem bereits klassizistischen Orgelprospekt. Der Turm befindet sich an der Südseite.³ Ein rechteckiger Längsraum ist dagegen die Kirche von Berge (Kreis Nauen), die 1747 als Putzbau errichtet wurde und 1776 noch einen Westturm auf quadratischer Grundfläche erhielt. Der Kanzelaltar ist ein zweigeschossiger Aufbau mit gedrehten Säulen, Schweifwerk und oben bekrönt von einem auferstandenen Christus. Ähnlich sieht die Kirche von Ketzin aus, wo von 1758 bis 1763 ein rechteckiger Putzbau an den mittelalterlichen Westturm angefügt wurde. Innen läuft die Empore an allen vier Seiten um. Der Kanzelaltar stammt bereits von 1712, der Kanzelkorb dagegen ist wahrscheinlich jünger. Die Dorfkirche von Kötzlin (Kreis Kyritz) ist ein ähnlicher Bau von 1775, der Kanzelaltar und die Taufe gehören in die Entstehungszeit, sind aber ein wenig zu wuchtig für den kleinen Raum ausgefallen. Ihr Dekor zeigt Rokokomuster, die Säulen des Altar-Rahmens sind aber schon klassizistisch glatt. Bekrönt wird das Ganze mit einer Strahlenglorie, die den Gottesnamen umschließt (s. u.).

Die schon 1739 fertiggestellte Kirche von Reckahn ist ein vergleichbarer Putzbau, aber der Westturm trägt noch eine imposante barocke Haube. Die Turmbauten sind wie hier in Reckahn in der Regel im Westen und in den Kirchenbau einbezogen. Das gilt z. B. ebenso für die Kirche von Schönwalde (Kreis Nauen), für den barocken Umbau der Kirche von Klosterfelde von 1742. Hier zieht sich eine stuckierte Flachdecke über den Raum, der zugleich von einer hufeisenförmigen Empore umschlossen wird. Die nach einem Brand von 1767 wiederaufgebaute Kirche von Biesenthal hat eine Empore, die bis zum Chor gezogen ist und im Westen zwei Geschosse aufweist. Bemerkenswert ist hier die Verwendung frühklassizistischer Stilelemente wie glatte bzw. kanelierte Säulen, antike Gesimsgliederung und strenge Feldereinteilung an der Emporenbrüstung. Ähnlich verhält es sich mit der Kirche von Müllrose. Der Putzbau stammt bereits aus dem Jahre 1746, Kanzelaltar und Emporen mit deutlich klassizistischer Gestaltung erst von 1770. Der Orgelprospekt mit seinem Muschelwerk ist dagegen noch dem Rokoko verpflichtet. In Lindow (Grafschaft Ruppin) hat die Stadtkirche einen kreuzförmigen Grundriß und tendiert dadurch zum Zentralbau. Die zweigeschossige Empore war für die Stiftsdamen des ehemaligen Klosters vorbehalten. Der reich gegliederte Westturm stammt aus dem Jahre 1751. Die Lindower Kirche stellt ein interessantes Beispiel für die andere Form des Quersaals als die oben beschriebenen dar. Ergänzt werden muß dieser knappe Überblick über die gängigen Raumtypen in der Mark Brandenburg zur Zeit Friedrichs des Großen durch den Hinweis auf einige Fachwerkbauten der Zeit, die schlichter als die Putzbauten wirken, aber dem vertrauten Raumschema des Reckecksaales folgen, z. B. in Karwese bei Neuruppin oder Steinsdorf. Die künstlerische Qualität all dieser Kirchen ist natürlich unterschiedlich. Trotzdem wird spürbar, wie die Architektur der Residenz ausstrahlt auf den provinziellen Kirchenbau. Die Kirche von Christinendorf auf dem Teltow (Landkreis Zossen) ist dafür ein beredtes Zeugnis. Dieser Putzbau aus dem Jahre 1754 weist einen quadratischen Ostturm auf, der durch ein schmales und zwei breite in Dachhöhe befindliche Gesimsbänder gegliedert ist. Der Turmaufsatz hat auf allen vier Seiten Rundbogenfenster, die durch Blenden umfangen und überhöht werden. Den Abschluß bildet eine sparsame barocke Haube mit leicht geschweifter Spitze. Dieser schwungvollen, wenngleich sparsamen Turmgestaltung korrespondieren die Außenwände des Kirchsaals, deren einziger Schmuck die Fenster sind, große Rechteckfenster und über dem schmalen Gesimsband Rundfenster in gleicher Anordnung wie am Turm. Hier äußert sich ein Formempfinden, das sich an den Leistungen von Knobelsdorff und Gontard geschult hatte.

In Berlin errichteten einige Gemeinden ebenfalls neue Kirchen. Die stilistisch interessanten sind von namhaften Baumeistern wie Martin Grael, Philipp Gerlach, Titus de Favre, Friedrich Wilhelm Dietrich entworfen worden, entstanden allerdings bereits in der Regierungszeit König Friedrich Wilhelms I. Zu den friderizianischen Kirchenbauten in Berlin gehört die Georgenkirche, die 1779 an Stelle der alten baufälligen durch den Oberbaudirektor Johann Gotthilf Naumann errichtet wurde. Er schuf einen Saalbau aus Holz mit doppelter Empore und schmalen Giebelvorbauten an den Schmalseiten. Das Altarbild mit der Darstellung des "Petrus nach der Verleugnung" schuf der bekannte Berliner Maler Christian Bernhard Rode. Die Kanzel war mit allegorischen Figuren geschmückt, die die Tugenden und die Ewigkeit verkörpern sollten. Bereits 1751 bis 1753 erbaute der gleiche Naumann gemeinsam mit Johann Gottfried Büring die Luisenstädtische Kirche, die damals Sebastianskirche hieß. Sie war eine massige Querkirchenanlage mit Rundbogenfenstern. Auch hier stammte das Altarbild "Fußwaschung Christi" und "Barmherziger Samariter" von Rode aus dem Jahre 1792.[4]

Rechtecksäle und Querkirchen waren also die üblichen Gebäudetypen für einen Gottesdienst, der sein Hauptgewicht in der Predigt hatte. Die Kanzelgestaltung, vor allem der beliebte Kanzelaltar, entsprach in der Ausstattung diesem Anliegen. Die Kanzel beherrscht den Raum, sie ist meist aufwendig gestaltet wie in Vieritz (Kreis Rathenow, Havelland). Der Kanzelaltar entspricht dem Bedürfnis nach Raumkonzentration. Altar und Kanzel befinden sich in einer Blickrichtung, auf die hin die Predigthörer durch Bankreihen und Emporen geordnet werden. Wichtig für einen Predigtraum ist es, genügend Platz für Predigthörer zu bieten. Dem kommt die Anlage von Emporen entgegen. Die Raumanlage der märkischen Kirchen im 18. Jahrhundert ist also stark pragmatisch bestimmt.

Die genannten Kirchen fallen durch ziemliche Bescheidenheit in Ausführung und Gestaltung auf. Die Gemeinden mußten sparen und konnten, zumal es sich um Neugründungen handelte, nur wenig Mittel für den jeweiligen Bau aufbringen. Auffällig sind in Berlin die klaren Raumstrukturen, die teilweise strenger als bei ländlichen Bauten waren und allein auf die Funktion des Versammlungsraumes abzielten. Bildprogramme, soweit überhaupt vorhanden, wirkten lehrhaft bzw. bedienten sich der Allegorie. Gerade die genannten Altarbilder Christian Bernhard Rodes sind dafür typische Belege. Wichtig für den Maler war auch bei den biblischen Themen die historische Perspektive. Er wollte beispielhafte Historie darstellen und auf diese Weise belehren. Diese Kunstauffassung entsprach der der Aufklärung, aber bezogen auf das religiöse Bild hatte auch die pietistische Richtung keine anderen Ziele. Damit zeigt sich eine Tendenz zur rationalistischen Abstraktion des Bildes. Nicht zufällig hat Johann Joachim Spalding, der wichtigste Vertreter der rationalistischen Theologie in Berlin, 1772 eine Schrift verfaßt mit dem Titel "Über die Nutzbarkeit des Predigtamtes". Die Predigt war das Zentrum des Gottesdienstes, und darauf richteten sich die dafür bestimmten Räume aus. Denn die Aufgabe der Predigt soll sein, die Tugend des Menschen zu stärken, damit er glücklich leben könne. Dies freilich verstand Spalding zwar nicht nur immanent, aber auf jeden Fall rational. Der Pietismus forderte ein persönliches, Gemüt und Gefühl erfassendes Christentum des einzelnen. Doch auch dafür, für die sogenannte Erweckung und Bekehrung, spielte die Persönlichkeit des Predigers und seine Predigt die entscheidende Rolle. Der Raum ebenso wie die gottesdienstliche Gestaltung und Symbolik verloren dabei an Bedeutung, die Subjektivierung der Frömmigkeit kam als weiterer Aspekt noch hinzu. Deshalb bedurfte der Pietismus genau wie der Rationalismus nur des zweckmäßigen Predigt- und Versammlungsraumes. Ganz ohne Zweifel wurden noch die Kirchbautheorien von Leonhard Christoph Sturm rezipiert, der von 1702 bis 1711 in Frankfurt/Oder Mathematik gelehrt hatte. Deshalb muß an dieser Stelle auf ihn eingegangen werden. Sturm war 1669 in Nürnberg geboren worden. Um 1700 hielt er sich in Quedlinburg auf und schloß sich dort pietistischen Kreisen an. Der Pietismus blieb auch seine ihn bestimmende religiöse Richtung. 1702 wurde Sturm als Mathematikprofessor an die Viadrina in Frankfurt/Oder berufen. Dort gab er u. a. eine Reihe pietistischer Schriften heraus. 1711 wurde der Lutheraner reformiert. Sein Briefwechsel mit August Herrmann Francke macht deutlich, daß die Wurzeln für diesen Schritt, der Sturm viel Unverständnis eingebracht hatte, in seiner pietistischen Frömmigkeit lagen.[5] Die Kirchbaukonzepte, die Sturm entworfen hat und um derentwegen er heute noch bekannt ist, entspringen dem pietistischen Anliegen nach subjektiver Erbauung und Bekehrung, die durch die Verkündigung des Wortes Gottes, d. h. der Predigt ermöglicht wird. Gute Hör- und Sichtbarkeit ist deshalb das Haupterfordernis für einen guten Kirchenbau, und den sieht Sturm allein in der Querkirche. In seiner Schrift "Vollständige Anweisung alle Arten von Kirchen wohl anzugeben", 1718 in Augsburg herausgekommen, heißt es deshalb, daß in der Querkirche jedermann die "Functiones des Gottesdienstes alle - sonderlich aber den Prediger auf der Cantzel - sehen können" (S. 5). Der Altar soll "frey im Gesichte" stehen, Orgel und Taufstein sind weniger wichtig, dafür aber die Emporen, um genügend Sitzplätze zu haben. Sturm zeichnete dazu Rechtecksäle mit Turmbauten an der Langseite und mit dem Kanzelaltar an der Langseitenmitte. Darüber sieht er manchmal einen "Schülerchor" vor, der "Fürstenchor" soll sich gegenüber dem "Predigtstuhl" befinden. Das Querkirchenkonzept ist für Sturm nach Schönheit, Bequemlichkeit und Aufwand das beste, denn "kan niemand das geringste von den Handlungen des Gottesdienstes verborgen seyn / die Faciaten werden ansehnlich daran und gantz auf einmal gesehen" (S. 6). Dieses Anliegen blieb im Grunde während des ganzen 18. Jahrhunderts gültig.

Die drei großen protestantischen Richtungen des 18. Jahrhunderts, die wie überall so auch in Brandenburg vertreten waren, Orthodoxie, Pietismus und Aufklärung, hatten hinsichtlich des Gottesdienstes also die gleichen Bedürfnisse: Sie brauchten den Predigtsaal, der gute Sichtverhältnisse und eine ausreichende Anzahl von Sitzplätzen bot, mehr nicht. Insofern können sich die verschiedenen kirchlichen Richtungen nicht in der kirchlichen Architektur niederschlagen. Wenn diese Beobachtungen nicht trügen, läßt sich ein besonderer Aufklärungs-Kirchenbau - wenigstens für Brandenburg - nicht finden. Etwas anderes ist es bei den trotz allem manchmal vorhandenen Bildprogrammen. Dafür soll nur der Hauptaltar der Berliner Marienkirche von 1792 als Beispiel dienen. Hier ersetzte Bernhard Christian Rode 1792 den spätgotischen Schnitzaltar durch neue Tafeln. Der Architekt des gesamten Altaraufbaus ist Andreas Krüger, ein Mitarbeiter Knobelsdorffs. Dieser hölzerne Aufbau nimmt die ganze Breite des Chorpolygons ein. Korinthische Säulen rahmen die vier Gemälde Rodes. Die Grablegung Christi bestimmt das große Mittelfeld. Sie zeichnet sich durch ein braun-grünes Kolorit und helle Lichtfarben aus, die den Körper Christi akzentuieren. Die Komposition der Figuren folgt einem kraftvollen Schwung. Auf der linken, kleineren Tafel ist etwas dunkler Christus in Gethsemane zu sehen und auf der rechten die Begegnung des Auferstandenen mit dem ungläubigen Thomas. Die Predella zeigt Christus mit den zwei Jüngern in Emmaus. Das Thema des Altars ist also das für protestantische Altäre typische, nämlich Passion und Auferstehung, Karfreitag und Ostern. Aber indem die stillere Grablegung an Stelle der sonst üblichen dramatischeren Kreuzigung tritt, folgt das Bildprogramm der rationalistischen Theologie, die erbauen, belehren und rühren, aber alles Beunruhigende vermeiden will. Die führenden Geistlichen Berlins, wie der Hofprediger Sack, der Propst der Petrikirche, Teller, oder der Propst der Nikolaikirche, Spalding, vertraten diese Richtung. Vorbild ist natürlich Diderot mit seinen ästhetischen Schriften, die schrittweise in Berlin ebenfalls bekannt wurden. Diderot forderte eine "moralische Malerei", weshalb er sich für Niederländer wie Greuze oder Vernet einsetzte, die "bene moratae" - d. h. wohlgesittet - gemalt hätten. Zum anderen verstand Diderot die Malerei als eine wahre Nachahmerin der Natur. Die Farbgebung soll so gefaßt sein, "daß der Ton der Natur und wohlerleuchtete Gegenstände ... zugleich (ein) Gemälde in Harmonie bringen"[6].

Von Friedrich dem Großen angeregter Kirchenbau

Interessanterweise verhält es sich etwas anders bei den Kirchenbauten, die ihre Gestaltung dem Willen des Königs verdanken. Sie spiegeln durchaus die Gedankenwelt Friedrichs wider.
Wir beginnen mit dem Berliner Dom. Ursprünglich stand die alte Domkirche am Rande des Schloßplatzes. 1747 ließ Friedrich diese Kirche abreißen, weil sie den Erweiterungsbau des Schlosses von Eosander in seiner Wirkung behinderte. Der König befahl, einen neuen Dom an der Spreeseite zu errichten. 1747 bis 1750 führte Johann Boumann den Neubau unter erheblicher königlicher Einflußnahme aus. Denn auch der neue Dom sollte dem höfischen Zeremoniell dienen und darüber hinaus als Grablege der Hohen-

zollern. Die Sarkophage des Großen Kurfürsten, der Kurfürstin Dorothea, König Friedrich I. und der Königin Sophie Charlotte (die beiden letzteren von Andreas Schlüter entworfen) und die Grabplatte des Kurfürsten Johann Cicero aus der Peter-Vischer-Werkstatt waren im Kircheninnern unter der Kanzel aufgestellt, die übrigen in der Gruft. Der neue Dom wurde aber kein repräsentativer spätbarocker Prunkbau, sondern ein relativ einfacher Zweckbau. Später nannte man seine Gestaltung dann auch "mager".[7] Neben Boumann dem Älteren war auch Knobelsdorff an den Plänen beteiligt. Der friderizianische Bau wirkte wie eine Querkirche mit hohen Rundbogenfenstern zwischen ionischen Pilastern. Eine glatte Attika über dem Mittelrisalit und Balustraden an den Seiten schufen den Übergang zur Dachzone. Unter der Attika öffneten sich die Portale zwischen Halbsäulen. Über der Attika erhob sich ein schlanker Kuppelaufsatz, der keine Verbindung zum Innenraum hatte, aber den Ort der Königsloge nach außen markierte. Im Innern liefen Emporen um drei Seiten des Saales, den eine flache Decke nach oben abschloß. Gegenüber der Königsloge befand sich die Kanzel, ob mit Altartisch ist fraglich, zumindest läßt er sich nicht nachweisen.[8] Der Hauptaltar stand seit 1750 an der nördlichen Schmalseite, insofern war der Dom keine Querkirche, das hat Kunzendorf[9] richtig beobachtet. Der Altar, losgelöst von der Kanzel, muß nicht so erstaunlich wirken. Der Dom war reformiert, und die reformierte Praxis sah die Feier des Abendmahls nur vier mal im Jahr vor. Der friderizianische Bau ist von der Gestaltung her ein geradezu profaner Bau gewesen, bar jeder Sakralität, aber auch jedes theologischen Konzeptes. Zweifellos war dies so vom Bauherrn gewollt. Es lag sicher auch daran, daß Friedrich dem Domprojekt nur ein sehr gemindertes Interesse entgegenbrachte. Sein gespanntes Verhältnis zu Kirche und Christentum und sein philosophischer Skeptizismus ließen ihn eine Hofkirche planen, der demonstrativ alles fehlte, was über die praktischen Bedürfnisse von zeremonieller Staatsaktion hinausgehen könnte. Der Bau wirkte so, als sei er vielfältig verwendbar. Bei anderen auf Veranlassung des Königs gebauten Kirchen kommen dann mehr programmatische Aspekte hinzu. Das war beim Bau der Hedwigskirche in Berlin der Fall. Diese Kirche sollte für die wachsende Zahl katholischer Gläubiger in Preußen gebaut werden. Die als Folge der Schlesischen Kriege neuen katholischen Untertanen sollten in der Residenz ein eigenes religiöses Zentrum haben, sicher auch, um den neuen Staat und seinen König akzeptieren zu können. Aber ebenso entsprachen die Baupläne für eine katholische Kirche dem Toleranzgedanken, der konfessionelle Gegensätze und Konfrontationen nicht mehr anerkennen wollte. Friedrich hegte schon längere Zeit den Plan, "nach dem Vorbild der alten Römer in seiner Hauptstadt ein Pantheon zu errichten, daß allen Religionen gewidmet sey und wo jede in ihrer Reihe ausgeübt werden sollte"[10] (Thiébault). Das bedeutete, daß als Grundrißform der Kreis in Frage kam und zur Bekrönung des Baues eine flache Kuppel gewählt werden mußte. Diese Pantheon-Idee ist eine architektonische Leitidee des Königs. Wir begegnen ihr bekanntlich beim Marmorsaal von Sanssouci wieder.[11] Ursprünglich wollte Friedrich im Innern der Hedwigskirche in jeder Nische einer anderen Konfession einen Altar errichten, wobei er den Islam mit einschloß. Dieser Plan mußte ihm freilich ausgeredet werden, da er für die Durchführung eines Gottesdienstes ungeeignet war. Aber der König nahm trotzdem regen Anteil an dem Bau, er besichtigte den Bauplatz und zeichnete selbst Baupläne. "... Se. Königl. Majestät geruheten, die Zeichnung zu diesem Tempel selbst anzuordnen, selbst zu verbessern und zur würklichen und besten Ausführung tauglich zu machen", berichteten 1747 die "Berlinischen Nachrichten von Staats- und Gelehrte Sachen".[12] So wichtig war es ihm, seine Pantheon-Idee wenigstens in architektonischer Gestalt verwirklicht zu sehen. Dabei kann als entscheidendes Merkmal die flache Kuppel gelten, wie sie das Urbild in Rom aufweist. Die beiden vorangegangenen Berliner Zentralbauten, die von Friedrich Wilhelm Dietrichs 1737 errichtete Böhmische Kirche und die Dreifaltigkeitskirche von 1739 weisen hohe Kuppeln auf. Heute gilt es als ziemlich gesichert, daß Knobelsdorff die Pläne für die Hedwigskirche gezeichnet hat. Aber er hat wohl auch das Figurenprogramm entworfen, wobei die ebenfalls im Bau befindliche Dresdner Hofkirche Anregungen gegeben hat. Es handelt sich um Reliefs zwischen den Säulen des Portikus an der Hauptfront und um Apostelgruppen im Innern, die zwar erst im 19. Jahrhundert von dem Rauch-Schüler Theodor Wilhelm Achtermann angefertigt wurden. Doch folgte dieser dabei den Entwürfen, die im Atelier des Hofbildhauers Franz Georg Ebenhecht um 1755 gezeichnet worden waren. Heute sind die Reliefs in den Wandfeldern des Portikus noch erhalten und stellen von links nach rechts die Verkündigung, Christus am Ölberg, Kreuzabnahme, Auferstehung und Himmelfahrt dar. Die gleiche Abfolge, nur erweitert um die Kreuzigung, war bereits in Knobelsdorffs Aufriß zu sehen. Im Grunde ist die Bildfolge der Reliefs der seit dem Mittelalter vertrauten Ikonographie der Heilsgeschichte verpflichtet, verkörpert also das Anliegen der Institution, die sich in dem Kirchenbau versammeln sollte, der katholischen Gemeinde von Berlin. Friedrichs Vorstellungen haben sich nur in der architektonischen Gestaltung durchgesetzt.

Die Französische Kirche in Potsdam wurde 1751 - 53 ebenso von dem Gespann Knobelsdorff (Entwurf) und Boumann (Ausführung) als "Pantheon-Typ" errichtet. Dies gilt, obwohl der Grundriß queroblong-elliptisch ist und damit die Adaption an den Querkirchentyp naheliegt. Die Kuppel ist flach, an der Südseite befindet sich ein giebelbekrönter Eingangsportikus mit Wandnischen, in denen Personifikationen der christlichen Tugenden aus der Glume-Werkstatt aufgestellt sind. Im Giebel erscheint eine vielstrahlige Sonne mit dem Jahwe-Tetragramm. Im Innern hat Schinkel Anfang des 19. Jahrhunderts den Raum umgestaltet, es blieb dabei aber die Anordnung eines Emporenraumes mit Kanzelwand. Die Bankreihen, die der Rundung des Raumes folgen, steigen wie im Temple von Lyon, der ersten Hugenottenkirche, amphitheatralisch an.

Für den Ortsteil Eiche hatte Georg Christian Unger einen kreisrunden Kuppelraum entworfen, der 1771 eingeweiht wurde. Im Süden der Kirche ist ein relativ hoher Glockenturm angefügt, auf dessen Gesims vier Sandsteinvasen (von Johann Christian Angermann) aufgestellt wurden. Im Innern läuft eine hölzerne Galerie um, die auf toskanischen Holzsäulen mit hohen Postamenten ruht. Altar, kleine Kanzel und Orgel sind übereinander in einer Sichtachse vereinigt.

Die Französische Kirche in Schwedt gehört in den gleichen Zusammenhang. Sie wurde von Markgraf Friedrich Heinrich, dem letzten aus der Schwedter Nebenlinie der Hohenzollern, 1777 errichtet und war zuerst als Mausoleum für den Markgrafen und seine Familie gedacht. Baumeister war der aus Märkisch-Buchholz stammende Georg Wilhelm Berlischky. Der kleine ovale Bau zeigt deutliche Anlehnung an die friderizianischen Bauten mit der flachen Kuppel und den Rokokoformen an Fenstern, Türen und der bekrönenden Laterne.

Alle diese Kirchen wirken ähnlich wie der Dom als Versammlungsräume mit Rednerpult, d. h. sie sind einem Hörsaal ähnlich, was der französisch-reformierten Kirche durchaus vorgegeben war, erinnert sei hier nur an den schon erwähnten Temple von Lyon. Für die Hedwigskirche hatte der König wie gesagt als Vorbild das Pantheon in Rom angegeben, und Friedrich Nikolai behauptet das Gleiche von der Potsdamer Französischen Kirche trotz ihres ovalen Grundrisses. Man nimmt aber heute an, daß Friedrich hier ein anderes, aber ähnliches Vorbild favorisiert hatte, nämlich Kirchbau-Entwürfe von

Sebastiano Serlio.[13] Aber auch dann bleibt die Bedeutung des Kreisschemas wirksam, wie es die Epoche der Renaissance gesehen hatte und woran der König anknüpfen wollte. Das Streben der Renaissance nach Harmonie und der Korrespondenz von himmlischem und irdischem Sein sollte im Zentralbau zum Ausdruck kommen. Alberti behauptete vom Kreis, daß Natur und Gott vornehmlich in dieser Figur zu begreifen seien. Die architektonische Bildordnung des Pantheon bringt, indem es die Einheit von Natur und Gott veranschaulicht, alle Kräfte zur Ruhe. Insofern vermitteln Renaissance-Kirchen eine gesteigerte Diesseits-Erfahrung. Sie erhöhen gleichsam das Selbstbewußtsein des Menschen, weil er sich eins mit Gott und der Natur fühlt. Dazu muß aber der Raum um eine Mitte kreisen. Gerade diese Anordnung läßt sich aber nun in einer christlichen Kirche nicht durchhalten. Denn sie ist in jedem Fall Versammlungsraum der Gemeinde. Darum muß der liturgische Ort vor aller Augen angebracht und aus der Mitte an die Außenwand gerückt werden. Der Zentralraum erhält durch die innere Anordnung eine Richtung. Die französisch-reformierte Praxis, möglichst die Kanzel und nicht den Altar fest zu installieren, gibt dem Gottesdienstraum den Charakter des Hörsaals oder Theaters[14], beides verträgt die Kreisform. Auch die Aufklärungs-Theologen in Berlin wie August Wilhelm Sack, Johann Joachim Spalding oder Abraham Wilhelm Teller hatten gleichfalls ein Gottesdienstverständnis, das sich auf die Verkündigung von religiösen Vernunftwahrheiten konzentrieren sollte und den Sakramenten nur eine Nebenfunktion zuwies. Der Einfluß dieser Theologen, der von den Orthodoxen sogenannten Neologen, war zwar in späteren Jahren auf Friedrich nicht sehr groß. In jungen Jahren hatte er aber Kontakt zu Johann Gustav Reinbeck, Propst an St. Petri und Schüler Christian Wolffs, ebenso zu Antoine Achard, dem französisch-reformierten Prediger und seit 1744 Mitglied der Akademie der Wissenschaften. Daß der König hier auch Anregungen für eventuelle Kirchbau-Gestaltungen empfangen hatte, ist zumindest nicht auszuschließen. Lediglich ästhetisches Interesse allein wird es bei seiner Eigenbeteiligung nicht gewesen sein. Die konzentrierte sich vor allem auf den flachen Kuppelraum und damit auf die Verkörperung der Pantheon-Idee[15], weil Friedrich, negativ bestimmt durch die Erfahrungen dogmatischer Enge in seiner Jugend, im Kirchenbau den Gedanken der religiösen Toleranz programmatisch ausgedrückt wünschte. Er ging darin wahrscheinlich ziemlich weit. Zur Kirche von Eiche berichtete nämlich H. L. Manger[16]: "Die nächste Aussicht vom Schlosse war etwas rechts nach dem Dorfe Eichow, und besonders auf dessen voranstehende alte baufällige Kirche von schlechter Beschaffenheit.

Der König entschloß sich also, solche neu und massiv erbauen zu lassen. Er wollte anfänglich, daß dieselbe und der Thurm im Geschmack der türkischen und arabischen Moscheen ausgeführt werden sollte, änderte aber seinen Vorsatz und ließ eine Zeichnung im modernen Geschmack machen." Es ist wohl nicht der Reiz des Exotischen, weshalb Friedrich für eine christliche Kirche Bauformen einer Moschee erwogen hat, sondern sein an Thomasius, Bayle, den antiken Philosophen und vor allem an Voltaire orientierter Skeptizismus, der dogmatische Festlegungen oder konfessionelle Standpunkte nicht akzeptieren wollte. 1763 hatte Friedrich an seinen Bruder Heinrich geschrieben: "Bayle und Cicero waren Skeptiker, und deshalb legten sie ihren Lesern alle Systeme vor, ohne sich für eines zu entscheiden. Es war dies der sicherste Weg, den sie wählen konnten, um sich nicht zu täuschen, der, an den sich jeder vernünftige Mensch halten muß; denn unter allen Systemen ist keines, das von Dunkelheiten und stellenweisen Widersprüchen frei wäre."[15] In seinem Buch "Glaubenszeugnisse und Konfessionspolitik der Brandenburgischen Herrscher bis zur Preußischen Union 1540 - 1815" hat Wolfgang Gericke die Religiosität Friedrichs und deren Widersprüchlichkeit untersucht und gelangt dann zu dem Schluß: "Theoretisch glaubte er an den Gott der Deisten, der über der Welt thront ... Aber der Deisten-Gott existiert wohl, aber er herrscht nicht ..."[16] Nimmt man noch den Glauben an die Kraft der Natur hinzu, wie ihn Friedrich in seinem Testament von 1769 ausdrückte: "Ich gebe willig und ohne Bedauern diesen Lebenshauch, der mich beseelt, der wohltätigen Natur zurück, die denselben mir zu leihen geruhte, und meinen Körper den Elementen, aus denen er zusammengesetzt gewesen ist"[17], dann wird man seine Ideen für den Bau von Kirchen klar erkennen können. Dem hinter allen Erscheinungen waltenden Deismus konnte Friedrich überall annehmen, auch in allen Religionen, und darum seine Unbefangenheit gegenüber dem Islam. Dies sollte sich im Kirchenbau zeigen.

Des Königs Leitlinien bei der Gestaltung von Bauten, die der Gottesverehrung gewidmet sein sollten, läßt sich aber nicht nur an der Pantheon-Idee ablesen, sondern auch bei den Bildprogrammen. Der Eingangsgiebel der Französischen Kirche in Potsdam zeigt die Sonnenglorie mit Tetragramm, sie findet sich ebenfalls in Schwedt am Kanzeldeckel, dort aber mit Dreieck und Gottesauge. Diese Symbole sind für den Kirchenbau im 18. Jahrhundert durchaus geläufig. Am Altarretabel von Kötzlin war uns die Sonnenglorie mit dem Gottesnamen ja auch schon begegnet (s. S. 2). Ursprünglich stammen sie aus der christlichen Kabbala und sind beliebte Symbole für die

Trinität und die Allgegenwart und Weisheit Gottes. Als abstrakte Zeichen ermöglichen sie Gestaltung, ohne gegen den Grundsatz, Gott nicht abzubilden, zu verstoßen. Insofern stellten sie gerade für französisch-reformierte Gemeinden kein Problem dar. Aber diese Zeichen, besonders Dreieck und Gottesauge, spielen auch in der Freimaurer-Symbolik eine Rolle. Das Auge als Bild für göttliche Weisheit entsprach ebenso Friedrichs Auffassung, ohne daß ihm dabei die theosophischen Zusammenhänge, aus denen sie ursprünglich entstanden waren, bewußt gewesen sein dürften. Die Potsdamer Kirche hat in ihren Eingangsnischen Tugendallegorien (Fides und Caritas) und darüber Reliefs mit der Darstellung der Tempelaustreibung und des Zinsgroschens. Die Reliefs zeigen Themen, die einmal auf die wahre, rein geistige Gottesanbetung hinweisen - die Tempelaustreibung -, zum anderen eine Trennung von weltlichen und religiösen Verpflichtungen postulieren - der Zinsgroschen -, was dem friderizianischen Toleranzgedanken entsprochen haben dürfte, wobei aber wohl nur der kirchliche Verzicht auf Einfluß im politischen gemeint sein wird. Die Reliefs entsprechen sowohl der neologischen Moraltheologie des 18. Jahrhunderts als auch Friedrichs Haltung zum Christentum. In Auseinandersetzung mit den Themen des Baron von Holbach schrieb er: "Wäre auch im ganzen Evangelium nur das einzige Gebot: Was du willst, das dir die Leute tun sollen, das tue du ihnen auch, so muß man doch gestehen, daß auch diese wenigen Worte die Quintessenz der ganzen christlichen Moral in sich begreifen. Hat nicht Christus in seiner herrlich Bergpredigt Verzeihung für Beleidigungen, Liebe und Humanität gepredigt? ... Läßt man das Dogma des Fatalismus zu, so gibt es weiter keine Moral, keine Tugend, und das ganze Gebäude der menschlichen Gesellschaft bricht zusammen."[18]

Zum Schluß soll noch ein Landbaumeister aus Brandenburg (Stadt) zitiert werden, der einerseits das Streben seiner Zeit im Kirchenbau charakteristisch zum Ausdruck bringt, sich dabei aber interessanterweise von den Baugedanken des Königs wesentlich unterscheidet. Johann Christian Keferstein fordert 1788 - 2 Jahre nach Friedrichs Tod - in seiner "Anleitung zur Landbaukunst" jeglichen Verzicht auf Bausymbolik zugunsten von Zweckmäßigkeit mit klarer Positionierung gegen katholische Kirchenbauten. "Die Kirchen sollen bequem und feste, dem öffentlichen Gottesdienste gewidmete Gebäude seyn ..., nichts soll stören, sondern ... durch Gestalt und Anlage die Herzen der Lernenden (= Gemeinde!) erheben und zur Bewunderung und Lobe des allervollkommensten Wesen ermuntern." Der Prediger, den Keferstein "Lehrer" nennt, soll gut gesehen werden können "... und desto mehr durch seine Gegenwart die Aufmerksamkeit derselben (= Zuhörer) erregen".[19] Die Pantheon-Idee Friedrichs wollte im Vergleich diese Vorschläge wesentlich mehr und wesentlich anders. Sie näherte sich einem symbolischen Verständnis von Kirchenbau und stellt möglicherweise das seltene Phänomen einer Kirchenarchitektur der Aufklärung dar. Allerdings haben diese Bauten einen mehr elitären Charakter, und eine breitere Wirkung im Land übten sie nicht aus.

Anmerkungen

[1] vgl. Kunzendorf, J.-U., Querkirchen in Berlin-Brandenburg, ungedr. Diss., Oslo 1992, S. 126.

[2] Kunzendorf, a. a. O., S. 146.

[3] Kunzendorf, a. a. O., S. 148.

[4] Kunzendorf, S. 95; Werner, Artur, Der protestantische Kirchenbau des friderizianischen Berlins, Berlin 1923, S. 73.

[5] Kunzendorf, S. 26 - 27.

[6] Diderot, D., Ästhetische Schriften, übers. von Friedrich Bassenge und Theodor Lücke, Berlin/Weimar 1967, S. 675 und S. 645.

[7] Seidel, P., Der Kaiser und die Kunst, Berlin 1907, S. 11.

[8] vgl. Kunzendorf, S. 92.

[9] ebda.

[10] zit. nach Badstübner-Gröger, S., Die St. Hedwigskathedrale zu Berlin, Berlin 1976 (Das christliche Denkmal, Heft 99), S. 4.

[11] vgl. Giersberg, H.-J., Friedrich II. und die Architektur, in: Kataloge der Ausstellung "Friedrich der II. und Kunst", Potsdam 1986, Bd. II, S. 192 - 196.

[12] zit. nach Badstübner-Gröger, a. a. O., S. 8.

[13] vgl. Badstübner-Gröger, S., Hugenotten in Berlin, Berlin 1988, S. 174.

[14] So Stieglitz, Encyklopädie der bürgerlichen Baukunst, Leipzig 1796, Art. Kirche, S. 187: Bei protestantischen Kirchen könnte man auch die Form der alten Theater nachahmen.

[15] Bransch, G., Religiosität und Religionspolitik Friedrichs II., Zum 200. Todestag, Berlin-Brandenburger Information 1986.

[16] Manger, H. L., Baugeschichte von Potsdam und Berlin, Stettin 1789/90, Bd. 2, S. 358.

[17] Text bei Gericke, W., Glaubenszeugnisse und Konfessionspolitik der Brandenburgischen Herrscher bis zur Preußischen Union 1540 - 1815, Bielefeld 1977, S. 81.

[18] Text bei Gericke, a. a. O., S. 85.

[19] zit. nach Mai, H., Der evangelische Kanzelaltar, Halle, S. 77.

Hans Georg Thümmel

Materialien zu Vorgeschichte, Entstehung und Frühgeschichte des gotischen Altarretabels

Der Altar ist zunächst ein aus Stipes und Mensa bestehender Tisch. Bildlicher Schmuck konnte in einer figürlichen Gestaltung der Vorderseite des Stipes bestehen. Diese Dekoration heißt Antependium oder Frontale, Palliotto u. ä., wobei die letzteren Bezeichnungen nicht eindeutig sind. Später konnte der Altar eine Dekoration erhalten, die sich von dem nach Osten zelebrierenden Priester aus gesehen über und hinter dem Altar befand oder eher als Aufsatz auf dessen hinterem Rand aufgebaut war. Sie hat den Charakter einer Rückwand und heißt auch Retabel.[1] Eine besondere Gestalt dessen ist das Flügelretabel (Wandelaltar etc.), das schließlich nördlich der Alpen zur wichtigsten und häufigsten Altardekoration wurde. Im folgenden soll es darum gehen, den Weg dahin zu beschreiben. Parallelentwicklungen sind knapper angedeutet, besonders, wenn es sich um Denkmäler handelt, die nach der Mitte des 14. Jahrhunderts entstanden sind. Seit über einem Jahrhundert sind größere oder kleinere Gruppen von einschlägigen Denkmälern - die klassischen Belegstücke - bereits zusammengestellt worden.[2]

Das Antependium

Die Anfänge einer bildlichen Ausschmückung des Altars betreffen das Antependium. Wie der Name besagt und wie es das Natürlichste scheint, sind die Tücher, die den Altar vorn bedeckten, mit Bildschmuck versehen worden. Freilich war gerade dieser Bildträger leicht dem Verfall ausgesetzt. Das älteste erhaltene Denkmal gehört erst dem frühen 13. Jahrhundert an. Bald sind die Altäre auch mit Edelmetallverkleidungen versehen worden. Aber auch dieses Material hat nur in geringem Maße die Zeiten überdauert, da der eigentliche Wert in der Menge des Edelmetalls lag, das geraubt oder in Notzeiten durch Einschmelzen zurückgewonnen werden konnte.[3] Für beide Gattungen sind wir hauptsächlich auf Schriftquellen angewiesen.[4] Es konnten aber auch bemalte Holztafeln vor den Stipes gesetzt werden. Und schließlich konnten aus der steinernen Altarvorderwand selbst Reliefs herausgearbeitet werden.

Der gleiche Ort und die gleiche Bedeutung, die ihm zugemessen wurde, läßt zunächst vermuten, daß unabhängig von Material und Technik gleiche Themen gestaltet wurden. Das bestätigt im großen und ganzen auch das Material. Doch während die steinerne Altarfront nicht veränderlich war (außer durch Verhängen), bleibt die Möglichkeit, daß auswechselbare Materialien wie die verschiedenen textilen Antependien eine Einstellung auf das Kirchenjahr erlaubten, so daß mit einem Wechsel gerechnet werden muß. Das Basler Antependium (s. u.) sollte nur zu bestimmten hohen Festen gezeigt werden.[5] Dennoch sind zunächst im folgenden ohne Rücksicht auf das Material die Denkmäler mehr oder weniger chronologisch gereiht, wenn die Möglichkeit einer Angleichung an das Kirchenjahr besteht, ist dies angemerkt. Im Jahre 545 wurde für den Hauptaltar der Bischofskirche in Ravenna ein Antependium mit Christus zwischen anderen Personen gestiftet, wenig später eines mit Darstellungen der Christusvita.[6] Das älteste bekannte steinerne Antependium ist der zwischen 734 und 737 entstandene Pemmo-Altar in Cividale, der den herrschenden Christus in der Mandorla mit Engeln zeigt. Auch die Seitenwände des Altars trugen bildliche Darstellungen, und zwar Heimsuchung und Anbetung der Könige.[7] Aus den zahlreichen Stiftungen von textilen Antependien, die für die 2. Hälfte des 8. und das 9. Jahrhundert bezeugt sind, wird man kaum schließen dürfen, daß für die Altäre vorher keine solche Ausstattung vorgesehen war, aber vielleicht doch dies, daß jetzt der aufwendigere Dekor üblich - und nach Notzeiten möglich - wurde, so daß die Wahrscheinlichkeit groß ist, daß dieser auch in bildlichen Darstellungen bestehen könnte.[8] Die Auflistung der Themen[9] ergibt in einigen Punkten ein seltsames Bild.

Die Titel der Kirchen sind wohl häufiger Gegenstand der Darstellung auf dem Antependium gewesen.[10] So ist für die Mitte des 9. Jahrhunderts die Stiftung mehrerer derartiger Antependien im Liber Pontificalis bezeugt. Dargestellt war etwa auf dem Antependium am Altar über dem Petrusgrab Petrus inmitten der von ihm vollbrachten Wunder,[11] auf einem anderen die Titelheiligen (Quattro Coronati) mit der Auferstehung Christi (dem herrschenden Christus?) und dem stiftenden Papst,[12] weiterhin das Martyrium des Titelheiligen in S. Lorenzo, auch hier mit dem Stifter,[13] etc. Wenn Paschalis I. (817 - 824) für S. Maria Maggiore offenbar eine ganze Serie von Antependien mit einzelnen Szenen der Christus- bzw. Marienvita gestiftet hat und ähnliche Serien auch für andere Kirchen bezeugt sind, dann ist anzunehmen, daß diese Antependien zu den entsprechenden Kirchenfesten benutzt wurden, hier also ein Wandel im Kirchenjahr möglich war.[14] Wenn sehr häufig Auferstehung oder Himmelfahrt Christi ebenso wie Geburt Christi und Himmelfahrt Mariae genannt sind, aber die zu erwartenden geläufigen Majestas-Typen fehlen, so kann man fragen, ob nicht vielleicht unter den gegebenen Bezeichnungen deren Variationen sich verbergen. Nimmt man dies nicht an, dann ist kaum eine Regelmäßigkeit in der Antependien-Dekoration dieser Zeit zu finden.

Als ältestes Edelmetallantependium ist das von etwa 840 in S. Ambrogio, Mailand, erhalten. Dargestellt sind der thronende Christus, Evangelisten und Apostel, dazu zwölf Wunder Jesu, an den übrigen Seiten Heilige und Engel.[15] Es folgen[16] das heutige Retabel im Aachener Münster (Antependium Ottos III.)[17] und das Basler Antependium im Cluny-Museum Paris (Goldene Tafel Heinrichs II., 1019).[18] Beide bieten ebenfalls als Hauptthema den herrschenden Christus. Auf der Aachener Tafel thronte Christus, dem die apokalyptischen Wesen zugeordnet sind, zwischen Maria und Michael. Hinzugefügt sind zehn Szenen der Passionsgeschichte. Das Basler Antependium zeigt fünf stehende Gestalten: in der Mitte Christus mit der Sphaira in der Hand (zu seinen Füßen liegt anbetend das Kaiserpaar) zwischen drei Engeln und Benedikt.[19] In das 11. Jahrhundert gehört die mit einer Deesis bemalte Front des Altars in S. Benedetto, Civate, die Schmalseiten zeigen Heilige.[20] Ein steinernes Antependium des 11. Jahrhunderts ist in der Krypta des Doms zu Nola erhalten. Christus thront zwischen den stehenden Aposteln, darüber ist iterativ das Christuslamm zwischen den Evangelistensymbolen angebracht.[21] Aus dem 11. und 12. Jahrhundert stammen zumeist gemalte Antependien aus Katalonien.[22] Nach geläufigem Schema thronen in der Mitte Christus oder Maria, die Seiten füllen Szenen der Christus-, Marien- oder Heiligenvita oder Heilige. Auch die Marienkrönung kommt als Hauptthema vor.[23] Gelegentlich ist der Versuch gemacht, die thronende Madonna mit der Anbetung der Könige zu kombinieren. Die Metalltafel in Großcomburg (bei Schwäbisch Hall, vor 1140) zeigt den herrschenden Christus zwischen den zwölf Aposteln.[24] Um 1144 ist das Silberantependium der Kathedrale in Città di Castello gestiftet worden. Christus thront in der Mandorla mit den Evangelistensymbolen zwischen Darstellungen aus der Christusvita. Drei Heilige sind zugefügt.[25] Um 1180 ist vielleicht der Altar in Avenas zu datieren, der Christus zwischen den Aposteln zeigt.[26] In der Pfarrkirche zu Bardone ist auf dem Antependium des späten 12. Jahrhunderts der zwischen den apokalyptischen Tieren in der Mandorla thronende Christus mit einem

Krönungsmotiv verbunden.[27] Dem frühen 13. Jahrhundert gehört das Steinantependium in S. Pietro in Asti mit dem thronenden Christus zwischen Heiligen an.[28] Eine gemalte, auf 1215 datierte Tafel in der Galerie zu Siena mit Christus und den Evangelisten fügt Szenen eines Kreuzeswunders hinzu.[29] Ein gesticktes Antependium in Brüssel aus dem Kloster Rupertsberg (1. Drittel 13. Jahrhundert) zeigt den thronenden Christus mit apokalyptischen Wesen, Heiligen und Stiftern.[30] Die Front des Altars der Kathedrale von Tarragona, um 1200 entstanden, zeigt Szenen der Thekla-Vita mit zentralem Paulus,[31] das in Zara das Martyrium der Anastasia.[32] Ein Leinwandantependium in Wernigerode zeigt zwei Szenen aus dem Leben der Maria Magdalena.[33] Der Altar des Baptisteriums zu Parma hat in der 1. Hälfte des 13. Jahrhunderts Johannes d. T. zwischen weiteren Gestalten auf dem Antependium.[34] Das Johannes-Thema findet sich auch auf einer Tafel in Siena.[35] Um 1225 ist vielleicht die kupfervergoldete Tafel aus Quern (Schleswig) im Germanischen Museum Nürnberg mit der Majestas und den Aposteln entstanden.[36] Der Mitte des Jahrhunderts gehört das Antependium der Marienberger Kirche in Helmstedt mit dem thronenden Christus und Heiligen im Deesis-Schema an.[37] Um 1280 soll das Antependium im Dom zu Ascoli Piceno gestiftet worden sein, das gleichmäßig von Szenen der Christusvita überzogen ist.[38] Zwei textile Antependien des 13. Jahrhunderts in Perlenstickerei zeigen bildliche Darstellungen: Das im Museum in Hannover den thronenden Christus,[39] das in Halberstadt die Marienkrönung und Heilige.[40] In Skandinavien (Dänemark) ist eine ganze Gruppe von Antependien erhalten,[41] die Tafeln von Lisbjerg (um 1150),[42] Borbjerg,[43] aus Oelst (um 1200)[44] in Sahl (um 1200),[45] aus Odder (um 1225)[46], aus Stadil (um 1235)[47] und aus Tvenstrup[48], und Fragmente von Sindbjerg (4. Viertel 12. Jh.)[49] und Tamdrup (1. Viertel 13. Jh.)[50] mit dem herrschenden Christus zwischen Aposteln unter Hinzufügung von Szenen der Christusvita.

Zieht man aus dem vorgeführten Material ein Resümee,[51] dann ergibt sich klar, daß eigentliches Thema des Altarantependiums bis ins 13. Jahrhundert der herrschende Christus ist (der gelegentlich in der Spätzeit durch das ebenfalls göttliche Herrschaft zum Ausdruck bringende Thema des Gnadenstuhls ersetzt werden kann), bereichert durch Evangelistensymbole, die meist auch dann dargestellt waren, wenn wir sie hier nicht gesondert genannt haben, Engel und Heiligengestalten, besonders die 12 Apostel.[52] Damit aber handelt es sich deutlich um eine Iteration des Apsisthemas. Nur gelegentlich findet sich hier eine Erweiterung in Gestalt von Erzählung biblischer Geschichte, die dann ausnahmsweise auch das ganze Antependium einnehmen kann. Gelegentlich scheint der Titelheilige der Kirche das Zentrum eingenommen zu haben. Auch das entspräche dem Schmuck der Apsiden (vgl. S. Agnese/Rom). Erst in einer späteren Zeit begegnet das Marienthema häufiger, was dann bereits mit dem neuen Marienkult zusammenhängt, der schließlich die Retabelthematik bestimmt. Die weitere Entwicklung der Thematik auf dem Antependium geht mit der Entwicklung des Altarretabels zusammen.[53]

Das gotische Altarretabel

Das gotische Altarretabel hat mehrere Wurzeln.[54] Grundlegend für das, was jetzt geschieht, ist eine neue Einstellung, ein Wandel im Weltgefühl, der sich im 13. Jahrhundert vollzieht. Was die Beobachtung und Beschreibung der Natur prägt, was deren künstlerische Wiedergabe, am deutlichsten vielleicht in der Naumburger Plastik, auszeichnet, und was für alle Gebiete aufzeigbar ist, kennzeichnet auch die gotische Frömmigkeit. Diese ist am Sinnlichen und Nacherlebbaren orientiert, was bildhaft als Freud und Leid besonders im Geburtskreis und im Passionskreis zum Ausdruck kommt, die dann thematisch weitgehend die weitere Entwicklung beherrschen. Dasselbe Interesse, das die Bildkunst befördert, wirkt sich auch auf die konsekrierte Hostie oder die Reliquie aus. Es genügt jetzt nicht mehr, daß sie anwesend sind, man will sie auch sehen. Dem neuen Drang zu sinnlicher Erfahrung entspricht ein Zeigeinteresse, das didaktisch geschickt in Regie genommen wird. Ein neues Bedürfnis nach Erfahrung und Erleben schafft Formen optisch geformter Frömmigkeit. Die "optische Kommunion" (Elevation der Hostie), das Fronleichnamsfest, die Monstranz etc. sind Symptome dafür.[55] Dieses Sehen des Heiligen ist aber nicht ein Dauerzustand, sondern wird zum liturgischen Höhepunkt gestaltet. Gegenstände, die mehr oder weniger fest installiert waren, vor allem Bilder und Reliquien, müssen verhüllt werden, um zum geeigneten Zeitpunkt sichtbar werden zu können.[56] In diesen Rahmen gehört dann auch das Aufstellen von Dingen auf dem Altar, wo sie gesehen, aber auch verhüllt werden können.

Dabei ist das Aufstellen von Bildern auf dem Altar durchaus keine Selbstverständlichkeit. Der Magdeburger Liber ritualis vom Ende des 13. Jahrhunderts etwa sagt noch ausdrücklich: super majus altare nullae imagines pictae vel sculptae poni consueverunt praeter solam passionem salvatoris; sed libri evangeliorum et sacramentarium ornati et reliquiae sanctorum poni solent: imagines enim sunt res umbratiles et veritatem rei quam repraesentant in se non habentes etc.[57] ("Auf den Hochaltar pflegt man keine gemalten oder geschnitzten Bilder zu setzen außer allein der Passion des Heilands (dem Kruzifixus); sondern die geschmückten Evangelienbücher und das Sakramentar und die Reliquien der Heiligen pflegt man darauf zu setzen: Bilder nämlich sind schattenhafte Dinge, und die Wahrheit dessen, was sie darstellen, haben sie nicht in sich (sie sind nicht, was sie darstellen)" etc.).

1. Wandmalerei

Vielleicht konnte auch eine Wandmalerei, die sich über dem an die Wand gerücktem Altar befand, im Sinne eines Retabels wirken.[58] Doch scheinen mir solche Wandmalereien unmittelbar hinter dem Altar eher eine späte Erscheinung zu sein und einen Ersatz für Tafeln oder andere Bildwerke darzustellen. Vor allem im 14. Jahrhundert scheint die als Altarschmuck im Sinne eines Retabels dienende Wandmalerei größere Bedeutung gehabt zu haben. Das Thema bedürfte einer gesonderten Aufarbeitung. Als Beispiele mögen die Malereien an den Westseiten der Pfeiler in der Nikolaikirche/Stralsund,[59] zumeist wohl unmittelbar nach Fertigstellung des Langhauses Mitte 14.Jahrhundert, und in den Chorkranzkapellen des Prager Veitsdoms, 1385(?),[60] dienen.[61]

2. Das Kultbild und ähnliches

Als im Westen im späten 10. Jahrhundert eine neue Art plastischen Kultbildes aufkam, wurden diese Plastiken auch auf den Altar gestellt.[62] Gemalte Kultbilder hat es viel weniger gegeben, doch konnte mit ihnen offenbar ähnlich verfahren werden.[63] Da diese Bilder wohl zumeist auch Reliquiare waren, konnte dahinter auch die Vorstellung stehen, daß ein Reliquiar auf den Altar gestellt wurde.

Nach den schriftlichen Quellen hat man offenbar seit dieser Zeit Verschiedenartiges, das kostbar und zeigenswert war, dauerhaft oder zu besonderen Gelegenheiten auf den Altar gestellt, auch Tafeln aus Edelmetall oder Elfenbein.[64] Bei Tafeln konnte es wohl auch eine Korrespondenz zwischen Antependium und Retabel geben. Auch im 13. Jahrhundert konnten auf einem hinter dem Altar errichteten Aufbau (retroaltare) Kreuz, Evangelien, Reliquiare, Ziergefäße und das Retabel (retrotabularium) stehen.[65]

Ein weiterer Schritt scheint nicht ohne Bedeutung: In Schweden, aber auch andernorts sind aus der Zeit um 1200 Heiligenschreine erhalten. Die Skulptur lehnte mit dem Rücken an der Rückwand eines Schreins, der an den Seiten zweiteilige Flügel besaß, die um das Heiligenbild herumgelegt werden konnten. Diese waren wohl in der Regel mit gemaltem oder plastischem Bildschmuck versehen. Die Statuen waren also nicht immer sichtbar, sondern sind nur zu bestimmten Gelegenheiten gezeigt worden, waren sonst aber in einem Schrein verschlossen.[66] Wohl um 1200 ist eine Madonna dieser Art in Rennelanda entstanden.[67] Zumindest Details des Schreins sind jünger. Solche Schreine hat es auch in den folgenden Jahrhunderten gegeben. Ein Beispiel in Klosterneuburg aus der Mitte des 14. Jahrhunderts zeigt im geöffneten Zustand auf den Flügeln Johannes Ev., Magdalena und zwei Engel.[68]

3. Skandinavische Retabeln

In Dänemark ist eine besondere Art des Bogenretabels ausgebildet worden. Es handelt sich um einen niedrigen horizontalen Aufbau mit aufgipfelnden Risaliten, von denen der mittlere den Kruzifixus trägt. Der Aufbau selbst scheint regelmäßig den herrschenden Christus mit Aposteln gezeigt zu haben. Über der ganzen Breite spannt sich ein halbkreisförmiger Bogen.[69] Regelmäßig scheinen solche Retabeln mit einem Antependium (s. o.) verbunden gewesen zu sein, wie es für Sahl, Odder und Lisbjerg bezeugt ist.[70] Insofern handelt es sich ikonographisch um eine Iteration: Das Thema des Antependiums - der herrschende Christus mit den Aposteln - wird auf dem Retabel wiederholt. Jünger sind querrechteckige Holzretabeln mit mittleren und seitlichen Aufgipfelungen, die sich vor allem auf Gotland finden.[71] Ich nenne die bekannten Stücke aus der 1. Hälfte des 14. Jahrhunderts unten an entsprechender Stelle.

4. Das Madonnenbild

Seit der 2. Hälfte des 12. Jahrhunderts werden in Italien die Marienbilder zahlreicher. Der Grund liegt in einer neuen Frömmigkeit, die besonders an Maria orientiert ist. Man griff dafür auf das zurück, was vorhanden war, und das waren vor allem östliche Muttergottes-Ikonen. Dabei kommt es auch zu einer breiten Rezeption der Tafelmalerei, die in der Folgezeit eine der wichtigsten Kunstgattungen darstellt.[72] Im 13. Jahrhundert wurde es in Italien dann auch üblich, gemalte Tafeln auf den Altar zu stellen. Dabei stoßen hier, vor allem in der Toskana, zwei Prozesse in einem komplizierten Geschehen aufeinander.[73] Zum einen geht es darum, für das verehrte oder zumindest geschätzte Bild einer verehrten heiligen Person einen würdigen Platz zu finden. Dieses Bild war zunächst auch ein Franziskus-Bild, in der Regel dann ein Madonnenbild.[74] Es erobert sich einen Platz auf dem Seitenaltar, schließlich auf dem Hochaltar. Das Kultbild war nicht immer zu sehen, sondern wohl meist in einen Schrein verschließbar. Führend waren in dem allem die Serviten[75] und die Franziskaner. Seiner Herkunft nach ist dieses Bild hochformatig. Zum andern setzt sich die alte Tendenz fort, den Altar kostbar, d.h. auch durch Bilder, zu schmücken. Aber der gotische Drang zur Versinnlichung bringt jetzt den Bildschmuck sichtbarer auf den Altar, das Antependium wird durch das Retabel ersetzt oder erhält im Retabel eine Ergänzung. Diese Bildtafeln sind wie die Antependien Querformate. Die Vereinigung beider Prozesse führt zunächst zu querrechteckigen Tafeln mit zentraler Maria. Späteren Formen hat die Unterteilung den unzutreffenden Namen Polyptychon eingebracht. Dieser Vorgang ist als Synthese zu begreifen, die das auf den Altar gestellte Bild mit der Tradition des zum Retabel gewandelten Antependiums einging, indem es sich dessen Form angleicht und bestrebt ist, die Breite des Altars einzunehmen. Entscheidende Schritte scheinen sich um 1260/1270 vollzogen zu haben. Hochformatige Franziskus-Bilder scheint es seit 1228 auf Altären gegeben zu haben.[76] Bei den erhaltenen Querformaten mit Heiligen- oder Marienthematik ist nicht sicher, ob sie als Antependium oder Retabel gedient haben. Eindeutig als Retabeln erkennbar sind diese Denkmäler erst seit etwa 1265, als die querformatigen Tafeln mit Christus oder Maria zwischen Heiligen (in Halbfiguren) mit Giebeln versehen oder als (fälschlich sog.) Polyptychen gestaltet werden.[77] Und etwa gleichzeitig wird es üblich, das hochformatige Bild der thronenden (also ganzfigurigen) Madonna auf den Altar zu setzen. Dafür ist das erste Beispiel die Madonna del Bordone, die der Kriegsgefangene Coppo di Marcovaldo 1261 für die Servitenkirche in Siena gemalt hat.[78] Diese Entwicklung ist hier nicht zu verfolgen, da sie für den Norden kaum oder erst spät wirksam geworden ist. Erst in der Mitte des 14. Jahrhunderts übernimmt Böhmen das auf die Tafel gemalte Marienbild.

Was sich in Italien mit der Lokalisierung des Marienbildes auf dem Altar vollzog, blieb zuerst durchaus in der alten Tradition, Kultbilder auf den

Altar zu stellen. Ein paralleles Geschehen vollzog sich im Norden, nur daß hier das plastische Marienbild weiterlebte,[79] das dann schließlich auch in das Zentrum des gotischen Altarretabels rückte. Dabei ist im Norden der Reliquienkult stärker wirksam geworden, und zwar sowohl darin, daß die Kultstatue Reliquiar war, wie in dem zunächst bildlosen Reliquienschrein. Natürlich hat es auch in Italien einen Reliquienkult gegeben. Aber dieser war nicht so eng wie etwa bei der Kultstatue mit dem Bild verbunden. So konnten im Norden wohl auch nicht so schnell wie in Italien die beiden Bedürfnisse, dem Bild einen würdigen Platz auf dem Altar zu geben und den Altar zu schmücken, eine Synthese eingehen.

5. Das versetzte Antependium

Schwierig ist bei Stücken, die aus dem ursprünglichen Zusammenhang gerissen sind, eine Grenze zwischen Antependien und Retabeln zu ziehen, sofern es sich um Tafelmalereien oder Goldschmiedearbeiten handelt, die vom Format her beides gewesen sein können. Als es ohnehin üblich wurde, Bilder auf den Altar zu setzen, hat man aber auch bisher als Antependien genutzte Tafeln zu Retabeln gemacht.[80] Die älteste Pala d´oro in Venedig scheint einst ein Antependium gewesen zu sein, das 1105 auf den Altar gesetzt wurde.[81] Toskanische Tafeln im Format von Antependien sind in ihrer Verwendung als Antependium oder Retabel unklar.[82] Weitere Beispiele finden sich vor allem im venezianischen Kulturbereich.[83]

6. Frühe Tafelretabeln

Seit dem 12. Jahrhundert sind auch querrechteckige Tafeln als hinterer Abschluß auf dem Altar errichtet worden. Diese können gemalt oder aus Stein, Edelmetall oder Holz angefertigt sein. Die letzteren waren Reliefs, die dann wahrscheinlich oft eine farbige Fassung aufwiesen, so daß sie wie die gemalten Retabeln wirkten. Für die Retabeln in Edelmetall muß bedacht werden, daß die Chancen einer Erhaltung (wie bei den Antependien) außerordentlich schlecht waren (s.o.).[84] Steinretabeln in niedriger, querrechteckiger Form mit flachen Reliefs sind besonders in Frankreich beliebt gewesen und reichen durch die Jahrhunderte. Der Unterschied im Material dürfte bei den Tafelretabeln eine verschieden kostbare Ausführung bedingen, aber doch keinen Unterschied in Sinn und Funktion mit sich bringen. Daher habe ich diese Denkmäler hier zusammengenommen und zeitlich geordnet.

Den Anfang des Erhaltenen und Bezeugten bildet die Pala d'oro in S. Marco/ Venedig die 1105 auf den Altar gesetzt worden ist.[85] Die Verwertung kostbarer Einzelstücke (Spolien) beeinflußt hier das Programm, doch ist deutlich, daß der thronende Christus zwischen den Evangelisten das beherrschende Thema ist.

Auf Wibald von Stablo († 1158) gehen drei nicht erhaltene Metallretabel zurück. Das aus einer Zeichnung bekannte Retabel auf dem Altar mit dem Schrein des Remaclus in Stablo (Stavelot)[86] ist Vorsatz und Rahmung eines hinter und über dem Altar stehenden Reliquienschreins gewesen. Das Retabel zeigte rechts und links der zentralen Nische für den Schrein Szenen aus der Vita des Heiligen. In dem großen halbkreisförmigen Feld darüber war Christus in der Glorie mit den Evangelistensymbolen und den Tugenden dargestellt,[87] gerahmt von Paradiesesmotiven. Wenn der Schrein nicht ganz klein war, muß das Retabel beachtliche Dimensionen gehabt haben. Das Retabel des Hauptaltars der Abteikirche in Stablo zeigte wohl Christus in der Glorie zwischen Passionsszenen und Stifterfiguren,[88] das in Malmedy Christus mit den Evangelistensymbolen zwischen den 12 Aposteln.[89] Gleichzeitig sind Retabeln in Angers[90] mit Darstellungen aus dem Marienleben und in Sens mit dem herrschenden Christus zwischen Maria und Johannes d. T., den Evangelisten und Szenen der Stephanusgeschichte.[91]

Unter den sich heute im Chor von St. Denis befindlichen Steinretabeln wird das älteste noch in die erste Hälfte des 12. Jahrhunderts datiert. Die zwölf Apostel stehen je zwei einander zugewandt, doch so abgewandelt, daß die beiden mittleren, Petrus und Paulus, sich anblicken. Ein weiteres Retabel ebenda, das in die Mitte des Jahrhunderts datiert wird, zeigt Christus im mittleren Vierpaß mit den apokalyptischen Tieren zwischen den zwölf Aposteln, die unter Arkaden stehen.[92] Die Inschrift lautet:
Hic deus est et homo, quem presens signat ymago Ergo rogabit homo, quem scul(p)ta figurat ymago.[93]

Dem 3. Viertel des 12. Jahrhunderts gehört wohl ein Steinretabel im Louvre aus Carrières-Saint-Denis an, auf dem die Madonna zwischen Verkündigung und Taufe Christi thront.[94] Im Musée Cluny in Paris befindet sich ein Retabel aus der Zeit um 1160-70, das vielleicht für Stablo gearbeitet wurde, aber aus St. Castor in Koblenz stammt.[95] Es besteht aus vergoldetem Kupfer über einen Holzkern. Das niedrige querrechteckige Relief ist in der Mitte aufgewölbt. In diesem Halbkreis befindet sich die Halbfigur Christi, darunter, je zwei durch Säulen abgetrennt, die Apostel. Gemeint ist, wie Strahlen andeuten und die Inschrift aussagt, Pfingsten. Damit erhält das allgemeine Thema des herrschenden Christus mit den Aposteln eine spezielle Deutung. Ein Steinretabel liegt wohl in dem Stück aus Echternach vor, das dem späteren 12. Jahrhundert angehört.[96] Dargestellt ist eine thronende Madonna mit Kind zwischen Petrus, Paulus(?) und zwei heiligen Bischöfen.

Um 1170 wird die gemalte Altartafel aus dem Walpurgiskloster Soest, heute im Museum zu Münster, datiert.[97] Neben einem auf dem Regenbogen thronenden Christus im mittleren Vierpaß, von den apokalyptischen Tieren umgeben, erscheinen als Fürbitter Maria und Johannes der Täufer, denen sich Walpurgis und ein Bischof (als Augustin oder Nikolaus gedeutet) anschließen. Runde Vertiefungen auf dem Rahmen enthielten Brustbilder der Propheten, von denen kaum etwas erhalten ist. Es ist umstritten, ob die Tafel als Antependium oder als Retabel gedient hat. Die Inschrift auf dem Buch, das Christus in der Hand hält, spricht für letzteres. Dort steht: "Ego sum panis vivus, qui de celo descendit."

Um 1200 ist die Silbertafel im Dom zu Cividale gestiftet worden. Eine Madonna zwischen Engeln in der Mitte wird von Reihen von Heiligen flankiert.[98] Wenig später sind die Fragmente einer Silbertafel im Museum von Torcello. Die mittlere Madonna zwischen den Evangelistensymbolen war von Engeln und Heiligen gerahmt.[99]

Zwei Steinretabeln mit sehr plastisch ausgeführten Gestalten sind anzuschließen. Ob es sich hier freilich ursprünglich um Retabeln handelt, muß wie bei so manchem anderen Denkmal offen bleiben. Der Altaraufsatz in Oberpleis wird an das Ende des 12. Jahrhunderts gehören.[100] Eine mittlere thronende Madonna ergänzen drei Könige links zur Anbetungsszene. Ihnen entsprechen drei Gestalten (Jungfrauen?) rechts. Um 1200 mag die Tafel von Brauweiler b. Köln mit der thronenden Madonna zwischen Heiligen entstanden sein.[101] Im 13. Jahrhundert können die Tafeln auch kompliziertere Formen aufweisen.[102] Aus der Soester Wiesenkirche stammt ein Retabel in Berlin mit bogen- und giebelförmigen Aufgipfelungen, das in die Zeit um 1230/40 zu setzen ist.[103] Die Kreuzigungsszene (mit Ecclesia und Synagoge) wird von der Vorführung vor Kaiphas und der Auferstehung gerahmt. Auch die Tafel in Wetter bei Marburg aus dem 2. Viertel des 13. Jahrhunderts ist ein frühes gemaltes Retabel.[104] Es ist in sieben Nischen mit Szenen der Passion Christi gegliedert, die Rückseite zeigt ein mittleres Medaillon mit dem Christuslamm zwischen vier Medaillons mit den Evangelistensymbolen.

Wohl aus dem Dominikanerinnenkloster Altenhohenau stammt ein Retabel von etwa 1260 im Germanischen Nationalmuseum Nürnberg.[105] Eine Folge von Halbsäulen gestützter Bögen bildet Nischen, die mit Malerei gefüllt sind. Vier nach links gewandte Heilige, Petrus, Paulus, Dominicus, Petrus Martyr halten Schriftbänder mit Sprüchen vor sich, von denen zumindest die der beiden letzteren sich auf die Eucharistie beziehen (4Reg 6,28; Io 6,53). In den Zwickeln zwischen den Bögen sind abwechselnd Engel und weibliche Heilige dargestellt. Die Wendung zur Seite, der ja auch die "hierarchische" Ordnung der Gestalten entspricht, fordert eine Ergänzung. Überdies ist der Engel ganz links halbiert, so daß mindestens eine weitere Arkade anzunehmen ist. Eine symmetrische Ergänzung mit mittlerem Christus würde eine Breite von annähernd zwei Metern ergeben.

Schon der Zeit nach der Jahrhundertmitte (um 1270) gehört das Retabel aus der Soester Wiesenkirche in den Berliner Museen an, das den Gnadenstuhl zwischen Maria und dem Jünger Johannes zeigt.[106] Eine kompliziertere Gestalt weist das (untergegangene) Quedlinburger Retabel in Berlin von etwa 1240/50 auf.[107] Es ist eine kleeblattförmig aufgebaute Tafel, in deren Mitte die Kreuzigung (mit Heiligen) und darüber die Marienkrönung dargestellt ist, flankiert von Szenen der Passion und der Auferstehung. Ebenfalls eine gemalte Tafel, rechteckig mit aufgewölbter Mitte, aus Rosenheim in München dürfte um 1280/90 entstanden sein. Sie zeigt die Marienkrönung zwischen den Aposteln.[108]
Zwei einschlägige Denkmäler befinden sich in der Galerie in Hannover. Aus Wenningsen stammt eine Tafel des späten 13. Jahrhunderts mit dem Marientod.[109] Dem frühen 14. Jahrhundert gehört ein niedriges Retabel aus Isenhagen mit Christus zwischen den klugen und törichten Jungfrauen an.[110] Hierher gehört wohl auch das Fragment einer niedrigen Tafel aus Raudnitz im Prager Nationalmuseum (vor 1350). Petrus, Johannes und Andreas sind unter Arkaden in Halbfigur wiedergegeben und wenden sich nach links.[111]
Eine Gruppe französischer Steinretabeln aus der 2. Hälfte des 13. Jahrhunderts ist hier anzufügen. Vier von ihnen befinden sich im Museé Cluny, von denn wiederum drei aus St. Denis stammen.

Das bald nach 1260 entstandene Retabel aus St.-Germer-sur-Oise zeigte eine um Ecclesia und Synagoge und Petrus und Paulus erweiterte Kreuzigungsgruppe zwischen Verkündigung und Heimsuchung und Heiligenszenen.[112] Wenig später (bis 1290?) sind die Retabeln aus St. Denis entstanden, von denen das eine die Kreuzigung inmitten der Eustachiuslegende zeigt, das andere die Kreuzigung zwischen Szenen eines Heiligen (Firmin?), ein weiteres die Taufe Christi inmitten der Benediktslegende.[113]

Der 1. Hälfte des 14. Jahrhunderts gehören dann Fragmente französischer Steinretabeln in Berlin[114] und im Louvre mit der wohl ursprünglich mittleren Kreuzigung zwischen Passionsszenen an.[115] Diese Entwicklung geht in Frankreich weiter.[116] Auch in Deutschland gab es Steinretabeln. Vom Anfang des 14. Jahrhunderts stammen Fragmente eines bemalten Steinretabels in Fritzlar mit Szenen der Christusvita.[117] Vielleicht bildete die Kreuzigung ursprünglich die Mitte. Zwei frühe, relativ hohe Steinretabeln in Deutschland befinden sich im Mainzer Domschatz. Das eine, zwischen 1302 und 1320 für die Allerheiligenkapelle gestiftet, zeigt heute nur sieben Arkaden mit Maßwerk, von denen die mittlere breiter ist. Über den mittleren drei Arkaden erhob sich einst ein Aufbau. Das andere etwa gleichzeitige Retabel aus der Michaelskapelle zeigt in sieben Arkaden Malereien, und zwar in der Mitte Christus als Weltenrichter zwischen Maria und Johannes d. T. als Fürbittern, denen sich vier weitere Heilige anschließen. Etwas jünger ist das Trachyt-Retabel von etwa 1340 aus Küdinghoven im Bonner Museum mit der Verkündigung und St. Gregor.[118] Einfache rechteckige Steintafeln mit einer Gliederung aus Spitzbogenarkaden sind die etwa gleichzeitigen Retabeln in St. Kunibert in Köln.[119] Das vom Quirinusaltar, wurde 1312 gestiftet, das des Margarethenaltars 1321. Beide reihen an eine mittleren Kreuzigung mit Maria und Johannes Heilige und Stifter an. Der 1. Hälfte des 14. Jahrhunderts gehört das Retabel von Ganthem, Gotland, an. Es zeigt eine mittlere Kreuzigung zwischen sechs Aposteln und weiteren Heiligen.[120] Ein Retabel in Skattunge, Schweden, das wohl schon der Mitte des 14. Jahrhunderts angehört, zeigt eine mittlere Marienkrönung inmitten der zwölf Apostel.[121]

7. Zwischenformen

Die berühmte Erfurter Stuckmadonna mitsamt rahmenden flachen Baldachin von etwa 1160 zeigt, vorausgesetzt, daß sie sich ursprünglich auf einem Altar befand, ein Mittelding zwischen Altarbild und Retabel.[122] Hier anzuschließen ist vielleicht der Aufbau des 1290 geweihten Altars in der Marburger Elisabethkirche.[123] Ein steinernes Gehäuse mit drei großen Nischen beherbergt kleine Heiligengestalten, in der Mitte die Madonna zwischen Engeln, rechts Elisabeth zwischen Katharina und Magdalena. Die Füllung der mittleren und der südlichen Nische sind ursprünglich. Vor den Skulpturen ist ein etwa 30 cm tiefer freier Raum bis zum vorderen Abschluß des Retabels. Dort befinden sich Nuten für doppelte Gitter, die hochgeschoben werden konnten, und es spricht alles dafür, daß vor die Figuren zu bestimmten Gelegenheiten Reliquiare postiert werden konnten. Die steinerne Architektur des Altaraufbaus war mit einer nach hinten anschließenden Brücke geplant, auf der der Schrein der Hl. Elisabeth stehen sollte. Dieser Teil ist nicht vollendet worden, doch es könnte sein, daß die Entscheidung für ein Steinretabel aus der Verbindung mit einer Podestarchitektur resultiert.

8. Der Reliquienschrein

Während alle die geschilderten Erscheinungen auf der Vorstellung beruhen, daß sich Bilder auf dem Altar befinden können, hat doch das auch als Flügelaltar bezeichnete gotische Altarretabel offensichtlich noch eine andere, wichtigere Wurzel. Der Altar ist auch in besonderer Weise ein Ort gewesen, auf dem Reliquien deponiert und gezeigt werden konnten. Diese sind nicht mit jenen Reliquien zu verwechseln, die zur Weihe im Altargrab versenkt wurden.[124] Vielmehr geht es um die Akkumulation von Reliquien, die zwar die Heiligkeit eines Altars steigerten, aber letztlich unabhängig von ihm waren. Bereits in karolingischer Zeit lagen die Gräber der Hauptheiligen auf der Raumachse hinter dem Altar. Im 12./13. Jahrhundert erfährt dies eine Steigerung, indem die Schreine erhöht und sichtbar gemacht werden (Köln, Dreikönigsschrein; Marburg, Elisabethschrein in der Planung etc.). Aber auch kleinere Reliquiare konnten auf dem Altar deponiert werden. Die zur Gemeinde weisende Seite eines Schreins über dem Altar konnte wie ein Retabel wirken, und eigene Vorsatztafeln die Funktion von Retabeln erfüllen.[125]

Für Reliquien scheint es verschiedene Systeme der Zeigung gegeben zu haben. Andernorts aufbewahrte Reliquien konnten zur Zeigung auf dem Altar ausgesetzt werden. Oder aber das Reliquiar war fest auf dem Altar installiert. Dann wurde entweder zur Zeigung im Innern eine Wand weggenommen, oder aber Flügel (Türen) wurden geöffnet. Die meisten der bisher genannten Lokalisierungen von Bildern auf dem Altar waren nicht mit den Wandlungen verbunden, die das gotische Altarretabel dann auszeichnen: Es kann geschlossen oder geöffnet sein. Es gibt aber eine Gruppe schrankartiger Gebilde, die Reliquiare beherbergten, die nur bei bestimmten Gelegenheiten (Festen) gezeigt wurden, also in der Regel verschlossen waren.[126]

Wurde ein solcher Schrein auf den Altar gestellt, dann mußte er zumindest im geschlossenen Zustand unschön wirken, und es legte sich nahe, die Türen zu bemalen oder mit Reliefs zu versehen. Die unmittelbaren Vorstufen fehlen, was nicht verwunderlich ist. Ist doch vorauszusetzen, daß sie bald durch andere, modernere und ansprechendere Lösungen ersetzt wurden. Es ist umstritten, ob anderweitig erhaltene hochrechteckige Schränke einfach auf den Altar gestellt wurden.[127] Immerhin ist das Londoner Retabel (s. u.) ein solcher Schrank en miniature.

Vorformen sind im Mindener Altar und in Loccum erhalten. Bis heute ist nicht deutlich, welches das ältere Denkmal ist. Ihnen liegt die Idee des auf den Altar gestellten Reliquienschreins zugrunde, der seine Breitseite zeigte. Da die Rückseite nicht mehr nötig war, ist nur noch die Vorderseite angefertigt worden. Beide Denkmäler wirkten wohl von der Seite gesehen wie halbierte Schreine. Beide haben sich wohl ursprünglich auf dem Hochaltar befunden. Die heutige Predella des Mindener Altars im Berliner Museum stammt von etwa 1220.[128] Dieses Werk ist umgestaltet und mit einem Flügelretabel von etwa 1425 in der Weise verbunden worden, daß es dessen Predella bildete. Dafür ist die Tiefe verkürzt und die Oberseite begradigt worden. Ursprünglich hat der Schrein wohl ein Pultdach gehabt, in das das Satteldach des breiten Mittelrisalits einschnitt. Die Seiten waren durch Türmchen mit Fialen betont. Bestimmend sind die durch Arkaden gegliederten, alle Teile durchziehenden zwei Geschosse. Die Arkaden sind hier als Blenden gestaltet und mit einzelnen Heiligengestalten versehen. Die mittlere obere Doppelnische enthält eine Marienkrönung. Die Skulpturen waren farbig gefaßt und die Architekturteile vergoldet. Die Gesamthöhe betrug einst etwa 1,10 m. Die Tiefe des Schreins spricht für eine Verwendung als Reliquiar. Doch ist nicht deutlich, ob und wie die Reliquien sichtbar gemacht werden konnten. Vielleicht war das Mittelteil von vorn oder hinten zugänglich.[129]

Deutlicher sind die Verhältnisse in Loccum.[130] Ein Schrein mit Pultdach und Wandaufbau in zwei Arkadenreihen wird in der Mitte und an den Seiten von Risaliten geschnitten, die an den Seiten gleichartig gebildet sind, in der Mitte aber anstelle der kleinen schmalen Arkaden eine größere durchgehende Arkade aufweist. Die Rückwand der Arkaden konnte nach hinten geklappt werden, so daß hinter den nun offenen Arkaden die Reliquien sichtbar wurden. Der mittlere Bogen umschloß eine Nische.[131] Bildschmuck fehlte hier wohl schon ursprünglich.

Aus späterer Zeit ist eine Reihe von Denkmälern erhalten oder rekonstruierbar, bei denen einem mittleren Reliquienschrein seitliche, beidseitig mit bildlichen Darstellungen versehene Flügel angefügt sind, die wohl in der Regel geschlossen waren. Auch diese Gebilde sind wohl zumeist durch den richtigen Flügelaltar verdrängt oder spätestens in der Reformation beseitigt worden. Und wenn heute beidseitig bemalte Flügel erhalten sind, während der Schrein fehlt, dann kann das durchaus darin begründet sein, daß der Schrein überflüssig wurde, die Malereien aber als christliche Bilder beibehalten wurden. Am ehesten erinnert an einen Reliquienschrein ein Triptychon, das um 1250 entstanden ist und sich heute in London befindet.[132] Sein "basilikaler" Aufbau erinnert an den Giebel eines Reliquienschreins, seine Breite beträgt wohl im geschlossenen Zustand 49 cm, seine Höhe 95 cm.[133] Im geschlossenen Zustand waren Heilige sichtbar: Katharina und Margarethe oben, Nikolaus und Martin unten. Der Schrein selbst war in zwei Stockwerke geteilt. Die Füllung des Innern mit Elfenbeinreliefs entstammt späterer Zeit. Vielleicht enthielt es ursprünglich Reliquien.

Zu einem weiteren Altarschrein scheinen zwei Flügel gehört zu haben, die aus dem Wormser Dom stammen und um 1250/60 entstanden sind. Sie befinden sich heute im Darmstädter Museum.[134] Im geöffneten Zustand sind Petrus und Paulus sichtbar, im geschlossenen ein Bischof und Stephanus. Wenn die geschlossenen Tafeln aneinander stießen, ist der Schrein nur wenig breiter als hoch gewesen (1,44 x 1,14 m). Vom Format her könnte auch ein Reliquienschrank in Lügumkloster (Nordschleswig),[135] der dem späteren 13. Jahrhundert angehört, als Reliquienretabel gedient haben. Der Schrein ist senkrecht zweigeteilt, links und rechts befinden sich in vier Geschossen jeweils zwei Nischen mit baldachinartiger Verkleidung, also insgesamt sechzehn. Die gleich aufgebauten Flügel (Innenseiten der Türen) zeigen in Malerei sechzehn Heilige unter Baldachinen.

Der Hochaltar in der Kirche des Zisterzienser-Klosters Doberan ist um 1310 entstanden.[136] Der mittlere Schrein weist sieben tiefe Arkaden auf, zu denen von hinten ein Zugriff durch Türchen möglich war. Dem Schrein sind Flügel angegliedert, die in Relief einen typologischen Zyklus der Christus-Vita zeigen, wobei sich die alttestamentlichen Typen unten, die neutestamentlichen Szenen oben befinden. Die Malereien der Außenseiten sind nicht erhalten. Von drei hohen Fialentürmen ist wohl der mittlere zur Aussetzung der Hostie bestimmt gewesen. Wohl um 1368 ist an das zweigeschossige Bildwerk unten eine weitere Bildreihe angefügt und der Schrein auf eine Predella gesetzt worden. Damit wurde das Werk stilistisch "modernisiert".

Der Hochaltar der ehemaligen Klosterkirche Cismar gehört in die Zeit um 1315.[137] Der Schrein schließt oben in einer Folge von Giebeln, aus ihm wuchsen drei turmartige Aufsätze, in die Skulpturen eines älteren Altars (Maria, Johannes, Benedikt) eingebracht sind. Der Schrein war in ursprünglich wohl dreimal fünf Fächer zur Aufnahme von Reliquien unterteilt, wobei die Rückwände der Nischen mit flachen Reliefs versehen waren. In der untersten Zone befinden sich Darstellungen aus der Kindheit Christi, darüber Passionsszenen. Die Maßwerk-(Pultdach-)zone bietet in der Mitte die Kreuzigung zwischen auf sie verweisenden typologischen Szenen. Auf der Schreinwand füllten Heiligengestalten auf. Unter den Reliquien ragten eine Heiligblutreliquie und ein Dorn der Dornenkrone Christi hervor. Die Kirche mit ihrem Reliquienschatz war Wallfahrtsziel. Auf den Flügeln des Retabels finden sich im geöffneten Zustand Reliefs, und zwar links Szenen aus dem Leben des Evangelisten Johannes, rechts aus dem Benedikts. Im geschlossenen Zustand sind Marienszenen mit mittlerer Marienkrönung zu sehen. Der Schrein wurde von hinten innen geschlossen. In den Statuen des Gesprenges (oder eher: der aufragenden Türme) waren weitere Reliquien untergebracht.

Der Cismarer Altar bezeugt eine Praxis, von der schwer zu sagen ist, ob sie auch andernorts geübt wurde. Das Retabel diente der Zeigung von Reliquien, doch haben sich diese offenbar nicht immer hier befunden, sonst hätte man die Nischen nicht auch mit Bildern versehen. Es muß im Kirchenjahr auch Öffnungen des inneren Zustandes des Flügelretabels ohne Zeigung der Reliquien gegeben haben. Sicher gehört auch ein später veränderter Schrein in der Jakobskirche Nürnberg in diese Gruppe,[138] anscheinend auch das Hochaltarretabel in St. Ursula/Köln von ca. 1300, das zur Aufnahme von drei wohl metallenen Reliquienschreinen gedient hat.[139]

In der Altstädter Kirche zu Hofgeismar sind aus der Zeit um 1310 zwei (heute verbundene) Tafeln erhalten, die ursprünglich die Flügel eines Retabels bildeten.[140] Die Malerei der ehemaligen Außenseiten ist stark zerstört. Offensichtlich hat sich hier auf jedem Flügel eine Reihe von Heiligen befunden. Erkennbar sind nur noch am Rande der einen Tafel Franziskus, der anderen Klara. Im geschlossenen Zustand bildeten beide die Mitte der Komposition. Daher ist es auch wahrscheinlich, daß die Tafeln aus dem Franziskanerkloster stammen. Wurde der Schrein geöffnet, dann waren an den Flügeln links Gethsemane und die Gefangennahme, rechts die Auferstehung und Maria Magdalena am Grabe sichtbar. Zumindest modernes Empfinden vermißt hier die Kreuzigung, und vielleicht ist sie im Mittelschrein irgendwie dargestellt gewesen, vielleicht nahm ihren Platz ein Kruzifixus oder eine Monstranz ein. Zunächst verweisen jedenfalls die zeitgenössischen Parallelen darauf, auch in diesen Tafeln die Türen eines Reliquienschreins zu sehen. Sie sind breitrechteckig, und der verschlossene Schrein muß ähnliche breitgelagerte Dimensionen wie der in Cismar oder Doberan gehabt haben. Stilistisch sehr nahe steht dem Werk von Hofgeismar ein linker Flügel, der in Deutschland gefertigt wurde, in Toresund, Schweden.[141]

Das um 1334 entstandene Altarretabel aus Altenberg,[142] wo die Tochter der hl. Elisabeth einst Äbtissin gewesen war, stand bis 1860/70 am Ort. Heute befinden sich die gemalten Seitentafeln und der Schrein im Städel, die mittlere Madonna in Privatbesitz. Der geöffnete Schrein zeigte in der Mitte eine thronende Madonna, zu deren Seiten sich in zwei Stockwerken vier leere Fächer für Reliquien befinden, die durch Türen von hinten zugänglich sind. Die Flügel weisen Malereien auf, und zwar sind auf der linken Tafel Verkündigung, Heimsuchung, Geburt Christi und Anbetung der Könige dargestellt. Die letztgenannte Szene ist ohne Madonna wiedergegeben, die Könige bezogen sich also auf die Madonna im Schrein. Rechts findet sich in den äußeren Feldern die Fortsetzung des Marienzyklus in Form von Marientod und Marienkrönung, innen Michael als Drachentöter und die hl. Elisabeth. Von der Dekoration der Außenseiten ist nur noch wenig erhalten. Der Flügelaltar zeigt im geschlossenen Zustand die Passion Christi.

Der Übergang zum wandelbaren Bildretabel

Den Übergang zum wandelbaren Altarretabel, auf dem die Bilder dominieren, bezeichnen einige eng zusammengehörige Altäre. Den vierziger Jahren des 14. Jahrhunderts dürfte das Altarretabel der Liebfrauenkirche von Oberwesel angehören.[143] Es ist dreigeschossig aufgebaut, doch ist die Höhe der Geschosse und der aufwendigen Baldachine so dimensioniert, daß die Figuren der oberen Zone sich in der Mitte befinden. Hier ist die Marienkrönung zwischen den Aposteln (im Schrein) und weiteren Heiligen (in den Flügeln) dargestellt. In der Zone darunter ist Heilsgeschichte, Altes Testament, Kindheitsszenen, Passionsgeschichte, dargestellt. Dabei wirkt die Struktur in den vom Maßwerk gebildeten Nischen in dem Sinne, daß möglichst jeweils nur eine Person in jeder Nische dargestellt ist. Unten ist schließlich wieder die Folge der vergitterten Nischen zu finden, die wohl auch hier zur Aufnahme von Reliquien bestimmt waren. Doch ist zumindest in den Flügeln ein Eingriff von hinten nicht möglich gewesen. Im geschlossenen Zustand waren in zwei Zonen gemalte Heilige sichtbar, nur die beiden Gestalten oben innen waren plastisch ausgeführt. Allem Anschein nach handelt es sich um Maria und Johannes, die auf einen plastischen Kruzifixus ausgerichetet waren, der hier (die doch wohl geschlossene?) Mitte des Schreins einnahm. Der Altar des Zisterzienser-Klosters Marienstatt stammt aus der Mitte des 14. Jahrhunderts.[144] Das System des Schreins setzt sich auf den Innenseiten der Flügel fort. Es handelt sich um einen dreigeschossigen Aufbau, wobei das oberste Geschoß das höchste ist, während das unterste so niedrig ist, daß die Vertikalgliederung hier quadratische Kammern schafft. In ihnen befinden sich noch heute in Stoff gehüllte Reliquien. Die Kammern sind von hinten zugänglich. In der mittleren Zone befinden sich, bis auf die Mittelnische, durchgehend Jungfrauen-Büsten (Kölner Jungfrauen aus dem Gefolge der Ursula), oben rahmen die 12 Apostel eine mittlere Marienkrönung. Die Flügel sind so dimensioniert, daß ihre drei Arkaden jeweils den Arkaden zu seiten der Marienkrönung entsprechen. Beim Schließen des Altars verdeckten heute verlorene Flügelteile die Marienkrönung und die darunter befindliche Nische, die vielleicht die Monstranz aufnahm. Im geschlossenen Zustand waren Szenen des Marienlebens und der Passionsgeschichte sichtbar.[145]

Weiterhin gehört zu dieser Gruppe der Klarenaltar des Kölner Doms von etwa 1360/70.[146] Dieser ist in zwei Zonen aufgeteilt, wobei in der oberen Christus zwischen den Aposteln dargestellt war. Die Zone darunter war ursprünglich mit zwölf Jungfrauenbüsten versehen. Die Mitte nahm hier die Eucharistie ein. Als weiteres Denkmal ist hier ein Retabel anzuschließen, das sich im Museum in Limburg/Lahn befindet und um 1340 entstanden sein muß. Im geöffneten Zustand erscheint ein zweigeschossiges System, in dessen oberer Zone sich, Schrein und Flügel übergreifend, die zwölf Apostel um eine mittlere Marienkrönung gruppieren, während sich unten zwölf Reliquienbüsten von Jungfrauen befinden, deren Mitte ein leerer vergitterter Raum einnimmt. Die Flügel sind so dimensioniert, daß beim Schließen die vorspringende Mittelzone frei bleibt. Ob hier ursprünglich auch eine Möglichkeit des Verhüllens bestand, muß offen bleiben.

Inzwischen hatte sich auch bereits das reine Bildretabel mit Flügeln neben dem Reliquienretabel durchgesetzt. Die Problematik kompliziert sich hier, insofern inzwischen Andachtsbilder in Form von Diptychen und Triptychen neu aufgekommen sind, und letztere sich von den Altarretabeln oft nur im Format unterscheiden. So bleibt es etwa bei dem Triptychon im Wallraf-Richartz-Museum in Köln aus dem 1. Drittel des 14. Jahrhunderts mit der Kreuzigung zwischen Szenen der Christusvita, außen: Verkündigung mit Heiligen,[147] offen, ob es sich um ein häusliches Andachtsbild oder um ein Retabel handelt. Die Breite im geschlossenen Zustand beträgt 0,48 m. Freilich sind auch hier noch Reihen von kleinen Fächern angebracht, die zur Aufnahme von Reliquien gedient haben dürften. Das Gleiche gilt für ein spitzgiebeliges Triptychon im Germanischen Nationalmuseum in Nürnberg, das als Nürnbergisch, um 1350, bestimmt worden ist.[148] Im geöffneten Zustand wird eine plastische Kreuzigungsgruppe von Hohlräumen für Reliquien umrahmt, die Flügen bedecken beidseitig gemalte Passionsszenen, die Rückseite zeigt den Schmerzensmann mit Arma. Die Breite beträgt 0,44 m. Anzuschließen ist ein gleichzeitiges ähnliches Triptychon (rheinisch?) in Wiesbaden, das in der Mitte die Geburt und im übrigen außen und innen Marienszenen zeigt. Jedoch ist hier das Maßwerk, das sonst die Reliquienkammern rahmte, zu Balustraden innerhalb der Bilder geworden.[149]

Ein frühes Beispiel für das reine wandelbare Bildretabel ist wohl der Klosterneuburger Altar aus den dreißiger Jahren des 14. Jahrhunderts mit der Kreuzigung zwischen Passionsszenen.[150] Um 1340 ist der gemalte Doberaner Fronleichnamsaltar mit der Kreuzigung Christi durch die Tugenden und mit verweisenden Propheten, außen mit Szenen der Kindheit Christi, entstanden.[151] Der Mitte des 14. Jahrhunderts gehört das Retabel in Endre, Gotland, an.[152] An die mittlere Kreuzigung schließen im Schrein und auf den Flügeln zehn Heilige (wohl Apostel) an.[153]

Das gotische wandelbare Bildretabel

Bestimmend dafür, das Retabeln aufkommen, ist das Zeige-Interesse. Und da die Zeigung bei verehrten Bildern und Reliquien bestimmten Gelegenheiten vorbehalten war und Steigerungen kannte, ist wohl nicht nur das Sicherheitsinteresse das Motiv dafür, die Schreine mit Türen (Flügeln) zu versehen, sondern vielmehr Verhüllen und Zeigen als Praktik gotischer Didaktik. Insofern kann auch ein Bild oder eine Bildkomposition eine Verhüllung verlangen, und es wäre denkbar, daß auch hier eine Wurzel des Wandelaltars liegt. Doch wissen wir nur von Einzelplastiken, die mit türartigen Flügeln geschlossen werden konnten (s.o.), und ob diese auf Altären gestanden haben, ist nicht sicher. Vielmehr scheint es die Reliquienzeigung auf dem Altar gewesen zu sein, die zu den wandelbaren Bildaltären übergeleitet hat. Ob andererseits die für Andachtsbilder geläufige Form des Triptychons, das dann auch auf Reisen geschlossen werden konnte, monumentalisiert auf die Gestalt des wandelbaren Bildretabels eingewirkt hat, ist eine Frage, die hier nicht geklärt werden kann. Eine besondere Rolle scheint dabei - wie immer schon festgestellt wurde - Kölner Einfluß gespielt zu haben, wohl besonders in Reliquienbüsten der 11 000 Jungfrauen. Daß sich die frühen Beispiele vorzugsweise in Klosterkirchen finden, läßt die Frage aufkommen, ob diese Altäre allgemein zugänglich oder ob diese Kirchen vielleicht sogar Wallfahrtskirchen waren.

Es hat gelegentlich auch später noch Altarretabeln gegeben, die vor allem der Reliquienzeigung dienten, oder doch Bildschmuck und Fächer für Reliquien kombinierten.[154] Und noch bis in das 16. Jahrhundert hinein ist auf einer Vielzahl von Altären die Predella als Reihe leerer tiefer Nischen gestaltet, so daß hier die ursprüngliche Konzeption des Reliquienschreins immer noch weiterlebt.[155] Und eine noch einmal andere Entwicklung führt zum Altar, bei dem die Reliquien im Gesprenge ausgestellt sind. Uns geht es hier um die frühere Zeit, in der sich der "Flügelaltar", das wandelbare Retabel, herausbildet. Was die ikonographische Gestaltung betrifft, so lassen sich mehrere Tendenzen verfolgen, wobei sich Antependium und Retabel zusammenschließen. Am Anfang steht die als Iteration aufzufassende Darstellung des herrschenden Christus inmitten von apokalyptischen Tieren, von Heiligen, Aposteln, Engeln. Zwar konnte schon sehr bald auch Maria oder ein bestimmter Heiliger zumindest in Gestalt der mit Reliquien versehenen Statue einen Platz auf dem Altar finden, doch scheint es sich dabei eher um mehr zufällige Hinzufügungen zum Altar zu handeln, nicht um dessen bildliche Ausgestaltung. Seit dem 13. Jahrhundert ist Maria als Hauptgestalt hier im Vordringen. In Italien wird zunächst die neue Welle der Marienverehrung, vor allem von den Serviten, aber auch von Zisterziensern und Franziskanern getragen, in der Weise wirksam, daß das Madonnenbild auf den Altar gestellt wird. Im Norden hat weithin die Marienkrönung bzw. der Synthronos Maria an die Seite Christi gestellt, bis schließlich auch hier Maria zur Hauptgestalt in der Mitte des innersten Altarschreins wurde.

Zum repräsentativen Bild gesellt sich besonders seit dem 13. Jahrhundert das erzählende. Das entspricht der Tendenz der Zeit, Heilsgeschichte nacherleben zu wollen. Auch dort, wo Christus beibehalten ist, wird er nicht mehr als der Herrschende, sondern als der Leidende, als Gekreuzigter dargestellt. Hier beginnt die Entwicklung, in deren Verlauf schließlich der Kruzifixus zum häufigsten Christusbild und zum Hauptthema des Altars wird.[156]

Anmerkungen

[1] Die Bezeichnung von Retabeln als "Flügelaltäre" ist inkorrekt, aber noch erträglich, solange es sich um die Ausstattung eines Altars handelt. Werden jedoch Andachtsbilder in Form von Triptychen als "Klappaltärchen" oder "Hausaltärchen" bezeichnet, dann hat die Bezeichnung nichts mehr mit der Funktion zu tun.

[2] Die umfangreichen und unentbehrlichen Ausführungen, die J. Braun, Der christliche Altar in seiner geschichtlichen Entwicklung I.II, München 1924, der Geschichte des christlichen Altars gewidmet hat, genügen der Frage nach den Programmen des Bildschmucks auf Antependium und Retabel nicht, da sie zu stark phänomenologischen und zu wenig entwicklungsgeschichtlichen Maßstäben verpflichtet sind. An weiteren wichtigen Arbeiten dieser Art nenne ich: Otte, H., Handbuch der kirchlichen Kunst-Archäologie des Mittelalters, 5. Aufl., Leipzig 1883, Bd. I, S. 134 - 138, 141 - 147; Münzenberger, E. F. A., (u. Beißel, St.), Zur Kenntnis und Würdigung der mittelalterlichen Altäre Deutschlands, I.II, Frankfurt M. 1885 - 1890, 1895 - 1905; St. Beissel, Gestickte und gewebte Vorhänge der römischen Kirchen in der zweiten Hälfte des VIII. und in der ersten Hälfte des IX. Jahrhunderts, in: Zeitschrift für christliche Kunst 7, 1894, S. 357 - 374; ders., Verwendung edeler Metalle zum Schmuck der römischen Kirchen vom V. bis zum IX. Jahrhundert, in: Zeitschrift für christliche Kunst 9, 1896, S. 331 - 344, 357 - 370; v. Sydow, E., Die Entwicklung des figuralen Schmucks der christlichen Altar-Antependia und Retabula bis zum 14. Jahrhundert, Straßburg 1912; Wrangel, E., Det medeltida bildskåpet från Lunds domkyrkas högaltare = Lunds universitets årsskrift NF afd. 1, Bd. 11, 1915, Nr. 3 (bes. S. 66 - 88); Simon, E., Die Anfänge des gotischen Schnitzaltars, Diss. Halle 1922; Bunjes, H., Die steinernen Altaraufsätze der hohen Gotik und der Stand der gotischen Plastik in der Île de France um 1300, Phil. Diss. Marburg 1937; Braun, J., Altarantependium (kath.), in: RDK 1, Sp. 441 - 459; ders., Altarretabel (kath.), in: RDK 1, Sp. 529 - 564; Lipinsky, A., Goldene und silberne Antependien des Mittelalters in Italien, I. II: Das Münster 5, 1952, S. (20) 22 - 31, 39 f., 194 - 205; Hager, H., Die Anfänge des italienischen Altarbildes. Untersuchungen zur Entstehungsgeschichte des toskanischen Altarretabels, München 1962 (Röm. Forschungen der Bibliotheca Hertziana, XVII); Keller, H., Der Flügelaltar als Reliquienschrein, in: Studien zur Geschichte der europäischen Plastik. Festschrift Theo-

dor Müller, München 1965, S. 125 - 144. Dagegen Wolf, N., (in einer bisher unveröffentlichten Dissertation) u. a. (s. u. Anm. 124). Die Akten einer Konferenz zum Thema, die vor zwei Jahren stattfand, habe ich nicht einsehen können. Sie werden von H. Krohm u. K. Krüger publiziert. S. den Bericht von Hengevoss-Dürkob, K., Entstehung und Frühgeschichte des Flügelaltarschreins, in: Kunstchronik 1998, S. 222 - 228.

[3] Zum Folgenden vgl. Lipinsky/Hager, S. 59 - 66.

[4] Textile Antependien: vgl. Braun II, S. 27 f., 32 f.; zu den Edelmetall-Antependien s. Braun II, S. 87 - 96. Der literarische Befund kann hier nicht im einzelnen aufgearbeitet werden, ich beschränke mich auf Beispiele.

[5] Braun I, S. 97. Nach den Consuetudines Farfenses sollte das silberne Antependium in der Fastenzeit durch einfachen weißen Stoff ersetzt werden, Braun II, S. 90.

[6] Agnelli, Liber pont. eccl. Ravennat. n: 66.80 (MGH SS rer. Langob., S. 324, 28-33; 332, 1-9 Holder-Egger); v. Sydow, S. 7; Braun II, S. 26, 51. Wenn es hier heißt: super altarium ... ponitur, dann ist die Vorstellung die, daß es sich um eine Altardecke handelt, die vorn herabhängt.

[7] V. Sydow, S. 16; Braun I, S. 199 f., vgl. 352 f.; E. Schaffran, Die Kunst der Langobarden in Italien, Jena 1941, T. 36b, 37b; Hager, S. 59.

[8] V. Sydow, S. 7 - 14; Braun II, S. 27 f., 32 f. Dabei ist darauf hinzuweisen, daß gerade die karolingische Zeit für Rom eine Hoch-Zeit der Kirchdekoration war.

[9] V. Sydow, ebd.; Braun II, S. 51 f. Eine wirkliche Aufarbeitung ist in diesem Rahmen nicht möglich.

[10] Braun II, S. 52, 129 f.

[11] Liber Pontificalis II, S. 133 (551) Duchesne. Ähnlich bereits im späteren 8. Jahrhundert: ebd. I, S. 499 (320).

[12] Liber Pontificalis II, S. 109 (501) Duchesne.

[13] Liber Pontificalis II, S. 120 (526) Duchesne.

[14] V. Sydow, S. 9 f.; Braun II, S. 51. Für Farfa ist bezeugt, daß in der Fastenzeit das silberne Antependium durch ein weißes Tuch ersetzt wurde, ebd. S. 90.

[15] V. Sydow, S. 16 - 18; V. H. Elbern, Der karolingische Goldaltar von Mailand, Phil. Diss. Zürich, München 1952. Vollständige Arbeit: ders., Der karolingische Goldaltar von Mailand (Bonner Beiträge zur Kunstwissenschaft 2), Bonn 1952; Lipinsky, S. 22 - 25.

[16] Das Antependium Karls des Kahlen, das Suger bereichert vor dem Dionysius-Altar in Saint-Denis anbringen ließ, gehört im typologischen Bildprogramm gewiß erst der Zeit Sugers an, vgl. Braun II, S. 89, und H. G. Thümmel, Typologische und analogische Argumentation in der christlichen Kunst, in: Theologische Versuche 4, 1972, S. 195 - 215.

[17] V. Sydow, S. 25 f.; Braun II, S. 97 f.

[18] V. Sydow, S. 26; Braun II, S. 96 f.; Erlande-Brandenburg, A., Le Pogam, P.-Y., Sandron, D., Musée national du Moyen Age Thermes de Cluny. Guide des collections, Paris 1993, Nr. 78 (S. 75 f.).

[19] Die Inschrift weist auf einen gelehrten Autor mit hebräischen und griechischen Sprachkenntnissen: In der ersten Zeile des Distichons werden die Dargestellten aufgezählt, die zweite enthält eine Anrufung an Christus:
Quis sicut Hel, Fortis, Medicus, Soter, Benedictus.
Prospice terrigenas, clemens mediator, usias.
Die Erzengelnamen sind wörtlich übersetzt: Michael mit "Wer ist wie Gott?", wobei die hebräische Gottesbezeichnung (El) benutzt ist, Gabriel (= Gott ist stark) mit Fortis, Raphael (= Gott heilt) mit Medicus. Der milde Mittler wird angerufen, für die erdentstammten Wesen Sorge zu tragen, wobei wie schon bei Soter (= Heiland) der griechische Terminus einfließt: usias (= Wesen). Freilich kann die erste Zeile auch zusammenhängend gelesen werden: "Wer ist wie Gott, der Starke, der Arzt, der Heiland, der Gelobte?"
Zu weiteren Antependien dieser Zeit aus Edelmetall s. Braun II, S. 91 f., 94 - 96, 100 f.

[20] Anthony, E. W., Romanesque Frescoes, Princeton 1951, S. 99, Fig. 155.

[21] Hager, S. 60.

[22] Morgades y Gili, J., Catalogo del Museo arqueologico-artistico episcopal de Vich, Vich 1893 mir nicht zugänglich); v. Sydow, S. 25 - 27, 30 - 32; Braun II, S. 109 - 112, 120 - 122; (Metropolitan Museum of Art), The Art of Medieval Spain AD 500 - 1200, New York 1994, Nr. 169 - 171.

[23] Für die Darstellung Marias mit den sieben Gaben des Geistes auf einem Antependium in Vich ist auf die Tafel in Münster (s. bei Anm. 97) als Parallele zu verweisen.

[24] V. Sydow, S. 36; Braun II, S. 97, T. 131.

[25] V. Sydow, S. 38; Braun II S. 101, T. 132; Lipinsky, S. 24 - 28; Hager S. 60 f.

[26] Braun I, S. 354. Die Seiten zeigen Szenen des Marienlebens und eine Stiftungsszene.

[27] V. Sydow, S. 37 f.; Braun I, S. 355; Hager, S. 61. Mir scheint nicht sicher, daß es sich um eine Marienkrönung handelt. Im übrigen halten die begleitenden Engel Rauchfässer, Kerzen und ein Spruchband, nicht Leidenswerkzeuge.

[28] V. Sydow, S. 38; Braun I, S. 355, T. 60; Hager, S. 61.

[29] Braun II, S. 118.

[30] Braun II, S. 55, T. 118; ders., in: RDK 1, Sp. 441 f.

[31] Braun I, S. 354 f., T. 51.

[32] Braun I, S. 355.

[33] Braun II, S. 34.

[34] Hager, S. 62.

[35] Braun II, S. 118.

[36] V. Sydow, S. 35 f.; Braun II, S. 97, T. 138; Nørlund (s. u. Anm. 41), S. 147 - 152.

[37] Braun II, S. 33 f., T. 117.

[38] Lipinsky, S. 194, 198, 200.

[39] Braun II, S. 49, T. 119.

[40] Braun II, S. 49f, T. 119.
[41] V. Sydow, S. 32 - 35, 47 f., T. III - XVI; P. Nørlund, Gyldne Altre. Jysk Metalkunst fra Valdemarstiden, Kopenhagen 1926.
[42] Braun II, S. 98 f.; Nørlund, S. 73 - 98, T. 1, 2.
[43] Braun II, S. 121, T. 143.
[44] Braun II, S. 99, T. 133; Nørlund, S. 131 - 140, T. 4.
[45] Braun II, S. 99, T. 133; Nørlund, S. 177 - 185, T. 7, 8; Kunstschätze Jütlands, Fünens und Schleswigs aus der Zeit Waldemar des Sigers. Ausstellung des Stiftsmuseums Viborg, Viborg 1991, S. 23.
[46] Nørlund, S.140 - 149, T. 3; Kunstschätze Jütlands etc., S. 15, Nr. 15.
[47] Braun II, S. 99 f.; Nørlund, S. 185 - 188, T. 9; Kunstschätze Jütlands etc., S. 24 f., Nr. 2.
[48] Braun II, S. 98.
[49] Nørlund, S. 155 - 176, T. 5.
[50] Nørlund, S. 155 - 176, T. 6.
[51] Vgl. Hager, S. 62 - 66. Das Antependium in Salerno aus Elfenbeintäfelchen mit etwa 75 Szenen aus Altem und Neuem Testament und Heiligen ist ein Unicum und vielleicht doch nicht ursprünglich als Antependium gearbeitet, v. Sydow, S. 27 f.; Braun II, S. 123.
[52] Auch für das später mit anderen Darstellungen versehene Retabel aus Köln, St. Ursula, ist auf Grund der Gliederung ursprünglich eine solche Thematik anzunehmen, v. Sydow, S. 36; Braun II, S. 292 f., 323, T. 203.
[53] Damit hat das Antependium dann auch Teil an den allgemeinen Wandlungen der Zeit. Zu verweisen ist etwa auf das noch dem 13. Jahrhundert angehörende Antependium (?) in Kloster Lüne bei Lüneburg mit dem Gnadenstuhl zwischen der Christusvita (Stange, A., Deutsch Malerei der Gotik I, Berlin 1934, S. 100 f., Abb. 98; ders., Die deutschen Tafelbilder von Dürer. Kritisches Verzeichnis I, München 1967, Nr. 742), das Goslarer Antependium mit der Kreuzigung zwischen hl. Diakonen, schon aus dem 14. Jahrhundert (Stange, Malerei der Gotik I, S. 101 f., Abb. 99; ders., Krit. Verz., Nr. 741) und das aus der Soester Wiesenkirche aus der Jahrhundertmitte, das noch einmal den herrschenden Christus zwischen Heiligen im Deesisschema zeigt (Stange, Malerei der Gotik, S. 94 f., Abb. 96; ders., Krit. Verz., Nr. 439). Zur weiteren Entwicklung des Antependiums s. Braun I, S. 355 - 363, II, S. 52 - 75, 101 - 123, für Italien s. auch Lipinsky (s. Anm. 2), Das Münster 5, 1952, S. 194 ff.; 7, 1954, S. 345 ff.; 9, 1956, S. 133 ff.; 11, 1958, S. 233 ff.; 13, 1960, S. 89 ff.
[54] Große Teile der Entwicklung sind seit langem gesehen, und auch ein großer Teil der einschlägigen Denkmäler ist immer wieder genannt worden, s. o. Anm. 2.
[55] Browe, P., Die Verehrung der Eucharistie im Mittelalter, München 1933, Nachdruck Rom 1967.
[56] Die Miniatur eines Stundenbuchs in London zeigt selbst die Kreuzigungsgruppe verhüllt, Braun II, T. 146.
[57] Otte (s. Anm. 2) I, S. 141 Anm. 2.

[58] Zumeist wenig sichere Beispiele bietet Hager, S. 23 - 32.

[59] Dehio, Die Bezirke Neubrandenburg, Rostock, Schwerin, bearbeitet von der Arbeitsstelle für Kunstgeschichte bei der Dt. Akademie der Wiss. zu Berlin, Berlin 1968, S. 382.

[60] Letztere zeigen an, daß die Altäre ursprünglich geostet waren und wohl erst im Barock (oder noch später) radial aufgestellt wurden. K. Stejskal, Klášter Na Slovanech, prazská katedrála a dvorská malba doby Karlovy, in: Dejiny ceského výtvarného umení 1,1, hg. v. R. Chadraba u. a., Praha 1984, S. 328 - 342, hier: 335 - 338. Die Darstellung der Taufe der hl. Ottilie dort fälschlich als auf der Westwand befindlich bezeichnet. Vgl. J. Burian, Der Veitsdom auf der Prager Burg, Bayreuth 1979, T. 99.

[61] Einige dieser Malereien werden meist früher datiert, doch ist zu fragen, ob an eine Ausmalung zu denken ist, bevor der Bau einen gewissen Abschluß erreicht hatte. Altäre mit Wandmalerei als Retabel sind in der Regel Nebenaltäre gewesen, die meist Bruderschaften, Zünfte oder Familien innehatten. Das hat Konsequenzen für die Ikonographie, insofern besondere Patrone eine Rolle spielen.

[62] So die Statue des hl. Gerald in Aurillac, Thümmel, H. G., Christliche Plastik? Probleme und Prinzipien dargestellt an der Entwicklung bis zum 13. Jahrhundert, in: Theologische Versuche 17, Berlin 1989, S. 171 - 186, hier: 175 f. Natürlich kann die Wendung "super altare posita" auch einen etwas höheren Aufbau über dem Altar meinen.

[63] Hager, S. 37, verweist auf eine Beschreibung der Kapelle Sancta Sanctorum, die wohl bald nach 1073 zu datieren ist und wo es von der Salvatorikone heißt: "Et super hoc altare est imago Salvatoris mirabiliter depicta in quadam tabula, quam Lucas evangelista designavit sed virtus Domini angelico perfecit officio." Archiv d. Vatikan, Cod. Lateranense A. 70, nach R. Valentini e G. Zucchetti, Codice Topografico della Città di Roma, III, Roma 1946, S. 319, 357, 12-15. Vgl. Hager, S. 55: "Die Marienikonen gelangen zu dieser Verbindung (scil. mit dem Altar) weniger auf Grund ihrer Bildeigenschaft, sondern wegen der Bedeutung, die sie als Kultgegenstand besitzen." Bei dem elfenbeinernen Altaraufsatz aus dem Anfang des 11. Jahrhunderts in S. Liberatore zu Monte Majella, v. Sydow, S. 29, von dem es heißt, daß in einer elfenbeinernen Ikone eine Madonna zwischen Märtyrern "verborgen" sei, würde am ehesten auf eines der byzantinischen Elfenbeintriptychen passen, die aus dieser Zeit reichlich erhalten sind, aber im Osten nicht auf den Altar gestellt wurden.

[64] Nachweise bei Braun II, S. 279.

[65] Braun II, S. 280: Jakob II. von Aragon (1264 - 1327), Leges Palatinae 2,12.13, Nr. 368.370.382.

[66] P. Tångeberg, Holzskulptur und Altarschrein. Studien zu Form, Material und Technik, München 1989, S. 32 - 41. Vgl. U. Kjaer u. P. Grinder-Hansen, Kirkerne i Danmark, 1988, S. 101.

[67] Wrangel, S. 7, Abb. 39.

[68] Stange, Malerei der Gotik, S. 156, Abb. 159.
[69] V. Sydow, S. 41 - 43; Fragment aus Vorde, 2. Viertel 16. Jahrhundert, Kunstschätze Jütlands etc. (s. o. Anm. 45), Kat.-Nr. 6; vgl. Abb. S. 27.
[70] Sahl: Braun II, S. 292, T. 200; Nørlund, T. 7; Kunstschätze Jütlands etc., S. 23; Odder: Braun II, S. 292, T. 199; Nørlund, T. 3; Lisbjerg: Braun II, S. 291 f., T. 199; Nørlund, T. 1. Vgl. Kjaer u. Grinder-Hansen (o. Anm. 66), S. 61 - 65.
[71] Zu dieser Gruppe scheint Broddetorp zu gehören: Braun II, S. 291. Tångeberg, S. 41 - 49, nennt 15 (oft nur in Fragmenten erhaltene) Exemplare. Vgl. ebd. Abb. 85 - 91.
[72] Daß dabei die Maniera bizantina oder Maniera greca in Stil und Ikonographie führend war, könnte einfach damit zusammenhängen, daß es zunächst griechische Maler waren, die diese vorher im Westen nicht so verbreitete Technik ausübten, und die westlichen Künstler bei ihnen lernten. Vgl. H. G. Thümmel, Ikone und frühes Tafelbild, in: Ikone und frühes Tafelbild, hg. von H.L. Nickel. Wiss. Beiträge der Martin-Luther-Universität Halle-Wittenberg 1986/67 (H 6), Halle 1988, S. 23 - 29.
[73] Dies hat ausführlich Hager in seinem Buch beschrieben.
[74] Die Häufigkeit des Franziskus ergab sich aus dem Gewicht, das Franziskus in der Frömmigkeit dieser Zeit hatte, und aus der Rolle, die die Franziskaner in diesem Prozeß spielten.
[75] Die Servi Mariae, sich in Florenz konstituierend, seit 1233 Orden, haben sich besonders der Verehrung Marias geweiht.
[76] Hager, S. 84f.
[77] Hager, S. 108-117.
[78] Hager, S. 130.
[79] Thümmel, H. G., Muttergottesikonen und Mariengnadenbilder, in: Byzantinoslavica 56, 1995, S. 759 - 768, hier: 765 (Durch die Verminderung der Zahl der Abbildungen sind die Verweise darauf völlig falsch geworden).
[80] Braun II, S. 95, 283, 566; Bunjes, S. 11, verweisen auf Xanten, Lüneburg, Petershausen, vgl. v. Sydow, S. 22 - 24, 40. Eine Verbindung von Antependium und niedrigem Altaraufsatz scheint eine späte italienische Sonderentwicklung zu sein, vgl. Braun II, S. 298; Lipinsky Abb. S. 201.
[81] Hager, S. 60.
[82] Hager, S. 91 - 94.
[83] Lipinsky, S. 28 - 30.
[84] Braun II, S. 289 - 291.
[85] Braun II, S. 294 - 296; Lipinsky, S. 194 - 197, 199; Hager, S. 60 (mit weiterer Literatur).
[86] V. Sydow, S. 43 f. Der Aufbau ist in einer Zeichnung erhalten, Braun II, S. 289 f., T. 198; Rhein und Maas. Kunst und Kultur 800 - 1400. Ausstellungskatalog Köln 1972, S. 249 Nr. G 10a (D. Koetzsche).
[87] Zu solchen Zusammenstellungen (Quantitätenreihen) s. H. G. Thümmel, Typo-

logische und analogische Argumentation in der christlichen Kunst, in: Theologische Versuche 4, 1972, S. 195 - 215.

[88] Braun II, S. 289.

[89] Braun II, S. 290.

[90] Braun II, S. 290.

[91] V. Sydow, S. 23 f.; Braun II, S. 290 f.

[92] Braun II, S. 308; Bunjes, S. 13.

[93] Ein wesentlich späteres Antependium aus Kinservik (Norwegen) hat eine ganz ähnliche Inschrift, Braun II, S. 114. Es muß hier eine gemeinsame literarische Tradition gegeben haben.

[94] V. Sydow, S. 41; Braun II, S. 308, T. 207.

[95] V. Sydow, S. 40 f.; Braun II, S. 291, T. 198; Rhein und Maas (s. o. Anm. 86), S. 251 Nr. G 12 (D. Kötzsche); Musée Cluny (s. o. Anm. 18), Nr. 84 (S. 80).

[96] V. Sydow, S. 36; Bunjes, S. 13; Chr. Beutler, Die Entstehung des Altaraufsatzes. Studien zum Grab Willibrords in Echternach, München 1978. Das Werk entspricht der Stilstufe der "Verblockung" um 1160/70, als die deutsche Plastik Volumen gewinnt, das freilich weder in der Masse noch auf der Oberfläche durchgegliedert ist. Dem nicht so neuen Versuch Beutlers, das Retabel in karolingische Zeit zu datieren, vermag ich nicht zu folgen, vgl. Braun I, S. 353, II, S. 308 f., Abb. 206.

[97] Stange, Deutsche romanische Tafelmalerei, in: Münchner Jahrbuch der bildenden Kunst NF 7, 1930, S. 123 - 181, hier: 136 - 139 (Nr. 1); ders., Krit. Verz., Nr. 430; G. Jászai, Werke des frühen und hohen Mittelalters (Bildhefte des Westfälischen Landesmuseums für Kunst und Kulturgeschichte Münster, 2), 2. Aufl., Münster 1989, S. 23, 27, 76 (Nr. 17).

[98] V. Sydow, S. 38; Lipinsky, S. 25 f., 28 f.

[99] Lipinsky, S. 29 - 31.

[100] Hamann, R., Die Salzwedeler Madonna, in: Marburger Jahrbuch für Kunstwissenschaft 3, 1927, S. 77 - 144, hier: 97, T. XLc.

[101] V. Sydow, S. 45; Braun II, S. 308, T. 216; Hamann, Marb. Jb. 1927, S. 117, T. LIIb.

[102] Vgl. die Denkmäler bei Bunjes, S. 18-23.

[103] Gemäldegalerie Berlin, Gesamtverzeichnis, Berlin 1996, Abb. Nr. 300; Braun II, S. 319 f., T. 224; Stange, MüJb 1930, S. 139 - 142 (Nr. 2); ders., Krit. Verz., Nr. 431.

[104] Mitteilung über die Entdeckung durch Dr. Freyhan: Marburger Jahrbuch für Kunstwissenschaft 7, 1933, S. 347; D. Großmann, Das Altarretabel in Wetter bei Marburg/Lahn, in: Ikone und frühes Tafelbild (s. o. Anm. 72), S. 175 - 193.

[105] Stange, MüJb 1930, S. 170 f. (Nr. 17); Kataloge des Germanischen Nationalmuseums zu Nürnberg. Die Gemälde des 13. bis 16. Jahrhunderts, bearb. v. E. Lutze u. E. Wiegand, Leipzig 1937, S. 23 f., Abb. 251; Württembergisches Landesmuseum Stuttgart, Die Zeit der Staufer. Ausstellungskatalog, hg. von R. Haussherr, 4. Aufl., Stuttgart 1977. I (Katalog), Nr. 435 (S. 307 - 310).

[106] Gemäldegalerie Berlin, Gesamtverzeichnis, Berlin 1996, Abb. Nr. 300; Braun II, S. 319 f., T. 224; Stange, MüJB 1930, S. 139 - 142 (Nr. 2); ders., Krit. Verz., Nr. 431.
[107] Braun II, S. 319 f., T. 224; Stange, MüJb 1930, S. 149 - 153 (Nr. 6), ders., Krit. Verz., Nr. 737.
[108] Braun II, S. 323, T. 224; Stange, MüJb 1930, 168 - 170 (Nr. 16).
[109] Stange, MüJB 1930, S. 156 (Nr. 9); ders., Krit. Verz.., Nr. 740.
[110] Stange, Malerei der Gotik, S. 102 f., Abb. 97; ders.,Krit. Verz., Nr. 743.
[111] Stange, Malerei der Gotik, Abb. 150, S. 156; A. Matejce and J. Pešina, Czech Gothic Painting, 1350 - 1450, Prag 1950, S. 45, T. 1 - 2. Dieses Werk wird in der Literatur oft als Predella bezeichnet, doch dürfte es damals noch keine Predellen gegeben haben.
[112] Bunjes, S. 112 f.
[113] Bunjes, S. 113 - 118.
[114] Vöge, W., Bildwerke des Deutschen Museums II, Nr. 2791.
[115] Bunjes, S. 118 f.
[116] Vgl. Bunjes, S. 120 - 123, und die im Chorumgang von St. Denis aufgestellten Beispiele.
[117] Braun II, S. 309; Stange, Malerei der Gotik, S. 78 f.
[118] Stange, Krit. Verz., Nr. 16.
[119] Braun II, S. 309; Stange, Malerei der Gotik, S. 25 f; ders., Krit. Verz., Nr. 11 u. 12.
[120] Tångeberg, Abb. 35.
[121] Tångeberg, Abb. 38, 64.
[122] V. Sydow, S. 45; Hamann, MarbJb. 3, 1927, S. 100 f., T. XLIId.
[123] Münzenberger-Beissel I, S. 33 f., 38 f.; R. Hamann u. K. W. Kästner, Die Elisabethkirche zu Marburg und ihre künstlerische Nachfolge, II: Die Plastik, Marburg 1929, S. 91 - 95; 700 Jahre Elisabethkirche in Marburg 1283 - 1983, Katalog E: E. Leppin, Die Elisabethkirche in Marburg, Marburg 1983, S. 34. G. Dehio, Handbuch der deutschen Kunstdenkmäler, Hessen, bearb. v. M. Backes, 2. Aufl., München/Berlin 1982, S. 595; Keller, S. 127.
[124] So die Goldene (Mindener) Tafel (s. u. Anm. 126), S. 32.
[125] S. o. bei Anm. 86.
[126] Wesentliches von dem im folgenden Auszuführenden hat bereits Keller gesagt. N. Wolf u. a. haben gewiß recht, wenn sie meinen, es seien nicht einfach "normale" Schränke auf den Altar gestellt worden, vgl. N. Wolf, Einige Überlegungen zu Entstehung, Funktion und Verbreitung der deutschen Schnitzretabel des 14. Jahrhunderts, in: Arbeitsgruppe zur Erforschung der mittelalterlichen Holzskulptur Schleswig-Holsteins, Tagung "Figur und Raum", 1992, Kurzfassungen der Vorträge, S. 20. Vielmehr geht es um Schreine von entsprechender Breite, die aber doch geöffnet und geschlossen werden konnten. Wenn Wolf von "ekklesiologischer Inszenierung" oder "ekklesiologisch bestimmter Selbstrepräsentation der Mönchskirche

(inkl. geistlichen Schauspiels)" spricht, dann sind diese Begriffe weder an Liturgie oder kirchlichem Brauchtum gewonnen, noch entstammen sie zeitgenössischem Vokabular. Vgl. den Bericht über die Tagung "Entstehung und Frühgeschichte des Flügelaltarschreins" (oben Anm. 2). Jedenfalls wird man die Probleme nicht mit sprachlichen Mitteln lösen. Wenn man sich von der Schranktheorie abwendet, aber weiterhin von "Flügelaltarschrein" spricht, dann ist darauf hinzuweisen, daß ein Schrein ein Schrank ist, und ob man die Verschlußvorrrichtung Flügel oder Tür nennt, ändert nichts an deren Funktion.

[127] So hat sich Keller (S. 126) die Entwicklung vorgestellt, andere haben das bestritten. Überdies bleibt zu fragen, ob nicht auch richtige Schränke mit außen und innen dekorierten Türen für Zeigungen dienten, ohne daß sie auf den Altar gestellt wurden.

[128] Münzenberger-Beissel I, S. 39 f.; Wrangel, S. 73 f.; Die Goldene Tafel aus dem Mindener Dom, hg. von H. Krohm und R. Suckale, Berlin 1992, bes. die Beiträge von P. J. Krause (S. 21 - 28) und D. Lutteroth (S. 29 - 34). Der "Mindener Altar" ist 1909/10 nach Berlin gekommen.

[129] Ebd. S. 22, 32.

[130] Hölscher, U., Kloster Loccum, Bau- und Kunstgeschichte des Cisterzienserstiftes, Hannover/Leipzig 1912, S. 47 - 55, T. 6 - 7; Wrangel, S. 73; Simon, E., Der Mindener Altar. Ein Schnitzwerk des 13. Jahrhunderts, in: Jahrbuch der Preussischen Kunstsammlungen 48, 1927, S. 200 - 220, hier: 212 f.; Goldene Tafel (Anm. 126), Abb. 13.

[131] Hölscher, S. 48, 50 - 52; Goldene Tafel, S. 32.

[132] Dalton, O. M., Catalogue of the Ivory Carvings of the Christian Era ... in the ... British Museum, London 1909, Nr. 390 (S. 132 f.; Pl. XCII); P. Pieper, Zwei deutsche Altarflügel des 13. Jahrhunderts im Britischen Museum, in: Niederdeutsche Beiträge zur Kunstgeschichte 3, 1964, S. 215 - 228; Ders., in: Staufer-Katalog, Nr. 432 (S. 304 f.).

[133] Die Maße sind bei Pieper regelmäßig falsch angegeben. Dalton gibt die Höhe übereinstimmend mit Pieper mit 3 ft 1 inch an. Das geschlossene Triptychon ist etwa halb so breit wie hoch.

[134] Stange, MüJB 1930, S. 158 - 161 (Nr. 11); Bunjes, S. 19; Keller, S. 125; P. Pieper, in: Staufer-Katalog, Nr. 431 (S. 303 f.).

[135] Wrangel, S. 75 f., Abb. 41; H. Wentzel, Lübecker Plastik bis zur Mitte des 14. Jahrhunderts, Berlin 1938, T. 128; Kjaer u. Grinder-Hansen (o. Anm. 66), S. 100.

[136] Münzenberger-Beissel I, S. 46 - 50; Wrangel, S. 76 f., Abb. 42; Braun II, S. 334, 568 f., T. 261; Wentzel, Plastik, S. 150 f., T. 64 - 71; Keller, S. 127 f.

[137] Münzenberger-Beissel I, S. 45 f.; Wrangel, S. 77 - 79; Braun II, S. 335, 569; Wentzel, Plastik, S. 137 - 145, T. 101 - 127; ders., Der Hochaltar in Cismar und die lübeckischen Chorgestühlswerkstätten des 14. Jahrhunderts, Lübeck 1937 (Diss. Göttingen); ders. und W. Castelli, Der Cismarer Altar, Hamburg 1941; Keller, S. 126 f.

[138] Münzenberger-Beissel I, S. 43 - 45; Braun II, S. 335, 570.
[139] Braun II, S. 564.
[140] Stange, Malerei der Gotik, Abb. 79 f., S. 80 - 83; ders., Krit. Verz., Nr. 436; J. Desel, Die Altstädter Kirche in Hofgeismar, 2. Aufl., Hofgeismar 1991.
[141] Tångeberg, S. 43; Abb. 59.
[142] Münzenberger-Beissel I, S. 42 f.; Braun II, S. 303, 568, T. 335 (Mittelteil); Stange, Malerei der Gotik, Abb. 86 f. (Flügel), S. 87 - 89; Keller, S. 129 f.
[143] Münzenberger-Beissel I, S. 57 f.; Braun II, T. 260; Hochgotischer Dialog. Die Skulpturen der Hochaltäre von Marienstatt und Oberwesel im Vergleich, hg. von H.-J. Kotzur, Worms 1993, hier S. 59 - 90: E. Sebald, Der Oberweseler Goldaltar.
[144] Münzenberger-Beissel I, S. 53 - 57; Wrangel, S. 80 f., Abb. 21; Braun II, S. 569 f., T. 338; Keller, S. 128 f.; Hochgotischer Dialog, hier S. 11 - 48: Wilhelmy, W., Der Marienstätter Altar.
[145] Hochgotischer Dialog, S. 16.
[146] Münzenberger-Beissel I, S. 63 - 65; Wrangel, S. 81 f.; Braun II, S. 570. 627, T. 360; Stange, Krit. Verz., Nr. 20; Keller, S. 129.
[147] Stange, Malerei der Gotik, S. 28 f., Abb. 37; ders., Krit. Verz., Nr. 14; Wallraf-Richartz-Museum Köln. Vollständiges Verzeichnis der Gemäldesammlung, 1986, WRM 1, Abb. 064a.b.
[148] Kataloge des Germanischen Nationalmuseums zu Nürnberg. Die Gemälde des 13. bis 16. Jahrhunderts, bearb. v. Lutze, E. u. Wiegand, E., Leipzig 1937, S. 113 f., Abb. 1 - 3; Stange, Malerei der Gotik, S. 200, Abb. 206 - 207.
[149] Schmitt, O. u. Swarzenski, G., Meisterwerke der Bildhauerkunst in Frankfurter Privatbesitz, I. Deutsche und französische Plastik des Mittelalters, Frankfurt M. 1921, S. 11 Nr. 24; Stange, Malerei der Gotik, S. 90, T. 88. Vgl. auch das Triptychen in München (aus dem Kölner Klarenkloster ?, Stange, Krit. Verz., Nr. 6) etc.
[150] Stange, Malerei der Gotik, S. 153 - 156, Abb. 148 f.
[151] Stange, Krit. Verz., Nr. 602.
[152] Tångeberg, Abb. 36.
[153] Tångeberg, S. 48: "Die Aussenseite(n) der Flügel des Altares in Endre trugen keine gemalten Bilder."
[154] Keller (S. 130 - 132) hat verschiedene Beispiele aufgeführt.
[155] Keller (S. 133) hat eine Liste solcher Predellen gegeben. Braun II, S. 571 f. Auf Altären der Stralsunder Nikolaikirche erscheint die Predella vorn mit einem bemalten Brett verschlossen, das zur Seite herausgezogen werden kann und dann einen offenen Schrein freigibt. Daß dies nicht auf Stralsund beschränkt war, zeigt Braun ebd. Aber auch die mit Figuren besetzte Predella des Hochaltars von St. Nikolai/Stralsund war einst, wie die Nuten zeigen, mit einem solchen Brett versehen, das dann die Figuren verbarg.
[156] Vgl. Thümmel, H. G., Kreuz VIII Ikonographisch (Reformationszeit bis zur Gegenwart). In: TRE 19, 1990, S. 768 - 774, hier: 771.

Peter Poscharsky

Der mittelalterliche Altar – Die Bedeutung seiner Bilder[1]

Der christliche Altar ist der "Tisch des Herrn", an dem die Gemeinde das Abendmahl, die Eucharistie, feiert. Mehr als ein Tisch ist dazu nicht notwendig, und so hat es die frühe Christenheit über Jahrhunderte praktiziert. Dabei hat sie bewußt auf die Verwendung der damals üblichen Bezeichnungen für Altar verzichtet und nur vom "Tisch" gesprochen, um alle falschen Assoziationen zum Altar als heidnische Opferstätte zu vermeiden[2]. Dennoch hat sich die Bezeichnung Altar im Laufe der Zeiten durchgesetzt, obwohl man die dem antiken-heidnischen Altar mit seinem massiven Block gegenüber die Tischform bis etwa zum Ende des ersten Jahrtausends beibehielt. Auf dem Tisch stand oder lag nichts, außer den notwendigen Geräten während des Gottesdienstes, also auch keine Leuchter und kein Kruzifix. Um das Jahr 1000 aber kommen Bilder auf den Altar, die zumindest für den späteren Betrachter das Wichtigste am Altar sind. Wenn man – auch in der wissenschaftlichen Literatur – vom mittelalterlichen Altar spricht, so meint man damit in der Regel nur das Retabel, den Bildaufsatz. Dieses wird meist nur unter formalen kunsthistorischen Aspekten untersucht. Dabei wird übersehen, daß der Altar ein für den Gottesdienst notwendiger Gebrauchsgegenstand ist, dessen Form man nur verändert, wenn sich in seinem Gebrauch etwas ändert. Die Form folgt der Funktion.
Stimmt diese These, dann muß eine Funktionsänderung der Grund dafür sein, daß man zu einem bestimmten Zeitpunkt plötzlich Bilder auf den Altar stellte. Geht man nicht von Hypothesen[3] aus, sondern von den Fakten, dem erhaltenen Material, dann findet man einen Grund, und zwar den Umgang mit den Reliquien.
Erst gegen Ende des 4.Jahrhunderts wurden Reliquien im Boden des Altarraumes deponiert. Langsam fanden sie ihren Platz direkt unter dem Altar, dessen Stipes deshalb vergrößert und mit einer kleinen Öffnung (fenestella) versehen wurde, so daß man zu den Reliquien blicken konnte[4]. Dann kamen die Reliquien direkt in den Stipes, der somit zur Schatzkammer wurde und größere Ausmaße brauchte. Dieser Unterbau wurde teilweise mit Bildern versehen, sei es im Relief[5], sei es durch davor angebrachte Antependien[6], zuerst in Metall[7], dann auch in Textil[8]. Hauptthema ist dabei Christus, dessen Tisch der Altar ist, so daß dieser selbst als Symbol für Christus gesehen wurde[9]. Die Majestas Domini ist auch oft das Thema der Wandmalerei, die

in der Apsis über dem Altar vorkam und immer mit ihm zusammen gesehen wurde.[10] Zwar können beim Antependium auch Einzelpersonen hinzutreten, Apostel und nur ganz wenige Heilige[11].
Die ersten Bilder, die man auf den Altar stellte, waren zweifellos Darstellungen an Reliquiaren. Reliquien befanden sich ja nicht nur unsichtbar im oder unter dem Altar, sondern auch in eigenen Gefäßen, die der Größe des jeweils enthaltenen Partikels entsprachen und die wiederum gemeinsam in einem größeren Schrein geborgen sein konnten[12]. Unsichtbar wurden sie verehrt, zu besonderen Gedenktagen aber herausgeholt und den Gläubigen präsentiert. Die Schreine haben häufig eine Hausform, ihr Bildprogramm entspricht weithin den später entstandenen ersten Retabeln, zu dem nun allerdings auch Szenen aus dem Leben der Heiligen hinzukommen können. Die Bilder sind also auf den Altar gekommen, weil die Reliquien ihren Weg aus dem unsichtbaren Grab unter dem Altar zur sichtbaren Präsentation nun beendet haben.
Eine zusätzliche Bestätigung bringen frühe Retabel, die eigens zur Aufnahme von Einzelreliquiaren geschaffen wurden, die vor bildlichen Darstellungen der Heilsgeschichte und dem Leben der Patrone standen und durch die Flügel verschlossen werden konnten, so daß das gesamte Retabel ein großer Schrein ist. So ist z. B der frühe Schrein in Cismar, 1310/20 entstanden, relativ tief und durch mehrere, heute nicht mehr erhaltene Zwischenböden unterteilt und praktisch als Reliquienschrank konzipiert. Die Rückwand des Schreins tragen in drei Reihen farbig gefaßte Reliefs mit Szenen aus dem Leben Christi, die mittlere Passionsszenen. Im Zentrum, hinter der (schon im Mittelalter als Fälschung entlarvten) Hauptreliquie (Blutstropfen Christi) ist die Geißelung Christi zu sehen, also die Situation, in der er blutete. So ist hier, wie auch sonst oft, die Identifikation von Bild und Reliquie, besser gesagt, die Umsetzung der in einem Gefäß unsichtbar aufbewahrten Reliquie in das sichtbare Bild vollzogen.
Noch überzeugender ist dies beim Marienstatter Retabel von 1324 gelungen. Es zeigt im geöffneten Zustand in der Mitte oben die Marienkrönung, daneben in zwei Reihen übereinander oben die zwölf Apostel und unten zwölf Reliquienbüsten von heiligen Frauen, annähernd in Lebensgröße. Es scheint auf den ersten Blick, als trügen alle ein Medaillon. Schaut man jedoch genau hin, dann erkennt man, daß dies kleine Fenster sind, die den Blick auf die (ursprünglich) im Inneren befindlichen Reliquienpartikel ermöglichen.
Es geht also eigentlich gar nicht um die Aufstellung von Bildern, sondern um die Präsentation von Reliquien, die man schon lange besaß, die verehrt

wurden, aber nicht gesehen werden konnten. Diese werden nun zeitweise sichtbar gemacht und zugleich auch sicher geborgen. Das Bild tritt zunächst nur als Verzierung der Hülle hinzu, kann dann aber später auch die nur selten sichtbare Reliquie ersetzen.

Wie sehr Reliquie und Bild eine Einheit sind, zeigt die Tatsache, daß in der Frühzeit häufig in Statuen Reliquienteile deponiert wurden, so daß damit die Statue gleichsam zum Heiligen selbst und belebt wurde[13].

Haben also die Reliquien eine besondere Bedeutung, so liegt die Vermutung nahe, daß die Heiligen im Bildprogramm der Retabel die entscheidende Rolle spielen. Das ist aber nicht so. Außer Heiligendarstellungen kommen sehr viele biblische Themen vor. Verschafft man sich einen Überblick über den sehr großen vorhandenen Bestand gotischer Retabel[14], dann ist man überrascht. Man hat zunächst den Eindruck, daß sämtliche Themen der christlichen Ikonographie hier vorkommen, zumal die Retabel Flügel besitzen, so daß viel Raum für Darstellungen zur Verfügung stand. Um den Sinn der Bildprogramme zu erkennen, muß man sich klarmachen, daß der Aufbau und die Benutzung der Flügelretabel hierarchisch abgestuft ist. Er steigert sich vom am Werktag geschlossenen Retabel, das nur Malerei zeigt, über die erste Öffnung am Sonntag mit Relief zur vollen Öffnung an den hohen Festtagen und dem Fest des Patrons mit vollplastisch geschnitzten lebensgroßen Statuen im Schrein. Entscheidend für das Programm ist immer die zentrale Figur im Schrein.

Erwartet man nun im Zentrum Heilige, dann stellt man aber fest, daß nur relativ wenige der Retabel im geöffneten Hauptfeld bzw. Schrein Heilige aufweisen und daß dies zudem fast nur Nebenaltäre sind[15]. Zählt man Haupt- und Nebenaltäre zusammen, so zeigt die Mitte des Retabels bei etwa 10 % Heilige, während je 45% im Zentrum die Kreuzigung oder Maria mit dem Jesuskind aufweisen. Das ist jeweils der wesentliche Kern des Programms, der auf den Innenseiten der Flügel weiter entfaltet wird. Oft kommen die beiden Programme in der Weise gemeinsam vor, daß eines auf der Außenseite zu sehen ist, das andere bei geöffneten Flügeln[16].

Retabel mit Heiligen im Zentrum weisen daneben weitere Heilige oder Szenen aus ihrem Leben auf[17]. Die Madonna in der Schreinmitte wird meist ebenfalls von Heiligengestalten umgeben[18], seltener von Szenen aus dem Leben der Maria oder Christusszenen[19]. Befindet sich die Kreuzigung in der Mitte, so muß man unterscheiden. Auf Hauptaltären wird sie zu rund 50% von Passionsszenen umgeben[20], zu 25% von Szenen der Jugend und Passion Christi und zu 25% von Heiligen. Auf Nebenaltären kommen auch an 50 %

Passionsszenen vor, an 40% aber Heilige. So zeigt sich auch hier, daß die Heiligen auf den Nebenaltären insgesamt eine größere Rolle spielen als auf Hauptaltären.

Die Auswahl der Heiligen ist nicht willkürlich, sondern es sind solche, die mit dem Ort oder der Kirche oder dem Stifter besonders verbunden sind[21]. Betont sei noch einmal, daß gleich viele geöffnete Retabel die Kreuzigung oder die Madonna in der Mitte aufweisen. Das geschlossene Retabel zeigt nur zu etwa 20% Passionsszenen, zu 12% die Verkündigung an Maria, aber zu 68 % Heilige (seltener mit Maria), die also hier weit überwiegen.

Man kann also konstatieren: die zunächst verwirrende Füllen vorkommender Themen entpuppen sich als nur zwei Programme: Maria und Heilige sowie Kreuzigung und Passion oder Heiligen.

Eine rein kunstgeschichtlich-ikonographische Untersuchung würde wohl mit der Feststellung dieser Fakten enden. Doch nun erheben sich ja gerade erst eine Reihe von Fragen. Am Altar als der Stätte der Eucharistie begegnen die darauf bezogenen Darstellungen wie Kreuzigung und Passion nicht einmal auf der Hälfte der Retabel, und genau so oft steht Maria im Mittelpunkt. Für einen evangelischen Theologen wirkt dies auf den ersten Blick und in einer Zeit weiterentwickelter Mariologie als geradezu gegensätzlich, nämlich einerseits christologisch, andererseits mariologisch. Dabei scheint es doch, daß diese beiden Programme nahezu beliebig austauschbar waren. Gibt es dafür eine Erklärung? Wir knüpfen an die eingangs aufgestellte These an, daß der Altar ein Gebrauchsgegenstand ist und fragen deshalb nun: Wozu brauchte man die Bilder? Welche Funktion erfüllten sie?

Wichtig ist, daß man auch hier von der Realität und nicht von Theorien ausgeht. Der mittelalterliche Altar ist natürlich der Ort der Eucharistie, er ist dies aber nicht ausschließlich. Man muß hier auch für die Gestalt des Altares und seine Bilder endlich einmal beachten, was in der liturgiewissenschaftlichen Forschung über die Konfessionsgrenzen hinweg längst Allgemeingut geworden ist.

Die gesteigerte Hochachtung der Eucharistie führte zur Scheu vor der Kommunion, so daß man sich schließlich mit dem Schauen begnügte und auf den Kelch verzichtete. Der direkte körperliche Kontakt wurde fast vollständig durch den Blickkontakt abgelöst, auch der Frömmste kommunizierte nur noch ein einziges Mal im Jahr (um Ostern), obwohl er die Messe tagtäglich mitfeierte. Man sprach nun von der "Augenkommunion". Diese wurde dadurch ermöglicht, daß im 13. Jahrhundert die Elevation eingeführt wurde, daß heißt: der mit dem Rücken zur Gemeinde amtierende Priester hielt Hostie und Kelch hoch über seinen Kopf und machte sie so der Gemeinde sichtbar.

Konsequent ist es deshalb gewesen, daß man die eucharistischen Elemente nun nicht mehr wie bisher unsichtbar in der Sakristei aufbewahrt wurden. Für sie wurden immer prächtigere, meist gestiftete, Sakramentshäuser errichtet, die ein reiches, wenn auch häufig nur schlecht erkennbares Bildprogramm (Passion und Sterben Christi) aufweisen[22]. Auch die Entstehung des Fronleichnamsfestes 1264 mit seiner Prozession nicht nur des Klerus, sondern der gesamten Gemeinde, ist mit in diesem Kontext des Sichtbarmachens zu sehen. Schließlich muß bedacht werden, daß die lateinischen Sprache, die zahlreichen von der Gemeinde abgewandt gesprochenen Gebete und die vielen stillen Messen einen akustischer Mitvollzug der Messe nicht mehr möglich machten.

Man erwartet von daher ein Bildprogramm, das um den Kreuzestod Christi kreist, sein Leiden zeigt, den Weg zum Kreuz und dann auch Kreuzabnahme und Grablegung, wie die gotische und vor allem spätgotische Kunst (in der die meisten Retabel entstanden) vorwiegen und sehr viel häufiger als andere Epochen Passionsthemen zeigt. Das Zentrum ist jeweils die große und weithin sichtbare Kreuzigungsgruppe, nur äußerst selten eine einzelne Szene der Passion. Dennoch handelt es sich dabei nicht einfach um narrative Zyklen, sondern sie dienen auch als Andachtsbilder[23]. Die des Lateinischen nicht mächtigen Gemeindeglieder (und das waren ja fast alle), die nichts von den Texten der Messe verstanden, vertieften sich in die Bilder, um sich auf diesem Wege das Leiden Christi für jeden einzelnen zu vergegenwärtigen[24]. Der enge Bezug zur Eucharistie wird bei einer zentralen, großen und deshalb auch von weitem sichtbaren Kreuzigungsdarstellung noch verstärkt, wenn entweder Engel einen Kelch unter die Wundmale halten und das Blut auffangen[25], oder wenn aus den Füßen Christi das Blut tropft und es so scheint, als fließe es in den bei der Elevation emporgehaltenen Kelch in den Händen des Priesters[26].

Wenn man alle Bildprogramme der geöffneten und geschlossenen Retabel zusammennimmt, dann stellt man fest, daß das Thema Kreuzigung/Passion nur auf einem Drittel der Retabel vorkommt, die Gottesmutter und Heilige oder Heilige allein aber auf zwei Dritteln. Nur bei den Themen in der Predella, also direkt über der Mensa, ist es andersherum: da überwiegen Passionsszenen von der Einsetzung des Abendmahls bis zur Grablegung mit 60 %[27]. Das überrascht und läßt nach den Gründen fragen.

Der in extremem Maße auf das Schauen eingestellte mittelalterliche Mensch ging nur ein einziges Mal im Jahr zu Kommunion. Wenn er nicht kommunizierte, warum ging er dann trotzdem fast täglich in die Kirche? Auch hier müssen wir, um zu einer Antwort zu kommen, bereits längst Bekanntes aus der persönlichen Frömmigkeit der Menschen berücksichtigen. Die Antwort ist ganz einfach: Die Menschen kamen um zu beten.

Das Gebet hatte sich seit der Mitte des 12.Jahrhunderts in seiner Intention prinzipiell gewandelt: an die Stelle der bis dahin vorherrschenden Bußangst war die Sehnsucht nach der Nähe Gottes und der Heiligen getreten[28]. Das Gebet war meist Bittgebet. Es richtete sich aber nicht direkt an Gott, sondern an die Heiligen als Fürsprecher, Intercessoren. Man meinte sie zu brauchen, Menschen, die auf Grund eigenen analogen Erlebens mit der aktuellen persönlichen Notlage des Beters wohlvertraut sind und deshalb die vielleicht nur ungelenk formulierte Bitte sachgemäßer, zutreffender und deshalb auch wirkungsvoller an Gott weitergeben können. Einem Erasmus etwa, dem man im Martyrium die Därme aus dem Leib gewunden hatte, brauchte man nicht erst erklären, was Leibschmerzen sind. Die Heiligen aber sind schon lange vor der Gotik nach der Vorstellung der Kirche in der Nähe Gottes.

Zur Kontaktaufnahme mit dem Fürsprecher hielt man die körperliche Nähe zu diesem für notwendig oder doch zumindest hilfreich. Durch die Reliquie ist der Heilige körperlich präsent, ansprechbar. Dies ist der Grund für die große Zahl von Reliquien unterschiedlichster Heiliger in ein und derselben Kirche[29]. Nun ist die Kontaktaufnahme mit einem anderem Menschen sehr erschwert, wenn von ihm nur ein Fingerglied oder ein Zahn vorhanden ist, geborgen und verborgen in einem kleinen Gefäß, das man nur an einem hohen Festtage, und dann meist auch nur aus der Ferne, sehen kann. Viel leichter ist es, über ein Bild Kontakt aufzunehmen, auf dem der oder die Heilige eindeutig erkennbar ist, an der Kleidung und dem Attribut oder auf dem er sogar sein Martyrium und dabei ähnliche Schmerzen erleidet wie der hilfesuchende Mensch. Für die optische Kontaktaufnahme ist es völlig unwesentlich, ob sie über eine Statue oder eine Bildszene erfolgt. Deshalb ist auch die in der gesamten Literatur zum Altar übliche Unterscheidung zwischen *Reihenretabel* und *Szenenretabel* rein formal und verbaut den Weg zur Erkenntnis der Funktion.

Wichtig ist dagegen das Format des Bildes. Einen mächtigen Helfer stellt man sich groß vor. Deshalb ist eine püppchenhaft kleine Darstellung wie in einer Miniatur nicht geeignet. Viel besser ist eine lebensgroße Darstellung als reales Gegenüber[30], und zusätzlich eine Höherstellung. Der bittende Mensch steht nicht auf einer Stufe mit dem Heiligen. Am besten ist eine dreidimensionale Darstellung, also eine lebensgroße Plastik, die man aus dem Retabel herausnehmen kann, die also beweglich ist und nahezu lebendig, die man bei Prozessionen mitführen kann.

Dazu gehört auch, daß für den mittelalterlichen Menschen Heilige nicht längst verstorbene historische Gestalten waren, sondern leben, wenn auch bei Gott, aber jetzt. Und deshalb sind sie auch ganz modern und nicht historisierend gekleidet. Elisabeth trägt eine Schwesternschürze wie damals jede Krankenhelferin, Nikolaus von der Flüe hat den ganz normalen Bauernkittel an wie der vor seiner Figur betende Bauer, Barbara trägt ein hochmodernes Kleid aus einem guten Atelier nach dem dernier cri wie die Damen der Gesellschaft damals. Diese Tatsache übersehen wir durch den zeitlichen Abstand in der Regel.

Hat man erkannt, daß die Heiligen in ihrer Funktion als Intercessoren so wichtig sind, dann erhebt sich die Frage, warum auch Maria so oft als Mittel- und Hauptfigur vorkommt. Dies erklärt sich ganz einfach: Maria als die Mutter Jesu ist für die katholischen (und orthodoxen) Christen die beste aller möglichen Fürbitterinnen, denn sie steht ihm am nächsten. Und das muß nicht umständlich theologisch erklärt werden, sondern das sah der mittelalterliche Mensch: Sie hält ihn, noch klein und hilfsbedürftig, auf dem Arm. So, wie er als Kind auf seine Mutter hörte, so hofft man auch nun im Blick auf die eigene, mit Hilfe dieser Mutter verstärkt vorgetragene Bitte. Sieht man die Gottesmutter vor Christus knien, der sie krönt (eine sehr häufige Darstellung), dann erkennt man die hohe Ehre, die er ihr zukommen läßt und hofft um so mehr, daß er auf sie hört. Man kann sich dies alles nicht handgreiflich genug vorstellen und muß hier mit Verhaltensmustern aus dem Alltag arbeiten und benötigt dazu keine gelehrte Mariologie. Wenn der Altar ein Gebrauchsgegenstand ist, dann ist er für die Benutzer, die Rezipienten geschaffen und muß ihre Anliegen aufnehmen und erfüllen[31] und möglichst eindeutig und klar darstellen.

Nun ist aber noch unklar, was denn in diesem Zusammenhang des Gebetes Szenen aus dem Leben Mariens oder aus der Jugend und Passion Christi für eine Bedeutung haben oder ob damit ein ganz anderes Ziel verfolgt wird. Um die Antwort vorwegzunehmen: Auch diese Szenen sind mit dem Gebet verbunden.

Das Gebet war damals nicht in erster Linie frei und individuell formuliert, sondern erfolgte meist in vorgegebenen Formen und auch gemeinschaftlich. Diese Form des Betens gewann im Zuge des Verfalls der kirchlichen Institutionen im 14.Jahrhundert eine wichtige gemeinschaftsbildende Funktion, und zwar jenseits aller theologischen Unterschiede.

Die hochmittelalterliche Marienverehrung drückte sich seit dem 12. Jahrhundert in steigendem Maße in den sogenannten *Freuden und Schmerzen Mariens* aus. Ihre Zahl hatte sich von ursprünglich fünf auf sieben erhöht. Dabei können die biblischen Themen variieren, da sie nicht kirchenamtlich festgelegt waren. Zu den sieben Freuden gehören die Verkündigung, die Heimsuchung, die Geburt Christi, die Anbetung der Könige, die Darstellung im Tempel, das Wiederfinden des zwölfjährigen Jesus im Tempel, die Marienkrönung. Immer gehören zu den Freuden die Verkündigung und die Marienkrönung, die übrigen Themen können auch z. B. mit Ostern, Himmelfahrt und Pfingsten ausgetauscht werden. Zu den sieben Schmerzen gehören die Beschneidung, die Flucht nach Ägypten, die Suche nach dem zwölfjährigen Jesus, die Gefangennahme, die Kreuzigung, die Kreuzabnahme und die Grablegung.

Das Problem für die Übernahme dieser Themen aus dem Gebet bestand darin, daß die übliche Feldereinteilung des gotischen Retabels eine Zahl von sieben oder vierzehn Feldern nicht zuläßt. Das gemalte Mittelfeld eines geöffneten Retabels enthält zu rund 95 % nur ein einziges Bild. Die geöffneten Flügel zeigen bei rund 60 % nur je ein Bild, bei rund 30 % je 2 Bilder und bei nur etwa 10 % mehrere, aber wegen der symmetrischen Aufteilung immer eine gerade Zahl von Feldern. Das geschlossene Retabel trägt zu etwa 20 % nur ein Bild, zu etwa 60 % zwei Bilder. Eine Einteilung des geschlossenen Retabels in 8 oder 12 Felder begegnet bei etwa 10 % der Retabel. Eine solche Einteilung war fast nur in Franken üblich und an den in Lübeck gefertigten Retabeln. Nur 15 % aller Retabel sind aufwendige Wandelretabel, die zweimal zu öffnen sind. Sie kommen vorwiegend in Lübeck vor, daneben in Niedersachsen und Franken, in Südwestdeutschland dagegen nie. Ihre vier Flügel sind zu rund 40 % in je zwei oder vier Felder unterteilt, etwa 20 % haben nur ein Bild pro Flügel.

Wegen dieser Aufteilung läßt sich also nicht auf den ersten Blick erkennen, wann die *Freuden und Schmerzen Mariens* der Themenauswahl zugrundeliegen[32]. Einen sicheren Hinweis dagegen geben uns die Programme, bei denen den Szenen der Passion solche aus der Jugend Jesu vorgeschaltet sind. Bei ihnen wird der Zusammenhang zwischen den Szenen und dem Gebet deutlich, denn anders läßt sich die willkürlich erscheinende Kombination von einzelnen Begebenheiten aus der Jugend Christi und dem Leben Mariens nicht erklären[33].

Hinzu kommt der seit dem Beginn des 13. Jahrhunderts übliche *Rosenkranz*, der sich immer weiter verbreitete und im letzten Viertel des 15. Jahrhunderts zur Bildung zahlreichen Rosenkranzbruderschaften führte. Dies ist aber zugleich die Zeit der umfangreichsten Retabelproduktion. Der Rosenkranz besteht aus drei, jeweils fünf Ereignisse umfassenden Teilen. Zum *freudenreichen Rosenkranz* gehören die Verkündigung, die Heimsuchung, die Geburt Jesu, die Darstellung im Tempel und das Wiederfinden des zwölfjährigen Jesus im Tempel. Der *schmerzensreiche Rosenkranz* umfaßt das Gebet Jesu am Ölberg, seine Geißelung, die Dornenkrönung, die Kreuztragung und die Kreuzigung. Zum *glorreichen Rosenkranz* gehören die Auferstehung Jesu, die Himmelfahrt Jesu, Pfingsten, die Himmelfahrt Mariens und die Krönung Mariens. Es gibt Altäre, die von Rosenkranzbruderschaften gestiftet wurden[34]. Das Programm ist in der Regel nicht auf den ersten Blick erkennbar, sondern wirkt zunächst wie eine willkürliche Auswahl von Jugend- und Passionsszenen Jesu. Die Passionsszenen könnten als narrative Erweiterung der Kreuzigung verstanden werden und somit im engen Bezug zum Altar als Stätte der Eucharistie. Das ist nur bei jedem Retabel einzeln zu entscheiden. Auch die spätmittelalterliche Vorstellung der *imitatio Christi*, die eine so große Rolle im damals vorherrschenden Andachtsbild spielt, kann sich hier auswirken. Aber die auf diesem Wege nicht erklärbare Kombination mit Szenen aus der Jugend Christi zeigt, daß sehr häufig eben der *schmerzensreiche Rosenkranz* die Auswahl bestimmte.

Auch die Fronleichnamsbruderschaften sind hier zu nennen, die ihre Gebete ebenfalls vor Altären mit Bildretabeln sprachen und bei denen z. B. die Fünfzahl von Vaterunsern auf die fünf Wunden Jesu bezogen waren[35].

Der vorgetragenen Deutung könnte die Frage entgegengehalten werden, ob denn die Laien überhaupt so nahe an die Altäre herankamen, daß sie die Bilder gut erkannten und die hier vorausgesetzte optische Kommunikation überhaupt stattfinden konnte. Diese Skepsis liegt nahe, weil man allgemein annimmt, daß zumindest der Hochaltar unzugänglich gewesen sei, weil er im Chorraum steht und dieser angeblich nur dem Klerus vorbehalten war. Auf zwei Wegen kann man aber beweisen, daß dies nicht prinzipiell galt. Einmal war der Platz hinter dem Hochaltar der Ort der Beichte. Oftmals war ungefähr in Kopfhöhe eines Erwachsenen hinten am Altar das Schweißtuch der Veronika, *Vera Ikon* Christi, gemalt, so daß im Angesicht Christi gebeichtet wurde[36], und häufig war auf der (eben auch den Laien sichtbaren) Rückseite das Jüngste Gericht als Mahnung für den Beichtenden gemalt[37]. Andererseits sind uns zahlreiche schriftliche Verbote erhalten, in denen vorgeschrieben ist, daß die Leute den messelesenden Priester nicht behindern sollen, wenn sie schon so nah an den Altar drängen[38].

Die enge Verbindung von bildlicher Darstellung im Retabel und Gebet ist keineswegs nur eine Hypothese, sondern läßt sich an den Retabeln selbst beweisen, und zwar mit Hilfe der oft übersehenen Inschriften. Sie finden sich z. B. beim im Bild dargestellten Stifter[39], dessen kniend betende Haltung zugleich ein Verhaltensmuster für den zum Altar kommenden Beter ist. Die Allgemeingültigkeit wird noch deutlicher, wenn ORA PRO NOBIS auf den am Alltag und somit die meiste Zeit geschlossenen Flügeln zu lesen ist[40]. Auch wenn auf den Trennleisten unter Passionsszenen Sätze aus dem Ave Maria geschrieben sind, wird der ausgeführte Bezug dieser Szenen zum Gebet bewiesen[41].

Daß der Altar vor allem der Ort des Gebetes war, läßt sich auch an einem zahlenmäßigen Vergleich der Häufigkeit der beiden Bildprogramme beim geöffneten und geschlossenen Retabel nachweisen. Das geöffnete Retabel zeigt zu 57 % Heilige und die Gottesmutter, das geschlossene – also am Alltag – zu 67 %.

Viele der mittelalterlichen Retabel haben sich gerade in lutherischen Kirchen erhalten, während sie in katholischen Gebieten meist barocken Neuschöpfungen Platz machen mußten. Deshalb stellt sich abschließend die Frage, ob denn die Lutheraner mit solchen Retabeln keine Probleme hatten, obwohl sie solch spezifisch mittelalterlich-katholische Gebetsformen als Grundlage ihres Programms haben.

Da die Werkgerechtigkeit abgelehnt wurde, endete das formelhaft wiederholte Gebet. Damit war der enge Zusammenhang Bild – Gebet, der bis dahin existierte, zerbrochen. Die Szenen aus der Jugend und Passion Christi wurden rein christologisch gesehen und nur noch im Bezug auf das Abendmahl. Maria wurde als die Gottesmutter anfänglich hoch verehrt[42], wenn sie auch die Funktion als Fürbitterin verlor. Die nicht sehr häufigen Szenen aus dem Leben Mariens wurden toleriert. Nur die Szene der Krönung Mariens wurde gelegentlich durch eine andere Szene ersetzt[43]. Die Heiligen wurden weiterhin verehrt, aber auf Grund der in der Confessio Augustana XXI formulierten lutherischen Anschauung nun als Vorbilder im Glauben angesehen, an denen man sehen kann, wie Gott dem Glaubenden hilft. Fürsprecher aber waren sie nicht mehr.

Als schließlich von den Lutheranern neue Altarretabel geschaffen wurden, ist deren Bildprogramm eindeutig christologisch ausgerichtet und auf den Zweck des Altares, nämlich Ort der Abendmahlsfeier. Es gibt keine Heiligenviten mehr und außer wenigen biblischen Gestalten an den Seiten des Retabels kann in der Frühzeit höchstens gelegentlich den Kirchenpatron auftreten. In der Predella zeigen fast alle lutherischen Altäre vom 16. bis zum Ende des 18. Jahrhunderts (also in der Renaissance und im Barock) das Abendmahl am Gründonnerstag, im Hauptfeld überwiegend die Kreuzigung und darüber den auferstandenen Christus mit der Siegesfahne[44]. Damit wird der Altar auch von seinem Bildprogramm her ganz als Stätte des Abendmahles gekennzeichnet.

Anmerkungen

[1] Dieser Beitrag war konzipiert als Gastvorlesung in Berlin am 30. 10. 1995 und konnte wegen des plötzlichen Todes meines Sohnes, Pfarrer Michael Poscharsky, nicht stattfinden. Ihm sei dieser Aufsatz zum Gedenken gewidmet.

[2] cf. Brunner, P., Die Bedeutung des Altars für den Gottesdienst der christlichen Kirche, in: Kerygma und Dogma, 20, 1974, S. 219 ff.

[3] Wie etwa Wilhelm Pinder, der im Retabel eine ästhetische Angleichung an die Architektur sieht und die formalen Vorlagen in der Kleinkunst (Diptychen) vermutet (Die deutsche Plastik vom ausgehenden Mittelalter bis zum Ende der Renaissance = Handbuch der Kunstwissenschaften 24, Potsdam 1929).

[4] z. B. Parenzo, alter Hauptaltar (heute im südlichen Seitenschiff), inschriftlich von 532.

[5] z. B. Cividale, 7. Jahrhundert.

[6] cf. Braun, J., Der christliche Altar, Band 2, München 1924, Kapitel 3 und 4.

[7] z. B. Großkomburg, um 1138 (heute im Germanischen Nationalmuseum Nürnberg): stehender Christus, umgeben von den vier Evangelistensymbolen, und die zwölf Apostel in zwei Reihen übereinander.

[8] z. B. Helmstedt, Kloster St. Marienberg, Mitte 13. Jh.

[9] cf. Braun, J., Der christliche Altar, Band 1, München 1924, S. 751.

[10] z. B. Urschalling, Fresko um 1400 über dasselbe Thema aus der Zeit um 1200 gemalt.

[11] z. B. Helmstedt, Kloster St. Marienberg, M. 13. Jh.: In der Mitte der auf dem

Regenbogen thronende Christus, umgeben von den vier Evangelistensymbolen, seitlich paarweise die Gottesmutter und Johannes der Täufer, Petrus und Paulus, Nikolaus und Augustinus.

[12] z. B. Loccum, Zisterzienserkirche, Hochaltar. Der vor 1250 geschaffene Schrein (4 m lang, 1,50 m hoch) stand quer auf dem Altar. Dieselbe Aufstellung heute noch z. B. auf dem Hochaltar des Domes von Torcello.

[13] z. B. Grabower Altar des Meisters Bertram, 1382 (Hamburg, St. Petri, heute Kunsthalle) oder die Statue des Benedikt im Gesprenge des Altares in Cismar (1310/20), die dem Kloster 1296 gestiftete Reliquienpartikel enthält; cf. Wentzel, H., Der Cismarer Altar, Hamburg 1941.

[14] aus den Kunstdenkmälern, der einschlägigen Literatur und für die gemalten Retabel bei Stange, A., Kritisches Verzeichnis der deutschen Tafelbilder vor Dürer, drei Bände, München 1967 - 1978.

[15] Handelt es sich (relativ selten) um Hauptaltäre, dann ist die zentrale Figur des Schreins der Kirchenpatron.

[16] z. B. Tempzin (heute Schwerin, Museum), um 1400 (innen achtteiliger Passisonszyklus um die zentrale Kreuzigung, außen vier Szenen aus dem Marienleben) oder Marienfeld, 1457 (außen Passionszyklus, innen Marienszenen) (Stange I, Nr. 498).

[17] z. B. Isenheimer Altar, Schrein um 1500, Gemälde 1512/16, cf. Marquard, R., Grünewald, M. und der Isenheimer Altar, Stuttgart 1996 (zahlreiche Literaturangaben).

[18] z. B. Köln, Dom, Retabel von Lochner, um 1440 (Stange I, Nr. 95).

[19] z. B. Aschbach, 1500/1520: Madonna und Reliefs der Verkündigung, Heimsuchung, Geburt Christi und Anbetung der Könige.

[20] z. B. Schleswig, Dom, Bordesholmer Altar, 1521, cf. Albrecht, U., Kaldewei, G., Krohm, H., Lemaitre, U. und Lins, U. (Hg.), Der Bordesholmer Altar des Hans Brüggemann, Berlin 1996; Güstrow, St. Marien, 1522 Jan Bormann.

[21] z. B. Grabower Altar des Meisters Bertram, 1382 (Hamburg, St. Petri, heute Kunsthalle) (Stange I, Nr. 568).

[22] z. B. Nürnberg, St. Lorenzkirche, Sakramentshaus von Adam Kraft, 1493/96.

[23] Diese Bildgattung kommt allerdings selten als isoliertes Einzelbild vor, etwa die Gregorsmesse (z. B. Nürnberg, Katharinenaltar im Germanischen Nationalmuseum, um 1490, Stange III, Nr. 177).

[24] cf. dazu Desel, J. B., "Vom Leiden Christi oder von dem schmertzlichen Mitleyden Marie", Die vielfigurige Beweinung Christi im Kontext thüringischer Schnitzretabel der Spätgotik, Alfter 1993, S. 78 - 84.

[25] z. B. Hersbruck, Spitalkirche, ehemaliger Hochaltar (je ein Engel mit Kelch unter den blutenden Händen und einer an den übereinandergenagelten Füßen).

[26] z. B. Isenheimer Altar (cf. Note 18). Dieser enge Bezug ist auch bei der sehr seltenen Darstellung der "mystischen Mühle" gegeben, in welcher der Leib Christi zu Hostien gemahlen wird (z. B. Bad Doberan, Zisterzienserkloster, Ende 14. Jh.,

Stange I, Nr. 606).

[27] In 14 % der Predellen sind Halbbüsten Christi und der Apostel dargestellt, in 24 % Heilige.

[28] cf. Heiler, F., Das Gebet, München, 2.Auflage 1920, S. 242

[29] cf. Bandmann, G., Früh- und hochmittelalterliche Altaranordnung als Darstellung, in: Victor H. Elbern (Hg.), Das erste Jahrtausend, Düsseldorf 1962, S. 371 - 411

[30] Dies erklärt meiner Meinung nach auch, warum die ältesten Ikonen ganzfigurige Darstellungen in Lebensgröße waren und man bei Verringerung der Maße der Bilder die Gestalten nicht maßstäblich verkleinerte, sondern den Ausschnitt verringerte, so daß immer annähernd lebensgroße Heiligendarstellungen erreicht wurden.

[31] Das gilt natürlich auch für Altäre in Klöstern mit zumindest teilweise theologisch hochgebildeten "Nutzern". Deshalb finden wir dort auch teilweise theologisch anspruchsvolle und einem Laien nicht oder nur schwer verständlichen Bildprogrammen, wie etwa die "mystische Mühle" (z. B. Doberan, Zisterzienserkirche, Ende 14. Jahrhundert, Stange I, Nr. 606).

[32] Trotz des festen Aufteilungsschemas gibt es einige Ausnahmen, welche die Siebenzahl realisieren. So ein in Köln um 1470 entstandenes Retabel (heute in Linz, Stange II, 197), bei dem das Mittelfeld geviertelt ist, der rechte Flügel zwei Bilder übereinander hat und der linke nur eines (Verkündigung, Geburt, Anbetung, Darstellung, Maria vor dem auferstandenen Christus, Marienkrönung, Pfingsten). Das vom Meister der Heiligen Sippe in Köln gemalte Retabel (heute Nürnberg und Paris, Stange V, 7) hat auf jedem Flügel zwei und im Mittelfeld drei Bilder. - Die Predella des inschriftlich 1457 geschaffenen Hedwigretabels in der Katharinenkirche in Brandenburg zeigt durch unregelmäßige Aufteilung die Siebenzahl deutlich: neben der zentralen Maria sind auf der einen Seite übereinander die Beschneidung Jesu, die Suche nach dem zwölfjährigen Jesus und seine Gefangennahme gezeigt, auf der anderen die Kreuzigung und Grablegung: Von jedem dieser Bildfelder aus weist ein Schwert auf den Leib Mariens.

[33] z. B. Kaisheim, Hauptaltar des Klosters, 1502 (um die Maria im Schrein auf den Flügeln Tempelgang Mariens, Verkündigung an Maria, Heimsuchung, Geburt Jesu, Beschneidung, Anbetung der Könige, Darstellung, Tod der Maria) (Stange II, Nr. 763)

[34] z. B. Köln, St. Andreas, Rosenkranzaltar (ursprünglich in der Dominikanerkirche), um 1500 (im Zentrum die Madonna als Königin des Rosenkranzes und Beschützerin der Rosenkranzbruderschaft (Stange I, Nr. 311).

[35] cf. Desel, J., S. 80.

[36] z. B. Rothenburg a. d. Tauber, Jakobskirche, Hochaltar 1466, Gemälde Friedrich Herlin.

[37] z. B. Nördlingen, St. Georg, Hochaltar, Rückwand 1462 von Friedrich Walther.

[38] cf. Desel, J., S. 86 mit Belegen (z. B. Melk 1366, Ulm 1473).

[39] z. B. Rüti, um 1500 (Stange II, 350) beim Stifter unter der zentralen Kreuzigungsgruppe O FILI DEI MISERERE MEI; Einbeck, Marienstift (Stange I, 809) beim Stifter im unteren Feld des linken Flügels neben Jakobus, bezogen auf Maria im Mittelfeld O MATER DEI MISERERE MEI.

[40] z. B. Schleswig, Dom, Bordersholmer Altar, um 1520 (Stange I, 734) unter Lukas und Markus.

[41] so am Retabel für Ebern, um 1460 (Stange III, 248). Ähnlich Retabel für Friedberg, Stadtkapelle, Anfang 15. Jh. (Stange II, 423) zu Jugendszenen Christi.

[42] Lukas Cranach malte etwa zahlreiche Madonnenbilder, Luther war ein großer Marienverehrer. Die biblisch begründete Verehrung Mariens nahm im Protestantismus in dem Maße ab, wie die sich entwickelnde römisch-katholische Mariologie ihr immer mehr Bedeutung gab.

[43] z. B. am Hochaltar der Predigerkirche Erfurt; cf. Desel, J., S. 93 - 95.

[44] cf. Poscharsky, P., Das Bildprogramm in den lutherischen Kirchen in Deutschland, in: Peter Poscharsky (Hg.), Die Bilder in den lutherischen Kirchen, München 1998, S. 21 - 34

Alfred Raddatz

Zur Datierung des Drogo-Sakramentars

Der zeitlichen Fixierung des Metzer Drogo-Sakramentars[1] - Drogo, ein Halbbruder Ludwigs des Frommen, Bischof von Metz 823 - 855 - kommt insofern besondere Bedeutung zu, da die Deckel seines Einbandes mit Elfenbeinarbeiten der älteren Metzer Schnitzschule geschmückt sind[2], die - datiert nach dem Sakramentar - innerhalb dieser Schule den einzigen zeitlichen Fixpunkt bilden, so daß mit dem Sakramentar gleichzeitig auch die Schnitzschule zeitlich ungefähr bestimmt wird.[3]

Zwei Wege sind beschritten worden, um zu einer näheren zeitlichen Bestimmung der Entstehung des Sakramentars innerhalb der Regierungszeit Drogos zu gelangen - und beide führen so ziemlich zu dem gleichen Ergebnis: Ende der Regierungszeit Drogos. Adolph Goldschmidt geht dazu von der Liste der Metzer Bischöfe auf der letzten Lage des Sakramentars, folio 127 v. - 128 r. aus: "Die Handschrift ... muß am Schluß des Episkopats Drogos (826 (!) - 855) geschrieben sein, da sein Name der letzte der eingetragenen Bischofsliste (die weiteren sind später hinzugefügt) ist, und zwar durch Goldschrift ausgezeichnet, aber zugleich schon das Todesdatum hinzugefügt ist."[4]

Anders Louis Weber: "Unter den von zweiter Hand eingefügten Offizien befindet sich nämlich auch das vom Feste Allerheiligen. Nun ist aber dieser Feiertag 835 durch Ludwig den Frommen im Frankenreiche zur Einführung gelangt[5]. Es läßt sich annehmen, daß die Anlage und der Schrifttext des Sakramentars schon um diese Zeit fertig waren, sonst hätte die erste Hand gleich das neue Fest eingereiht. Dieser Teil des Werkes wäre dann zwischen 822, dem Jahre der Thronbesteigung Drogos, und dem Jahre 835, in dem das Fest Allerheiligen eingeführt wurde, entstanden. Läßt sich der Zeitpunkt noch bestimmter angeben? Der amtierende Bischof auf dem Elfenbeindeckel und in den Miniaturen trägt das Pallium, das als persönliche Auszeichnung bereits den Metzer Bischöfen Chrodegang (742 - 766) und Angilram (768 - 791) verliehen worden war und im Jahre 844 von Papst Sergius II. auch Bischof Drogo zuteil wurde. Wenn man mit einem gewissen Recht annehmen darf, daß das dem Bischof Drogo zugedachte Sakramentar ihn selbst als amtierend zeigt, so wäre der Bildschmuck erst nach 844 entstanden.[6]" Und ebenso W. Koehler: "Entscheidend ist für die Datierung vielmehr, daß der zelebrierende Bischof in einigen Initialen und auf den Elfenbeindeckeln das Pallium trägt, das Drogo vom Papste Sergius II. im Jahre 844 verliehen wurde. Dieses Jahr ist der früheste mögliche Termin für die Herstellung der Handschrift. Innerhalb der 10 Jahre zwischen 845 und Drogos Todesjahr 855 muß sie entstanden sein."[7]

Dieser Datierung Koehlers – zwischen 844 und 855 – schlossen sich F. Steenbock 1965[8], J. Porcher 1969[9], die Faksimileausgabe des Sakramentars 1974[10], F. Mütherich – J. E. Gaehde 1976[11] und H. Jochum 1993[12] an.

Von beiden Ausgangspunkten – der Bischofsliste am Schluß des Sakramentars und der Erhebung Drogos zum Erzbischof 844 – gelangt man letztlich zum gleichen Ergebnis: Ende der Regierungszeit Drogos. Doch beide Voraussetzungen treffen so nicht zu.

Die Bischofsliste am Schluß des Sakramentars steht unter verschiedenen Nachträgen folio 126 r. – 130 und ist von anderer Hand als das eigentliche Sakramentar.[13] Die Handschrift der Liste folio 127 v. – 128 r. ist kleiner, flüssiger, wirkt geschriebener, weniger geometrisch, selbst die Unzialen lassen – verglichen mit denen im Hauptteil des Manuskripts – stärker den Duktus der Hand erkennen und die Liste selbst kulminiert im Namen Drogos. Nur sein Name und das Todesdatum ist zweizeilig in goldenen Unzialen eingetragen, nur bei ihm steht ARCHIPS – obwohl seine Vorgänger Chrodegang und Angilram die gleiche Würde innehatten –, mit ihm schließt die Liste. Zu seinem Gedächtnis als den bisherigen Höhepunkt der Metzer Bistumsgeschichte dürfte die Liste hier wohl nach seinem Tode 855 von anderer Hand seinem Sakramentar hinzugefügt worden sein.[14] Die Namen seiner drei Nachfolger Adventius, Wala und Ruotpert sind erst zwischen 883 und 917 von anderer Hand eingetragen worden, da bei Ruotpert – im Gegensatz zu allen anderen – das Weihedatum steht, er also zur Zeit der Eintragung noch lebte.

Aber auch L. Webers Veranlassung, Entstehung des Textes vor 835 – wegen des Nachtrags von Allerheiligen – und Ausmalung der Initialen – wegen der Verleihung des Palliums an Drogo erst nach 844 – zu trennen, entfällt[15], denn der Brief Papst Sergius II. an die Bischöfe jenseits der Alpen vom Juni 844, auf den sich Weber bezieht, teilt ihnen die Erhebung bereits des Erzbischofs Drogo zum vicarius apostolicus mit.[16] Drogo ist also 844 bereits im Besitz des Palliums, ja, schon im Februar 835 präsidiert er als archiepiscopus vor allen wirklichen Erzbischöfen der großen Reichssynode von Diedenhofen[17] und die Annales Bertiniani melden zum gleichen Jahre, daß der Kaiser im Anschluß an die Synode die Fastenzeit in der Pfalz Diedenhofen, Ostern aber bei Erzbischof Drogo in Metz beging[18], wie denn auch die Anonymi vita Hludovici cap.63 ihn als Erzkaplan und engen Vertrauten des Kaisers nennt.[19]

Das genaue Datum der Erhebung Drogos zum Erzbischof kennen wir nicht. Aber 831 weihte er Ansgar zum Bischof von Hamburg.[20] W. Wattenbach übersetzt das "Mettensis Praesulis" der Vita Anskarii mit "Erzbischof von Metz"[21] und auch Tappehorn nennt ihn hier ebenfalls Erzbischof.[22] Wiederum steht Drogo den wirklichen Erzbischöfen von Reims, Trier und Mainz voran, die ihm bei der Weihehandlung assistieren und vielleicht darf man auch daraus schließen, daß er 831 bereits im Besitz des Palliums war.

Ein Hinweis für die Datierung des Sakramentars findet sich in ganz anderem Bereich. In der Initiale O der Oratio "Omnipotens sempiterne Deus" vor der Epistel des Palmsonntags, folio 43 v., ist die Kreuzigung Christi dargestellt. Unter dem Kreuz steht – neben Maria und Johannes – zur Rechten Christi die Personifikation der Ecclesia – eine Frauengestalt mit Nimbus, die ihren Mantel über das Haupt gezogen hat, in der Linken eine dreizipflige goldene Fahne am Baculus hält und mit der emporgestreckten Rechten das Blut der Seitenwunde in einem Kelch auffängt. Links unter dem Kreuz sitzt ein weißbärtiger, mit Tunica und Pallium bekleideter Mann, dessen weißes Haupthaar auf die Schulter herabfällt – der Prophet Hosea.[23] Er blickt zu Christus auf und weist mit der erhobenen Rechten auf den Gekreuzigten, während seine Linke das Tympanum – ein Herrschaftszeichen – hält.[24] Die Schlange, die sich am Fuße des Kreuzes windet, und zwei aus ihren Sarkophagen Auferstehende sind Hinweise auf die Erfüllung seines Prophetenwortes "Ich werde dein Tod sein, oh Tod, dein Biß werde ich sein, oh Satan", Hos. 13,14.

Ecclesia – die hier zum ersten Mal begegnet – und Hosea, der prophetisch auf Christus hinweist – Kirche und Judentum miteinander unter dem Kreuz – spiegeln am deutlichsten die im Verlauf der Kirchengeschichte außerordentlich judenfreundliche Situation wider und das große Interesse, das Ludwig der Fromme selbst, die Kaiserin Judith, der Hof und damit auch Drogo, an den "Nachkommen der Patriarchen", dem "Geschlecht der Gerechten", den "Kindern der Propheten" nahm.[25] "Die Regierungszeit des Kaisers Ludwig des Frommen war für die Juden seines Reiches ein goldenes Zeitalter, wie sie es in Europa weder vorher noch später bis in die neuere Zeit erlebt haben ... Die ... kanonischen Gesetze gegen sie waren stillschweigend außer Kraft gesetzt." So diese Epoche im Urteil des jüdischen Historikers H. Graetz.[26] Dagegen erhob Agobard, Erzbischof von Lyon, der in dem ganzen einen Bruch und eine Nichtachtung der kirchlichen Canones wider die Juden erblickte, bis zum Ende der Zwanzigerjahre in fünf Sendschreiben – auch an den Kaiser – seine Stimme.[27] So spiegelt sich vielleicht in diesem neugeschaffenen Motiv nicht nur die Gesamtsituation der Juden unter Ludwig dem Frommen, sondern auch die Antwort des Hofes und der ihm nahestehenden Geistlichkeit (Drogo) auf die Angriffe Agobards und bietet damit einen Hinweis auf eine Entstehung des Sakramentars um 830.

Anmerkungen

[1] Paris, Bibl.Nat.lat. 9428. Zur Handschrift vgl. Koehler, W., Die karolingischen Miniaturen, 3. Bd., 2. Teil: Metzer Handschriften, 1960, wiederabgedruckt in: Mütherich, F., Kommentarband zur Faksimileausgabe des Drogo-Sakramentars, Auszug aus Karolingische Miniaturen Vol. III, 1974, danach zitiert S. 12 ff.

[2] Goldschmidt, A., Die Elfenbeinskulpturen aus der Zeit der Karolingischen und Sächsischen Kaiser, Bd. 1, 1914, Nr. 74 a + b, Tafel XXX; Steenbock, F., Der kirchliche Prachteinband im frühen Mittelalter, 1965, S. 85 ff.

[3] Goldschmidt, S. 38.

[4] Goldschmidt, S. 41.

[5] Auf den Nachtrag folio 1 r. Festivitas omnium sanctorum rekurriert auch Pelt, J. B., Etudes sur la Cathédrale de Metz – La Liturgie I. (VI–XIII siècle) 1937, S. 52 und datiert vor 835. Doch Koehler, W., S. 12 f. "Für die Datierung ist es ohne Bedeutung, daß das Allerheiligenfest im ursprünglichen Text fehlte. Es hat erhebliche Zeit gedauert, ehe der Beschluß der Synode von 835, nach dem das Fest im Fränkischen Reich am 1. November begangen werden sollte, allgemeine Geltung fand." Darüber hinaus weist das Sakramentar ohnehin nur eine Auswahl von Festen auf, vgl. Koehler, S. 16 und S. 20 f.

[66] Weber, L., Elfenbeintafeln, Miniaturen, Schriftproben aus Metzer liturgischen Handschriften, 1913, S. 4. Und auch Nordenfalk, C., nimmt an, daß Drogo das Sakramentar vielleicht schreiben ließ, um seine Würde als päpstlicher Vikar hervorzuheben, zu der er 842 (!) aufgestiegen war. (Grabar, A., Nordenfalk, C., Die großen Jahrhunderte der Malerei: Das frühe Mittelalter, 1957, S. 174)

[7] Koehler, W., S. 13 und "Da in einigen Messedarstellungen der Initialen und der Elfenbeine des Einbandes der zelebrierende Bischof das Pallkium trägt, ist das Jahr 844 der allerfrüheste mögliche Termin, denn im diesem Jahre wurde Drogo von Papst Sergius II. unter Verleihung des Palliums zum päpstlichen Vikar im Norden der Alpen erhoben" S. 17.

[8] Steenbock, F., S. 85: "Bei den liturgischen Handlungen trägt der ausübende Priester das Pallium, das Bischof Drogo 844 von Papst Sergius II. verliehen wurde."

[9] In: Hubert, J., Porcher, J., Vollbach, W. F., Die Kunst der Karolinger, S. 162 f.: ... Drogo ... bei jener Reise nach Rom ... die dieser 844 ... unternahm, um Ludwig II., den Sohn Lothars, zu begleiten, der von Papst Sergius II. zum König von Italien gekrönt werden sollte, und um selbst als päpstlicher Vikar von Gallien und Germanien das Pallium entgegenzunehmen, mit welchem er auf dem Deckel des Sakramentars abgebildet ist."

[10] Siehe Anm. 1.

[11] Karolingische Buchmalerei, S. 92: "Der Auftraggeber ist ohne Zweifel Erzbischof Drogo (844-855), dessen Name in goldenen Unzialen am Ende einer Liste der Bischöfe von Metz erscheint.

[12] Ecclesia und Synagoge, S. 32.

[13] „Eine Auskunft der Bibliothèque Nationale, Paris, Mons. d'Alverny, bestätigt diese Annahme.

[14] "Die Tintenfarbe ist etwas blasser als im Sakramentartext; die Minuskel ist kleiner, mehr Buchschrift ohne den kalligraphischen Charakter der Minuskel des Sakramentars. .... Diesen Befund scheint am ehesten die Schlußfolgerung zu entsprechen, daß die Texte auf folio 126 a bis 128 a, bis einschließlich des Namens Drogo dem Sakramentar nach Drogos Tode und vermutlich sehr bald nach seinem Tode hinzugefügt wurden." Koehler, W., S. 15.

[15] Siehe Raddatz, A., Die Entstehung des Motivs Ecclesia und Synagoge, Geschichtliche Hintergründe und Deutung, Diss. theol. Berlin 1959 (Maschinenschrift), S. V ff.

[16] "Ad nostrae igitur humilitatis vicem, cunctis provinciis trans Alpes constitutis, Drogonem archiepiscopum Metensem, gloriosi quondam Caroli imperatoris filium ... cauta delibertione constituimus", Mon. Germ. hist., Epist. V, S. 583, Nr.1; Mansi, G. D., Sacrorum consiliorum nova et amplissima collectio, Venetiis, 1769, Tom. XIV, Sp. 806.

[17] Hinkmar, De praedestinatione dissertatio posterior, cap. 36, Migne, S. L. 129, 390; Mansi, XIV, S. 660; v. Hefele, K. J., Conciliengeschichte, 2. Aufl., Bd. 4, 1879, S. 85.

[18] "... sacrosanctam paschae festivitatem in sepeticta urbe apud Drogonem archiepiscupum celebravit", Ann.Bert. ad an. 835, M Gh, SS I, S. 429.

[19] "Droco frater domni imperatoris, Mettensis episcopus necnon sacri palatii archicapellanus, quem quanto sibi propinquiorem noverat, tanto ei familiarius sua omnia et semet credebat", M Gh, SS. II, S. 647; vgl. Catalog. Ep. Mett., M Gh SS. II, S. 269; Gesta ep. Mett. 40, M Gh., SS X, S. 541, ferner Simson, Jahrbücher, II, S. 233, vgl. auch Oexle, O. G., Art. Drogo, Lexikon des Mittelalters, Bd. III, 1986, Sp. 1405.

[20] Vita Ans. cap. 12, M Gh., SS. II, S. 698, vgl. Dümmler, Geschichte des ostfränkischen Reiches, I., 1862, S. 264, Simson, Jahrbücher des fränkischen Reiches unter Ludwig dem Frommen, II, 1876, S. 281 f.

[21] Laurent-Wattenbach, Leben der Erzbischöfe Anskar und Riembert, 1939, S. 29.

[22] Leben des hl. Ansgar, 1863, S. 109.

[23] Zu der Darstellung und der Deutung als Hosea siehe Raddatz, A., S. 5.

[24] Zum Tympanum als Herrschaftszeichen siehe Raddatz, A., S. IX. f., S. 60 f.

[25] Agobard von Lyon, Epistola exhortatoria ad Nibridium, "dum se patriarcharum progenium, justorum genus, prophetarum sobolem superbo ore proloquuntur", Migne SL 104, 111, ferner Agobard, De insolentia Judaeorum, " ... dicentes, quod Judaei non abominabiles, ut plerique putant, sed chari essent in oculis vestris (scl. imperatores), et hominibus eorum, dicentibus ex parte meliores eos habitos quam Christianos", Migne, SL 104, 72.

[26] Geschichte der Juden, Bd. 5, 4. Auflage, 1909, S. 233 f. Zur günstigen Lage der Juden unter Ludwig dem Frommen und dem Aufkommen einer kirchlichen Gegenbewegung siehe Raddatz, A., S. 30 f.

[27] Zwischen 822 - 828, vgl. Schreckenberg, H., Die christlichen Adversus-Judaeos-Texte und ihr literarisches und historisches Umfeld, 3. Aufl. 1996, S. 491.

Hanns Christoph Brennecke

Wie man einen Heiligen politisch instrumentalisiert
Der Heilige Simeon Stylites und die Synode von Chalkedon

I.

Es gehört vielleicht zu den Grunderfahrungen der Kirchengeschichte, daß Märtyrer, Heilige und sonstige Identifikationsgestalten autoritativ zur Begründung einer theologischen oder kirchenpolitischen Option herangezogen und benutzt werden können. Der in Anspruch nehmende Verweis auf die Autoritäten der Vergangenheit, die Väter und inzwischen auch Mütter der Kirche, gehört fast zu den Wesensmerkmalen unserer christlichen Überlieferung, wie schon an der Bezeichnung der wissenschaftlichen Disziplin, die sich mit den Überlieferungen der Alten Kirche befaßt, als 'Patristik' oder 'Patrologie' deutlich wird. Ebenso ist es bekanntlich in der Politik üblich, sich von idealen oder zumindest für ideal gehaltenen Persönlichkeiten der Vergangenheit her zu legitimieren. Dieses Verfahren hat zwei große Vorteile: man kann erstens das Ansehen einer Persönlichkeit einer längst vergangenen Zeit auf sich als den vermeintlich wahren Verehrer und somit natürlich auch legitimen Erben umleiten. Zweitens kann der Verehrte sich, da normalerweise lange verstorben, gegen diese Inanspruchnahme nicht wehren, ihr nicht widersprechen, was nach meinem Eindruck dabei sehr wichtig ist.

Das fängt im Falle der Geschichte der Kirche schon bei der Person Jesu und den Apostelfürsten an, setzt sich bekanntlich bis zur Instrumentalisierung Martin Luthers als des deutschen Nationalheros fort, um bei der Inanspruchnahme Dietrich Bonhoeffers zum Beispiel für gewisse politische Optionen, die ihm noch dazu völlig fremd waren, noch lange nicht zu enden. Und solche Inanspruchnahme geschieht nun nicht nur literarisch, sondern in der christlichen Spätantike im Kult und wird ganz besonders im Kult an den zahlreichen Pilgerheiligtümern auch seh- und vor allem existenziell erlebbar.

II.

Am nördlichen Rand des nordsyrischen Kalksteinmassivs, des antiken Belus, liegt etwa sechzig Kilometer östlich von Antiochien und dreißig Kilometer nordwestlich von Aleppo, dem antiken Beröa, auf einem nord-südlich verlaufenden und etwa fünfhundertfünfzig Meter hohen Bergrücken die gut erhaltene Ruine eines der großartigsten Heiligtümer der frühen Christenheit. Anders als heute war der Belus, also das Gebiet etwa zwischen Kyrros im Norden und Apamea im Süden, zwischen Antiochien im Westen und Beröa/Aleppo im Osten, in der Spätantike dicht besiedelt, wie die Ruinen der sog. 'Toten' Städte zeigen, eine Art Ruhrgebiet der Spätantike.[1] Die wirtschaftliche Situation seit den politischen Umwälzungen des siebenten Jahrhunderts ließ die Bevölkerung das Land verlassen und die
über siebenhundert bekannten Ortschaften und Hunderte von Kirchen und Klöstern langsam verfallen. Da der Belus nie wieder richtig besiedelt wurde, bietet er archäologisch die wichtigste Bezeugung spätantiker christlicher Kultur in Syrien und wohl überhaupt im einst griechischsprachigen Osten, da sich in den großen Städten wie Beröa/Aleppo und vor allem Antiochien, was besonders bedauerlich ist, wegen der seit der Antike ununterbrochenen Besiedelung so gut wie nichts erhalten hat.[2]

Bis in die Mitte des vergangenen Jahrhunderts war dieses Gebiet in Europa archäologisch weithin unbekannt. Der Duc de Vogüé hatte auf seiner Syrienreise im Jahre 1862 den Belus gleichsam neu entdeckt und wenig später in den großen Berichtsbänden über seine Reise einem breiteren Publikum bekanntgemacht.[3] Dennoch blieben die einzigartigen Zeugnisse spätantiker christlicher Kultur wegen der lange herrschenden geradezu dogmatischen Vorrangstellung Roms in der Christlichen Archäologie viel zu wenig berücksichtigt. Erst die Arbeiten von H. C. Butler[4], Jean Lassus[5], Georges Tchalenko[6], Friedrich Wilhelm Deichmann[7] und jüngst Christine Strube[8] haben seit dem Zweiten Weltkrieg die Bedeutung dieser Region für das spätantike Christentum und seine Erforschung wirklich ins Blickfeld gerückt.
Bei seiner Reise durch Syrien hatte Melchior de Vogüé auch die Ruinen dieses großen christlichen Heiligtums zwischen Antiochien und Aleppo entdeckt, aufgenommen und dann Bilder und vorläufige Pläne veröffentlicht.[9] Die Identifizierung der bis dahin unbekannten Ruinen bot trotz fehlender schriftlicher Bezeugung keine besonderen Schwierigkeiten. Der heutige arabische Name Qal'at Šim'an zeigt in aller Deutlichkeit, daß über die Jahrhunderte

der Name des heiligen Simeon an diesem Ort haften geblieben ist und daß es sich bei den Ruinen um das von Evagrius am Ende des 6. Jahrhunderts beschriebene und in dieser Gegend sowieso zu vermutende Pilgerheiligtum des heiligen Simeon Stylites handeln muß. Auch deckt sich seine Beschreibung so mit dem, was heute noch erkennbar ist, daß Zweifel über die Identität ausgeschlossen sind.[10]

Seit ich in den Lehrveranstaltungen von Alfred Raddatz vor gut dreißig Jahren am Berliner Institut für Christliche Archäologie diese wunderbare und immer wieder faszinierende Ruine kennengelernt habe, hat sie mich nicht mehr losgelassen, bis ich sie selbst im Jahre 1981 als Stipendiat und Teilnehmer des Lehrkurses des im Moment in seiner Existenz gefährdeten Deutschen Evangelischen Instituts für die Altertumswissenschaft des Heiligen Landes sehen konnte, was die Faszination noch verstärkt hat.

Um die Jahrhundertwende hatten Archäologen aus Princeton die Ruinen von Qal'at Šim'an systematisch zu untersuchen begonnen[11]; in den dreißiger Jahren fingen dann unter der Leitung von Georges Tchalenko, anfangs auch unter Beteiligung deutscher Wissenschafter, Rekonstruktionsarbeiten an, die noch andauern.[12] Eine endgültige monographische Behandlung des Simeonsheiligtums von Qal'at Šim'an steht bis heute aus. Wegen der weithin fehlenden Bezeugung frühbyzantinischer Architektur aus Antiochien und Konstantinopel ist die Bedeutung der Ruinen des Pilgerheiligtums von Qal'at Šim'an für die Erforschung der byzantinischen Architektur nicht hoch genug zu veranschlagen.[13]

Die in ihren Außenmauern zum größten Teil noch stehende Gesamtanlage des Pilgerheiligtums umfaßt ein Areal von etwa 450 × 250 Metern, wobei zwei Komplexe zu unterscheiden sind. Im Norden liegt das kreuzförmige Martyrion mit Klosterkirche und Kloster; im Süden bilden das Baptisterium mit angebauter Kapelle und Herbergen einen eigenen Komplex. Auf dem westlichen Rand des Hügels sind dann später noch weitere Kloster- und Herbergsgebäude errichtet worden.[14]

Ich möchte mich hier auf das kreuzförmige Martyrion als das eigentliche Heiligtum beschränken. Sein Zentrum bildet ein um die Säule des heiligen Simeon errichtetes Oktogon von etwa 27 Metern Durchmesser. Die roh aus dem Felsen geschlagene Basis dieser Säule ist erhalten, auch Teile des Säulenschaftes haben sich noch gefunden. Die acht Seiten des Oktogons sind nicht ganz gleichmäßig und damit ein Indiz für die Eile, mit der man beim Bau ans Werk ging.[15] Das Oktogon mit der Säule Simeons im Mittelpunkt besteht in der unteren Etage aus den acht Eckpfeilern (also keine geschlossenen Mauern), die von je zwei Säulen mit überaus reichen Kapitellen flankiert sind. Diese Säulen sind durch breite, profilierte Bögen miteinander verbunden, so daß die Säule Simeons von acht je über zehn Meter hohen Triumphbögen umstellt ist. Oberhalb der Triumphbögen war das Oktogon bis auf eine Höhe von etwa vierundzwanzig Metern hochgemauert. Auch wenn Evagrius am Ende des sechsten Jahrhunderts, wohl als Ergebnis der schweren Erdbeben der zwanziger Jahre des sechsten Jahrhunderts nur einen offenen Hof gesehen hat[16], ist die ursprüngliche Eindeckung, wahrscheinlich mit einem hölzernen Zeltdach (also etwas anders auf der Rekonstruktion Tchalenkos), inzwischen archäologisch gesichert. Eine Kuppel kam hier jedenfalls nicht in Frage.[17]

Nach Osten, Süden, Norden und Westen führen die Triumphbögen des Oktogons je in eine dreischiffige Basilika, so daß auf diese Weise eine aus vier je dreischiffigen Basiliken bestehende kreuzförmige Anlage mit der von den Triumphbögen des Oktogons umgebenen Säule des heiligen Simeon als Mittelpunkt entstand. Die vier übrigen Triumphbögen führen in Eckkapellen. Der Boden des Oktogons, jetzt mit einem mittelalterlichen Steinplattenboden belegt, war ursprünglich reich ausmosaiziert.[18]

Die Ostbasilika ist die eigentliche Kirche der Gesamtanlage; mit einem reich dekorierten dreiapsidalen Abschluß versehen und ursprünglich ebenfalls ausmosaiziert. Das ansteigende Gelände mußte hier für die Errichtung der Basilika teilweise abgetragen werden, so daß man die Basen für die Säulen direkt aus dem Fels schlagen konnte.[19]

Der Plan Tchalenkos zeigt, daß die Ostbasilika schräg an das Oktogon angesetzt ist, was zu mancherlei Spekulationen Anlaß gegeben hat.[20] Vermutlich gab ein schon zu Lebzeiten Simeons dort stehender Altar die Stelle für den zu errichtenden Altar der neuen großen Basilika und damit für die gesamte Ausrichtung der Ostbasilika vor.[21]

Ausschließlich zur Bewältigung der Pilgerströme waren die drei anderen Basiliken gedacht. Um die Westbasilika errichten zu können, waren gewaltige Substruktionen nötig. Der Südbasilika, die den Zugang zum Heiligtum darstellt, ist eine Eingangshalle mit drei Toren, den drei Schiffen dieser Basilika entsprechend, in der Form von auf Säulen aufliegenden Triumphbögen vorgelagert.

Dieses kreuzförmige Martyrion, mit einer Größe von etwa 90 x 100 Metern eines der größten frühchristlichen Baudenkmäler überhaupt[22], ist innen und außen mit einer ungeheuer reichen Baudekoration geschmückt. In seiner

Monumentalität und Pracht muß das Simeonsheiligtum von Qal'at Šim'an als einzigartig in der Welt der christlichen Spätantike angesehen werden. Nach Deichmann ergeben sich aus der erkennbar unterschiedlich gewichtenden Baudekoration die Vorhalle mit ihren triumphalen Motiven, die Apsis der Ostbasilika als Ort der Eucharistie und Vorhalle und Apsis der Ostbasilika noch überragend - das Oktogon als das eigentliche Martyrion mit seinen Triumphbogenmotiven und seiner besonders reichen Dekoration als die drei deutlich hervorgehobenen inhaltlichen Schwerpunkte.[23]

Am Fuße des Hügels, auf dem sich das Heiligtum Simeons erhebt, befinden sich noch heute die Ruinen der Herbergen und Klöster von Deir Šim'an, ein kleiner Ort, der seit der Errichtung des Pilgerheiligtums nur der Beherbergung und Versorgung der Pilger diente.[24] Von hier aus ging als Pilgerweg eine Via triumphalis den Berg hinan. Durch einen Triumphbogen verließ der Pilger den Herbergsort und stieg den Berg zum Heiligtum hinauf. Knapp hundert Meter vor dem eigentlichen heiligen Bezirk durchschritt er ein dreiteiliges Tor in Form wieder eines Triumphbogens, um dann durch ein ebenfalls als Triumphbogen gestaltetes Doppeltor den heiligen Bezirk im engeren Sinne selbst zu betreten. Hier steht die relativ gut erhaltene Ruine eines - übrigens häufig bei derartigen Pilgerheiligtümern zu findenden - Baptisterium.[25] Eine bisher archäologisch noch nicht eindeutig nachgewiesene Straße führte von dort direkt zum dreiteiligen Eingangsportal der Südbasilika, durch das der Pilger das eigentliche Heiligtum betrat, um im Oktogon die Säule Simeons zu umschreiten und in der Ostbasilika am eucharistischen Gottesdienst teilzunehmen.

Über die spätere Geschichte des Simeonsheiligtums ist wenig bekannt. Im siebenten Jahrhundert ging es zunächst an die Araber verloren, kam im zehnten Jahrhundert noch einmal für kurze Zeit an Byzanz zurück. Aus dieser Zeit stammen Umbauten und Befestigungsanlagen[26]. Seit dem elften Jahrhundert fehlen dann alle Nachrichten. Im neunzehnten Jahrhundert hatte ein kurdischer Scheik Apsis und Seitenschiffe der Ostbasilika mit gar nicht ganz falschem Stilempfinden als Palast und Thronsaal eingerichtet, das Mittelschiff als offenen Hof. Ähnlich erging es dem Baptisterium.

Da weder die erhaltene literarische noch die epigraphische Überlieferung der Zeit vom Bau dieser gewaltigen Anlage etwas erwähnt, erhebt sich zunächst die Frage, wann, auf wessen Veranlassung und warum das in seinen Dimensionen im Osten des Reiches nur mit der Anastasis in Jerusalem, im Westen mit der über dem geglaubten Grab Petri in Rom gebauten Basilika zu vergleichende Heiligtum errichtet wurde.

Die Größe, die Durchführung der Bauarbeiten, die gleichzeitig von mehreren Werkgruppen an verschiedenen Stellen in Angriff genommen wurde, so daß nach Tchalenkos Berechnungen mehrere tausend Arbeiter gleichzeitig beschäftigt gewesen sein müssen[27], sowie die reiche und einzigartig qualitätvolle, von imperialen Vorbildern abhängige Baudekoration schließen den antiochenischen Bischof oder gar die monastischen Verehrer Simeons als Bauherren aus, sondern machen eine kaiserliche Initiative mehr als wahrscheinlich[28], wie überhaupt alle vergleichbaren frühchristlichen Anlagen kaiserliche Bauten[29] sind. Dem durch verschiedene lokale Handwerker[30] durchgeführten Bau hat wohl ein am Hofe entstandenes, jedenfalls in sich geschlossenes Konzept für die Gesamtanlage zugrunde gelegen[31]. Eine besondere Rolle in der Diskussion um das Heiligtum Simeons haben eventuelle architektonische Vorbilder gespielt[32]. Das Oktogon als eine Möglichkeit des Zentralbaus wie auch die Basilika waren seit der Konstantinischen Zeit die beiden Grundformen christlichen Kultraumes geworden, wobei das Oktogon nicht ausschließlich, aber besonders häufig für Baptisterien und vor allem Memorialbauten verwendet wurde[33]. Auch kreuzförmige Anlagen als Memorien begegnen seit Ende des 4. Jahrhunderts.[34] Neu ist in Qal'at Sim'an die Verbindung von Oktogon und kreuzförmig angeordneten Basiliken.

In Antiochien stand das bisher archäologisch nicht nachgewiesene und nur literarisch bezeugte berühmte goldene Oktogon, das Konstantin als Bischofskirche für die Hauptstadt der orientalischen Diözese begonnen, Konstantius II. dann vollendet hatte, und dem man sicher Vorbildcharakter für die gesamte Region zumessen muß. Die Ausgrabungen der dreißiger Jahre in Antiochien haben dann Grundmauern und Fußboden des von Bischof Meletios – in übrigens hoch politischem Zusammenhang nach seinem mit Hilfe des Kaisers Theodosius I. erlangten Triumph über den homöischen Bischof von Antiochien – errichteten Martyrion des antiochenischen Märtyrers Babylas freigelegt[35]: ein quadratischer Zentralraum von 16 x 16 Metern, von dem an allen vier Seiten Triumphbögen in vier einschiffige Kreuzarme von 25 x 11 Metern führten. Der Zentralraum diente der Aufbewahrung der Gebeine des Märtyrerbischofs Babylas und des während der 2. ökumenischen Synode im Jahre 381 in Konstantinopel verstorbenen Bischof Meletios[36], der so als der wahre Erbe des antiochenischen Märtyrers erwiesen werden sollte. Über die äußere Gestaltung dieses wohl als direktes Vorbild für Qal'at Šim'an zu betrachtenden Martyrion wissen wir leider nichts. Aber weder in den Größenordnungen noch in der allerdings nur zu vermutenden qualitativen Ausgestaltung läßt sich das vom antiochenischen Bischofs errichtete Martyrion mit dem von Qal'at Šm'an vergleichen.

Obwohl schriftliche Quellen fehlen, herrscht in der Frage der Datierung des Simeonsheiligtum heute Übereinstimmung. Als Eckdaten ergeben sich das Todesjahr des Styliten Simeon 459[37] und die Abfassung der Kirchengeschichte des Evagrius am Ende des 6. Jahrhunderts.[38] Damals muß aber das Simeonsheiligtum bereits eine erhebliche Zeit gestanden haben.

Die reich überlieferte Bauplastik des Belus, vor allem die Kapitelle, gestatten es, eine nahezu lückenlose relative Chronologie der Kirchen dieses Gebietes aufzustellen, die durch inschriftliche Datierung in einigen Fällen zur absoluten wird.[39] So kann man mit Sicherheit den Bau des Simeonsheiligtum von Qal'at Šim'an in die Zeit zwischen 475 und 491/92 datieren.[40] Die für diese gewaltige Anlage sehr kurze Bauzeit ist ein weiterer Hinweis auf den kaiserlichen Gründer und Bauherren, bei dem es sich dann also um den Isaurier Zenon gehandelt haben muß, der von 474 bis 491 regierte.[41]

Wenn der oströmische Kaiser Zenon, vermutlich nach seinem auch kirchenpolitisch sehr wichtigen Sieg über den Usurpator Basiliskos im Jahre 476[42], mit einem selbst für kaiserliche Bauten großen Aufwand dem heiligen Simeon gut eineinhalb Jahrzehnte nach dessen Tod nun nicht über seinem Grab, sondern an der Stelle, wo noch seine Säule stand und von seinem Wirken kündete, ein solches Heiligtum errichtet, das zu den größten frühchristlichen Anlagen überhaupt gehört und nur mit den spektakulärsten Baudenkmälern der frühchristlichen Zeit verglichen werden kann, dann muß nach den theologischen und kirchenpolitischen Hintergründen einer derartigen Maßnahme gefragt werden.

Da – anders als z. B. bei den Kirchenbauten Konstantins – kein Text darüber und die dabei verfolgten Intentionen Zenons berichtet, soll im folgenden versucht werden, die Errichtung des Simeonsheiligtums von der durch die theologischen und kirchenpolitischen Auseinandersetzungen um die Beschlüsse von Chalkedon und ihre Rezeption[43] bestimmten theologischen und kirchenpolitischen Situation während der Herrschaft dieses Kaisers zu deuten, der auch selbst interessiert und engagiert aktiv in diese Auseinandersetzungen eingriff und dessen Name mit dem akakianischen Schisma, dem ersten großen Schisma zwischen den Kirchen des Ostens und Westens, verbunden ist.[44] So können die Ruinen von Qal'at Šim'an, obwohl dieses Pilgerheiligtum in der literarischen Überlieferung der christologischen Auseinandersetzungen nach Chalkedon nicht auftaucht[45], dieses theologische und kirchenpolitische Ringen um die Rezeption der christologischen Formel der 4. ökumenischen Synode und vor allem die scheinbar gefundenen Lösungen deutlicher machen und so zeigen, daß und wie archäologische Quellen auch für die Dogmengeschichte fruchtbar gemacht werden können und vielleicht sogar müssen.

III.

Über Simeon, den ersten bekannten syrischen Styliten[46], der schon zu Lebzeiten eine ungeheure und wahrhaft ökumenische Ausstrahlungskraft hatte, sind wir – anders als über die Entstehung seines Heiligtums an der Stelle seines Wirkens – dagegen nun einigermaßen gut informiert.
Simeon, den Gewaltigen, das große Wunder des Erdkreises, kennen alle Untertanen des Römischen Reiches. Es haben ihn aber auch die Perser und Meder und Äthiopier kennengelernt, und selbst zu den Skythen, den Nomaden, ist sein Ruf gedrungen und hat dort sein mühevolles Tugendleben bekanntgemacht.
So der etwa gleichaltrige Theodoret[47], Bischof im nur fünfzig Kilometer entfernten Kyrros, der in seiner um 440 verfaßten Mönchsgeschichte eine anschauliche Lebensbeschreibung des damals noch auf seiner Säule und im höchsten Ansehen stehenden Asketen gegeben hat[48], in der allerdings durchaus eine gewisse Distanz des gelehrten Theologen der antiochenischen Schule zu dieser von den Zeitgenossen besonders hochgeschätzten Form der Askese deutlich wird.
Außerdem sind zwei Vitae Simeons überliefert; eine griechische, von einem gewissen Antonius, der schon Theodoret ausgeschrieben hat, über den Tod des Heiligen aber aus eigener Kenntnis berichtet; und eine wesentlich längere anonym überlieferte syrische.[49]
Die griechische Vita entstand wohl sehr bald nach dem Tod Simeons, die syrische ist in das Jahr 474 datiert.[50] Beide kennen das Heiligtum noch nicht. Von diesen drei Viten ist dann die gesamte spätere hagiographische und historiographische Überlieferung abhängig.
In den achtziger Jahren des 4. Jahrhunderts geboren, hatte Simeon schon als Jüngling mit dem asketischen Leben begonnen. Die Einzelheiten seiner ein wenig schematisch nach dem großen Vorbild der Vita des Antonius beschriebenen asketischen Entwicklung brauchen hier nicht weiter zu interessieren. Nach zehn Jahren Klosterleben war er etwa 412 nach Talanissos, dem heutigen Deir Šim'an gekommen, wo bereits ein kleines Kloster bestand.[51] Bald hatte er sich jedoch in die Einsamkeit auf dem nahe dabei gelegenen Hügel geflüchtet, der noch heute seinen Namen trägt.[52] Seine extrem strenge

Askese zog viele Menschen zunächst aus dem weiteren Umfeld Antiochiens an. Um den Trubel etwas entgehen zu können, so jedenfalls Theodoret[53], stellte er sich zunächst auf einen hohen Stein, dann auf eine Säule, die er verschiedentlich erhöhte. Am Ende soll diese Säule zweiundzwanzig Meter hoch gewesen sein. Dies war alles natürlich um so mehr dazu angetan, seinen Ruhm und damit natürlich auch den Trubel um seine Säule, dem er ja eigentlich entfliehen wollte, zu vergrößern.[54]
Die drei Viten jedenfalls berichten von gewaltigen Menschenmengen, die ständig die Säule des Heiligen umlagerten[55], eine Art permanenter Kirchentag. Zu Simeon kamen - seit den frühen zwanziger Jahren des 5. Jahrhunderts - Pilger aus dem gesamten Reich und den angrenzenden Herrschaftsgebieten mit allen nur denkbaren Anliegen. Der Gattung der Viten gemäß spielen darin die zahllosen Heilungswunder die Hauptrolle.[56] Vor allem aber scheint Simeon ein gesuchter und geachteter Berater in allen Fragen des täglichen Lebens und seiner Probleme gewesen zu sein. Und dabei erweist sich der scheinbar weltflüchtige Asket als mit allen Fragen des weltlichen Alltages durchaus vertraut. Weltflucht, geradezu skurrile Askese und lebensbejahendes gesellschaftliches Engagement erscheinen hier in einem hochinteressanten dialektischen Verhältnis zueinander. Auffällig ist sein immer wieder bezeugtes erfolgreiches Eintreten für Arme oder in irgendeiner Form wirtschaftlich Unterdrückte bei Obrigkeiten und Behörden.[57] Die syrische Vita berichtet, wie er einen erträglichen Zinssatz von sechs Prozent als Höchstsatz im Geldverleih festsetzte.[58] Noch wichtiger aber scheint Simeon als Berater hoher und höchster Würdenträger des Ostreiches. Schon Theodosius II. hatte regelmäßig den Rat des Asketen eingeholt.[59] Wieweit dessen Einfluß reichte, wird daran ersichtlich, daß er mit Erfolg gegen eine judenfreundliche Maßnahme des Theodosius protestierte.[60]
Johannes Diakrinomenos überliefert, daß Kaiser Markian Simeon inkognito besuchte und um Rat bat.[61] Für Kaiser Leon war Simeon ein dauernder Ratgeber, z. B. bei der Frage nach der Geltung der Beschlüsse von Chalkedon.[62] Auch nichtchristliche Araberfürsten kamen mit den verschiedensten Anliegen zu ihm.[63]
Mehrfach berichten die Viten von Bekenntnissen, Taufen und Gottesdiensten um die Säule des Simeon herum. Es gab dort also schon zu Lebzeiten des Asketen einen Altar und eine Taufmöglichkeit, so wie Geistliche - teilweise wohl seine Schüler oder sonstige Anhänger - die dort tauften und Gottesdienst abhielten. Auch Theodoret scheint an der Säule Simeon gelegentlich priesterliche und bischöfliche Funktionen ausgeübt zu haben.[64]

Als Theodoret um 440 seine Mönchsgeschichte schrieb, war Simeon ein in der gesamten Ökumene hochberühmter Asket. Eulogien mit seinem Bild scheinen weit verbreitet gewesen zu sein[65]; Theodoret weiß von Bildern des Heiligen in Rom.[66] Bei der großen Bedeutung, die Simeon sowohl für die Kaiser als auch für die Kleinherrscher der umliegenden arabischen Gebiete hatte, die ja meist in irgendeinem Abhängigkeitsverhältnis zum Imperium Romanum standen, und deren Grenzen zum Reich nie eindeutig definiert waren, muß man ihm auch politisches Gewicht zumessen. In der hagiographischen Überlieferung erscheint er immer wieder als Mittlerinstanz zwischen Herrschern und Beherrschten.

Die syrische Vita berichtet von einem arabischen Fürsten, der seinen Untertanen verbot, zu Simeon zu pilgern, weil er befürchtete, sie würden dort Christen und damit zu Anhängern der Römer.[67] Den immer wieder Verfolgungen ausgesetzten Christen im Perserreich erscheint Simeon als Retter, wobei die Vita besonders sein Römertum herausstreicht.[68] Die Beispiele zeigen, wie in der hagiographischen Literatur des späten fünften Jahrhunderts völlig unbefangen Christen- und Römertum selbstverständlich miteinander indentifiziert werden und ausgerechnet ein syrischer Asket, der vermutlich weder lateinisch noch griechisch, sondern ausschließlich syrisch sprach, hier als Verkörperung von Römertum erscheint.

Als Simeon am 2. September 459 starb[69], war dies auch ein Politikum. Sein Tod wird vorerst der Menge verheimlicht. Nur der antiochenische Bischof und der Magister Militum, der in Antiochien residierende höchste Militärbeamte der Diözese, werden benachrichtigt. Der Bischof kam sofort, begleitet von vier Suffraganen und dem Magister Militum, der von mehreren Hundertschaften Soldaten begleitet wurde. In einem Triumphzug ohnegleichen wird der Leichnam mit großen militärischen Aufwand nach Antiochien überführt.[70] In der Bischofskirche, dem berühmten goldenen Oktogon, wird der Heilige aufgebahrt, bis man für ihn ein eigenes Martyrion errichtet hatte.[71] Kaiser Leon möchte die Gebeine Simeons gern nach Konstantinopel holen; die Antiochener können ihn aber vorerst zum Verzicht bewegen. Ein Teil der Reliquien wurde dann – mehr als ein Jahrzehnt später – auf eine neue Initiative Leons und seines theologischen und kirchenpolitischen Beraters, des Styliten Daniel, eines Schülers Simeons, hin doch noch nach Konstantinopel überführt.[72]

Von der Stelle aber, an der die Säule Simeons stand, und wohin über Jahrzehnte die Pilger geströmt waren, den Heiligen zu sehen und von ihm Hilfe und Rat zu erbitten, verlautet vorerst nichts mehr in der Überlieferung. Weder die

beiden bald nach seinem Tode verfaßten Viten noch die seines Schülers Daniel[73], der sich als sein Erbe verstand, berichten, daß die Wallfahrten zur Säule Simeons angehalten hätten. Einen Simeonskult gab es nun in Antiochien und dann bald auch in der Hauptstadt, wo die Gebeine aufbewahrt wurden.
Der heilige Simeon verkörperte die Ökumenizität der Reichskirche von Ost und West; er war offensichtlich in allen Teilen der Ökumene bekannt und hochgeachtet. Mit ihm identifizierten sich sowohl die christlichen Massen als auch die besonders in kirchenpolitischen Angelegenheiten in zunehmenden Maße für die jeweiligen Kaiser problematischen Mönchsgruppen. Er war der Berater dreier Kaiser gewesen und galt als der Heidenmissionar und der exemplarische Vertreter der Reichskirche - und betont als Römer! Außerdem hatte Simeon sich als überzeugter Vertreter der Beschlüsse der 4. ökumenischen Synode von Chalkedon erwiesen, auch wenn sein bei Evagrius in dieser Angelegenheit erhaltener Brief keinerlei wirkliche Kenntnisse der christologischen Formel von Chalkedon erkennen läßt.[74]
Wie hoch sein Ansehen überall war und über den theologischen Gegensätzen der Zeit stand, zeigt sich z. B. auch daran, daß seit Severus von Antiochien die monophysitische Tradition versucht hat, Simeon zu einem fanatischen monophysitischen Gegner von Chalkedon zu machen und sogar Fälschungen mit derben Verurteilungen der Synode von Chalkedon unter seinem Namen umlaufen ließ.[75] Aber auch in nestorianischen Kreisen war er geachtet, wie die edessenische Chronik beweist.[76]

Von daher ist es nicht weiter erstaunlich und kein Einzelfall in der Geschichte der spätantiken Reichskirche, daß ein Kaiser den Ruhm eines solchen Heiligen zur Propagierung und Legitimierung der eigenen theologischen Linie und Kirchenpolitik nutzte, indem er dessen Verehrung auf jede denkbare Art förderte. Die Frage allerdings ist, welche Ziele die Kirchenpolitik Zenons mit welchen Mitteln verfolgte, wie dieser Kaiser in die theologischen und kirchenpolitischen Auseinandersetzungen um Chalkedon einzuordnen ist, und warum er gerade Simeon dieses einzigartige Heiligtum errichtete?

IV.

Die Synode von Chalkedon[77] hatte bekanntlich der Kirche die erhoffte Einheit nicht gebracht. Zwar konnte sie mit den Kirchen des Abendlandes gewahrt werden, obwohl Papst Leo wegen des 28. Kanons, der Konstantinopel als mit Rom gleichrangig ansah, einige Zeit die Beschlüsse von Chalkedon zu akzeptieren.[78] Aber Ägypten stimmte aus dogmatischen Gründen und natürlich auch wegen der Absetzung und Verurteilung Dioskurs nicht zu.[79] Heftiger Widerstand kam auch aus dem palästinischen Mönchtum.[80] Für den gesamten Osten gilt, daß die Beschlüsse von Chalkedon keine Zustimmung fanden, da im Gegensatz dazu die monophysitischen christologischen Aussagen dem gelebten Glauben und der praktizierten Frömmigkeit mehr zu entsprechen schienen. Die Formel von Chalkedon war in ihrem scheinbaren Paradoxien und mit ihrem Kompromißcharakter der Frömmigkeit nur schwer vermittelbar. Im Westen hat sie lange überhaupt keine Rolle gespielt, scheint gar nicht bekannt gewesen zu sein.[81] Kaiser Markian hielt bis zu seinem Tod an den Beschlüssen von Chalkedon fest. Seit 452 galten sie als Reichsgesetz.[82] Mit Gewalt wurde in Ägypten ein chalkedonensischer Patriarch eingesetzt.[83] Interessant ist, daß Markian bei seinen Versuchen Palästina und Ägypten zu befrieden und mit den Beschlüssen von Chalkedon auszusöhnen, die von ihm selbst durchgesetzte und gewünschte theologische Formel herunterspielte.[84] Er betonte, daß Chalkedon keinerlei Neuerungen enthalte, sondern nur die Beschlüsse der drei früheren ökumenischen Synoden von Nikaia, Konstantinopel und Ephesos befestigt habe. Die dogmatische Formel von Chalkedon verschwindet bereits hier aus der eigentlichen theologischen Diskussion.

Kaiser Leon[85] verstand sich kirchenpolitisch ganz als der Nachfolger Markians. Theologische Kenntnisse besaß er nicht, muß jedoch sehr fromm gewesen sein, wie sein reges Interesse an dem heiligen Simeon[86] wie auch die Tatsache zeigt, daß er nach Simeons Tod dessen Schüler Daniel, der als energischer Vertreter der Beschlüsse von Chalkedon zu gelten hat, zu seinem bevorzugten Berater machte.[87] Er erließ nun ein Rundschreiben an alle Metropoliten und befahl, Provinzialsynoden einzuberufen, über die Rechtmäßigkeit der Beschlüsse von Chalkedon zu befinden und die Ergebnisse der Beratung an den Hof nach Konstantinopel zu senden.[88]

Auch der heilige Simeon wurde im Zusammenhang dieser Aktion nur kurze Zeit vor seinem Tode gebeten, sein Urteil über die Beschlüsse von Chalkedon abzugeben.

Vierunddreißig Antworten mit insgesamt zweihundertachtzig Unterschriften auf dieses Rundschreiben des Kaisers sind in sogenannten *'Codex enzyklius'* erhalten[89]. Sieben Jahre nach der Synode von Chalkedon bietet er das erste Zeugnis der kirchlichen Rezeption dieser Synode. Bis auf eine Ausnahme[90] bestätigen alle die Geltung der Beschlüsse von Chalkedon. Eine Analyse der theologisch untereinander durchaus nicht einheitlichen Schreiben, wie sie vor allem Alois Grillmeier vorgelegt hat, zeigt allerdings zunächst keinerlei theologische Nähe zu den dogmatischen Formulierungen von Chalkedon. Chalkedon hat für die Mehrheit der befragten Bischöfe nur die Beschlüsse von Nikaia, Konstantinopel und Ephesos bestätigt und gegen die Häresien des Eutyches und Nestorios konkretisiert. In erster Linie ist Chalkedon eine aktuelle Deutung des Nicänum zur Wiederherstellung der Einheit der Kirche. Auffällig ist das stärkere Hervortreten der Theologie Kyrills von Alexandrien.

Die kirchliche Rezeption von Chalkedon ignoriert die eigentliche christologische Formel der Synode! Die chalkedonensische Position im Osten sieht also die Bedeutung der Beschlüsse dieser Synode allein in der Abwehr von Haeresien und in der Bestätigung der drei älteren ökumenischen Synoden. Für die Gegner Chalkedons waren die Beschlüsse dieser Synode sowieso nestorianische Haeresie. Man wird fragen müssen, ob der Mehrheit der vom Kaiser befragten Bischöfe der Text der Formel von Chalkedon überhaupt im Wortlaut bekannt war. Theologische Verfechter der christologischen Formel von Chalkedon sind im Osten also nicht erkennbar; aber formal wurde Chalkedon bestätigt.

471 war Akakios Bischof von Konstantinopel geworden[91], dem das im Jahre 484 beginnende akakianische Schisma zwischen Rom und den Kirchen des Ostens seinen Namen verdankt – nicht ganz zu Recht. Er sollte dann die Hauptlinien der Kirchenpolitik des neuen Kaisers Zenon ab 474 bestimmen. Wegen seiner Stellung im akakianischen Schisma gilt er in der Forschung – wie ich meine fälschlich – im Grunde als Monophysit und Gegner von Chalkedon.

Anfang 474[92] war Kaiser Leon gestorben. Ihm war sein Schwiegersohn Zenon[93] in der Herrschaft gefolgt, ein isaurischer Truppenführer und Landbesitzer, der in den Augen der Oberschicht des Ostreiches ebenso als Barbar galt, wie z. B. die germanischen Truppenführer in römischen Diensten.

Nur wenige Wochen, nach dem Zenon nach dem Tode seines kleinen Sohnes Leon, der für einige Monate – wenn auch nur offiziell – seinen gleichnamigen Großvater formal in der Herrschaft gefolgt war, Alleinherrscher geworden war, wurde er durch Basiliskos[94] von der Macht vertrieben, der im

Namen eines konservativen Römertums mit Unterstützung der Oberschicht und sogar des kaiserlichen Hauses den Purpur gegen jenen als fremd empfundenen isaurischen Barbaren ergriffen hatte. Basiliskos stützte sich politisch ganz auf die Gegner von Chalkedon. Mit einer dezidiert antichalkedonensischen Politik waren in diesem Moment im Osten offenbar eher politische Verbündete zu gewinnen als durch Eintreten für die Beschlüsse von Chalkedon.

In den Kirchen des Ostens bekommt die Verbindung dieser konservativen, betont römischen Politik mit den erklärten Gegnern von Chalkedon erstaunlichen Zuspruch. Basiliskos erließ eine Enkyklia, in der ausdrücklich die Beschlüsse von Chalkedon und der Tomus des Leo anathematisiert werden.[95] Gelten sollten von nun an allein die Beschlüsse von Nikaia (325), Konstantinopel (381) und Ephesos (431). Diese Enkyklia wurde ohne Widerspruch fast im ganzen Orient angenommen; angeblich unterschrieben mehr als fünfhundert Bischöfe.[96] Mit Alexandrien, Antiochien und Jerusalem waren drei von vier Patriarchenstühlen des Ostens fest in monophysitischer Hand. Der einzige Widerstand kam aus Konstantinopel, wo Akakios, unterstützt von Volk und Klerus gemeinsam mit Styliten Daniel Basiliskos zur Rücknahme seiner Enkyklia zwang.[97]

Die Kirchengeschichtsschreibung, die in Akakios einen heimlichen Vertreter monophysitischer Theologie sehen will, hat auch angenommen, er habe sich nur widerwillig dem Druck der Chalkedonanhänger gebeugt und in Opposition zu Basiliskos begeben. Dies ist schon allein angesichts der kirchenpolitischen Mehrheitsverhältnisse im Osten undenkbar. Alle Quellen dagegen zeigen ihn als die treibende Kraft dieses Widerstandes gegen die monophysitische Politik des Basiliskos und für die Bewahrung der Beschlüsse von Chalkedon.

Seit Eduard Schwartz[98] ist es üblich geworden, das Engagement des Akakios allein als Kampf für die in Chalkedon beschlossenen Rechte des Stuhles von Konstantinopel gegenüber Rom zu interpretieren. Ich halte das für falsch (es wäre übrigens auch politisch völlig unsinnig gewesen); man wird ihm theologische Treue zur Synode von Chalkedon und zu ihren Beschlüssen unterstellen dürfen und müssen. Daß das Festhalten an Chalkedon nicht unbedingt auch die Übernahme ihrer eigentlichen theologischen Intention beinhaltete, war am Codex Enkyklius bereits deutlich geworden.

Nach etwa achtzehn Monaten im Exil konnte jedoch Zenon, dem der heilige Daniel einst den Verlust und die Wiedergewinnung der Macht vorausgesagt hatte, Basiliskos überwinden[99]. Kurz vor seiner Rückkehr nach Konstantino-

pel war ihm die heilige Thekla im Traum erschienen. Zum Dank für seine Rettung errichtete er ihr in seiner isaurischen Heimat ein dann hoch berühmtes und von vielen Pilgern besuchtes Heiligtum.[100]
Mit seiner Rückkehr zur Macht beginnt eine Phase chalkedontreuer Politik, wie es Zenon verstand, die nun wesentlich von Akakios, dem Patriarchen der Hauptstadt, gestaltet wird. In erster Linie macht sich das bei der Besetzung wichtiger Bistümer wie Alexandrien und Antiochien bemerkbar. Die prochalkedonensische Politik des Kaisers und des Patriarchen von Konstantinopel stößt dabei immer wieder auf erheblichen Widerstand, ohne daß ich das hier im einzelnen verfolgen kann. Neben dem Einfluß des Akakios auf die Kirchenpolitik des Kaisers wird man den des inzwischen hoch berühmten Styliten Daniel, den Zenon oft zu Konsultationen heranzog, nicht unterschätzen dürfen.[101]
Als Wende der Kirchenpolitik Zenons hin zu einer Begünstigung des Monophysitismus gilt das sogenannte '*Edictum Zenones*' oder '*Henotikon*'.[102]
Die theologische und kirchenpolitische Interpretation dieses – übrigens nur aus monophysitischer Überlieferung erhaltenen – Textes hat davon auszugehen, daß Zenons chalkedonensische Kirchenpolitik nicht zur erwünschten Einheit geführt hat. Vor allem Ägypten und Palästina waren faktisch im Schisma zur Reichskirche; in Antiochien konnte sich der chalkedonensische Patriarch nur mit Mühe behaupten.
Um den Ägyptern angesichts einer Vakanz des alexandrinischen Stuhles irgendwie entgegenzukommen und so die Einheit der Kirche zu wahren, formulierte Akakios im Auftrage des Kaisers das sogenannte '*Edictum Zenones*' oder '*Henoticon*'.
Das Grundanliegen ist wie bei allen die Kirche betreffenden kaiserlichen Verlautbarungen der Spätantike die Einheit der Kirche, über die der Kaiser zu wachen hat. Inhaltlich lehnt sich das Henotikon eng an die Unionsformel von 433 an, die ja auch die theologische Grundlage für das Chalkedonense abgegeben hatte. Als dogmatisch verbindlich werden - wie in Chalkedon - die Beschlüsse der vorangegangenen drei ökumenischen Synoden bestätigt und die zwölf in Chalkedon nicht aufgenommenen Anathematismen Kyrills gegen Nestorius, die schon im Codex Enkyklius von 458 als mit Chalkedon in Übereinstimmung stehend angesehen worden waren. Ausdrücklich wiederholt das Henotikon die Verurteilung von Nestorios und Eutyches. Eine kurze Ekthesis am Schluß betont die doppelte Homoousie und die wahre Gottheit und Menschheit Christi.

Auf diese Weise nahm das Henotikon die schwerwiegendsten Anstöße weg, die das Chalkedonense besonders für die Ägypter geboten hatte, ohne daß Chalkedon selbst aufgehoben oder gar verurteilt wurde. Dogmatisch gesehen war das Henotikon eine deutlich kyrillische, gegen den Tomus des Papstes Leo gerichtete und philosophisches Vokabular möglichst vermeidende Interpretation des Chalkedonense, die die theologischen Gewichte des Chalkedonense antiantiochenisch und proalexandrinisch verschob. Als antichalkedonensisch oder gar monophysitisch dagegen wird man es nicht interpretieren können.

Der Verfasser des Henotikon und sein kaiserlicher Auftraggeber haben diesen Text dagegen als völlig mit den Beschlüssen von Chalkedon übereinstimmend angesehen, wie sie immer wieder betonen. Und in der Tat formulierte das Henotikon im Grunde nicht anders als die im Codex Enkyklius gesammelten, Chalkedon bestätigenden Briefe. Von daher muß das Henotikon in seiner Intention als chalkedonensisch interpretiert werden - als kyrillische Interpretation von Chalkedon. Angesichts der inzwischen gewonnenen Erkenntnis, daß auch das Chalkedonense selbst vielmehr als vor allem die ältere katholische dogmengeschichtliche Forschung angenommen hatte, von Kyrill als etwa von Leo her interpretiert werden muß[103], wird man diese kyrillische Interpretation des Chalkedonense durch das Henotikon nicht einfach als falsch oder haeretisch bezeichnen dürfen. Allerdings ist sie ohne jeden Zweifel theologisch unbefriedigend und unbestreitbar ein Rückschritt hinter das in Chalkedon schon einmal Erreichte.

Widerstand gegen das Henotikon kam in erster Linie aus monophysitischen Kreisen.[104]
Zeno und Akakios jedenfalls sahen sich in voller Übereinstimmung mit Chalkedon, und diese Sicht wurde im Osten weithin geteilt, wie einerseits die heftigen monophysitischen Angriffe gegen das Henotikon als nestorianisch, andererseits etwa die Vita Danielis als für das Empfinden und die Vorstellung von Rechtgläubigkeit im Osten am Ausgang des 5. Jahrhunderts ganz typischer Text zeigen. Immer wieder preist der Verfasser Zenon als den Vertreter und Bewahrer der Beschlüsse von Chalkedon. Das Henotikon bezeichnet in dieser Politik nicht einmal eine besondere Zäsur, schon gar keine Wende, wie die Forschung weithin angenommen hat. Es hatte die eine Funktion, den Ägyptern eine Interpretation von Chalkedon, wie sie als völlig orthodox geltend schon im Codex Enkyklius vertreten worden war, anzubieten und so die Kirche zu einen.

Die Möglichkeit, scheinbar die Einheit der Kirche auf der Basis eines theologischen Minimalkonsenses, als den man das Henotikon doch wohl ansehen muß, oder gar unter Ausklammerung grundsätzlicher theologischer Fragen herzustellen, hat nicht nur die römischen Kaiser immer wieder verlockt, sondern scheint ein Problem ökumenischer Arbeit bis heute geblieben zu sein.

V.

In den Rahmen der so verstandenen Kirchenpolitik Zenons und der Rezeptionsgeschichte von Chalkedon ist nun auch das vermutlich vom heiligen Daniel angeregte Simeonsheiligtum von Qal'at Šim'an zu stellen. Wenn der Baubeginn nach dem archäologischen Befund und der archäologischen Chronologie des Belus nach 475 anzusetzen ist, fallen Planung und Bau in die Zeit der außerordentlich schwierigen Konsolidierung seiner in ihrer Legitimität gerade von der Oberschicht immer wieder in Frage gestellten kaiserlichen Herrschaft und der in diesen Zusammenhang gehörenden strikten chalkedonensischen Restauration nach dem Sieg über Basiliskos. Ähnlich wie bei dem Heiligtum für die heilige Thekla, wird für Zenon auch hier das Motiv des Dankes für Rettung aus Todesnot und für den Sieg über Basiliskos sowie auch eine deutliche Demonstration seiner Herrschaft als unmittelbares Motiv für den Bau angesehen werden dürfen. Aber – und dies scheint in diesem Zusammenhang nicht unwichtig – der Kaiser baut hier dem besonders im Osten, aber ebenso in der ganzen Christenheit berühmten Heiligen eine bisher in der ganzen Christenheit einmalige Pilgerstätte, der mit seinem unzweideutigen Eintreten für Chalkedon nun diesen im Osten weithin umstrittenen chalkedonensischen Kurs des auch nach seinem Sieg immer wieder angefochtenen Kaisers propagieren und legitimieren soll. Die Entscheidung, das Heiligtum da zu bauen, wo einst Simeons Säule stand, nur sechzig Kilometer von Antiochien entfernt, zeigt, wie Zenon hier Syrien mit seinen starken antichalkedonensischen monophysitisch Strömungen im Blick hatte. Indem er für den schon von seinen Vorgängern
Theodosius, Markian und Leon als Ratgeber hochgeachteten und als Asketen verehrten Styliten Simeon ein Heiligtum errichtet, stellt der Kaiser sich auf demonstrativ gegen die von der politischen Opposition immer wieder hervorgebrachten Zweifel an seiner Legitimität in die Kontinuität zu seinen in ihrer Orthodoxie nirgends bezweifelten Vorgängern, was in der literarischen Überlieferung übrigens nur wenige Jahre nach seinem Tod auch die Vita Danielis ausdrücklich hervorhebt.[105]

Das Simeonsheiligtum von Qal'at Šim'an ist also als Zeugnis für die chalkedonensische bzw. sich chalkedonensisch verstehende Kirchenpolitik und theologische Haltung des Kaisers Zenon anzusehen. Es erscheint mir nicht unwichtig, daß es sich hierbei gerade um ein großes Pilgerheiligtum handelt. Die Einheit der Kirche, der Zenons – von ihm als in Treue zu den Beschlüssen von Chalkedon stehende – Kirchenpolitik einschließlich des allein zur Zurückgewinnung dieser Einheit auch mit Ägypten formulierte Henotikon galt, gründet sich für diesen Kaiser wie für die meisten seiner Vorgänger bis hin zu Konstantin, dem ersten Christen auf dem Kaiserthron nicht in erster Linie auf einen theologischen Konsens der beteiligten Bischöfe oder Theologen. Für ihn – und da steht dieser von der Oberschicht als unrömischer Barbar abgelehnte Zenon als ganz in der Tradition nicht nur seiner christlichen Vorgänger, sondern überhaupt in ganz römischer Überlieferung – ist religiöse Einheit und so auch die Einheit der christlichen Kirche, die ja inzwischen längst zu der die ideologische Einheit des äußerlich zerbrechenden Reiches geworden war, im Kult begründet und gleichzeitig Ereignis, daß sich im Kult an dem Heiligtum täglich ereignet. Deshalb konnte und mußte ihm auch der uns sowenig befriedigende theologische Minimalkonsens genügen. Die Einheit der Kirche geschieht und ereignet sich eben nicht durch theologische Diskussion. Nicht die dogmatischen Beschlüsse von Chalkedon sind für Zenon und wohl die meisten Bischöfe des Ostens, wie der Codex Enkyklius gezeigt hatte, in erster Linie wichtig, sondern daß hier eine mit der Autorität des Heiligen Geistes ausgestattete Synode gesprochen und die Haeresien des Nestorius auf der einen und des Eutyches auf der anderen Seite verurteilt hatte. Theologisch dachte Zenon sicher ähnlich schlicht wie sein verehrter Ratgeber und als treuer Anhänger des Konzils von Chalkedon geltende Daniel, dessen Vita vorzüglich zeigt, daß diese Sicht weit verbreitet und nicht etwa auf die Kaiser und ihre theologischen Berater zwecks Instrumentalisierung des christlichen Glaubens zur Stabilisierung von Macht beschränkt war. Ihn läßt sein anonymer Biograph des sechsten Jahrhunderts sagen: *Wenn die Streitfrage Gott trifft, so ist euer Forschen nicht einfach und ohnehin zu erledigen, denn das Göttliche ist unerforschlich. Darum laßt euch genügen die Überlieferung der heiligen Apostel über ihn, um die Lehren der heiligen Väter zu studieren und macht euch darüber hinaus nicht zu schaffen.*[106]
So konnte Zenon – wie schon Konstantin und die meisten Kaiser seither – die Einheit der Kirche auf einen theologischen Minimalkonsens wie das Henotikon zu gründen versuchen – und mußten letztlich aber daran scheitern.

Das Simeonsheiligtum, errichtet zur Propagierung und Legitimierung einer Einheit der Kirche, die sich auf die Beschlüsse der Synode von Chalkedon gründen sollte, die vom heiligen Simeon, dem berühmtesten christlichen Heilige der jüngsten Vergangenheit, ausdrücklich als vom Heiligen Geist inspiriert bezeichnet worden war, ging nur kurze Zeit nach dem Tode Kaiser Zenons, wie um den Mißerfolg dieser Politik schließlich zu demonstrieren, mitsamt seinen Heiligen in monphysitischen Besitz über, bis es – offenbar schon sehr bald – der eben auch durch die konfessionelle Zerrissenheit des Ostens so erfolgreichen arabischen Invasion Syriens zum Opfer fiel.

Anmerkungen

Bei diesem Beitrag zur Festschrift anläßlich des 150. Jahrestag der Gründung des Instituts für Christliche Archäologie an der Theologischen Fakultät der Berliner Universität handelt es sich um eine überarbeitete Fassung eines Vortrages, den ich am 14. März 1998 auf Einladung der Wiener Theologischen Fakultät anläßlich des 70. Geburtstages meines verehrten Berliner Lehrers Alfred Raddatz gehalten habe. Für uns, die wir in den sechziger Jahren an der Theologischen Fakultät der Berliner Humboldt-Universität studierten, verkörperte Alfred Raddatz viel mehr als nur die Christliche Archäologie. So scheint es sinnvoll, den Dank an den damaligen Berliner Lehrer mit dem an das Berliner Institut zu verbinden.

[1] Strube, Chr., Die «Toten Städte». Stadt und Land in Nordsyrien während der Spätantike, Zaberns Bildbände zur Archäologie - Sonderhefte der Antiken Welt, Mainz 1996.

[2] Tchalenko, G., Villages antiques de la Syrie du Nord. Le massif du Bélus à l'époque romain I - III (Paris 1953 - 58).

[3] de Vogüé, M., Syrie centrale, Architecture civili et religieuse, du Ier au VIIe siècle (2 Bd. Paris 1865 - 1877).

[4] Butler, H. C., Early Churches in Syria fourth to seventh century, edited and compiled by E.B. Smith (Princeton 1929 [ND Amsterdam 1969]); zu seinen Berichten über die Ausgrabungen der Univeristät Princeton s. u. Anm. 11.

[5] Lassus, J., Sanctuairs chrétiens de Syrie. Essai sur la genèse, la forme et l'usage liturgique des édifices du culte chrétienne en Syrie, du IIIe siècle à la con quête musulmane, Paris 1947; ders., Art. Syrie - DACL 15, 1855 ff.

[6] Vgl. Anm. 2.

[7] Deichmann, F. W., Nordsyrien, Architektur, Urbanistik, Soziologische und wirt-

schaftliche Streiflichter, in: ders., Rom, Ravenna, Konstantinopel, Naher Osten. Gesammelte Studien zur spätantiken Architektur, Kunst und Geschichte (Wiesbaden 1982) 691 - 699; ders., Die Architektur des nordsyrischen Kalksteingebietes (Belus) als besonderes Phänomen innerhalb der frühchristlichen Oikoumene (ebenda) 699 - 711; ders., Qalb Loze und Qal'at Sem'an. Die besondere Entwicklung der nordsyrischspätantiken Architektur, SBAW. PPH 1982, 6, München 1982.

[8] Strube, Chr., Baudekoration in den Kirchen des nordsyrischen Kalksteinsmassivs, AA 1978, 575 - 601; dies., Die Formgebung der Apsisdekoration in Qalbloze und Qalat Seman, JAC 20 (1977) 181 - 191.

[9] de Vogüé, M., (Anm. 3) p. 141 - 154; pl. 139 - 150.

[10] Evagr., h.e. I 14.

[11] Butler, V - VII, 97; vgl. die Ausgrabungsberichte: Publications of an American Archeological Expedition to Syria in 1899 - 1900 (New York 1903 - 1930), hier besonders Bl. II: Butler, H. C., Architecture and other Arts; Syria. Publications of the Princeton University Archeological Expeditions to Syria in 1904 - 05 and 1909. (Leiden 1907, hier besonders I). Butler, H. C., Norris, F. A., Stoever, E. R., Geography and Itinery (1930); II B. - Butler, H. C., Architecture, Section B, Northern Syria (1920).

[12] Tchalenko, I, XI - XV; M. Restle, RBK III 860; Krencker, D., Die Wallfahrtskirche des Symeon Stylites in Qal'at Šim'an, Berlin 1939; Biscop, J.-L./Sodini, J.-P., Travaux récents au sanctuaire syrien de saint-Symeon le Stylite (Qal'at Sem'an) - CRAI April-Juni 1983, 335 - 372.

[13] Vgl. Deichmann, Ravenna Rom, Konstantinopel, 710: „...ein in der ganzen frühchristlichen Welt einzigartiges Werk von Monumentalität, Pracht und sakraler Würde." Die besondere Stellung des Pilgerheiligtums von Qal'at Šim'an im Rahmen der spätantiken Sakralarchitektur betonen auch immer wieder Butler, Tchalenko, Strube, und Restle, RBK III, 853 - 892.

[14] Vgl. Butler, Early Churches in Syria, 97 - 105; Tchalenko I 234 - 240 (pl. LXXII, LXXV, LXXXIII, CCIX, CCX); Restle, 859 ff.; Deichmann 1982,6.

[15] Vgl. Butler, l.c.; Tchalenko, l.c.; Lassus.

[16] Evagr., h.e. I 14; vgl. Tchalenko, I 242; ein Rekonstruktionsversuch: II pl. LXXVIII 4.

[17] Die Frage der ursprünglichen Eindehnung des Oktogons war lange Zeit der Hauptgegenstand einer Kontroverse, nachdem Krencker eine Kuppel postuliert hatte; vgl. Krencker, D., War das Oktogon der Wallfahrtskirche des Symeon Stylites in Qal'at Šim'an überdacht? - JdJ 49 (1934) 62 - 89; ders., die Wallfahrtskirche des Symeon Stylites (wie Anm. 11); vgl. die Rezension von Guyer, JdJ 49 (1934) 90 - 96; Schneider, A. M., GGA 201 (1939) 335 - 342; Watzinger, OLZ 43 (1940) 472 f.; Kollwitz, DLZ 1940, 716 - 20; Kirsch, RivAC 16 (1939); 144 - 146; v. Gerkan, Gn 16 (1940) 189 - 92, bei denen sich Zustimmung und Ablehnung der Thesen Krenckers noch die Waage hielt; vgl. Tchalenko, I 250 - 54. 268 - 76. Zum neuesten Diskussionsstand vgl. Biscop/Sodini mit der Korrektur an Tchalenko.

[18] Vgl. Biscop/Sodini, l.c.

[19] Restle, 871 f.
[20] Zur Verschiebung der Achse der Ostbasilika Restle, 869. Bei den Plänen Butlers und de Vogüés ist diese Achsenverschiebung noch nicht berücksichtigt. Zu den Spekulationen und Deutungsversuchen vgl. Kötting, B., Peregrinatio religiosa, Münster 1950, 111 ff.; Lassus, Sanctuaires, 140.
[21] v. Gerkan, Gn 16 (1940) 189 - 92 vermutet, daß an der Stelle der Ostbasilika schon vorher eine Kirche stand, deren Ausrichtung dann für den Neubau richtungweisend wurde, wofür es aber keinerlei Anhaltspunkte gibt. Ähnlich Kötting, Peregrinatio, 111 ff. Zum Kultbetrieb schon zu Lebzeiten Simeons um seine Säule herum, vgl. die drei Viten, vor allem Thdt., h. rel. 26, wo Theodoret als Zeitgenosse und Augenzeuge eine eindrückliche Schilderung gibt. Der von Theodoret und den beiden Verfassern der Viten beschriebene Kultbetrieb setzt nicht unbedingt eine Kirche voraus, läßt aber einen Altar und eine Taufstätte als höchst wahrscheinlich erscheinen. Zu Taufen vgl. vit. Sim. syr., 97.; vgl. Evagr., h.e. I 13 f.
[22] Zum Vergleich mit anderen frühchristlichen Pilgerheiligtümern vgl. Christern, J., Das frühchristliche Pilgerheiligtum von Tebessa, Wiesbaden 1976, 276 ff.; Restle, l. c., Tchalenko, l.c. 229 ff.
[23] Deichmann, Qalb Loze und Qal'at Sem'an (wie Anm. 7) 11 ff.
[24] Butler, Early Churches, 105 ff.; Tchalenko, 205 - 222.
[25] Zum Pilgerweg vgl. Christern, l.c., zum Baptisterium Tchalenko, I 234 ff. 249 ff.; Restle, 882 - 887.
[26] Tchalenko, I 242 ff.; Restle, 887 f.; Biscop-Sodini, l.c.. Zu den wenigen Nachrichten seit dem 11. Jh. Stiernon, DSS 11, 1125 f.
[27] Tchalenko, I 229 ff.
[28] So heute die opnio communis; vgl. Tchalenko I 229 ff. 254 ff.; vorsichtige Zweifel bei Deichmann, Rom, Ravenna, Konstantinopel, Naher Osten, 691. Im Unterschied zu Kirchenbauten Konstantins ist aber keine literarische Überlieferung über eine kaiserliche Initiative erhalten.
[29] Auf Initiative Konstantins gehen die großen Kirchen in Rom, Antiochien, Jerusalem und Konstantinopel zurück - von beinahe allen Kaisern nach ihm sind Kirchenbauinitiativen bezeugt; vgl. Krautheimer, R., Early Christian and Byzantine Architecture, 1979³, 39 ff.
[30] Strube (wie Anm. 7) in gewisser Kritik an Tchalenko.
[31] Strube 1977.
[32] Tchalenko, I 254 - 63; Lassus, Sanctuaires, 120 ff.; Grabar, A., Martyrium I, Paris 1946 [ND London 1972] 152 ff.
[33] Lassus, ebenda; John Gorodn Davies, TRE 5, 197 - 206.
[34] Ein kreuzförmiger Memorialbau wird von Gregor von Nyssa in ep. 25 an Amphilochius beschrieben; zeitlich näher am Simeonsheiligtum von Qal'at Šim'an istdie Johanniskirche in Ephesus zu datieren.
[35] Lassus, J., L' eglise cruciforme. Antioche - Kaoussié 12-F, in: ed. R. Stillwell, Antioch on-the-Orontes, II The Excavations 1933 - 36 (Princeton/London/The Hague 1938)

5 - 44; Downey, G., The Shrines of St. Babylas at Antioch and Daphne, ebenda: 45 - 48; Grabar I 152 ff.; Lassus, Sanctuaires, 120 ff. Zum Oktogon von Antiochien vgl. Eltester, W., Die Kirchen Antiochiens im 4. Jahrhundert, ZNW 36 (1937) 251 - 286; Downey, A History of Antioch in Syria (Princeton 1961) 342 ff.; ders., RBK I 185 ff.; Deichmann, Rom, Ravenna, Konstantinopel, Naher Osten, 783 - 799.

[36] Zu Meletios von Antiochien Brennecke, H. C., Studien zur Geschichte der Homöer, BHTh 73, Tübingen 1988, 66 - 81. 137 f. (dort auch über den Bau des Babylasheiligtums).

[37] Nach der Chronik von Edessa; vgl. Seeck, O., Regesten der Kaiser und Päpste, Stuttgart 1919 [ND Frankfurt 1964] 409.

[38] Winkelmann, F., Historiographie, RAC 15, 1991, 758.

[39] Strube, l.c.

[40] Tchalenko I 240ff.; Strube, l.c.; Restle, 860.

[41] Zu Kaiser Zeno vgl. u. Anm. 93.

[42] Zur Usurpation des Basiliskos vgl. u. Anm. 94.

[43] Grillmeier, A., Jesus der Christus im Glauben der Kirche: 2/1 Das Konzil von Chalkedon (451) Rezeption und Widerspruch (451 - 518), Freiburg/Basel/Wien 1986; 2. verbesserte und ergänzte Auflage ebenda 1991, 326 - 358 (dort die gesamte relevante Literatur).

[44] Schwartz, E., Publizistische Sammlungen zum acacianischen Schisma, ABAW. PH 10, 1934, München 1934; ders., Codex Vaticanus gr. 1431 eine antichalkedonensische Sammlung aus der Zeit Kaiser Zenos, ABAW. PH 32/6, 1926, München 1927; Beck, H. G., in: Die Reichskirche nach Konstantin dem Großen, 2. Halbband: Die Kirche in Ost und West von Chalkedon bis zum Frühmittelalter (451 - 700), Handbuch der Kirchengeschichte II, hg. v. H. Jedin, Freiburg/Basel/Wien 1975, 3 - 15; ders., Geschichte der orthodoxen Kirche im byzantinischen Reich, KIG I D 1, Göttingen 1980, 7 - 15.

[45] Aus Evagr., h.e. I 14 läßt sich jedenfalls nichts über die Entstehung und die kirchenpolitischen Hintergründe des Simeonsheiligtum ausmachen.

[46] Vgl. Špidlik, T., Stylites, DSp 14, 1990, 1267 - 1275; Kötting, B., Das Wirken der ersten Styliten in der Öffentlichkeit, ZMWRW 37 (1953) 187-197 [= Ecclesia peregrinans - Das Gottesvolk unterwegs. Gesammelte Aufsätze I [MBTh 54,1], Münster 1988, 3-13.

[47] Thdt., h. rel. 26, 1; die deutsche Übersetzung nach: Gutberlet, K., Des Bischofs Theodoret von Cyrus Mönchsgeschichte, BKV 50, München 1926, 156. Im folgenden zitiere ich nach der Paragrapheneinteilung der Edition von P. Canivet und A. Leroy-Molinghen, SC 234; 257, Paris 1977/1979; das Simeonkapitel h. rel. 26 in SC 257, 158-215. Zur historia religiosa allgemein vgl. die Einleitung von Canivet, P., SC 234, 9 - 55; zur Text- und Überlieferungsgeschgichte Leroy-Molinghen, A., SC 234, 57 - 113. Die nur auf wenigen Handschriften beruhende Edition Lietzmanns, TU 32/4, Leipzig 1908, 1 - 18, muß durch diese kritische Edition als überholt gelten (bei Lietzmann auch eine andere Paragrapheneinteilung).

[48] Thdt., h. rel. 26.

[49] BHG 1678-1688; BHO 1121-1126; Lietzmann, H., TU 32,4,1908; Delehaye, H., Les saints stylites, Subs. Hag. 14, Brüssel, 1923; Peeters, P., S. Syméon stylite et ses premiers biographes, AnBoll 61, 1943, 29 - 71 [= P. Peeters, Le tréfond oriental de hagiographie byzantin, Brüssel 1950, 93 - 136]; Stiernon, D., Simeone stilita, l anziano, santo, BSS 11, 1116 - 1138.
[50] Lietzmann, l.c.
[51] Thdt., h. rel. 26, 4-7; vita Sim. syr., 25.
[52] Thdt., h. rel. 26, 9 f.; vita Sim. syr. 50 ff.
[53] Thdt., h. rel. 26, 12.
[54] Thdt., h. rel. 26, 12 ff.; vita Sim. syr., 56.
[55] Thdt., h. rel. 26, 12 ff.; vita Sim. syr., 55 ff. u. ö.
[56] z. B. Thdt., h. rel., 26, 12 f.; vita Sim. syr., 58. 62 u. ö.
[57] vita Sim. syr., 90 ff.
[58] vita Sim. syr., 57.
[59] ACO I 4, 92.; vita Sim. syr., 87.
[60] vita Sim. syr., 130f.
[61] Johannes Diakrinomenos, h.e. epit. 536 (G. C. Hansen (Hg.), Theodorus Anagnostes, Kirchengeschichte, GCS, Berlin 1971 154, 5f.).
[62] Evagr., h.e. II 10.
[63] Thdt., h.rel., 26, 15. 20 f.; vita Sim. syr., 55. 67 f.
[64] Thdt., h. rel., 26,14; Evagr. h.e. I 13 f.
[65] Elbern, V. H., Eine frühbyzantinische Reliefdarstellung des älteren Symeon Stylites, Jb.DAI 80, 1965, 280-304; vgl. Strube 1996, Abb. 101 f.
[66] Thdt., h. rel., 26, 11.
[67] vita Sim. syr., 101.
[68] vita Sim. syr., 102.
[69] Seeck 1919, 409; Antonius, vita Sim., 29.
[70] Antonius, vita Sim., 29-31; vita Sim. syr., 134.
[71] Antonius, vita Sim., 31; vita Sim. syr., 134.
[72] vita Sim. syr., 136; vita Dan., 53. 57 f.
[73] vita Danielis, ed. Delehaye, AnBoll 32, 1913, 121 - 216; ders., Les Saints Stylites, Brüssel 1923, 1 - 147; eine deutsche Übersetzung bei Lietzmann, H., Byzantinische Legenden, Jena 1911, 1 - 52.
[74] Evagr., h.e. II 10.
[75] Vgl. die Einleitungen zu den Editionen von Lietzmann und Delehaye und Peeters, l.c.
[76] Chron. Edess. 69 (eine lateinische Übersetzung: Guidi, I., CSCO 1, 1955, 8; deutsch: Hallier, L., Untersuchungen über die edessenische Chronik, TU 9,1, Leipzig 1892, 115 f.).
[77] Besonders für diesen vierten Teil meines Aufsatzes möchte ich mich bei den Belegen auf das Allernotwendigste beschränken; vgl. dazu meine ausführlichere Darstellung zur Rezeption und Nachgeschichte des Konzils von Chalkedon: Brennecke, H. C.,

Chalkedonense und Henotikon, in: van Oort, J./Roldanus, J. (Hg.) Chalkedon: Studien zur Rezeption der christologischen Formel von Chalkedon, SPA 4, Leuven 1998, 24 - 53.

[78] Brennecke, l.c. 24 f.
[79] Ebenda.
[80] Zach. Rhet., h.e. III 3 - 9.
[81] Vgl. Dietmar Wyrwa, Drei Etappen der Rezeptionsgeschichte des Konzils von Chalkedon im Westen, in: van Oort/Roldanus (wie Anm. 81), 147 - 189.
[82] Vgl. Alois Grillmeier, Jesus der Christus im Glauben der Kirche II 1, 1986. 1992^2, 110 - 113.
[83] Zach. Rhet., h.e. III 2; Evagr., h.e. II 5.
[84] ACO II 5, 3-8; Grillmeier 1986, 113 - 125.
[85] PLRE II 663f; W. Enßlin, PRE XII, 1924, 1947 - 1961.
[86] vit. Sim. syr., 133 - 136.
[87] vit. Dan. 34. 35. 38. 41 f. 44. 46. 47 f. 50. 51. 53 f. Fazit der Herrschaft bes. 68.
[88] Evagr., h.e. II 9.
[89] Vgl. Schnitzler, Th., Im Kampf um Chalcedon. Geschichte und Inhalt des Codex Encyclius von 458, AnGr 16, Rom 1938; Grillmeier 1986, 221 - 266.
[90] Zach. Rhet., h.e. IV 7.
[91] Jugie, DHGE 1, 1912, 244-248; M. Simonetti, EECh I 5.
[92] Seeck, O., Regesten der Kaiser und Päpste, Stuttgart 1919[ND Frankfurt 1964] 421.
[93] PLRE II 1200 - 1202; Lippold, A., Zenon, PRE II 10A, 1972, 149 - 213.
[94] PLRE II 212 - 214.
[95] CPG 5997.
[96] Evagr., h.e. III 4.; vgl. Zach Rhet. h.e. V,2 (dort angeblich 700 Unterschriften), Schwartz 1934, 185 ff.
[97] vit. Dan., 70 - 84.
[98] Schwartz 1934, 187 f.
[99] vit. Dan., 68. 89; Seeck 1919, 423; Lippold 1972, 162f.
[100] Evagr., h.e. III 8; H. Hellenkemper, RBK IV, 1990, 228 - 235.
[101] vit. Dan., passim. 55. 56. 65. 68. 85. 91 f.
[102] CPG 5999; eine ausführliche Interpretation des Henotikon in meinem in Anm. 81 genannten Aufsatz, 40 - 51.
[103] Wickham, L. R., Chalkedon, TRE 7, 1981, 668 - 675.
[104] Zach. Rhet., h.e. V 9; VI 1; Evagr., h.e. III 16. 22; vgl. Grillmeier 1986, 293 f. Der Konflikt mit Rom, der dann zum bis 519 dauernden akakianischen Schisma führen sollte, und bei dem noch ganz andere Dinge eine Rolle spielen, soll hier bewußt ausgeklammert bleiben.
[105] vit. Dan., 68. 85. 91.
[106] vit. Dan., 90.

Autorenverzeichnis

Prof. Dr. Hanns Christoph Brennecke, Professor für Ältere Kirchengeschichte an der Theol. Fakultät der Universität Erlangen - Nürnberg

Matthias Friske, Promotionsstudent an der Humboldt - Universität zu Berlin

Dr. Wolfgang Krogel, Archivleiter des Konsistoriums der Evangelischen Kirche Berlin - Brandenburg

Lambrecht Kuhn, Vikar der Evangelischen Kirche Berlin - Brandenburg

Dr. des. Hartmut Kühne, wissenschaftlicher Mitarbeiter am Lehrstuhl für Christliche Archäologie und Kirchliche Kunst der Theol.Fakultät der Humboldt - Universität zu Berlin

Prof. Dr. Hartmut Mai, Professor am Institut für Kirchengeschichte, Abteilung Christliche Archäologie und Kirchliche Kunst der Theologischen Fakultät der Universität Leipzig

Dr. Almut Nothnagle, Nahostreferentin beim Berliner Missionswerk

Prof. Dr. Peter Poscharsky, Professor für Christliche Archäologie und Kunstgeschichte an der Theol. Fakultät der Universität Erlangen - Nürnberg

Prof. Dr. Alfred Raddatz, Universitäts - Professor em. für Kirchengeschichte an der Evangelisch - Theol.Fakultät der Universität Wien

Dirk Schumann, Vikar der Evangelischen Kirche Berlin - Brandenburg

Prof. Dr. Gerlinde Strohmaier - Wiederanders, Professorin für Christliche Archäologie und Kirchliche Kunst an der Theol. Fakultät der Humboldt - Universität zu Berlin

Prof. Dr. Hans Georg Thümmel, Professor em. für Christliche Archäologie, Kirchliche Kunst und Alte Kirchengeschichte der Theol. Fakultät der Ernst - Moritz - Arndt - Universität Greifswald